本成果系国家2011计划司法文明协同创新中心研究成果

本成果获广东省高等学校珠江学者岗位计划资助项目(2013)资助

THE COLLECTED TRANSLATIONS
OF WESTERN CLASSICS ON LEGAL LOGIC

西方法律逻辑经典译丛

熊明辉 丁 利 主编

〔荷兰〕亨利·帕肯 著 *Henry Prakken*

熊明辉 译

Logical Tools for Modelling Legal Argument
A Study of Defeasible Reasoning in Law

建模法律论证的逻辑工具
法律可废止推理研究

中国政法大学出版社

2015·北京

建模法律论证的逻辑工具
——法律可废止推理研究

Translation from English language edition:
Logical Tools for Modelling Legal Argument
by H. Prakken

版权登记号：图字 01 −2014 −6246 号

出版说明

　　"西方法律逻辑经典译丛"系列图书翻译项目由教育部普通高校人文社会科学重点研究基地中山大学逻辑与认知研究所、广东省普通高校人文社会科学重点研究基地中山大学法学理论与法律实践研究中心以及中山大学法学院公共政策与法律制度设计研究中心共同策划，该系列图书由中国政法大学出版社出版。入选本译丛书目的图书均为能够代表"西方法律逻辑"最高学术研究水平的经典著作，计划书目为开放式，既包括"西方法律逻辑"经典教科书，又包括其经典专著。首批由广东省"法治化进程中的制度设计与冲突解决：理论、实践与广东经验"项目资助出版，共推出9本译著，分别是《法律与逻辑》、《法律逻辑研究》、《法律推理方法》、《诉讼逻辑》、《论法律与理性》、《法律论证：有效辩护的结构与语言》、《前提与结论：法律分析的符号逻辑》、《建模法律论证的逻辑工具》、《虚拟论证：论法律人及其他论证者的论证助手设计》。同时，该 9 本译著也是熊明辉教授承担的国家社科基金重点项目"全面推进依法治国的逻辑理性根基研究"（2013）、广东省高等学校珠江学者岗位计划资助项目（2013）和中山大学重大培育项目"依法治国的逻辑问题研究"（2013）联合资助的一项重要成果。他山之石，可以攻玉。相信本译丛之出版不仅有助于推动我国法律逻辑教学和研究与国际接轨，而且为法治中国建设提供一种通达法律理性和逻辑理性、实现公正司法的工具。

熊明辉　丁　利
2014 年 6 月 8 日

总　序

法律逻辑有时指一组用来评价法律论证的原则或规则，其目的是为法律理性和法律公正提供一种分析与评价工具；有时指一门研究法律逻辑原则或规则的学科，即一门研究如何把好的法律论证与不好的法律论证相区别开来的学科。

自古希腊开始，法律与逻辑就有着密不可分的联系，甚至可以说，逻辑学实际上就是针对法庭辩论而产生的，因为，亚里士多德（Aristotle）《前分析篇》中的"分析方法"，后来演变成"逻辑方法"，实际上主要是针对当时那些将教人打官司作为其基本使命之一的智者们之论证技巧而提出来的。亚里士多德把逻辑学推向了对普遍有效性的追求。因此，其结果是：论证的好坏与内容无关，而只与形式有关。19世纪末，弗雷格（Frege）发展了数理逻辑之后，"形式逻辑"一度成为"逻辑"的代名词。法律与逻辑的关系似乎越离越远。因此，有人说逻辑就是形式逻辑，根本不存在特殊的法律逻辑，故法律逻辑至多是形式逻辑在法律领域中的应用。事实上，法律推理确实有自己的逻辑，并且这种逻辑面向的是与内容相关的实践推理。正因如此，如佩雷尔曼（Perelman）所说，在处理传统上什么是法律逻辑的问题时，有人宁愿在其著作中避免使用"逻辑"一词，而使用"法律推理"或"法律论证"。

20 世纪 50 年代，以图尔敏（Toulmin）和佩雷尔曼为代表的逻辑学家们开始把注意力转向实践推理特别是法律推理领域，开辟了法律逻辑研究的新领域。特别是非形式逻辑学家与论证理论家们把语境因素引入到日常生活中真实论证的分析与评价上来，这为法律逻辑研究找到了一个很好的路径。如今，法律逻辑研究需要面向"两个脑"：一是"人脑"，即法官、律师、检察官等法律人是如何进行法律论证的；二是"电脑"，即计算机法律专家系统中法律论证的人工智能逻辑建模。前者的逻辑基础是非形式逻辑，而后者的逻辑基础是形式逻辑。如果说形式逻辑对论证的分析与评价仅仅是建立在语义和句法维度之上的话，那么非形式逻辑显然在形式逻辑框架基础上引入了一个语用维度，因此，我们不再需要回避"法律逻辑"这一术语了。

熊明辉　丁　利

2014 年 5 月 31 日

译者引言

本书是人工智能与法研究的经典著作，其对象是探讨面向电脑的法律论证逻辑建模问题。法律逻辑需要面向两个"脑"：一是面向法官、检察官、律师等法律人思维的人脑；二是面向需要进行法律论证逻辑建模的电脑。人工智能与法研究针对的正是电脑。

1970 年，布肯南（Bruce Buchanan）和海迪克（Thomas Headrick）在《斯坦福法律评论》上发表了"关于人工智能与法律推理若干问题思考"一文，拉开了人工智能与法研究的序幕。1987 年第一届人工智能与法国际会议在波士顿召开，开始形成人工智能与法学术共同体；1991 年正式成立了人工智能与法国际协会（IAAIL）；1992 年《人工智能与法》杂志（斯普林格出版社出版）开始发行。迄今为止，人工智能与法已经成为当代法理学、哲学、逻辑学和计算机科学交叉研究的一个红光领域。由国际法哲学与社会哲学协会（IVR）主办的两年一度的"世界法哲学与社会哲学大会"每届都设有一个专题讨论该问题。

正如我们所知，面向计算机处理常识推理的非单调逻辑起始于20世纪80年代初，这个领域的开拓者有瑞特（Raymond Reiter）、莫尔（Robert C. Moore）、麦卡锡（John McCarthy）等人。紧接着就有学者系统研究法律推理的逻辑建模问题，早期的代表作有加德纳（Anne Gardner）的《法律推理的人工智能方法》（麻省理工学院出版社1987年版）、阿什莉的《建模法律论证：用案例与假设进行推理》（麻省理工学院出版社1990年版）等。20世纪90年代中后期，在这个领域又涌出了一系列经典著作，如戈登（Thomas Gordon）的《诉答博弈：程序正义的人工智能模型》（克鲁维尔学术出版社1995年版）、帕肯（Henry Prakken）的《建模法律论证的逻辑工具：法律可废止推理的研究》（克鲁维尔学术出版社1997年版）、罗德（Arno Lodder）的《对话法律：论法律证成与论证对话模型》（克鲁维尔学术出版社1999年版）、维赫雅（Bart Verheij）的《虚拟论证：论法律人与其他论证者的论证设计助手》（阿塞出版社2005年版）等。

本书不仅是20世纪90年代的经典著作之一，而且也是这些著作中最具有代表性的作品。希望通过引入本书，给我国研究法律逻辑与人工智能领域的专家学者提供一种新的视角。

熊明辉

2014年5月

中文版序言

　　我的书出版已有 17 年。从那以来，研究并未就此止步。当我写该书时，在人工智能中研究非单调逻辑刚刚起步，并且人工智能与法才发现它，而法哲学几乎完全忽略了它。此外，非单调逻辑之论证方法还处于其早期阶段。从那时起，非单调逻辑的论证方法在人工智能中已变成主要方法，其焦点已从具体系统转向了一般框架以及它们间的关系。受这些发展的启示，人工智能与法已在形式建模法律论证方法上取得长足发展。此外，法哲学家和论证理论家越来越认为这些贡献是相关的。在本书中文版序言中，我要描述一下自 1997 年以来该领域的主要进展。

　　当前在人工智能中关于论证的大多数工作都是在董番明（Dung，1995）的抽象论证框架语境下进行的，该框架现在已经被广泛接纳为论证的语义标准。虽然本书第 6～8 章中的系统是建立在董番明的工作之上的，但我过去并没有特别强调这一点。第二个重要进展一向是针对结构化论证的一般框架之形式化问题。本书的系统只建立在董番明的一种语义之上，它有一个利用优先性来解决冲突的具体办法，并且它假定了可废止推论规则具有领域特殊性。当前我的工作是在针对结构化论证的阿斯皮克$^+$（ASPIC$^+$）框架[1]语境下进行，它允许就所有这些点进行可替代设计选择。此外，关于阿斯皮克$^+$框架的一致性和封闭性以及其本身与其他一般框架之关系的元理论正在发展中，这些其他一般论证框架又基于假定的论证（Bondarenko *et al.*，1997）、经典抽象逻辑论证（Gorogiannis & Hunter，2011）以及塔斯基式的抽象逻辑论证（Amgoud & Besnard，2013）。2011 年，我在《逻辑学研究》（中国）上发表了一篇论文，其中总结了关于抽象结构化论证框架的工作，并且讨论了其哲学意义。

自 1997 年以来，人工智能与法律在形式化法律论证方面取得了很大进步。具体可参见我在 2011 年那篇论文中对这些进展的简要概括。首先，研究依然坚持所谓的案例法律推理和规则法律推理，当我在写本书时，在很大程度上它们并没有关联起来，而且常常是对立的，但现在已经聚合在一起了。部分是因为前面提及的一般论证框架使得这些成为可能，因为这个框架提供了一个能够组合规则推理和案例推理的语境。另一个重要进展是人们越来越清晰地意识到不同类型的法律问题要求有不同的推理形式，如证据推理不同于法律解释，而法律解释又不

---

　　[1] 阿斯皮克是 ASPIC 的音译，而 ASPIC 是 "Argumentation Service Platform with Integrated Components" 的缩写，其意思是 "处理整合要件的论证服务平台"，是一个关注针对信息社会的知识库服务平台，其目的是给出一个基于语义丰富的逻辑形式体系（被称为论证系统）的论证服务平台。该项目由欧盟第 6 框架项目资助，实施时间为2004 年 1 月 ~2007 年 9 月，而 ASPIC$^+$框架是帕肯对 ASPIC 框架的发展。

同于法律规则适用或立法辩论。虽然所有这些推理都是可废止的，但研究者现在尊重用以建构论证之可废止规则依赖于争议法律问题种类之不同模式或"论证图式"。事实上，这项工作的全部都是针对出现在本书中的法律论证四层级模型之"逻辑层"和"论辩层"展开的。

后来，我当时在写本书时出现的论证对话系统方面的工作已经发展成更详细考虑法律论证的程序层面及其逻辑层面、论辩层面的关系。此外，已经给出了在法律推理中证明责任与证明标准之作用精确考虑，如可参见戈登和沃尔顿（Gordon & Walton, 2009）的论文以及帕肯和沙托尔（Prakken & Sartor, 2009）的论文。还有一些（虽不多）关于法律论证策略层面的工作，如里弗雷特等人（Riveret et al., 2008）把博弈论与论证逻辑组合在一起，并将其应用到有仲裁者的论辩中以决定最佳策略的问题。

最后，作为使形式模型有效之工具的真实案例研究越来越受到人们关注。从 20 世纪 60 年代开始，在本书以及我的许多论文中，许多例子是很小的，并且它们之中许多都是假想的。如今研究者们越来越多地将他们的形式模型应用到现实规格的真实例子当中，如参见我在 2008 年论文中对荷兰法律情形的案例研究（Prakken, 2008）、阿特金森在 2012 年的论文中对美国法律情形的案例研究（Atkinson, 2012）以及贝克斯在其著作第 6 章中对荷兰刑事案件中证据推理的案例研究（Bex, 2011）。

然而，本书的核心思想仍然经得起时间考验，这个核心是法律推理可废止思想以及这种推理能够根据两个冲突论证的竞争来形式化的思想。此外，有几个具体贡献今天看来仍然相关，诸如假言易位推理之认同、优先推理之形式化以及作为针对董番明式语义的证明论之对话博弈思想。

虽然我的观点在过去的十几年大体上是一致的，但有一点已发生了改变，那就是关于类比推理的逻辑刻画。在本书第 2.3 节中，我认为类比推理不应当被视为证成结论的一种方式，而应当被视为建议新前提的启发方式。针对这个主张，我的主要论证是产生类比的相同前提也总是产生差异，并且选择类比优于差异是内容的事情，而不是逻辑形式的事情。我和沙托尔在 1998 年的一篇论文中形式化了这个观点（Prakken & Sartor, 1998）。自那以后，该论文被广泛引用。我仍然相信，该论文包括许多很好的观点，但很多年过去了，我开始意识到把类比看作假定论证图式也是可能的，这能够根据可废止推论规则来形式化。最近我和其他同伴在阿斯皮克⁺框架语境下形式化了这种方法（Prakken *et al.*, 2014）。

最后，我要深深感谢熊明辉教授把本书翻译成中文。我真诚希望他的译著会在中国以及世界其他地方的法律逻辑学生和学者之间带来富有成效的对话和合作。

参考文献

Amgoud, L. and Besnard, P. (2013), "Logical Limits of Abstract Argumentation Frameworks", *Journal of Applied Non-classical Logics* 23: 229 ~ 267.

Atkinson, K. (ed.) (2012), *Artificial Intelligence and Law*, Vol. 20. Spec-ial Issue on Modelling Popov v. Hayashi.

Bex, F. (2011), *Arguments, Stories and Criminal Evidence: A Formal Hybrid Theory, Springer*, Dordrecht.

Bondarenko, A., Dung, P., Kowalski, R. and Toni, F. (1997), "An Ab-stract, Argumentation-theoretic Approach to Default Reasoning", *Artificial Intelli-gence* 93: 63 ~ 101.

Dung, P. (1995), "On the Acceptability of Arguments and Its Fundamental Role in Nonmonotonic Reasoning, Logic Programming, and N-person Games", *Artificial Intelligence* 77: 321 ~ 357.

Gordon, T. and Walton, D. (2009), "Proof Burdens and Standards", in I. Rahwan and G. Simari (eds), *Argumentation in Artificial Intelligence*, Springer, Berlin, pp. 239 ~ 258.

Gorogiannis, N. and Hunter, A. (2011), "Instantiating Abstract Argumentation With Classical-logic Arguments: Postulates and Properties", *Artificial Intelligence* 175: 1479 ~ 1497.

Modgil, S. and Prakken, H. (2013), "A General Account of Argumentation With Preferences", *Artificial Intelligence* 195: 361 ~ 397.

Modgil, S. and Prakken, H. (2014), "The ASPIC$^+$ Framework for Structured Argumentation: A Tutorial", *Argument and Computation* 5: 31 ~ 62.

Prakken, H. (2008), "Formalising Ordinary Legal Disputes: A Case Study", *Artificial Intelligence and Law* 16: 333 ~ 359.

Prakken, H. (2010), "An Abstract Framework for Argumentation With Structured-arguments", *Argument and Computation* 1: 93 ~ 124.

Prakken, H. (2011), "Legal Reasoning: Computational Models", in J. Wright (ed.), *International Encyclopedia of the Social and Behavioural Sciences*, Second edn, Elsevier Ltd, Oxford.

Prakken, H. (2011), "An Overview of Formal Models of Argumentation and Their Application in Philosophy", *Studies in Logic* 4: 65 ~ 86.

Prakken, H. and Sartor, G. (1998), "Modelling Reasoning with Precedents in A Formal Dialogue Game", *Artificial Intelligence and Law* 6: 231 ~ 287.

Prakken, H. and Sartor, G. (2009), "A Logical Analysis of Burdens of Proof", in H. Kaptein, H. Prakken and B. Verheij (eds), *Legal Evidence and Proof: Statistics, Stories, Logic*, Ashgate Publishing, Farnham, pp. 223 ~ 253.

Prakken, H., Wyner, A., Bench-Capon, T. and Atkinson, K. (2014), "A Formalization of Argumentation Schemes for Legal Case-based reasoning in

ASPIC⁺", *Journal of Logic and Computation.* In press.

Riveret, R., Prakken, H., Rotolo, A. and Sartor, G. (2008), "Heuristics in Argumentation: A Game-theoretical Investigation", in P. Besnard, S. Doutre and A. Hunter (eds), *Computational Models of Argument. Proceedings of COMMA 2008*, IOS Press, Amsterdam etc, pp. 324～335.

亨利·帕肯

2014 年 4 月 29 日

英文版序言

　　本书是我 1993 年 1 月 14 日在阿姆斯特丹自由大学答辩的博士学位论文《建模法律论证的逻辑工具》之修改版和扩展版。论文前五章几乎没有什么修改，但其余部分已进行了充分修改和扩展。最重要的是，我用修改扩充后的系统替换了原来第 6 ~ 8 章中的形式论辩系统，并与沙托尔（Giovanni Sartor）共同发展了最后三章。除了一些技术改进之外，对旧系统的最主要的添加是使用了非可证性算子，对优先性标准推理进行了形式化，进而增加了其语言的丰富性。此外，新系统具有一个非常直观的论辩形式，与旧系统中相当不直观的定点形式相对应。

　　另一个重要的修改是将原来的第 9 章拆分成了两章，即原来第 9.1 节关于相关领域的研究已经更新并被扩充成一整章，而其余部分便是经过修改后的现在的第 10 章。本章包括两个新贡献：一是详细讨论了戈登（Thomas Gordon）的"诉答博弈";二是对论证结构的多层面全景进行了一般性描绘,其中包含逻辑层面、论辩层面、程序层面和策略层面。最后,在修改后的结论中,我们更多关注到了在我的研究中法哲学与论证理论的相关性问题。

本书有些部分是以此前发表过的论文为基础的。第 3.1 节是我和史雷克斯（Schrickx）1991 年发表的论文,而第 6.1～6.3 节和第 7.1～7.3 节是我 1993 年把 1991 年发表过的两篇论文的组合、扩充与修改。此外,第 6.4、6.5 节以及第 6.6 节的部分,第 7.4 节以及第 8.3～8.5 和第 9.1 节是我和沙托尔 1996 年共同发表过的论文。最后,第 10.5 节是我 1995 年发表过的论文。

致　谢

自从完成作为本书基础的博士学位论文答辩,四年半的时间已经过去了。我这里要简单重复致谢在我博士学位论文中已表达过的谢意。这项博士学位论文工程是由阿姆斯特丹自由大学计算机法学研究所第一任主任范德伯（Guy Vandenberghe）教授发起的,遗憾的是在这个项目完成之前他就已去世。我要感谢我的导师舒伊特曼（Arend Soeteman）和梅耶尔（John-Jules Meyer）以及我的合作导师奥斯坎普（Anja Oskamp）和外审专家塞科特（Marek Sergot）对我的热情支持和指导。我也要感谢在我博士期间与我进行卓有成效的讨论的许多人,特别是哈赫（Jaap Hage）、赫里斯塔德（Henning Herrestad）、沙托尔（Giovanni Sartor）、弗布拉克（Frans Voorbraak）以及弗雷斯维克（Gerard Vreeswijk）。此外,我还感谢史雷克斯（Joost Schrickx）,因为他允许我将他和我合作的论文纳入第 3.1 节之中,还有洪代克（Cees Groendijk）,因为他替我校对了博士学位论文的大多数章节。最后,我要更正一下我的博士学位论文致谢中的一个疏漏：荷兰非单调推理工作小组年会是我撰写博士学位论文的一个非常丰富的灵感启示源泉。

我也要感谢在我做博士后研究期间的许多人。我的博士后研究工作使得本书形成了目前的架构。我十分感谢塞科特对我的继续支持。除此之外，我得益于他 1993 年邀请我到伦敦帝国大学逻辑程序小组工作。在那里，我也碰到了作为本书第 6~8 章基础之技术框架的提出者邦达伦科（Andrei Bondarenko）、董番明（Phan Ming Dung）、科瓦尔斯基（Bob Kowalski）以及托尼（Francesca Toni）。

在做博士后的几年里，我与弗雷斯维克特别是与哈赫继续进行了卓有成效的讨论。感谢布鲁卡（Gerd Brewka）、戈登（Tom Gordon）和路易（Ron Loui）。1994 年 8 月我在波恩德国数学与数据挖掘学会遇到了他们并相处了两周时间，后来又遇到过几次，从他们那里我学到了不少东西。

我要提及与我进行过富有成效的交流的其他人包括纽特（Don Nute）、赖恩（Mark Ryan）、斯柯本斯（Pierre-Yves Schobbens）和维赫雅（Bart Verheij）。而且我要感谢本奇卡鹏（Trevor Bench-Capon）和琼斯（Andrew Jones）为我校正了修改章节的英文。

最重要的是，我深深受惠于沙托尔。我们不仅共同从事了极有成效的工作，至今仍在继续合作，并且他自由地让我在本书中使用我们合作研究的成果。特别是我在第 6~8 章中给出的新论辩系统，这些均是沙托尔和我在几份出版物中共同完成的。虽然我提及的"PRATOR"系统是私下讨论的，但本书中我选择了尊重标准实践而没有采用那样的逻辑系统命名。此外，读者应当知道，在我提及"我的系统"之处，其意思就是 PRATOR，本书将其概括成从逻辑程序语言扩充到了完整一阶谓词逻辑。

还要感谢支持过我工作的几个组织机构。荷兰科学基金委给我的博士论文研究提供了资助，荷兰皇家人文与科学院给了我三年博士后研究成员奖励，使我得以在阿姆斯特丹自由大学计算机法学研究所工作。欧盟委员会的"建模时代"（Model Age）工作组（Esprit WG 8319）也给我的工作提供了部分支持，而且它的 SG1 可废止性小组是我的激发听众。我要感谢梅耶尔邀请我参加"建模时代"项目。受戈登的邀请，德国数学与数据挖掘学会赞助我 1994 年 8 月在波恩访问两周。1995 年后 4 个月由纽特领导的美国乔治亚大学人工智能中心给我提供了接待。在我做完博士后之后，阿姆斯特丹自由大学法学院接纳了我，毫无疑问，这使得我完成此书成为可能。

最后，我要感谢计算机法学研究所的所有同事们，因为在我读博和做博士后期间，他们使研究所成为一个如此富有启示性和令人愉快的工作场所。

目 录

第 *1* 章 引 论

本书研究的是法律推理的逻辑方面。我们吸收了人工智能与法领域的灵感，但主要使用的技术是逻辑与形式哲学。因此，本书是应用法哲学的一个范例，其目的是探讨在计算机系统中实现法律推理任务的形式逻辑基础。既然法哲学本身并没有提供现成的洞见来担任这种基础，那么，在进一步发展这些洞见的问题上，本书也对法哲学作出了贡献。

在本章中，我在对人工智能及其在法律推理中的应用以及这些应用的逻辑相关性（第1.1节）做了某些一般性评论之后，提出了研究之焦点（第1.2节），然后讨论了人工智能中逻辑应用的某些一般性问题（第1.3节）。在此基础上，我得出了"当前研究起点"的结论（第1.4节）。

1.1 人工智能、逻辑与法律推理：一般性评论

1.1.1 概 述

在许多学科中都有人工智能研究的源头，如在计算机科学、哲学、数学、心理学和语言学中。在 20 世纪 70 年代，律师发现了人工智能且人工智能也发现了法律。既然法律成为研究人工智能许多特征的一个优秀领域，这些诸如带部分定义的推理、元推理、可废止推理以及组合演绎与非演绎推理模式，那么双方都从这里获得了好处。最早试图将人工智能研究应用到法律领域的成果之一是麦卡蒂（McCarty，1977）的"纳税人"（TAXMAN）项目，其中企图

将美国税法子领域的某些基本概念和法律法条形式化。在欧洲，一个最有影响力的早期发展就是塞科特和科瓦尔斯基（例如 Sergot，1982；Sergot *et al.*，1986）的研究成果，其中将逻辑程序技术应用到法律领域。人工智能与法研究的中心议题之一是用法条和个案进行推理的组合问题。这种研究的先驱是梅德曼（Meldman，1977）。加德纳（Gardner，1987）也提出了这个问题，为了完成区分简易法律案件和疑难法律案件之任务，要研究规则与个案的组合运用。大家所熟悉的就是里士兰和史克拉克（Rissland & Skalak，1991）的"卡巴莱工程"（CABARET），它将用规则推理的传统人工智能技术与里士兰和阿什莉（Rissland and Ashley，1987）排除了用个案建模法律推理的"海波系统"（HYPO）组合成一个新系统。

人工智能研究不只是由研发计算机程序组成的，一般来讲在法律中的人工智能研究也是如此，许多研究都旨在给出一般性理论，用来阐明、证成或批评计算机程序所依赖的观点。本书是这种基础研究的一个范例，探讨的是人工智能研究应用到法律推理中的逻辑方面。由于该问题也涉及法律领域自身不包括的逻辑问题，因此，当前研究也扩展到涉及逻辑与人工智能的一般性研究。

我并不是研究与计算机化法律推理相关的逻辑之先驱。据我所知，弗兰克（Frank，1949）是第一个注意到逻辑在计算机系统表示中重要性的人，他的术语叫"法律逻辑机器"（Legal-logic Machine），他的观点后来被艾伦（Allen，1963）等人继承。刚刚所提及的人工智能与法研究之进展已经激发了法律推理逻辑方面的更详细的研究。特别是麦卡蒂（McCarty，1986）关于许可与义务逻辑研究是直接受他的"纳税人工程"推动的。最近，他提出并部分发展了一种"法律话语语言"（McCarty，1989）。这种语言是一种知识表示语言，它具有坚实的逻辑基础以及法律推理背后的重要常识概念的支持定义，并且这种支持定义与时间、行动与原因等范畴密切相关。着眼于自动法律推理逻辑研究的其他人有戈登（Gordon，1988；

1991；1995）、琼斯（Jones，1990）、赫里斯塔德（Herrestad，1990）、克洛（Herrestad & Krogh，1995）、沙托尔（Sartor，1991；1994）、哈赫（Hage，1996；1997）和维赫雅（Verheij，1996）。

在法哲学中，对法律推理的逻辑方面也有研究。例如，林达尔（Lindahl，1977）已经将霍菲尔德（Honfeld，1923）关于法律关系的思想形式化了。阿尔罗诺（Alchourrón，1977）研究过规范系统的逻辑特征，例如阿尔罗诺与布里金（Alchourrón & Bulygin，1971）、布里金与阿尔罗诺（Bulygin & Alchourrón，1977）阿尔罗诺与麦金森（Alchourrón & Makinson，1981）的研究。阿奎斯特（Åqvist，1977）也将逻辑应用到法律之中，如应用到原因和责任问题之中，而舒伊特曼（Soeteman，1989）则研究了道义逻辑的法律应用。

关于本书的主题，产生了三个基本问题：①准确地说什么是人工智能？②人工智能可以运用到法律推理的哪些方面？③用什么逻辑来处理它？这些问题将在后面三节讨论。

1.1.2 人工智能

通过给出我个人对迄今为止人工智能研究的目的与结果的观点，我将回答什么是人工智能的问题。为了便于讨论，我将不会考虑细微差别。最简单地说，人工智能可描述为其目的在于设计一个运行起来像智能人类的计算机系统科学。可是，在下面简要讨论了到目前为止的人工智能结果之后，还需要做某些改进。

在我看来，人工智能的历史表明，研发真正智能计算机系统的目的太有抱负了，至少在可预见的将来是如此。关键问题是转向了所谓的"常识"，这是一种没有什么特别的知识，或者说人们通过毕生经验获得的知识。这种知识是那么离散但又如此丰富，故在计算机中要存储它太难了。如果我们看看当前所谓"专家系统"相当谨慎的研究结果，通过将计算机系统执行限制到一个狭窄定义域来解决这个问题还不太成功。这些系统是一些程序，开始是想在传染病诊断、投资问题、汽车维护等专业领域内的专家层面来执行。迄今为止，这些系统像"白痴学者"一样在运转，它们拥有专门领域相当高水平的知识，但却没有足够低水平的知识来将其应用到真实世界问题（参见 Hofstadter，1985）中。除了这些限制领域企图之外，最初认为，常识问题虽不是一个容易的问题，但能够通过尽可能多地告诉计算机关于世界的知识来解决（参见 McCarthy，1968，pp. 403，408；Kolata，1982）。以往项目是形式化诸如"素朴物理学"的大部分常识。可是，当获得一些有趣的结果时，如在利纳特和古哈（Lenat & Guha，1990）的"CYC 项目"，离总体目标似乎仍然很遥远（参见 McDermott，1987）。而且我们并不指望在不远的将来能够研发出一台计算机系统，它能够具有用人们通过经验获得常识的相同方式来获得常识的能力。因此，人工智能程序能够与智能人类竞赛的大多数领域是可控制范围内被完全定义的，诸如游戏规则所构成的现实，它并不令人吃惊。我个人认为，处理这些常识问题的关键问题是学习。可是，在当前人工智能关于这个主题的研究中，对不远的将来之预期是相当谨慎的：人工智4 能中最盛行的范例是符号方法，即把思维当作按照显性规则操作形式符号之方法；当今许多人工智能研究者感觉到，关于学习的这种观点有着固有局限性；因此，他们期待更多的新范例，如连接主义或自然网络方法；可是，通常观点是这个范例要证明自己仍然有很长一段路要走。

然而，也有一些并没有放弃符号方法的人工智能研究形式出现。正是这些形式将成为本书主要关注的对象。至少目前认为，研发真正智能程序的目的目标太远大，许多人工智能研究者在使用不同风格编程以及设计计算机系统的人工智能思想时都设定了自己的实用目的。其中一个思想就是将知识与其推理方式分开。这儿经常使用的术语被称为"陈述知识表示"（Declarative Knowledge Representation），与常规编程中的"程序知识表示"（Procedural Knowledge Representation）相对应。在常规编辑中，领域知识主要是以问题求解方式隐藏起来的。另一方面，当以一种更陈述性的方式来表示时，知识被视为在说关于世界的某东西而非说如何解决问题。具有陈述知识表示特征的人工智能系统通常都被叫作"知识系统"（Knowledge-based Systems，即"基于知识的系统"或"知识库系统"）。在我看来，知识技术研究不需要放弃符号范例。相反，既然这种人工智能研究主张在可预见的将来研发可实际使用的系统，那么符号方法就显得非常重要，因为它们提供了一个检验知识系统行为的工具。在这个知识系统中，实践目的是最基本的。

一般来讲，陈述知识表示被认为具有以下优点（参见 Genesereth & Nilsson，1988）。首先，既然陈述知识表示并不涉及解决某个具体问题，因此它适用于不止一项任务。例如，可用于解决不同类型的问题，甚至执行不同的推理模式，诸如演绎推理、归纳推理和类比推理。其次，既然陈述知识表示与程序的其余部分保持分开，甚至更像自然语言而不是像计算机编码形式，因此，要维护起来比较容易。由于法律和法律观点经常发生变化，因此这对于法律适用来讲特别重要。最后，如果知识被陈述性表示了，那么被称为元层级推理的知识推理（reasoning about knowledge）就很容易实现。既然这个领域的许多陈述都涉及其他陈述，如冲突规范或论证之间的选择标准、缺乏证据后承的规范以及关于变化着的或正在解释的法条之描述，那么实现这种知识推理对法律领域就具有特别意义。另一方面，陈述知识表示还可以说有这样一个坏处：它将使得系统不如针对特定任务的知识系统在计算上更有效率；如果能够以不止一种方式来使用知识，那么在找到解决方案之前往往不得不试用许多方式（Nilsson，1991，p. 43）。此外，在第 1.3.2 节中我们将进一步阐明，陈述知识表示比"是－否"型知识多了一个度的问题，因为在实践中纯粹陈述知识表示无法获得。当前研究的一个基本假定是：在人工智能与法中，尽可能用陈述方式来表示相当多的

5

知识既可取又可能。

总之，粗略地讲，根据目的来区分，有两类人工智能研究：有些研究者试图让系统来像智能人类一样执行，而另一些人则将自己限定在更实用的目的上。当然，事实上这个区别不是那样明晰，而更多是一个度的问题，而实践结果常常是有抱负研究的副产品。可是，尽管如此，为清楚陈述我的立场，在这个概观上我选择了略去细微差别：本书选择更为接近刻度之实践方面；当涉及人工智能时，并不是要造真正的智能人即造法官或律师的逻辑方法，而是法律知识系统的逻辑方面，其中系统的主要特征是将知识与使用知识之方式分离开来。

1.1.3 法律推理的可计算方面

第二个基本问题是知识表示技术可用于法律推理的哪些方面。一般来讲，其答案是：既然只有能够被形式化的问题才可计算（虽然并不是所有被形式化的东西都能计算），那么知识表示只适合法律推理的形式描述方面。"原则上任何东西都可以被形式化"现在或许可以作为一种哲学观点来提出，但要是人工智能的"实践"观被接受，那么这个答案意味着将人工智能应用到法律是相当受限的，理由是不像有抱负的人工智能，要是没有证成我的悲观，最终可导致用它们的设计者都不明白的方式执行得很好，"实践"人工智能不得不依赖于可精确编程的形式描述。法律推理的许多方面都与内容而不是形式有关，如关于法律原则或法律推理起点的论证、公式描述中模糊性解决、证据评价、利益权重判定、人文关怀等。用形式术语来讲，这些事情对选择前提而非用它们来推理是重要的。或许正是因为这些活动，理性程序才会存在，但问题是它们太含糊了以至于无法形式化，或者说它们太具有尝试性了，即不具有强制力，因此它们不可避免地留给人们判断的空间，这意味着这些程序的基本方面逃避了形式处理范围。为了理解当前研究的范围，重要的是要弄清知识系统用于推理的信息以及问题描述是逃避形式处理的许多活动的结果，但这些东西又正好被称为"法律推理"的基本要素。总之，能够被形式化之法律推理的仅有方面就是那些涉及下列问题的方面：在给定一堆信息之具体解释以及某个问题之具体描述的情况下，什么是能够获得问题解决方案的一般性推理图式呢？关于这个问题，应当做这样的评论：我不要求这个推理图式是演绎的，唯一的要求就是其形式上可定义。这一点我们将在第1.3.2 节和第 2 章集中讨论。

应当注意到，尽管这项研究被限定到法律推理的某些方面，但它们不会被限定到某些具体法律问题的求解任务上，如断案、给代理提供建议、协助法律规划、仲裁法律纠纷等。其理由是，正如全书所要论证的那样，逻辑能够被作为许多不同问题求解任务的一种工具。因此，常常在人工智能研究中恰当的东西是针对当下目的的而非必要的，它具体说明了计算机系统的任务。

1.1.4 逻辑的作用

最后一个问题是，逻辑必须处理这些问题。逻辑至少是分析法律推理形式方面的备选工具，这一点并不令人吃惊，因为将推理形式图式系统化正是逻辑的本质所在。再者，虽然人们在有生之年莫名其妙地获得了按照特定图式进行推理的能力（那就是为什么律师不上形式逻辑课程也能做推理的原因），但计算机还不会自己成长，因此，按照图式进行推理的能力必须明确被编程。最后，逻辑显然是将知识与使用知识相分离来建模的备选工具，因为在逻辑的某个形式语言中这种分开总表现为前提形式和推理装置。因此，至少初看起来，逻辑与"实践"人工智能是密切相关的。

尽管如此，在一般人工智能以及人工智能与法中，都会质疑逻辑相关性。既然这些论证需要详细讨论，本章的全部章节都将致力于辩论逻辑对人工智能之重要性，甚至下一章的整章都将是涉及逻辑对人工智能与法的重要性。但是，我首先要多说一点关于研究焦

7

点的问题。

1.2 研究焦点

正如刚才所解释，本书的主题是将关于知识库技术的人工智能研究应用于法律领域的逻辑方面。现在有许多逻辑方面都可能被研究。一个明显候选者就是用像"义务"、"允许"和"禁止"等道义概念进行推理，这种分析将我们带向了道义逻辑领域。可是，我选择了研究法律推理的其他两个方面，即法哲学家和人工智能与法研究者们有时都作为一种挑战提出来的法律推理研究的逻辑相关性。这些方面是可废止推理，是一种不一致信息推理。有趣的是，在其他领域，这些现象常常也针对人工智能的逻辑相关性被作为证据提出来，这使得当前的研究不仅与人工智能与法相关，而且与一般意义上的人工智能研究也相关。

为了多说一点某些人工智能研究者对法律中逻辑方法的怀疑，第一个批评要点是基于观察到打算把法律应用到一个开放的不可预见世界的想法，因此没能给出明确规则的情况：法律规范被当作本质上受例外的支配，即它们是可废止的。既然"法律规则"允许没有例外（参见 Hart，1949，pp. 146 ~ 156；Toulmin，1958，pp. 117 ~ 118；Leith，1986；Berman & Hafner，1987，p. 4），有时这个特征使得基于逻辑的方法被认为不适合应用到法律规则中。虽然在我的分析过程中很明显对于某些逻辑系统来讲这个批评特别适合，但本书的主要目的是论证在一般意义上来讲这个批判绝不是有效批评：我们会看到人工智能与认知心理学中关于概念本质之研究已导致了逻辑学的新发展，也就是所谓的非单调推理，它使得给可废止推理与演绎推理一个逻辑分析成为可能。

对逻辑的第二个批评是基于观察到在法律中存在意见不一致的空间（Gardner，1987；Gordon，1989；Perelman，1976，pp. 18 ~

19；Rissland，1988，pp. 46～48）：不仅关于规则与先例问题，而且关于什么是有效原则、规则和先例，可能经常存在不同观点，因为这取决于个人的道德观、政治目的等等，甚至取决于法律诉讼中被代理人的利益。通常公认需要一个法律知识系统，其中要能使人们对意见不一致的数量进行深入了解，但有人认为，对于这种系统来讲基于逻辑的方法没有任何用处，因为逻辑要求一致性（参见Berman & Hafner，1987，p. 31；Birnbaum，1991，pp. 63～64）。对当前研究的另一个主要异议表明了事实并非如此，认为不一致信息推理的逻辑系统也是可能的，至少如果考虑到非单调推理逻辑研究的结果是如此的。

对法律推理逻辑相关性的最后一个异议是，有时大多数法律推理图式不是演绎的，而是类比的或者是归纳的（Perelman，1976，p. 17；Rissland，1988，p. 48；Rissland & Ashley，1989，p. 214）。既然逻辑推理是演绎推理，就可以说基于逻辑的系统会排除这些推理图式。现在，虽然类比推理和归纳推理不会是本书的主要议题，但针对这个批评请允许我表达自身的一个主要出发点，那就是，在法律推理中逻辑不应当被看作一种模式而应当被看作一种工具。因此，其他工具，如归纳推理或类比推理，不会被排除在这个模型之外，而且许多情况下在其他种类的推理中逻辑甚至是一种非常有用的工具这一点会变得更加明显。

总之，本研究的目的是对法律推理的两个方面进行逻辑分析，有时被认为逃避了这种分析，即用可废止信息进行推理和不一致信息推理进行分析。我们的主要假设是对常识推理最近的逻辑研究使得这种分析成为可能；一个次要的假设是，与推理中逻辑角色的工具观一起，这种分析有助于澄清法律推理的某些非推论性方面。最后，正如上文已经指出的那样，当前研究的相关性或许被认为超出了法律领域，因为我也会关注出现在人工智能中有关逻辑角色的一般性辩论的问题。

1.3 逻辑与人工智能

1.3.1 陈述性与程序性的辩论

正如我们所说，不仅在法律领域而且在一般人工智能研究中常常出于类似理由，逻辑的有用性常常受到质疑。[1]关于逻辑争论的起源能够追溯到 20 世纪 60 年代后期针对一阶谓词逻辑的通用定理证明机进展之研究。在罗宾逊（Robinson，1965）的归纳法则之后，这个主题的研究变得很盛行。罗宾逊法则是：一条对一阶逻辑和一阶逻辑的有用片段来讲都是完全的推论规则，允许发展有效定理证明机。许多人工智能研究者都认为，人工推理问题可通过提出针对完整一阶逻辑的定理证明机来解决，那么剩下要做的事就是用一阶公式分别形式化领域知识。这就是著名的"通用问题解算机"范例。可是，这种方法很快就被发现不切实际。在真实应用中，寻找这些定理证明机的空间很快就会变得太大，逻辑根本没法告诉系统从诸多可能演绎中选择哪些演绎，因为问题求解策略像是前进链条或后退链条，或者说，领域依赖的启发式方法并不能用一种想要的形式化世界知识的逻辑语言来表示。这场辩论就是著名的陈述主义者与程序主义者的论争。"程序主义者"主张，要严格将领域知识与控制推理过程知识相区别开来是不可能的。他们认为不应当从陈述上而应当从程序上表示知识：知识工程师不仅应当能够表示领域知识，而且要能够表示在推理过程中应当如何使用它的特定知识块。

如今，对早期定理证明研究忽略表示控制信息需求的批评，一般被认为已得到辩护（例如参见 Moore，1982，p.431）。因此，有关方式已经发展到用控制演绎过程手段来扩充基于逻辑的系统，如

---

〔1〕 本节只说有可靠性，不谈独创性：我从与海耶斯（Hayes，1977），伊斯拉埃尔（Israel，1985），莫尔（Moore，1982）和尼尔森（Nilsson，1991）的讨论中受益不少。

借助元层级体系结构设计，其中在元层面上陈述性表示了问题求解方式知识。此外，已经削弱了将陈述形式体系与程序形式体系区别开来的严格观点，下一节我们将讨论这个问题。

1.3.2 逻辑与程序设计系统

除了需要用表示控制信息的方式之外，由控制问题之辩所引出的第二个结论是，在陈述知识表示语言与程序知识表示语言之间作明确二分是不对的（Hayes，1977）。为了解释这一点，需要说说逻辑是什么。

在逻辑系统中能够区分三个构成要素。首先，要有一个形式上特定的语言；然后，要有这个语言的解释，即它的形式语义，其中每个合式公式都指定了它为真的含义；最后，要有一个超越该语言而定义的推理装置。通常来讲，这个装置打算只用来证成那些根据语义有效的推论，也就是说，如果所有前提为真，只有那些根据这个语言之语义必定为真的公式应当是可推导出来的。如果这一点得到保证，那么推论系统就可以说是可靠的。此外，如果所有这类公式都可推导，那么这个系统便完全。

现在，根据海耶斯（Hayes，1977）的观点，程序主义者误解了逻辑。逻辑并不是一个程序设计系统而是一个形式系统，其中只用了定义"什么是有效推论"来代替"做推论"，而另一方面人工智能系统执行推论。尽管在人工智能系统中知识表示语言能够提供表示程序知识的工具，但作为一种知识表示语言，它也有逻辑方面：它所表示的知识是关于世界的知识，因此它能够有真假；它也是一个规定了表达式为真之含义的逻辑语义；此外，在这样做时，它给出了判定推论有效性的标准，故提供了刻画系统推论行为之标准。除了这些逻辑方面之外，知识表示语言也有程序方面。如做数字、日期运算或检查表格之类的具体任务都可由程序执行，或者有一些便于检索的知识索引方法。最重要的一点是，即使知识表示有某些程序特征，仍然可问这样的问题如"它是基于命题逻辑的还是

10

基于谓词逻辑的"、"它只使用了全称量词还是也使用了存在量词"等。在这方面，注意到逻辑并不强制执行一个具体句法也很重要。如用一个语义网络或框架来作为一阶谓词逻辑语言或其他某个逻辑系统语言的可替句法也完全可能。逻辑最重要的角色不是判定具体记号，而是指定记号的意义：在知识表示中不具备指定意义的记号系统用处很小，因为不存在判定说某个知识表示片段为真之意义的方法，故不能批评系统行为。这个评论意味着：假如因为其评估与检索特征而选择语义网络与语义架构而非选择逻辑公式，那就不是选择不同语义而是选择不同程序特征的问题了。

11　　总之，要在程序知识表示语言和陈述知识表示语言之间甚至在逻辑知识表示语言与非逻辑知识表示语言之间做出明确区分是不可能的：知识表示形式体系既有程序方面又有陈述方面，而且逻辑的重要性在于它分析陈述方面的能力。当然，有些形式体系使得抽取其陈述方面比抽取其他方面要容易，因此在程度问题上区别陈述方面和程序方面仍然是有价值的。目前通常把基于知识的系统建模当作问题求解的通用方式而不是解决具体问题的方式，因为它们的知识不是为处理一类具体问题而定做的；因此，基于知识的系统通常相对于数值范围之陈述目的来讲要多些，这保证了这种系统的逻辑分析不会过于抽象而不再有价值。

1.3.3　逻辑与推理

到目前为止，这场辩论主要涉及控制问题。可是，对早期定理证明研究忽视了表示控制知识需要之批评，很快发展为对人工智能运用中任何逻辑用法的总体不信任。最著名的就是在麦卡锡（John McCarthy）和明斯基（Marrin Minsky）之间关于人工智能应当是"强的"还是"弱的"的讨论（参见 Kolata，1982；Israel，1985）。明斯基采取"强人工智能"观，他认为，使计算机系统智能化的最佳方法就是让它用人的心智所做的同样方式进行推理，而且这几乎肯定不用逻辑。此外，明斯基指向了常识知识的可废止本质，即在日常生活中规则能够具有许多例外。正如第 1.2 节中所指出的，法律学者已经说过法律信息具有这种相同本质。明斯基用一个目前成为经典的例子展示了其观点。请考虑常识规则"鸟能飞"：要是某只鸟——特维迪（Tweety 音译——译者注）是鸵鸟或企鹅会怎么样？这些例外可能被添加到那条规则上去，但要是后来特维迪死了或它的脚被固定在混凝土上了怎么办？明斯基的观点是，针对这种常识规则的例外清单是可扩充的，绝对不能被一劳永逸的规定。另一方面，麦卡锡使用"弱人工智能"观，认为那与人工智能程序是否如真实心理方式那样起作用无关，因为人工智能是关于人工的智能。关于常识推理中涉及例外的问题，他用了一种新逻辑观来回应。这种新逻辑观就是考虑所谓非单调推理的逻辑。

其他许多人也批评时常被称为人工智能的逻辑方法。"逻辑主义"是那些以不同方式使用的术语之一，但用于批评逻辑方法的好例子是比恩鲍姆（BirnBaum，1991，p. 59）给出的，他将逻辑主义的一个特征描述为"强调可靠的演绎推论"，因为"逻辑主义倾向于忽视其他种类的推理"，其中一种推理就是类比推理。伊斯拉埃尔（Israel，1985）和尼尔森（Nilsson，1991）等人就针对成为这个批评的基础混乱提出过警告，这种混乱认为用逻辑语言（一种具有指定意义的语言）来表示领域知识必然意味着选择将整个推理过程建模成"运行凌驾于这个语言之上的可靠证明机"（Israel，1985，p. 432）。虽然推理的确并不只是演绎推理，但应当注意到这个观察与使用基于逻辑的语言来表示知识完全兼容。此外，使用逻辑语言并没有使得从形式上超越这个语言来定义具有一定合理性但又不是演绎有效的诸如可废止推理、类比推理或归纳推理之类的模式成为不可能。例如，我们将会展示一个针对类比推理或归纳推理的许多人工智能算法的仔细分析，并且这些算法将逻辑作为一种工具，其中，它们是基于表达式的形式而不是表达式的内容进行运算。本书往后的章节会包括这些例子。在一致知识库情况下逻辑同

12

样并非是唯一工具，相反要注意到不一致特定前提集也能用于让系统执行某个行动，比如不管调用还是不调用可做选择的较高层级知识，让系统执行某种信念修正或让它执行选择知识的某个一致部分。逻辑的作用是很清楚的：它是用来定义什么时候一个前提集是一致的，以及什么后承是可能的修正或偏好的。总之，在非演绎推理类型和不一致知识逻辑的情况下，逻辑都是有用的：最基本的是应当被视为较大框架的一种工具，这个框架被称为推理；使用逻辑表示域知识根本没有承诺建模推理的具体模式，特别是它并没有承诺把推理作为仅仅从逻辑公式集机械地推演出的逻辑后承。

1.4 出发点

在前面讨论的基础上，本节将阐明接下来研究的出发点。第一个出发点是，将关注被研究的这种人工智能非常接近于目的范围的"实践"方面，而不是关注将基于知识的技术应用到法律的逻辑方向之"有抱负"目的的方面。第二个出发点是，逻辑应当被当作一种工具，而不是推理模式。因此，其他推理被建模不仅可能，而且能够被更好地理解，恰恰因为逻辑是它们的构成要件之一。此外，13 与"实践"人工智能研究的目的相符，这个分析是规范性的而非描述性的：它涉及什么是可靠的、理性的或原则的推理，而不涉及人们实际如何推理。因此，我认为像"错误"之类的评价可容忍，因为人们有时也会犯离题之类的错误（再者，我认为，只要计算机做好一些人类做好的事情，不能容忍计算机犯人类同样犯的错误）。最后，本研究将处于形式分析层面。我不打算直接给出一种不可实现的算法，我的目的是发展一种能用于实现系统关键分析的形式基础。把空间留给实现句法的运用，而不是逻辑公式，且对带有用程序方式表达其知识的系统来讲也留有空间。

对于形式基础的需要，必须给出两点最终评论。其一，作为上一节基础的文章主要强调需要形式语义。事实上,这个"语义"的概念应当扩充一下。最近几年形式理论已经发展了,其逻辑语言已被融入用形式方式规定的较大框架之中。本书与这个主题相关的例子是普尔(Poole,1988)的缺省推理回溯框架,雅登佛斯(Gärdenfors,1988)等人信念修正研究以及格尼塞雷斯和尼尔森(参见 Genesereth & Nilsson,1988,Ch. 10)元层架构研究。这儿仅略举数例。此外,本书的一个主要贡献不是某个逻辑语言的形式语义,而是一个较大框架,其中,带形式语义的逻辑语言只是一个构成要件。在规定程序的(更广的)意义上,以及当执行仍然与逻辑证明如比较论证或修正信念紧密相关的某个任务而需要判定系统的可靠性时,这种较广义的理论也能作为人工智能研究的形式基础。总之,当我们仍然坚持上一节中的一般结论时,应当扩大有用形式理论的范围。

第二个问题是,即使同意人工智能系统需要理论基础,仍然可以质问为什么应当用形式方法来表达它们呢?对此,第一个回答是,人工智能系统的许多要素都是直接建立在逻辑之上的(尽管有时是伪装的),正是逻辑使得描述在逻辑层面显得恰当。此外,虽然用自然语言或用某个半形式语言表示的理论肯定会有用,读者可以自己去看看关于知识系统的不同层面分析讨论,如纽厄尔(Newell,1982),但是,重点在于这些理论通常都不充分,因为它们离计算机系统之层面的距离太远。这个距离应当通过形式与更准确的媒介来搭桥。对此,逻辑是明显的候选者。

1.5 本书的结构

14

本书第 2、3 章研究主题从非形式分析开始。第 2 章讨论了人工智能逻辑应用到法律领域,且与法律理论中类似的讨论相关联。第 3 章详细审视了不能用标准逻辑系统来分析的具体法律推理图式,而这些图式常常被作为基于逻辑方法的挑战提出来。我们的结论是，需要一种新的逻辑观，它需要考虑到非单调推理。

形式研究是从第 4 章开始的，我们概述了形式化非单调推理的某些主要方法。第 5 章开始讨论如何使用这些方法来建模法律推理的可废止性。这些主要方法把非单调推理作为一种不一致处理基础，然后第 6 ~ 8 章作了进一步研究。这些章节将本书的可废止推理和不一致信息推理两大主题融合在一起，其中包含了本书的最主要贡献——可废止论证的逻辑系统，即一个建构和比较论证的形式系统。这个系统不仅对人工智能与法，而且对非单调推理的通用人工智能都有贡献。然后，第 9 章对人工智能的相关工作进行了评述，而第 10 章讨论了涉及人工智能与法以及法哲学中系统运用的某些问题。在第 11 章中，我以一个总结和几个结论性评论结尾。

第 **2** 章　法律推理中逻辑的作用

　　本章的主要目的是展示本书的出发点，即在法律推理中逻辑不应当被视为模式而应当被视为工具。我会通过对在法哲学以及人工智能与法中能够找到的法律方法的某些异议之讨论来展开。其中有些方法是第 1 章中所讨论的更一般逻辑批评在法律领域中的应用。第 2.1 节简要讨论了关于逻辑本质的一些基本误解，第 2.2 节详细探讨了另一个误解。将逻辑应用到法律推理的观点与将法律视为能够被以某种方式发现或形式化的融贯系统相同。第 2.3 节涉及批判逻辑方法只能建模小部分推理，其理由是大多数用于法律的推理形式都是非演绎的。最后，第 2.4 节将前三节的主要哲学讨论和人工智能与法中规则推理和案例推理关联在一起。

　　我不会讨论逻辑应用于法律的纯基础问题，诸如质疑规则是否具有真值（von Wright，1983；Alchourrón & Bulygin，1984；Susskind，1987；Soeteman，1989；Herrestad，1990）。从原则上讲，这个讨论肯定与我们的主题相关，因为在第 1 章中我提出，虽然逻辑在人工智能中的直接应用主要出现在证明论层面，但逻辑后承的每个证明论考虑都应当建立在语义理论基础之上。可是，出于实践理由，我将只限于非常简略地表达我的立场。这个问题是乔金森（Jørgensen，1938）明确说出来的，故被命名为"乔金森困境"（Jørgensen dilemma）。另一方面，很明显，只有描述性命题才能或为真或为假，因此，既然规范不是描述性命题而是规范性命题，故规范无所谓真假。另一方面，法律论证或道德论证的前提与结论之间的关系显然不是任意的。这个困难是：假定规范的确没有真假，要么不得不辩护规范不具有逻辑关系，要么不得不辩护规范逻辑不是以真值为基础的。处理该困难的一个办法是：试图通过论证规范逻辑能够建立在真值基础之上，至少如果真值概念被扩充到不仅覆盖了"真实世界"而且覆盖了"理想世界"。这就是标准的道义逻辑方法（参见 Føllesdal & Hilpinen，1970）。另一方面，阿尔罗诺与布里金（Alchourrón & Bulygin，1984）等人试图将规范逻辑建立在除真值之外的其他某个东西之上，有些人甚至选择困境的第一个角（von Wright，1983，p. 132），例如，认为两个规范之间的关系不是逻辑的事表，而是理性法律原则之事情。

虽然本书并不是关于道义逻辑的，但我将非正式坚持这样的观点：如果真值概念被扩展到理想的或几乎接近理想的世界，那么规范能够具有真值。当然，这或许是错误的选择；它可能转向了基于真值之外的其他某个东西的规范逻辑能够给法律推理形式方向一个优越的分析。可是，在我看来，非真值还没有达到优越那个层面（可参见 Herrestad，1990，p. 36），因此，在本书中，我假定了规范在刚刚阐释的意义上是有真值的。

2.1 关于逻辑的三个误解

在接下来的两节中我要讨论对逻辑的四个误解，它们有时在文献中能够找到。既然第四个误解需要不只几个段落，我就专门开辟一节。

2.1.1 "形式化即被完全定义"

有时人们认为，对大量规范进行逻辑形式化是试图给出出现在这些规范中的所有法律概念的完全定义。如果这个批评是对的，那么形式化法律就不是一个好主意，因为毫无疑问许多法律概念无法完全被定义，正如法律理论中关于"开放结构"概念的许多讨论揭示的那样（参见下面第 3.3 节）。

可是，很容易表明，逻辑形式化会留有完全或部分未定义的概念。让我们考虑"禁止在公园使用车辆"这条法律规范。这个禁令可以被形式化如下：

(1) $v \rightarrow \neg p$

其中，v 代表"对象是车辆"，"$\neg p$"代表"对象不允许进入公园"（本书使用的形式符号在附录中有解释）。现在，如果没有关于什么是车辆的进一步规则，那么"车辆"这个概念根本没有被定义，甚至添加了下面这些规则时，

(2) $c \rightarrow v$　"轿车是车辆"

(3) $w \rightarrow v$　"轮椅是车辆"

"车辆"只是被部分定义，因为根据规则（1～3）什么也没推出，比如关于滑板或战争纪念坦克是否是车辆。逻辑形式化并不意味着（2）和（3）是"车辆"概念的仅有可能例示。只有当下列公式被添加时才变得不同：

(4) $(\neg c \wedge \neg w) \rightarrow \neg v$

只有这个公式才使得"车辆"成为一个被完全定义的概念。可是，像（4）这样的公式为真完全取决于立法者如何表示规范或者法官如何解释规范，它不变成为真是因为逻辑形式化。这表明形式化概念只能部分被定义，"逻辑的"世界才能够开放。

2.1.2 "形式化不给解释留空间"

法律推理中运用逻辑的第二个论证是基于这样的观察：由于自然语言的模糊性和含混性，在不解释情况下要形式化法律是不可能的，因此，形式化承载了比其自然对应物更多的信息，而且它对不同解释总是开放的。根据利思（Leith, 1986, p. 546）的观点，这与如下观察相悖：在法律中当把规范应用于案件事实时，正是法官在解释规范，因此，知识工程师的预先解释并不成熟。

当然，每个形式化都是法律解释，这个观察是对的，而且差不多所有利用逻辑来形式化法规的人都清楚这一点。由于这个原因，有些作者，如本奇卡鹏与塞科特（Bench-Capon & Sergot，1985）以及艾伦与萨克森（Allen & Saxon，1991）讨论了让法律知识系统包含更多可替句法形式化的可能性。可是，如果说借助于形式化根本不给法官留有解释空间，那就忽略了解释的两个层面之差异。第一个层面是句法层面，在这个层面上出现了涉及表达式的正确逻辑形式问题，比如一个规范说"教会学校有权获得财政支持"是否排除了"其他宗教学校无权获得财政支持"呢？换句话说，这个规范是一个充分条件还是一个充要条件呢？逻辑形式不得不在这两种可能性之间做出选择，并因此而解释规范。这种情况的一个变形是对一个自然语言表达式出现在几个规范中但具有相同意义或者在每个规范中具有不同意义进行辩论。总之，关于解释的句法层面，利思的观察是对的。

18　　可是，除了句法层面之外，还有一个概念解释层面：在这个层面上解释问题是关于作为法律概念例示的事实情形之分类的。不像句法层面问题，这些问题不是逻辑形式问题而是内容问题，正如前一节所描述，逻辑形式化对这类问题是开放的。因此，虽然形式化引出了什么可以被形式化的唯一句法解释，但那并不强制要求有唯一的概念解释。

2.1.3 "逻辑排除非演绎推理模式"

关于逻辑的第三个误解已经在第1.3.3节中讨论，这个误解几乎不如前两个那样根本，其观点是：用逻辑公式形式化一条信息，使得不可能借助除演绎之外的其他方式来用这条信息进行推理，因此，可以说，基于逻辑的知识系统不能执行像归纳推理或类比推理之类的其他有用推理模式，特别是对于法律领域的系统来讲，这是一条捷径，因为律师常常进行非演绎推理。事实上，借助这个批评所拒斥的这个观点正好把法律系统视为公理系统，即（在中立意义上）把法律规则视为公理，并且把推理视为只是从这些公理出发的演绎推理。

可是，逻辑根本没有强制对推理采取公理观。正如第 1 章所说，这种批评忽视了两个区别：其一，它忽略了逻辑语言之语义与推论规则之间的不同。虽然逻辑学家的确常常主要关心尊重形式语义的证明系统，但并不排除推论规则不发挥作用而照常运转的可能性。本书几乎整个形式部分（第 4～9 章）都会致力于一种演绎不可靠的推论模式——非单调推理。这个批评忽略的第二个区别是，逻辑推论与逻辑推理之间的区别。在第 1.3.3 节中，我们已经论证了推理不只包括进行逻辑推论，这将在第 2.3 节进一步说明，其中会讨论推理的一种非推论性方式，即类比推理。可是，首先要讨论一个批评，即责备逻辑隐含了甚至比推理公理观更强的某个东西。

2.2　"演绎谬误"

本节讨论的是关于逻辑的最后一个误解，即批评使用逻辑方法就意味着承认了如何实现正义的某种素朴简单观点。虽然涉及使用 19 逻辑具有某些后果这个观点确实为假，但我们会解释使用逻辑方法根本没有承诺这个观点。

2.2.1　"素朴演绎主义"

当前批评关注的是法现实，这种观点几乎从未明确被维护过，还经常受到攻击。在文献中它主要以不同方式涉及，如"机械法学"、"概念主义"、"形式体系"、"法律主义"等，还有一种用法叫"规则推理"。本书的其余部分将其当作法律推理的素朴演绎观。这是一种过时观点，把法律认为是一个能够用某种方法发现的、一致的、完全的规则整体。根据这种观点，所有法律推理都在寻找有效规则并且用演绎方式将其应用到案件事实。我们应当小心地把这种看待法律的方式与第 2.1.3 节中所描述的公理观相区别开来，那只是一种关于如何解释问题而关于公理的状态什么也没说的形式观点，而法律的素朴演绎观是用事实上前提的真或有效很容易被确认的信念来补充了的法律推理公理观。

佩雷尔曼和奥尔布海修特－泰蒂卡（Perelman & Olbrechts-Tyteca，1969，pp. 197～198）给素朴演绎观一个很好的描述，在讨论处理不相容性策略时不要局于法律中的推理（要注意在这个片段中，"逻辑"与"逻辑的"两个术语是在非形式意义上使用的，它仅指描述的策略，并不是指形式逻辑）：

> 第一个（策略）可以叫作"逻辑的"策略，主要关注的是试图通过应用某人正接受的规则、法律和规范来预先解决在绝大多数多变情况下产生的一切困难与问题。这种逻辑方法假定这个人能够充分澄清其使用的观点，充分澄清其所调用的规则，从而使得借助简单演绎过程就能毫无困难地解决实际问题。这意味着只要消除了不可预见的东西，已经掌控着未来，一切问题在技术上都是可解决的。

作为法律现实的一个模型，没有人会怀疑素朴演绎观太简单。法律推理复杂性的第一个根源是：法律通常是重大社会政治斗争的产物，因此，它常常是模糊的，有时甚至是不一致的。法律领域的另一个复杂特征是：世界如此复杂，立法者无法预见每件事。这有着各种各样的后果：首先，法律和既定先例往往根本不能解决一个具体问题，因此不得不找到这个裁决的其他根基；其次，法律常常包括通用术语，在将其应用到案件事实时会导致实质不一致；最后，既然规则本身很清楚即并不模糊，当适用规范被认为不恰当时仍有不可预见的情况出现。

对于法律推理的现实模型来讲，这些复杂现象至少有两个后承：首先，既然在处理不完全、不一致或模糊规则和先例时，社会政治因素不可避免发挥作用，那么在法律现实的模型中忽略这些因素通常都被认为过于简单化。其次，即使从理论上可以认为每个法律问题都有一个正确答案的辩护，在实践中也几乎没人相信这个答案仅仅借助将某个无争议的法律公理应用于案件事实便可获得。因此，法律领域更现实的图景是：即使案件事实已达成一致意见，仍然可能存在意见不一致，如关于法律规则或法律概念的解释，关于法律规则的有效性，关于基于某个法律原则或社会政治需要规则是否有例外，关于先例的约束力等。因此，有时可以说在法律中几乎为任何观点进行论证都是可能的。实际上，法律知识是无法通过某个客观方法来"发现"的，而是在"说服斗争"中被论证出来的。当然，法律领域包含不一致意见的程度是可辩的，此时此刻越来越不那么极端的立场已经得到辩护。不过，我相信刚刚勾勒的"现实"观包括了一个重要的真值度，因此，要记住接下来的逻辑研究将是基于这个观点的。

2.2.2　批　评

利　思

我们目前处于描述关于逻辑的最后一个误解的位置：用一句话来讲，我们的观点是使用逻辑方法是将素朴演绎观应用到推理的一个表征。这个批评的一个非常清楚的例子是利思（Leith，1986，p. 546）给出的，他是第一个精细描述法律中素朴演绎观的人。

（……）存在像"清晰规则"这样的东西——那是一条在很大程度上无需进一步思考就能应用之规则。

但他后来马上补充到：

对于逻辑学家来讲，那就是司法论证必须而且确实由它出发的大前提。

在第 549 页利思进一步说：

事实上，逻辑命题正好是清晰规则的另一种形式——它不包含语境信息，正是法条被认为是用来解释自身语境的，正是其构成要件已被论证过的法条不应当向解释开放。 21

最后，在第 550 页他说：

> 逻辑学家一定是那些坚信通过逻辑就能很好地找到正义之人中的一部分，认为通过法律规范一步一步推导的逻辑推理就能找到正义。这是我们要拒斥的观点。……我们认为，法官应当对他们的裁决负责。他们不是用排除社会因素和语境的形式方式应用法律，而是按照立法者或社会所希望的方式应用法律。

这个批评与前一节中最后的论证相当不同：那个论证只相当于形式批评，即律师并不总是在进行演绎推理，而是常常用其他模式进行推理。而利思的批评不是对形式的而是对内容的批评。他说。法律逻辑学家持有的是"虚假认识论"（Leith，1986，p. 552）。根据利思的观点，使用逻辑方法表示法律知识，意味着承认了一个哲学学说，其中一个完全的、一致的法律规则体系被作为"实然法律"，这种发现大部分是通过审视法律与既定先例来完成的，而且在行使正义时就是从这些已发现的规则体系进行必然演绎。特别是，利思前面关于什么是逻辑命题的评述表明，他认为形式化规则就是将其视为一个有效的法条。

由于这些影响，逻辑迫使法官做出他们不想做的裁决，并会排除来自法律过程的社会政治考量，从而使法官丧失了对其裁决的道德责任感，法官被迫说："我想换个方式裁决，但不幸的是，逻辑命令我这样裁决。"利思（Leith，1986）前面的最后一段引文给出了这个批评的一个典范，并且在其他地方，也能找到正是逻辑而非前提对不想要结论负责之观点，萨斯金德（Susskind，1987，p. 197）引用了一位不喜欢应用具体法条之结果的英国法官的话：

> 在我看来，不允许将形式逻辑规则应用到这个法案，因为它过于严格。

而且舒伊特曼（Soeteman，1989，第 230 页的脚注 18）也提到恩斯赫德（Enschedé，1983，pp. 53~54）也持有类似的观点。

图尔敏

利思并不是将素朴演绎观归咎于逻辑学家的唯一一个人。同样的批评在哲学家图尔敏（Stephen Toulmin）的著作中也能找到，他的观点在最近几年受到人工智能与法研究者的关注，比如戈登（Gordon，1994；1995）的关注以及弗里曼和法利（Freeman & Farley，1996）的关注。在图尔敏情形下，更详细的分析是必要的。

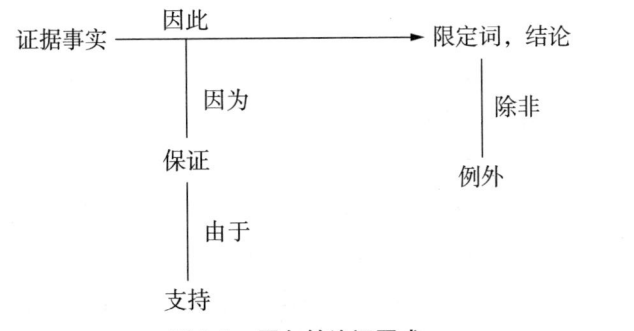

22

图 2.1　图尔敏论证图式

图尔敏论证模型（Toulmin，1958）的基本要素有：结论（conclusion）能借助证据事实（data）获得，证据事实借助保证（warrant）而变成理由（reason）。结论会受到诸如"一定"、"可能"、"大概"之类的语词限制，同时会被用例外情况来反证（rebut）。关于保证，逻辑学家们或许试图将其视作为一个全称前提——三段论的"大前提"——但图尔敏似乎将它解释为域推定推论规则（用他的术语叫"推论许可证"，第 98 页），而且它易受到反证，是可废止的。保证应当由支持（backing）来证成，例如在现实领域中这些可能是对规则性的观察，其中保证是通过归纳概括出来的。在法律领域，支持的例子是对相关法规的条款和制定日期的观察。逻辑学家们会说支持是接受论证前提的理由。图尔敏用图 2.1 中所展示的图式来总结这一点。

在图尔敏模型中，一个重要的区别是分析论证与形式有效论证之间的区别。如果证据事实和支持一起"衍推"结论，那么该论证就是分析的，否则就是实质的。另一方面，形式有效论证具有这样的形式："证据事实，保证，因此（限定词），结论"，其中，保证确实允许（限制性地）推导出结论。根据图尔敏的观点（Toulmin，pp. 119~120），其根本区别在于：一方面，通过弄清适当的保证任何论证都可以被翻译成形式有效的形式，而另一方面只有少数论证是分析式的，也就是那些数学论证（Toulmin，p. 127）。现在，就我们的目的来讲，在图尔敏推理进路中最根本的是他并没有讨论通过弄清适当的支持用类似方式使得任何论证变成分析式的可能性，因此，可认为图尔敏把分析论证的支持视为在某种程度上是客观给出来的。因而，我们可将图尔敏的分析论证定义改写为"分析论证就是指其结论能够从不可受挑战的命题出发只需借助形式有效步骤就能推导出来的论证"。宽松地讲，既然图尔敏并没给出其概念的精确定义，分析论证就是指那些使得论证形式有效的适当保证是"等价于"支持或是由支持"衍推出来"的论证。

现在，图尔敏对逻辑家的批评是，他们把数学推理模型当作所有推理的范式，他的意思是只利用了分析论证作为推理范式。根据图尔敏的观点，逻辑学家关心的不是形式有效的论证，而是只关心分析论证（Toulmin，p. 149）。总之，我们可以从图尔敏的论证模型以及他对形式逻辑的批评中推导出来的东西是，图尔敏在责备逻辑学家主张素朴演绎观对任何种类推理都成立。

2.2.3 误 解

从历史上看，将素朴演绎观归咎于逻辑学家是可理解的，因为20世纪逻辑学的惊人发展基本上是研究数学基础的结果，即试图将传统数学观形式化为从自明第一原则出发的、可靠演绎推理之结果（参见如 Beth，1965）。人们通常假定，如果逻辑被应用于法律中，可能通过它被用于数学中的类似理由来做到，即将法律科学建立在可靠的自明的基础之上。

作为对这个批评的回应，首先应当说素朴演绎观并不是逻辑本身所蕴涵的。[1]逻辑只是关于论证形式的：逻辑要做的唯一事情就是将前提与结论关联起来；前提是否可接受的问题完全落到逻辑范围之外。甚至结论是否可接受都与逻辑无关：如果有效论证的结论被认为假，那是因为其他某些未包括在前提之中的理由，那么在逻辑理论中没有什么东西能够保护前提被改变；逻辑并不关心找到正确答案，而只关心使用正确的推论规则。换句话说，如果你不喜欢这个结论，那么受责备的不是逻辑而是前提。

为了将这些评论应用于图尔敏的批评，应当强调根据图尔敏所描述的"数学"推理模型，只是一个认识论模型而不是形式模型。法律逻辑学家根本不需要法律问题的答案应当从可靠的、自明的第一原则逻辑推导出来；如果问逻辑学家到底需要什么，那么用图尔敏的话来讲他们只需要结论从证据事实与某个恰当选择的保证中推导出来，以及这个保证是否被充分支持了。后一个问题已不在逻辑范围之内，那是一个认识论问题。再用图尔敏的话来讲，但与他所说的相反：逻辑学家研究形式有效论证，不研究分析论证。

利思（Leith，1990，p. 63）和图尔敏也都意识到了逻辑的有限形式范围，他们的主要批评似乎是逻辑学家们自己没有意识到这一点。可是，作为一个经验陈述，这只是一个假命题。在利思给出最严厉批评的群体中也有许多反例，如伦敦帝国大学的逻辑程序团队（参见 Bench-Capon & Sergot，1985；Sergot，1990）。本书旨在给出又一个反例。

我之所以讨论利思和图尔敏的批评的最后一个理由是：他们表达批评的方式往往使几乎没有受过逻辑训练的读者都很容易相信正是逻辑本身蕴涵了素朴演绎观。前面引用的利思（Leith，1986，p. 549）对逻辑命题的评论就给出了一个例子。另一个批评逻辑的

[1]　指向这个误解的其他人有尼文惠斯（Nieuwenhuis，1976），阿列克西（Alexy，1978，p. 282），舒伊特曼（Soeteman，1989，pp. 229 ff）和塞科特（Sergot，1990，p. 28）。

是佩雷尔曼，他自己也清楚意识到逻辑的有限范围，有时也用令人困惑的方式来表达其观点，例如在前面引用的著作（Perelman & Olbrechts-Tyteca，1969，pp. 197~198）以及另一本书中（Perelman，1976，p. 6）：

> 由于差不多总是受到挑战，作为纯形式演绎推理的对立面，可以说就客观方式而言，很少能把法律论证考虑为客观上正确或不正确。

如果"作为形式演绎推理的对立面"被"作为数学推理的对立面"替代，那么这个陈述很少有问题。那么这个对比就是前提状态的对比，这可能才是佩雷尔曼想要说的。

为了总结这个部分，需要再次强调，逻辑根本没有对形式化知识本质的具体认识论观作出承诺：用逻辑形式化法律规则并不认可这些规则，如果主张根本不存在判定前提的真值或有效性的客观标准，逻辑甚至也能使用。在逻辑论证中，前提的真完全是假定的。

25　　2.2.4　批评的好处

虽然利思、图尔敏以及其他学者把素朴演绎观归咎于逻辑学家是错的，但人工智能与法研究者们肯定知道这些评论。这些批评家的第一个优点就是，他们把矛头指向了建模法律推理时形式方法的有限范围，强调必须给内容的社会政治或道德裁定留出空间。可是，应当意识到这种正确批评不只可以应用于逻辑，而且可以应用到法律推理计算化的一切企图，因为正如第1章所说，人工智能必须将自己限制到能够形式化的推理方面。

批评的第二个好处是，可以看出，法律推理的形式部分甚至比法律推理公理观更为复杂，这在第2.1.3节已经描述。前面已经指出，这种观点基本是没有认识论抱负的素朴演绎观。事实上，对逻辑的批评支持了本书的观点，那就是逻辑不应当被视为法律推理的模型而应当被视为工具。简言之，我们能够说这个批评使我们意识到法规与法律之间的区别。此时，我不是说也存在其他重要的法律知识来源如先例，我的意思是法律规则表达的不是"法律"而是"话语对象"（Leith，1986，p. 548）。这种话语能够被应用，但也容易遭受质疑。根据利思的观点（Leith，1990，p. 103），规则是"无法用演绎公理方式……来使用的柔性对象"。同样地，加德纳（Gardner，1987，p. 3）也用"规则指引的"来替代"规则支配的"来描述律师的推理。

在法律推理形式模式或知识系统中应当以何种方式使用逻辑，这儿有几个重要结果。最起码一点，既然法律领域充满意见不一致，那就应当有一些基于知识的系统，其中能够使用不一致知识库以一种不平凡方式来进行推理，也就是说，这些系统要能够针对某一特定结论产生出支持或反对的可替一致论证，这正如律师在实践中所做的那样。此外，如果一个程序应当更多利用规则而不是仅仅应用规则，那么它应当能做"关于规则的推理"（reason about rules）以及表达关于它们的知识，例如，用比较论证或规则的标准形式来表达。换句话说，应当有能够包括元层面知识的系统，这种知识是针对建模某种元层面推理需要的。关于这两点我会在下一章做出更详细的讨论。最后，正如图尔敏、佩雷尔曼、阿什莉和里士兰已经正确观察到的那样，归纳与类比在问题求解中起着重要作用。因此，逻辑方法应当被嵌入同时也顾及到了这些其他推理模式的法律推理模型之中。更多关于应当如何做到这一点，将在下一节会讨论。

本节的批评不仅与应当以何种方式使用逻辑的问题有关，而且与何种逻辑系统是最好用的问题有关。根本不存在唯一的、普适的逻辑系统。针对推理的不同方面有不同的逻辑系统，而且不同的细节层面也有不同的逻辑系统；逻辑学家常常不同意有分析推理具体方面的最佳办法，因为常常有竞争性理论被提出来。眼前有些批评被作为对某些现有具体逻辑系统的异议而被证成，如图尔敏（Toulmin，1958，p. 142）正确责备了当时逻辑学家们忽略了法律推理的

26

可废止本质。这一点在前一章某些人工智能研究者们给出的某些批评中已经讨论过，他们认为标准逻辑无法分析人们从不一致知识获得有用信息的方式。可是，不应当把对具体逻辑系统的异议与本身拒斥逻辑相混淆。可废止推理以及从不一致知识得出重要结论的推理都是极有可能的，正如已被其他人已经演示一样，而且下一章我也将进一步展示这一点。

2.3　用逻辑工具进行非推论性推理

本节要致力于使用逻辑的最后一个批评。有些批评者（如 Perelman & Olbrechts-Tyteca，1969，pp. 1 ~ 4；Rissland，1988，p. 46）认为，在推理中虽然逻辑作为工具并不会产生错误，但它不能用于非演绎推理，而它却构成了法律（以及其他许多领域）中推理的重要部分。本节的目的是要表明逻辑的作用不如批评者所宣称的那么不重要，我将通过对一种非演绎推理——类比推理的分析来揭示这一点。另一个目的是要表明类比推理并不是除演绎推理之外的另一种推理模式，而是除裁决证成以外的一种本质上不同活动的示例，因此它被称为"非推论性"推理而不是"非演绎"推理模式。

类比推理常常被认为是案例推理的一个基本要素（参见 Ashley & Rissland，1987，p. 67）：

为了证成委托人在具体事实情形下应当赢得官司的断言，辩护人将其与类似情况下当事人赢得官司的先例进行类比。

在特征上，类比推理被认为是非演绎的，例如里士兰和阿什莉（Rissland & Ashley，1989，p. 214）将数学背景案例推理与演绎推理进行了比较，并认为：

27　　……（在数学中）一个人不是通过引用个案而是通过逻辑推论方法来证成结论。

根据这些引用，与用演绎推理来证成之不同之处在于：用类比推理证成裁决并不要求新个案与先例的所有特征精确匹配，而只需要这些个案充分相似。这些评论包括两个要素：首先，类比被认为是一种证成；其次，它是非演绎的。

本节打算要表明的是，类比的证成力完全是内容的事，因此，类比推理不应当被认为是一种证成结论的方式，而是一种建议新前提的方式。此外，我们也将表明类比推理本身用特定方式在使用逻辑。在哲学和人工智能文献中，各种类型的类比推理以及由它组成的各种应用都被讨论过。我将关注那些计划用来在个案中证成规范性裁决的类比推理。这种假定的证成是由陈述当前个案与被认为某个具体规范结论所依赖的过去个案之间的相似性构成（Sacksteder，1974，p.235）。在讲到这种类比时，需要区别两个基本要素：第一，必须判定这些个案在哪些方面可比较；第二，必须判定在什么条件下这些个案相似。

在荷兰民法中能找到一个提供深入洞察类比推理的有趣例子（Scholten，1974，pp.60ff）。这个例子由比较一个案例与一个法律规则的先例所构成，而不是比较两个个案。《荷兰民法典》（BW）包括了"出售公寓不会终止现存租赁合同"之条款（1612 BW），被比较的个案是要捐赠房子而不是要卖房子。目前，在荷兰法律中证成类比所使用的方式是，首先看到"卖"和"捐"都是更一般法律概念"转移财产"的事例，然后论证《荷兰民法典》第1612条是建立在"转移财产并没有终止现有租赁合同"原则基础上的，因为这条规则确实被接受为《荷兰民法典》第1612条规则背后存在的原则，且《荷兰民法典》第1612条规则与使捐赠房子行为不终止租赁合同的裁决逻辑上都能够从这条规则推导出来。这个例子表明，在类比中重要的是相比较的两个个案均为更一般的法律规则或原则，根据这条规则或原则我们能够推导出两个个案都想要的结论（也参见 Sacksteder，1974，p.236；Bing，1992，pp.105~106）。如果

在知识库中这样的规则已被给出，那么系统当然就能应用这条规则，
28 这只是逻辑推论。有趣的个案是，那些系统不得不用非演绎但形式上
已定义的方式根据某个知识库条目来建构这样的规则。

在这个例子中，进行类比的基本要素是什么呢？就有关方面来
讲，很明显有关行为的法律状态被认为是相关的，而行为的财务后
果被认为是不相关的。此外，如果两个行为的法律状态被认为是
"转移财产"概念的事例，而且还满足了《荷兰民法典》第1612
条的其他条件，这两个个案就被认为是相似的。因此，类比的两个
基本要素在构建规则接受时得到了反映。

现在让我们来回答潜藏在讨论这个例子背后的问题，为什么要
提出类比不是一个推论模式呢？在这方面，需要谨记问题求解的发
现语境和证成语境之间的最重要区别。逻辑本质上涉及的是在给定
前提集之下来证成问题的解决方案，无论用什么方式，这个解决方
案已经获得，而且所有前提都已被选定。一般来讲，每个推论概念
都是证成语境的一个方面，只有在某些方面且在某种程度上证成了
具体结论是由选定前提所蕴涵的东西才能称为推论模式。这意味
着，只有结论被以某种方法建立在推演方式之上，即它是建立在推
理模式形式之上的，这个推理模式（在给定前提下）才具有证
成力。

那么，作为推理形式，类比推理的证成力如何呢？最重要的一
点就是类比推理的基本要素，即判定哪些方面可比，以及判断什么
时候个案相似，这些不是形式的而是内容的事情。如刚才所说，在
上述例子中这些判定在接受类比的这条规则时已得到反映，而且是
否应当接受这条规则已是一个规范判定，正是这个判定决定了类比
的证成力。如果两个案件不完全匹配，并根据两个案件之不相似性
正好从相同前提给相反结论构建一条相反规则总是可能的，并且假
如在民事诉讼中对方确实做了这件事，那么必须在这两条规则之间
做出一个选择。这表明那完全是内容的事。同时，这也表明，即使

所有前提被接受了，类比提出的结论之证成并非由它获得的方式来
判定，而完全是由决定接受类比背后的这条规则或者用更一般的术
语来讲是由判定哪些方面是相关的并且什么是相似性度量来决定
的。如果这些内容考虑被揭示出来，那么似乎所需要的唯一证成风
格就是做出逻辑推论了。总之，如果在具体个案中规则耗尽了但还 29
没有提供任何决定性理由来接受建议前提，那么类比推理是一种建
立额外前提的方式。类比推理不是一种推论模式而是一种试图发现
新信息的启发原则，并且它同样是问题求解之发现证成的一个方面
（也参见 Nieuwenhuis，1976）。

　　事实上，像里士兰和阿什莉（Rissland & Ashley）的"海波系
统"（HYPO）之类的系统正是根据这种类比推理分析发挥作用的。
它并没有一个充分相似的绝对概念，只有一个更相似的相对概念。
此外，在没有给出任何理由优先选择哪个可能论证行动的情况下，
不管系统用户希望得到什么，它的任务不是证成具体个案中的裁
决，而是基于分析或区别一个个案来给出一个可能的论证行动。海
波系统要建模的是发现语境方面而不是证成语境方面。

　　上述例子也表明，在类比推理中逻辑仍然在发挥作用。一般来
讲，发现新知识的启发原则也必须根据逻辑表达式的语义来运算。因
此，逻辑的第一个作用是肯定的，即它是指向类比推理所依赖之规则
的：只有那些规则是有用的，在逻辑上它们蕴涵两条规则或者蕴涵两
个被比较的判例法裁决。此外，当我们说一个基于分析与区别个案的
论证并不是从初始知识库逻辑上推导出来之时，逻辑起着关键作用。
这个作用并不完全是否定的，因为它具有实践重要性，如果把类比推
理和演绎推理相比较，这就变得很明显。如果答案是从知识库中演绎
推导出来的，那么系统用户当然并不知道他或她会赢得本场官司，但
用户确实知道如果包含在知识库的信息竟然是假的，他或她就会松
动，因此，用户只需要预先攻击前提。可是，如果论证是基于类比
的，他或她就必须预期更多的前提，因为反对者可能也会基于相同前

提通过区别这些个案或基于冲突先例即反例来构建论证。因此，在这类个案中，他或她应当预先攻击类比背后的规则或原则。

让我们总结一下本节的结论，类比推理不是作为一种推导出结论之不同方式，而是一种形式上被定义的提出新前提之启发原则，其中想要的结论可以通过逻辑工具获得，但它本身并不提供任何接受前提的理由。因此，类比推理示例了不仅是进行推导的事实，而且示例了逻辑成为非推论性推理工具的事实。

30   2.4   规则推理与案例推理

我把前三节和人工智能与法研究的基本议题之一——规则推理与案例推理之区别——相关联来结束本章。对案例推理研究（如Ashley & Rissland，1987；Rissland & Ashley，1987；Rissland & Ashley，1989；Ashley，1990；Skalak & Rissland，1992）起于早期案例推理的提出者们对称为"基于规则的系统"发展之不满。一般来讲，这个批评是：基于规则的系统是建立在法律推理模型基础之上的，其中对用一般规则来解决法律问题过于自信（Rissland，1988；1990）。虽然作者们并不总是弄清了借助"规则"和"规则推理"之含义，但大多数规则推理是用公理化观点的方式来描述的。

（……）用规则集来处理困难的一个典型的基于规则方法是在程序中编码规则之前要着手解决冲突。

而且里士兰（Rissland，1990，p. 1967，fn. 56）认为：

（……）基于规则的方法假定了规则没有含混、空缺以及冲突之类似的固有困难。

有时，这甚至等于素朴演绎观，如利思所描述（Leith，1986，p. 546）：

"基于规则"的法哲学家假定我们将法律看作一组规则，其中，至少对我来讲，它们似乎具有"自己的存在"。把这些哲学家看作法律形式技术的代理人是不公平的，因为他们坚持正义最好使用形式技术方式通过"应用规则"来达到。

根据规则推理观，像这类假定都不现实：法律纠纷常常无法用可获得的规则来解决，因此，律师必须求助于用个案进行推理，不管是用先例还是假设例子。案例推理关注的正是法律推理的这个方面。

与本章相关的是，"基于规则"术语往往等于"基于逻辑"，因此，这个词对"规则推理"的否定反映为对"逻辑"这个词的否定。可是，到目前为止，很明显使用逻辑决不意味着域知识被视为一致公理系统，在其他类型法律推理中把逻辑当作一种工具完全可能。因此，我提出使用"基于逻辑"这一术语也是针对把逻辑作为工具之系统的。如果用那种方式来使用，这个术语也涵盖了像详细说明某个或某些表达语言的知识之含义的东西，这意味着，在定义何时知识库不一致或者何时两个论证矛盾时，需要判定具体修正不一致知识的后果或者两个论证冲突的解决方案之后果。此外，用这种方式归纳推理和类比推理都能称为"基于逻辑"，因为，正如我们所看到的，这些推理模式可被定义为逻辑表达运算。总之，甚至常常被说成是"基于案例"推理之方方面面，如法律概念的可废止性以及规则与类比推理之间的冲突处理，都部分能够用基于逻辑方法来建模：逻辑分析不仅能用于澄清规则推理的方方面面，而且也能追加到理解案例推理上。逻辑既可用作规则推理又可用作案例推理的工具。

2.5 小 结

本章的目的是判定在人工智能与法中逻辑的恰当作用。我们看到，使用逻辑形式化法律知识并没有承诺如何实施正义的某个极端观点，即在没有看到社会道德后果情况下严格应用法律规则。由于逻辑与前提的状态无关，而只与论证形式有关，因此，如果结论被认为是不想要的，拒斥前提总是可能的。

可是，我们也看到了，法律推理的真实模式应当允许的不只是一个用某种逻辑语言描述的法律"公理"之上的可靠定理证明机。许多法律知识的不完备性、不确定性和不一致性要求用一种不同于这种推理公理观的方式来使用逻辑，即进行时逻辑推论不应当被看作推理的模型而应当视为推理中的工具。

此外，有些理由暂时表明法律推理为什么提倡不同于标准逻辑工具的逻辑工具。标准逻辑主要是针对在数学推理中的运用而发展起来的。下一章将致力于详细分析法律领域这些非标准特征的某个特征，其中有些要求从不一致信息得出重要结论，而其他则要求得出可废止结论的可能性。

第 3 章　新逻辑工具的需求

　　正如第 2 章已经指出的那样，由于法律推理的素朴演绎观站不住脚，这限制了标准逻辑方法的应用，因此，我们需要新的逻辑工具。在本章中，我将详细探究该局限性的原因以及所需新工具之本质。第一个原因是法律推理的"规则指引"（rule-guided）而非"规则支配"（rule-governed）之本质。由于法律所应用的世界之开放性和不可预见性本质，以及法律纠纷中相关的诸多竞争利益和道德观念，法律规则常常不是被遵循而是被质疑，因此，它们常常受在法律中没有明确陈述之例外的支配，这就提出了表达法律推理的暂时的、可废止的性质，第 3.2 节我会致力于探讨这个问题。标准逻辑问题的第二个原因是必须处理立法者无法预见的一切事情，因此，法律规则往往谨慎地留有余地，把事实情况归类到出现在规则条件中的概念事例，结果归类问题常常给冲突观点留下空间。这里产生的逻辑问题将在第 3.3 节讨论。

　　针对法律推理逻辑分析的这两个挑战源于法源信息的不确定本质，也就是它的不确定性和不完备性。此外，法律有某些具体的结构特征，在对其形式化进行维护时也需要非标准逻辑工具，其中之一就是在法律中规则与例外的分离，另一个是冲突规则的使用。这两个特征都会在第 3.1 节中处理。这一节的形式讨论也与本章其余部分相关，因为虽然所讨论的现象在法律上不同于第 3.2 节和第 3.3 节所讨论的那些现象，但它们的逻辑结构通常是相同的。因此，第 3.1 节会比其他章节更深入探究形式细节。

　　接着前三节讨论法律推理的非标准方向例子，第 3.4 节讨论的是所需新逻辑工具的一般形式特征，同时还给出了为什么要在人工智能与法中研究它们的一般看法。最后，第3.5节给出了一个概34 观，用现有的人工智能与法工程建模本章所认同的法律推理之某些非标准特征。

3.1 法律的规则与例外分离

法规结构展示了限制标准逻辑应用的某些显著特征。第一个特征是，在法律中规则之例外常常没有包含在规则描述中，但会在其他某个地方表述。第二个特征是，甚至在法律内不能总是防止规范之间的冲突。有时，这种冲突可能通过一般冲突规则来解决，这种一般冲突规则是建立在冲突规范的状态分层、颁布时间或适用范围之上的。可是，本节中将表明，甚至在这些情况下单凭标准逻辑我们无法建模推理过程。事实上，这些冲突规则也会产生独立的规则和例外，因为一条规则优先于另一条规则的影响是，在冲突情况下优先规则构成了被击败规则的例外。因此，本节的主题是把规则与例外分离，冲突规则的其他方面将在本节最后简要讨论。

为了保持形式化的结构尽可能与它的渊源靠近，本节的目的是展示刚刚提及的特征所产生的逻辑问题。主要问题是，如果使用标准逻辑技术，主张形式化中规则与例外分离就会出问题（也可参见Nieuwenhuis，1989，p. 62）。许多人主张放弃这个分离以克服形式化之不足。最近几年，就建构法律知识库系统的目的来讲，信奉原文方法，有时被称为"同构形式化"，常常被辩护为对法律知识进行结构化的最佳方法（Karpf，1989；Nieuwenhuis，1989；Routen & Bench-Capon，1991；Bench-Capon & Coenen，1992）。此外，保护原文结构被认为有利于检验和维护。可是，这个目的面临着几个障碍，其中一个就是在法律中必须处理从一般规则中分离出来的例外。

在人工智能中，规则与例外的分开形式化也是独立于源头结构相似性目的，这种方法常常被认为是表达例外的最佳方法，再就是因为检验与维护的缘故（参见 Touretzky，1984，pp. 107～108；Loui，1987，p. 106；Poole，1985，p. 146）。可以说，这降低了个别规则的复杂性，且支持了形式化的模块方法，即独立于域的其他部分来表达一个知识块，如它使得在不必改变旧规则前提下添加新例外成为可能。因此，当前研究不仅和人工智能与法相关，而且与一般意义上的知识表示研究相关。

在人工智能与法研究中，对来源和形式之间结构相似的期望绝不是无可争议的，比如看看本奇卡鹏和科尼（Bench-Capon & Coenen，1992）讨论过的塞科特之异议。在这方面，应该说我的目的不是要为这种方法进行论争。我的立场主要是那些归咎于结构相似性的其他价值使得在这种表示可能条件下值得研究。我的主要结论是，不提及非标准逻辑，这个问题的讨论就是不完全的，因为一个人要想维护规则与例外分离，他就必须接受系统的推理行为成为非标准的，尤其是非单调的。当然，如果我根本没有看到以结构相似性为目标的任何关键点，我不会探讨这类问题，但我认为其愿望仍然必须用实践来证明自身。事实上，我的研究甚至会为这个目标的反对者提供武器，这将在第 10 章第 10.1 节中进一步阐释。在本节中我将追寻下列术语问题给出一些在法律中将法律规则与例外分离的例子，然后我将表明，如果它们的分离值得维持，那么为什么它们会引出针对标准推理的问题。在此基础上，我将提出两个半形式方法来解决这些问题。

3.1.1 术 语

本书的其余部分我将论及作为源单元与知识库单元之间关系的结构相似性。我所说的源单元是指可以抽取出规范的最小可识别源单元。准确地讲，最小单元部分取决于形式化之目的以及所需的细节层级之类的东西。我认为大多数情况下它是一个分段或一个编码的小分段，在本节的例子中，这会是切实可行的标准。我所说的知识库是一个充分条件或一个充要条件，这使人想起本书研究的是知识表示的逻辑层面。结构相似性是形式化过程结果的一个方面，应当小心地将其与模块性相区别开来，因为模块性是形式化过程自身的一个方面，它被描述为形式化单元而不必考虑其他单元。在常常使用的"同构"术语（不完全等同）的其他地方，有几个"同构"定义可以找到（Bench-Capon & Coenen, 1992; Karpf, 1989; Nieu-wenhuis, 1989）。可是，我相信这个描述抓住了所有定义的本质，
36 因此，当前背景下它们的区别并不重要。

上述讨论意味着从结构相似性可推演出两种情况，即一个源单元被形式化为多个知识库单元以及一个知识库单元包含多个源单元概念（除非一个源单元本身涉及其他源单元）。这在下面将作为例3.1.3。关于检验与维护，一般来讲，只有第二种情况被认为会产生问题。因此，本节以及本书主要讨论的问题是，在法律中通则与例外被分开表达时如何避免第二种情况。首先要给出几个取自荷兰法律的例子。

3.1.2 例 子

我现要列出几个典型相对于法律的表示与技术的例子。它们将作为通贯全书的例子。此外，它们将在第 5.1 节中展示例外种类的分类。

> **例 3.1.1** 《荷兰租借法令》（荷兰语为"Huurprijzenwet"，简称 HPW）第 2 条之规定，本法令不适用于本质上涉及短期使用的租赁契约。既然《荷兰租借法令》第 2 条没提及本法令的其余部分，这一节事实上引出了《荷兰租借法令》其余部分暗含例外。要注意《荷兰租借法令》第 2 条本身并不与另一条规则相抵触，只是会导致在特定条件下其他规则不适用。

　　例 3.1.2　根据《荷兰民法典》（BW）第 6 条第 2 款第 2 目之规定，一条对债务人与债权人关系有约束力的规则，除其他方面之外由于法律而不适用于给定情况下根据合理性和公平原则不可接受的范围。这条规范的作用与在例 3.1.1 中《荷兰租借法令》第 2 条的那条很相似，它使涉及债权人与债务人的所有规范都有隐含例外。

　　例 3.1.3　《荷兰租借法令》第 4 条规定了一年改变一次租借可能性的充分必要条件。《荷兰租借法令》第 30 条第 2 款明确规定了这部分的例外。这条规则规定：1976 年以前的租赁合同中与《荷兰租借法令》第 4 条相反的租金必须直到《荷兰租借法令》颁布 3 年后才可改变。

　　例 3.1.4　《荷兰刑法典》（Sr）第 287 条附加了故意杀人 15 年监禁的最高刑期，而第 154 条第 4 款规定在生死决斗中杀人致死将处最高 12 年刑期。

　　例 3.1.5　《荷兰道路交通法令》第 25 条规定，禁止任何导致交通危险的行为。这条规范增加了《荷兰交通法》中义务与许可的一个隐含例外。

　　例 3.1.6　《荷兰民法典》第 1624 条规定，如果一个合同既有商务住宿租赁特征又有另一个合同的特征，并且涉及另一个合同类型的规范与涉及商务住宿合同的规范相抵触，那么后者优先。这是一个非常复杂的隐含例外例子。相对于涉及商务住宿租赁规范相抵触的情形，不涉及商务住宿租赁的每条规则都有一个隐含例外。为了使例子甚至更复杂，《荷兰民法典》第 1637a 条用类似方法给涉及劳动合同的规范予以优先考虑。

　　例 3.1.7　《荷兰民法典》第 3 条第 32 款第 1 目规定：人人都具有在法律没有提供其他方面的范围内实施法律行为的能力。法律这样做的一个地方就是第 1 条第 234 款之第 1 目。但带有相

37

同的限制条件：法律未另有规定，未成年人就具有实施法律行为能力。这条规范的第 2 目包括这种例外，在不确实额外条件情况下，未成年人须征得法定代理人的同意行事。

3.1.3 用标准逻辑形式化

现在我将考虑用一阶谓词逻辑来将这些例子进行各种可能的"标准"形式化。关于记号，在本书中我将使用普遍量化条件公式，如：

$$\forall x((Px \wedge Qx) \rightarrow Rx) \text{ 和 } \forall x. Px \wedge Qx \rightarrow Rx$$

此外，受科瓦尔斯基（Kowalski，1995）的影响，我将常常会针对谓词和函数符号使用半形式记号。如公式：

$$x \text{ 与 } y \text{ 生死决斗致死}$$

是我更常用的记法。在逻辑中记为：

$$D(x, y)$$

或在人工智能中记为：

$$\text{生死决斗}(x, y)$$

此外，我将用斜体写常项与变元，而且谓词与函数符号使用逐字（除非它正好是一个字母就用斜体）。

38　　**具体例外条款**

如果只使用标准推理技术，形式化这些例子最简单的方法就是使用明确的具体例外子句：这种方法是由将例外规则条件的否定词添加到通则的前件。在形式化例 3.1.1 时，针对《荷兰租借法令》未指定的第 N 条（而不是第 2 条）的下面这种形式化图式就使用的是这种方法。

第一种形式化

例 3.1.1

《荷兰租借法令》第 N 条：$\forall x.$ 条件 $\wedge \neg$（x 是短期合同）→结论

要注意，《荷兰租借法令》第 2 条不是被形式化为一个分开的知识库单元。我们能给出例 3.1.2 相似的形式化。另外的例子变成[1]：

例 3.1.3

《荷兰租借法令》第 4 条：$\forall x.$ 条件 $\wedge \neg$（1976 年以前 x 的合同期）→x 的租金能改变。

《荷兰租借法令》第 30 条 2 款：$\forall x.$ 条件 $\wedge$ 1976 年以前 x 的合同期→$\neg$（x 的租金能改变）。

例 3.1.4

《荷兰刑法典》第 287 条：$\forall x, y. x$ 杀死了 $y \wedge x$ 是故意杀人 $\wedge \neg$（x 与 y 生死决斗）→x 的最高刑期是 15 年。

《荷兰刑法典》第 154 条第 4 款：$\forall x, y. x$ 杀死了 $y \wedge x$ 与 y 生死决斗→x 的最高刑期是 12 年。

例 3.1.5

为了方便起见，如果我们用一阶谓词逻辑表示道义概念，那么《荷兰道路交通法》第 25 条可用谓词逻辑表示如下：

《荷兰道路交通法》第 25 条：$\forall x. x$ 导致危险→$\neg$（x 被许可）

其中，x 被假定覆盖交通法令。此外，在《荷兰道路交通法》中每条义务与许可都应当有个额外条件：

$\neg x$ 导致危险。

---

〔1〕 关于例 3.1.4，布劳威尔（Brouwer，1994，p. 15）的评论是：将目的当作行动之性质，在哲学上是有问题的。虽然他的观点很有趣，但出于解释的目的，我会忽略这样的微妙之处。

例 3.1.6

《荷兰民法典》第 1624 条：这要求每条可能与商务住宿租赁规范相冲突的规则都有一个条件：

39　　　$\forall x. \neg$（x 不是商务住宿租赁）

最后，如果所有个别例外都明确包含在通则中，则例 3.1.7 的形式化给下面我们必须解决的这类问题一个很好的展示。至少需要通则之前件包含了形成例外的否定前件。为了达到这个目的，首先必须发现所有例外，然后像下面这类规则应当被形式化（除了未成年人之外，所有例外情况被称为例外$_1$，……例外$_k$）。

1. $\forall x. x$ 是人 $\wedge \neg$（x 是未成年人）$\wedge \neg$例外$_1$……$\wedge \neg$例外$_k \neg x$ 有法律行为能力

2. $\forall x. x$ 是人 $\wedge x$ 是未成年人 $\rightarrow \neg$（x 有法律行为能力）

3. $\forall x. x$ 是人 $\wedge \neg$例外$_1 \rightarrow \neg$（x 有法律行为能力）
　　　⋮
$k + 2$ $\forall x. x$ 是人 $\wedge \neg$例外$_k \rightarrow \neg$（x 有法律行为能力）

可是，这仍然不够充分，因为应当考虑到除此之外所有例外之可能例外。因此，（2）应当改变为：

2′　$\forall x. x$ 是人 $\wedge x$ 是未成年人 $\wedge \neg$（x 是根据其法定代理人的意图行事）$\wedge \neg$例外$_{k+1} \wedge \cdots \wedge \neg$例外$_n \rightarrow \neg$（$x$ 有法律行为能力）

此外，对（1）来讲，下列规则应当被形式化为

1′　$\forall x. x$ 是人 $\wedge x$ 是未成年人 $\wedge$（x 是根据其法定代理人的意图行事 $\vee$ 例外$_{k+1} \vee \cdots \vee$ 例外$_n$）$\rightarrow x$ 有法律行为能力

要注意，这里只处理了《荷兰民法典》第 1 条第 234 款第 1 目的例外。如果其他例外也包括在内，形式化会变得更加复杂。

既然在这些形式化中几个非邻近源单元被混合在一个知识库单元之中，很明显，结构相似性完全丢失了。这种形式化方法的其他

不利之处有：每当添加新例外到知识库中时，就必须改变一个或多个旧规则；如果一条规则有许多例外，特别是如果例外本身也有例外，那么其形式表述会变得很复杂。此外，在形式化规则时，必须考虑到整体域。

有人，如尼文惠斯（Nieuwenhuis，1989，p. 62），通过论证如此彰显法律的逻辑结构为根据源结构进行推演辩护。可是，下一节我要假定法律的一个非标准逻辑结构，一种允许通则与例外分开的结构，而且这是一个在法律本身中已经显现出来了的结构。然而，在标准逻辑内首先要讨论另一个企图。

通用例外条款

乍看起来，似乎有一种方法将标准观点保留在法律的逻辑结构上，那是精心形式化，即用通用例外条款。如果法律使用了诸如"除非另有规定"、"除非可证明相反"等短语，那么这种方法似乎特别合适。当一条规范规定的是其他规范之不适用时如例 3.1.1，这种方法也能用得上。然后，一个适用性条款也能像例 3.1.1 的下列形式化那样使用。下面 N 是一个常量，代表除《荷兰租借法令》第 2 条以外的条款，而 n 被假定是一个变量，只覆盖到《荷兰租借法令》的条款。

例 3.1.1 的形式化 2

《荷兰租借法令》第 4 条：$\forall x, n. x$ 是短期合同 $\land n$ 是《荷兰租借法令》的条款 $\land n \neq 2 \rightarrow \neg（n$ 适用于 x）

《荷兰租借法令》第 N 条：$\forall x.$ 条件 $\land$ N 适用于 $x \rightarrow$ 结论

因此，既然适用性条款并不是指向任何具体源单元，那么在形式化中没有源单元被混在一起。另外一个好处是，《荷兰租借法令》第 2 条被形式化为一个独立知识库单元，而且如果添加了新例外，旧规则根本不需要作任何改变。

可这还不是原委：如果知识库只包含这两条规则，那么《荷兰租借法令》第 N 条不会适用于一种情况，因为没有办法得出结论"N 适用于 x"。因此，需要另外添加一个公式，其前件包含了使规则不适用的各种方式之否定合取。

$$\forall x, n. \neg (x 是短期合同) \rightarrow n 适用于 x$$

这种方法被称为对谓词"适用于"的补全。因此，我将这个额外公式称为补全公式。这种方法的更形式的细节将在第 4 章第 4.1.3 节讨论。

到目前为止，虽然在知识库单元中没有混合源单元，但如果不只一种方法使规则不适用，那么事情就变得更加复杂了，如《荷兰租借法令》第 7 条第 2 款规定，该法令第 3 章只有在独立公寓租赁情况下不适用：

41　　《荷兰租借法令》第 7 条第 2 款：$\forall x, n. x$ 涉及独立公寓 $\land n$ 是《荷兰租借法令》第 3 章的条款 $\rightarrow \neg (n$ 适用于 $x)$

结果导致了补全公式的下列修改：

$$\forall x, n. \neg (x 是短期合同) \land (x 涉及独立公寓) \land \neg (n 是《荷兰租借法令》第 3 章的条款) \rightarrow n 适用于 x$$

现在有一个结构相似性问题，因为在这个公式中把几个源单元概念即《荷兰租借法令》第 2 条与第 7 条第 2 款混在一起。另一个问题是：如果后来可以找到像《荷兰租借法令》第 7 条第 2 款之类的规范，那么必须改变原有的补全公式，这意味着优于第一种形式化——模块方法——的另一个好处再次被丢弃。最后，如果仍然需要添加更多例外，或者找到了例外之例外，那么公式补全会变得极其复杂，那就要放弃将规则与例外分离的最后一个好处。

在形式化例 3.1.7 时，同样的问题出现了。乍看起来，似乎存在一个用通用例外条款的自然形式化。

例 3.1.7 的形式化 2

《荷兰民法典》第 3 条第 32 款第 1 目：$\forall x.\, x$ 是人 $\wedge \neg$ 例外（3：32，x）$\rightarrow x$ 有法律行为能力

《荷兰民法典》第 1 条第 234 款第 1 目：$\forall x.\, x$ 是未成人 $\wedge \neg$ 例外（1：234，x）$\rightarrow$ 例外（3：32，x）$\wedge \neg$（x 有法律行为能力）

（"例外（n，x）"代表"相对于 n，x 是例外"）。问题是，为了使"例外（3：32，x）"与"例外（1：234，x）"为真，对两个条款来讲，必须把规则形式化为：法律规定所断言的各种方式之否定合取作为前件，分别代表无行为能力的人以及有法律行为能力的未成年人。再者，在这些补全公式中有几个源单元的基本要素是混合在一个知识库单元之中的。

总之，第一种方式和第二种方式都试图保留推理技术以此产生法律的形式化而可考量地由源泉结构所推演而来，它们降低了知识工程师作业的模块性，并且生产了复杂的形式化。虽然乍看起来使用适用性条款或通用例外条款方法似乎解决了这些问题，但这竟然是一个假象，部分原因是需要补全公式，因此，我们需要避免这类公式的办法。这种方法将在下一节讨论。

3.1.4　非标准方法

42

非标准形式系统中通用例外条款

我现在将拓展使用通用例外条款或适用性条款。重要的是要意识到，原则上每条规范眼下或将来都有独立例外：因此，每个知识库单元必须有通用例外条款，包括例外本身，比如《荷兰租借法令》第 2 条。为了不让讨论变得太复杂，前面我们忽略了这一点，但是，现在需要把通用例外条款或适用性条款添加到每条规则上去。

故此，我们必须找到一个避免补全公式的办法。要做到这一点的天然方法就是假定适用性条款或"无例外"条款得到了满足，除

非有相反证据，如使用非可证性算子，比如逻辑程序的失败性否定词（negation-as-failure）方法（将用"～"来表示）。为了达到这个目的，在例 3.1.1 中，需要一个不适用性条款，这个例子可采用下面这种形式化。要注意，既然我还没有精确规定"～"的逻辑解释（这项工作会在第 4 章做），那么下面这个形式化只是一个半形式化。

例 3.1.1 的形式化 3

《荷兰租借法令》第 2 条：$\forall x, n. x$ 是短期合同 $\wedge n$ 是《荷兰租借法令》的条款 $\wedge n \neq 2 \wedge$ ～（2 不适用于 x）$\rightarrow n$ 适用于 x

《荷兰租借法令》第 N 条：$\forall x.$ 条件 $\wedge$ ～（N 不适用于 x）$\rightarrow$ 结论

因此，不需要补全公式，当我们考虑到试图推演《荷兰租借法令》第 N 条之后承的回溯推理机制时，这就变得更加明显。假如除了不适用性条款之外这些规则前件的所有合取支都是由用户输入的，那么，相对于给定合同 c 来讲，这个系统就试图推演出"N 不适用于 c"。在做这项工作时，需要调用《荷兰租借法令》第 2 条，用 N 替换 n，然后开始推演，因为 2 不适用于 c；再次调用《荷兰租借法令》第 2 条，此时用 2 替换 n；由于合取支 $n \neq 2$ 不能满足并没有相对于谓词来讲适用的其他规则，因此这个系统无法补全这个推演且得出"～2 不适用于 c"的结论。这使得《荷兰租借法令》第 2 条向 $n = N$"开火"，因此，前件"～（N 不适用于《荷兰租借法令》第 N 条规则的 c）"无法得到满足，其后承也无法推演出来。

现在我们已达到了我们分析的第一点，原来标准逻辑是不充分的。乍看起来，虽然这种形式化似乎只是第二种形式化的小小修改版，但事实上已做出一个重要决策，那就是放弃了标准的逻辑后承观。标准逻辑演绎关系是单调的，这意味着新信息决不会使得从到目前为止已获得的信息出发所得出的结论无效。我们可从形式上表示如下：

43

后承概念╞是单调的，当且仅当，对于所有公式 φ_1，……φ_n，$\varphi_{n=1}$，φ 来讲，下列公式成立：

如果 φ_1，……φ_n╞Ψ，那么 φ_1，……φ_n，$\varphi_{n=1}$╞Ψ

可是，刚刚描述的推理方法并不具有这种性质，因为它提供的方法是根据其他结论之不可推演性而得出结论的，且最重要一点是：如果其他信息导致了这些其他结论可推演出来，那么这种结论会变得无效。让我们再来考虑这个例子：首先，如果唯一条件是添加规则，那就能推演出结论，但是如果在那之后"c 是个短期合同"这一事实又被添加进来了，那么用上述解释方式，"N 不适用于 c"就变得可推演，但它妨碍了《荷兰租借法令》第 N 条的适用。这种被另外信息使得结论无效的推理被称为"非单调推理"，并且这种推理的逻辑分析明显需要超越标准逻辑工具的方法。事实上，我已经简略地提及了一种可能方法，那就是考虑"失败性否定词"，这种方法试图尽可能靠近标准逻辑方法：这是一种将补充公式添加到前提之中，并将标准逻辑应用到结果集的方法。正如前面已指出，这种形式分析细节会在第 4 章讨论。

或许可以认为存在另一种维持规则与例外分开的方法，即一种需要放弃标准逻辑的方法。接下来我会讨论这一点。

冲突规则

如果对立面不能被证明则没有例外，这不是将规则与例外分离的唯一形式方法。法律体系有解决两条规范冲突的办法，那就是借助冲突规则。下面我将表明，这些原则提供了用一种类似法源的方式来表示规则与例外的另一种方法。我将讨论两条分别基于特别性和优先性概念的原则。这种方法特别适合于那种从不一致知识库产生可替论证的系统，因为冲突规则是用来比较一些论证，看看哪个最好。初看起来，这种方法的形式描述似乎不需要非单调逻辑，因为似乎只是把这些冲突规则添加到标准逻辑系统上了。可是，事情并非看起来那么简单，一会儿我会用几个例子来解释这种方法的细节问题。

44   **特别性**

在例 3.1.4 中，相对于原文来讲，结构上最可信的解释是：把《荷兰刑法典》第 154 条第 4 款看作一条规则，它包括比第 287 条更特别的情况，这使得"特别法优于一般法"的法律原则可应用。就我们的目的来讲，关于这条规则我们特别感兴趣的是其在人工智能中所对应的东西——"特别法原则"，它常常被作为在知识库中将规则与例外分离的最佳方法（如 Poole，1991）。总体的思路不是在逻辑系统的语言中引入新算子，取而代之的是，如果导出了矛盾，用恢复一致性的元原则来扩增已有逻辑系统。在特别性情况下，这归结为定义一个算法，这种算法要借助于句法工具来决定哪个矛盾结论是建立在最特别前提基础之上的。

为了用例 3.1.4 来展示这一点，现在假定用特别法原则扩增后的标准谓词逻辑来形式化。然后，初看起来的问题是，要素"x 按意图行事"并不是《荷兰刑法典》第 154 条第 4 款之公式的构成要素，因为它阻止了《荷兰刑法典》第 154 条第 4 款的前件成为《荷兰刑法典》第 287 条前件之特别情形。不过，根据常识，生死决斗协议意味着有杀人意图，而且如果这条常识知识被明确添加到形式化中，特别性在句法上就变得明显了（在第 6 章我将讨论详细的技术细节）。目前，展现特别性方法的这个例子之形式化如下（其中，我假定了有足够公理被添加并使得两个规范的后承相互矛盾）：

例 3.1.4 的形式化 2

《荷兰刑法典》第 287 条：$\forall x, y. x$ 杀死了 $y \wedge x$ 是故意杀人 $\to x$ 的最高刑期是 15 年

《荷兰刑法典》第 154 条第 4 款：$\forall x, y. x$ 杀死了 $y \wedge x$ 与 y 生死决斗 $\to x$ 的最高刑期是 12 年

常识：$\forall x, y. x$ 与 y 生死决斗 $\to x$ 是故意杀人

上述例 3.1.3 被形式化为带有例外的条款，但也不能被视为特

别法原则情形。在这个解释中，它被形式化如下：

例 3.1.3 的形式化 2

《荷兰租借法令》第 4 条：∀x. 条件 ≡ x 的租金能够改变

《荷兰租借法令》第 30 条第 2 款：∀x. 条件 ∧ 1976 年以前 x 的合同期 → ¬（x 的租金能改变）

　　再者，这个思想是，推理机制会将第二条规则识别为第一条规则之特别法优先原则，因为《荷兰租借法令》第 30 条第 2 款的前件是《荷兰租借法令》第 4 条（的条件部分）的一个特别情形。要注意，在《荷兰租借法令》第 30 条第 2 款的形式化中，《荷兰租借法令》第 4 条的条件之合并没有将几个源单元混合在一起，因为《荷兰租借法令》第 30 条第 2 款本身是根据"与《荷兰租借法令》第 4 条相反"来指向那些条件的。

　　关于知识表示，特别性方法的好处很明显：除了保持文本结构之外，这种方法也使得在不必改变旧规则条件下添加新例外成为可能，并且已形式化的规则仍然保持简单美观的结构。从形式上看，做这项工作至少有两件事需要做：首先，推理机制应当识别充当可能结论根基的一致前提子集；其次，应当有一个标准可获得，通过这个标准就能判定哪个结论是建立在更特别信息基础之上的。这些事情如何成为可能，这将是第 6 章的主题。可是，比之推理公理观，很明显这并非只涉及机械地从一个逻辑公式集推演出演绎后承。

　　优先性

　　有时，对于处理单个例外，另一个元层级方法是最自然的方法，即一种基于规范分层关系的方法。请考虑例 3.1.5：既然所有刑事交通规定都包含在一个层级上低于《荷兰道路交通法》的法规中，故若与较低的许可相冲突，基于"上位法优于下位法"原则的排序就会给《荷兰道路交通法》第 25 条禁令优先权。"上位法优先"原则是建立在法律体系的一般分层之上的，其含义是，如果法律权威被沿着法律体系分层结构的线路来区分，那么下位权威必须尊重上位权威。另一个例子是例3.1.6，这是一个隐性表示例外的复杂例子，其最自然的解释是：如果把冲突规则应用于一个具有混合本质的个案，那么《荷兰民法典》第1624条规定了涉及商务住宿租赁的规则优先于涉及其他类型合同的规则。要注意，在这个例子中，优先性并不是通过法律体系的一般分层结构而是通过其自身为法律之构成部分的具体冲突规则来判定的。在第8章中，我将把"上位法优先"和"特别法优先"之类的原则组合在一起。

像特别法优先原则一样，上位法优先原则在人工智能中也具有其对应的东西：有时有些人（如Brewka，1989）会认为，知识库中将规则与例外分开应当通过优先性来获得。为了用两条规范之间的分层关系来进行推理，一个系统必须能够识别其结论所依赖的前提之一致部分。此外，必须提供一些方法来表示两条规则之间的优先性，并在推理过程中考虑到这些优先性。再者，这些工具并不是由标准逻辑系统来提供的。本书第7章将研究这个主题。

冲突规则推理的非单调性

很明显，用这些冲突规则进行推理超越了推理公理观，即在一个逻辑公式集之上运行可靠定理证明机。然而，正如刚才所说，初看起来这些规则能简单地被添加到标准逻辑系统中，在这个意义上讲，或许保留标准逻辑是有可能的。接下来这些章节我们将看到，在人工智能以及哲学中都确实研究过这种方法。可是，必须清楚，无论如何这种方法都会以类似于使用不可证性算子的方式影响着推理过程，因为一个公式之推演会取决于另一个公式之不可证性。更具体地说，一个根据通用或下位规则进行推演的结论取决于能不能从更特别或其上位规则推演出相反结论。例如，如果在例3.1.4中《荷兰刑法典》第287条适用只是因为"x杀死了$y \wedge x$是故意杀人"是已知事实，那么在没有收回其他任何前提条件下仅仅添加

"x 与 y 生死决斗"就会使得"x 的最高刑期是 15 年"之结论无效。换句话说,如果在用冲突规则扩充后的标准逻辑系统之上定义后承概念,那么该概念是非单调的。因此,保持规则与例外分离的第二种方法竟然也是一种非单调推理形式。

冲突规则的法律方面

与新法优于旧法原则一起,上位法优先原则与特别法优先原则通常都被认为属于任意法律体系的冲突规则,其中,新法替代旧法原则规定:在时间上后制定的规则比先前制定的规则具有优先性。有些法律体系将这些原则编成了法典,但大多数都没用书面写出来。如例 3.1.6 所示,法律体系的一般分层是通过法律中具体冲突规则来精炼的,它规定了两个具体规范类之间的分层关系。此外,在缺乏正式法律身份条件下使用冲突规则也是可能的:没什么能够阻止法律知识库系统的知识工程师根据领域知识的构成要素设计自己的分层。在第 3.5 节中所讨论的加德纳程序会提供一个这类非正式冲突规则的例子。一个有趣的问题是,在法律推理中所有这些冲突规则是如何组合起来的呢?这个问题的法律方面和逻辑方面都会在第 8 章探讨。

3.2 法律规则的可废止性

前一节已经揭示出法律本身已展示其内在结构。当这种结论被保持在形式化中时,它就超出了标准逻辑范围。在本节中,我将探究法律推理的非标准逻辑方面,这不是由法律的内在特征而是由将规则应用到世界时产生的问题所引起的。前一章最重要的观察之一就是法律规则是话语的对象,它不仅能够被应用而且能够被怀疑。更具体地说,在某些情况下,能够基于非规则标准(如规则目的或法律规则)考虑而对法律规则置之不理。虽可以说第 2 章中并不排除法律推理的逻辑分析,但本节将表明在应当运用的逻辑工具问题上确实有某些负担。

例 子

取自法哲学的一个标准例子是发生在哈特（Hart，1958）和富勒（Fuller，1958）之间的论辩中"公园里的车辆"的例子。这在前一章已做了简要讨论。假定公园管理办法规定"不允许车辆进入公园"，再进一步假定有人把军用吉普车带入公园用作战争纪念。由于几乎不会怀疑吉普车是车辆，故关于规则条件的满足不会存在问题。可是，会受到怀疑的是，它的规范后承"不可以带吉普车入公园"应当被附加到这个条件的具体事例上：或许要论证"这条规则的目的是使公园成为休息和安静场所，激发了这种情况有例外的动机，因为战争纪念几乎不会打扰任何普通旅游者"。现在考虑这个例子的变体，其中，一辆轿车是为了把一个伤员快速从公园送到医院。在这种情况下，挑战的不是规则目的而是规则的可应用：虽然这辆轿车肯定会打扰公园游客，或许可论证原则"人人都应当帮助受伤之人"引出了这条规则的一个例外。总之，法律规则应当有例外，不可能被立法者事先全部预想到，但会受规则目的或法律原则激发而产生。换句话说，法律规则是可废止的。

48　　　在现实生活中，这种例子也能找到。施耐达斯（Snijders，1978）讨论过源于荷兰法律的如下例子。《荷兰意外保险法令》第95 条给予保险公司对伤害人的追索权。在这种情况下，伤害人与受伤害人是拥有夫妻共同财产的夫妻；根据《荷兰法律报告》（1973 年卷）第 225 页所载，荷兰最高法院在 1973 年 2 月 2 日判决把这条规则应用于这类个案不再是合理的。另一个例子涉及《荷兰劳动法》。《荷兰民法典》第 1638b 条作为一般原则规定：如果雇员不再履行约定的劳动，那么他或她获得劳动报酬的权利中止。除了《荷兰民法典》第 1638c 条和第 1638d 条增加了这个规则的两个法律例外之外，根据《荷兰法律报告》（1973 年卷）第 60 页记载，荷兰最高法院于 1972 年 11 月 10 日给出一个例外：如果因雇主而非雇员应当承担风险更公平的情况而引起的约定劳动未履行，雇员获得劳动报酬权不中止。本案的情形是其他雇员罢工阻止了该雇员从事其工作。最后，《荷兰民法典》包括了德沃金（Dworkin，1977）讨论过的美国著名的"里格斯诉帕尔默案"（*Riggs v. Palmer*）中的类似情况。根据《荷兰法律报告》（1990 年卷）第 593 页记载，在荷兰最高法院 1990 年 12 月 7 日判决的个案中，一个男人在结婚五周后杀害了他的妻子。结婚时，这位妇女不仅比这个男的老得多，而且还很富有，既然他们结婚时夫妻共享财产，那么这个男人要求根据《荷兰民法典》第 100 条第 1 款条规定享受一半的共同财产；可是，荷兰最高法院在本案中依据合理性与公平原则判决促发了这条规则的一个例外。

　　总而言之，法律规则是可废止的，因为立法者无法预见满足一条规则条件的每种情况，在某些情况下，规则之原则或目的可以引出例外。

标准逻辑的问题

　　关于知识表示，法律规则的可废止性恰恰引出了如法规本身内部规则与例外的"结构性"分离的同样问题。特别是有一个保持源结构的问题，因为使得规则可废止的例外通常独立出现自一般规则（特别是在判例法裁决中）。此外，很容易看到其他问题同样存在，在添加新例外时不得不改变旧规则，在形式化规则时不得不考虑整个领域且需要复杂形式。当针对这些例外使用标准技术时，这些问题会再次出现。

　　除了这些知识表示问题之外，还有一个理由来说明为什么标准逻辑无法处理法律规则的可废止性，这与它们适用于世界有关。在可废止规则情况下，有人要求推导结论的绝对确定性，必须说"除非我肯定知道不存在例外情况，我才能应用这条规则"。可是，这种情况不只发生在法律推理实践中：通常只考虑到一些例外，且许多规则的应用甚至完全没有涉及例外情况的缺失。例如，在刑事案

49

件中，通常只能明确考虑到一小部分可能例外；至于其他情况，这种缺少只是暂时性假定。当律师针对一条关于债权人与债务人关系的规范时（参见前面的例3.1.2），他们常常不会提及《荷兰民法典》第6条第1款第2目。这儿有两重理由：首先，涉及可能例外的信息常常不可获得；其次，即使原则上可获得，要试图找到它常常太乏味且耗时。总之，在日常生活中，可废止规则不仅适用于已知所有例外均为假的情形，而且适用于例外信息缺失的情形。这意味着，如果后来这类信息可获得了，其结论不再有效。可是，如上文所解释，标准逻辑并不考虑这种推理，因为标准有效结论不能因添加新前提而变得无效。

3.3　开放结构

针对标准逻辑的下一个问题来源是法律推理的核心方面之一——法律概念的解释（在第2.1.2节中叫作"概念解释"）。其重要性起因于已经几次提及的这样一个事实：立法者无法预见整个未来，因此不可能事先规定好某个事实情形会被归到诸多法律概念的某概念之事例。鉴于此，面临着分类问题的律师常常不依赖于已有法律知识，如哈特（Hart，1958，p.23）指出：

事实情形不会等着我们娴熟地对其加标、折缝或对折；它们的法律分类也不是由法官简单地读出来的。相反，在运用法律规则时，有人必须负责判定语词没有涵盖当下某些个案，这个裁定涉及各方面实践结果的考虑。

这种现象常常被称为法律概念的开放结构，对于计算机而言甚至比对人类律师更会产生更严重的问题。人可以用自己的判断和预测在事实与概念之间的空隙上搭桥，但没有足够信息解决问题的计算机不得不保持沉默。让计算机谈论开放结构问题，是人工智能与法研究的主要任务之一。

可是，我要研究的不是这个问题，而是一个逻辑本质的相关问题：即使计算机用开放结构问题说话，它也不能总是用同样方法来处理其他问题；更具体地说，即使额外信息可获得，如前述案例的司法裁决或专家意见，它们常常具有不一致、不相容或含混本质，使得律师用来进行推理的方式无法用标准方法来建模，其理由在前一节中已经说过。我的分析将建立在开放结构的四种逻辑类型两两之间之上，或更准确地说建立在四种情况两两之间的区别之上。而这四种情况就是文献中通常提及的开放结构问题。也会使用其他术语，如"含混性"和"语义不确定性"。关于术语问题的讨论请参考萨斯金德的著作（Susskind，1987，pp. 187～188）。

3.3.1 分类问题

有时，法律语言的开放结构被认为相对于演绎推理来讲会产生问题，如哈特（Hart，1958，p. 23）指出：

如果不确定性阴影包围着所有法律规则，那么在阴影区域要将其适用于具体个案并不是演绎逻辑的事情，演绎推理世世代代都被珍视为人类推理中很完美的，但不能作为法官或任何人在一般规则下在具体诉讼案中应当遵守的模型。在这个区域，单靠演绎推理人们是无法生存的。

可是，这段引述不应当被理解为：对于所有律师来讲，演绎法不是进行推论的恰当方法。哈特的意思只是想说解决开放结构问题并不是逻辑的事情，而是内容的事："在如何对细节进行分类的问题上逻辑保持沉默，细节分类正是司法裁决的核心问题"（Hart，1958，p. 25）。相应地，哈特（Hart，1958，p. 22）阐述他那著名的"核心案件"与"边缘案件"（或"简单案件"和"疑难案件"）之区别，并将其建立在法律知识的可信性或可获得性基础上，而不是建立在其逻辑形式之上：

……正如在最基本法律形式中那样，如果我们要表达我们的目的是特定行为受规则约束，那么我们所使用的通用语词（……）必须具有某个标准事例，其中其可应用不会受到怀疑。必须存在一个固定含义的核心，但也可能存在可争论个案的边缘情形，其中，语词既没有明显适用也没有明显排除在外。

换句话说，在边缘案件中，本案是否是概念的事例存在不确定性，而在核心案件中，一个无可争议的裁决是可能的，这或者是因为一个法律法条中进一步定义的出现，或因为已往被共同接受的司法裁决，或者因为常识。因此，正如所描述那样，开放结构只是一个内容问题，即一个具体事实情形能否基于已知法律知识来将其归类到一个法律概念事例的问题。沿用戈登的用法（Gordon，1991），我将把这种开放结构称为"超确定性"。

后来有些学者尤其是德沃金（Dworkin，1977）认为，甚至在边缘案件中也可获取额外知识解决问题，即以法律原则形式。可是，在形式分析中存在与这些原则相关的某些问题：首先，它们太具有暂定性，因此它们常常会陷入相互冲突，使得其应用仍然需要裁定内容，即对各种冲突的原则进行权衡；其次，存在针对原则的事实情形描述的匹配问题。一个法律系统只有在几种情形下能够做到这点，因为原则常常太一般化以至于无法直接推导出涉及具体个案的结论，例如考虑"没有人会从坏事中获益"。总之，法律原则甚至比法律规则具有更加开放的结构，因为无法填补案件事实与规则表述的空隙。

在第2章和第3.2节中所讨论过的车辆例子的哈特版是一个无法完全确定的例子。让我们再来考虑在公园里不允许使用车辆的管理规定。假如约翰开一辆汽车进入公园且比尔带着滑板做了同样的事。为了弄清这个禁令是否同时适用于约翰和比尔，必须决定汽车和滑板是否是车辆。关于汽车，常识就告诉了我们肯定的答案，而滑板是否属于车辆并不那么清晰。因此，当滑板第一次出现在公园中时，根本不存在针对这个问题直接适用的法律知识，因为滑板是立法者没有预见到的新现象。这是一个认知本质

问题：问题是，滑板是否能被归类到车辆，命题"如果一个对象
是滑板，那它就是车辆"是否为真呢？作为内容的事情，这种情
况并没有产生逻辑本质问题，问题只是"车辆"这个概念并没有
一个完全定义，并且在第 2.1.1 节中已经表明这个情况很容易用
标准命题逻辑来表示。唯一的问题就是，对于是否允许带滑板进
入公园问题没有给出答案。

　　可是，一个与开放结构相关的问题确实是为逻辑带来的问题。
很可能随着这个问题的法律学说之进展，在一段时期后存在大量冲
突信息，这些信息是由先前案例中的司法裁决、专家意见、字典解
释等组成的。正如戈登（Gordon，1991）那样，我将把这种存在冲
突分类规则的情形称为超确定性情形。或许可以认为，只要问题还
未解决，法律知识库系统就不应当只包括一种可能性，而应当通过
针对双方立场建构可替论证的方式来洞察案件的"疑难"本质。这
意味着：知识库必须处理不一致信息，从仅仅把法律推理看作在公
式集中运行定理证明机的公理观来看，这是做不到的，因为标准上
从矛盾可推导出任何东西。法律系统必须能够将知识库的所有一致
子集可替地看作是根据它应当推演出结论的前提集，正如伴有应用
冲突规则的情形一样。由于在知识库的每个一致部分之内公理方法
仍然可用，因此这是一个把演绎看作推理中的工具解决问题的例
子。可是，下一节我将讨论一种开放结构，相对于它来讲，这种方
法还不够，因此，必须发展一种新的逻辑工具。

3.3.2　法律概念的可废止性

　　有时涉及法律概念分类的共同接受规则确实存在，但当新情况
出现之时，用法律规则已经表明的那种同样的方式，它们恰恰是可
废止的。《荷兰道路交通法》中给出了一个很好的例子。[2]在《荷
兰道路交通法》的第二个解释备忘录中，立法者试图定义车辆的概

52

―――――――――――

　〔2〕　这个例子是范登伯格（Peter van den Berg）向我展示的。

念，除了给出一系列车辆事例之外，引入新的概念"并非用于普通运输的物体"。基于这一点，然后没有任何约束地得出结论"溜冰鞋不是车辆"，因为溜冰者应当遵循行人的规则。可是，我们能够怀疑规则"溜冰鞋并非用于普通运输"或者规则"物体并非用于运输则不是车辆"将作为一条严密规则而被应用。过去几年中，溜冰鞋越来越多地被作为普通运输工具，而且有一种溜冰鞋叫作"三轮滑冰鞋"已被速滑者们用于夏季训练使用，其速度也能达到甚至超过骑自行车的速度。因此，对第二个解释备忘录中的观点是否在所有情况下都站得住脚值得严重怀疑：规则"溜冰鞋并非用于普通"或者甚至规则"物体并非用于运输则不是车辆"可能会遇到例外。一般说来，法官清楚知道他们分类规则的可废止本质，比如，在《荷兰法律报告》（1969 年卷第 174 页）记载的荷兰最高法院 1968 年 12 月 13 日的判例中把下列个案归类为不可抗拒的片段：

> 如果合同本质、常识观点或个案的合理性并没表明判定反面的理由，作为一般规则都能够假定……

根据哈特的观点（Hart，1949；1961），这种现象是法律概念的通常特征，要给出一个概念应用的充分条件几乎不可能，任何试图这样做的规则都应有例外，因为不可能预见发生在现实生活中的所有可能情况。哈特（Hart，1949）把法律语言的这种特征称为"法律概念的可废止性"。

在法哲学中，这个进展反映了分析哲学、认知心理学和人工智能中类似的进展（参见 Johnson-Laird 的概述，1988，pp. 242 ~ 246）。在认知心理学中，概念随着人们的使用而不再被认为是由一组充分条件来严格定义的，而是在更宽泛意义上把握的一组原型。一个通常使用的例子在第 1.3.3 节中已经讨论过，那就是"鸟"这个概念：一般情况下，鸟能飞，但有些情况如企鹅和鸵鸟就缺乏这种性质。在人工智能中，这些进展已引起了诸如明斯基（参见第 1.3.3 节）等人对逻辑的批判性评论。明斯基（Minsky，1975）给出一个被称为"框架"的知识表示形式体系，其中，要针对概念特征指定缺省值是可能的，而这个概念能够被具体事例推翻。这种看待概念的新方法之哲学来源之一就是维特根斯坦在《哲学研究》中关于概念事例的思想（Wittgenstein，1958），其中概念整合只有"家族类似"，故替代了具有一组相同本质特征的全部。因此，法律理论与法哲学以及认知心理学都为人们在日常生活中所使用的概念之可废止性提供了大量证据。

从逻辑上讲，法律概念的可废止性与前面讨论的法律规则之可废止性属同一类。在两种情况下，条件命题的前件为真，对规则做出例外的理由仍然存在。这与其中概念结构开放的情况不一样，因为那缺乏一个完全定义，这种情况需要针对标准逻辑提出问题，也就是在第 3.1 节和第 3.2 节中所讨论的那些。假如并不是每件事都要知道例外，它们的分开表示及其应用都需要非单调推理方法。

3.3.3　模糊性

通常被认为是开放结构的法律语言的另一个方面常常但不完全与哈特称为"可变标准"（Hart，1961，pp. 128～130）的"合理的"、"充分的"、"恰当的"、"适合的"之类的术语有关。现在我们通过例子来考虑公寓是否适合候选租户问题。在某些情况下，当法官以规则形式来明确说出他们的裁决时，这个裁决常常用如下方式来证成："一方面是 A、B 和 C，而另一方面是 X、Y 和 Z，并且，在这种情况下，后面的因素胜过前面的因素，因此，这套公寓不适合。"如果因素能够具有与收入、年龄、租金等一样的许多不同价值标准，那么这种证成裁决的风格特别易找到。请考虑下面这个来自荷兰最高法院 1967 年 5 月 16 日裁决的典型片段［摘自《荷兰法律报告》（1967 年卷）第 261 页］，其中债务人能否诉诸合同约束条款之责任必须：

　　取决于许多情况，如错误之严重性，还与涉及任何行为的利益本质与权衡相关，与包含该条款之合同之本质及进一步内容相关，与双方的社会状态以及相互关系有关，与条款达成之方式以及对方知道条款范围的程序有关。

根据这种证成，没有一般规则会被推演出来，因为法官参考因素权重之事实表明新要素或许更容易改变结果，所有能知道的东西就是因素具有一定权重，在个案中它们的出现与否在某种程度上会影响个案结果。例如，房屋租赁法专家或许知道，在不能告诉"如果有电梯且租户年岁已高，……那么这个房子适合"的情况下，如果租户年岁已高，那么有电梯会增加房子适合出租的机会。我把这种情形称为模糊性型"开放结构"。很明显，用因素知识以及用因素的纯权重进行推理都不能用基于逻辑方法来建模：一种数值处理更加适合。例如，候选方法就是统计分析法（如 De Wild & Quast，1989）或神经网络法（如 van Opdorp & Walker，1990；van Opdorp *et al.*，1991；Bench-Capon，1993）。可是，数值方法已超出了当前研究的范围。

然而，我很愿意就此问题做两点评论。首先，这些数值方法是在之前从来没有考虑过的情况下让系统说话的方法，在有要素的新组合情况下这些方法所做的事情就是给出一个回答，这种回答要尽可能反映出以前那些要素在不同组合中的作用。当然，既然本案的组合以前从未出现过，那么该答案就具有一定的不确定性，但在试图处理先前未决的新情况时，它们试图打破在开放结构情况下系统之沉默。就这一点来讲，它们像归纳或类比。如前所述，虽然进一步讲，类比只是一种在新情况下建立裁决的启发原则，因为作为一种推理模式它根本没有证成力。可是，数值方法至少在其背后的统计理论基础上提供了一定的证成度。

我的第二个评论涉及有时被认为是处理开放结构的一种方式的模糊逻辑，如弗兰肯理论（Franken，1983，p. 32）。模糊逻辑是建立在"模糊集"概念之上的，其隶属度是个度的问题。例如，一个身高 1.60 米的人或许被当作高个子的度是 0.1，一个身高 1.80 米的人被当作高个子的度是 0.5，而某个 1.90 米的人被当作高个子的度是 0.9。可是，这个例子已经表明，像其他数值方法一样，这种方法不可适用于开放结构的前两种类型，而只适用于模糊类型，正如本奇卡鹏与塞科特早期观察的那样（Bench-Capon & Sergot, 1985），其理由是：作为法律概念的事例，前两种类型并不是度的问题，而是"是与否"的问题。例如，在车辆例子中，问题不是滑板或多或少是车辆的问题，而是它是还是不是车辆的问题。是车辆的度为 0.7，如果这样说根本说不通，也基本没有什么严格的法律后承，那么，说是车辆的度为 0.9 也是一样的。模糊逻辑只适用于某些"输入"或"输出"概念是多值的，如"租金"、"赔偿金"、"适当性"和"合理性"，或者只适用于一个多值概念被一个阈值要求形成二值的情形，如在"足够合适"情况下。当然，正如已经指出，这种概念常常出现在法律中。可是，在这类情况下，模糊方法与其说是建模模糊性的其他数值方法之替代方法，不如说是建模可废止性和不一致性的符号方法。

3.4　需要何种标准技术

在本节中，我要说得更多的是本章所识别的法律推理非标准方面，即不一致信息推理和可废止规则推理，而且最关注的还是后者，因为在实践中不一致信息推理很快就变成了一种特殊的可废止推理或非单调推理。

3.4.1　不一致信息推理

法律知识库系统为什么应当能够用不一致知识库进行推理的第一个理由是，正如我们在第 3.1 节中看到的，冲突规则常常被用作立法技术：特别法优先原则常常且上位法优先原则有时被用作表示规则例外的方式，并且新法优先原则常常被作为在没有明确废除旧法的情况下颁布新法之方式，此外，有些法规包括了涉及两类规则

56

冲突的具体冲突规则。这可参见前面的例3.1.6。其他的理由在第2.2.4节中已经给出。由于许多法律规则和判例裁决的不完全性、歧义性和模糊性，以及它们常常会受到质疑，因此，律师在"法律是什么"问题上有争议的空间。本章已识别出一个重要的具体不一致根源，那就是在开放结构情况下过度裁定，即律师常常不同意在法律概念下的案件归类。由于出现了争议，关于法律只包括一致观点的系统并没给出一个法律现实的逼真图景。

当然，就某些目的而言，这或许不同。例如，如果目的是要表示一项相对清晰的具体法律，并且要判定根据用户的归类将其应用于法律事实的后果是什么，那么一致形式化就足够了。特别是，如果把归类任务排除在系统范围之外，那么就降低了对争议建模的需要。这种系统的例子就是塞科特等人（Sergot *et al.*，1986）以及尼文惠斯（Nieuwenhuis，1989）的涉及《荷兰社会福利法案》以及某些相关规定的提赛克系统（TESSEC System）。此外，或许正是一个具体法律领域被如此很好地建立起来才使得对可替观点的需求不会产生。

可是，这些情况并不必然形成一般规则。反映律师之间不一致意见的知识库让系统提出一个可替的、本质上一致的论证，这常常值得做，特别是在归类任务不完全留给用户的情况下更是如此。正如第3.3.1节中所说，能够处理这种推理的系统提出了一个在推理中将逻辑作为工具的很好例子。在下一节我们将会讨论实际提出这种可能性的某些系统。重要的是要知道仅仅提出可替论证还没有引入非单调推理。这只有在必须进行论证比较时才会发生，当我们在下一小节讨论非单调推理的形式化本质时会表明这一点。

3.4.2 非单调推理

相关性

为了总结我们已经识别到在人工智能与法中使用非单调推理方

法的潜在理由，我们需要将它们分成两组。第一组涉及知识表示的
理由：我们知道，如果规则与例外分离出于检验和维护通常被认为
可取而得以保持，那最佳方法就是那些有着推理过程变成非单调之
侧效应的方法。第二组是建立在可废止规则推理的哲学分析基础之
上的。现在在第3.2.1节中我们已论证：在法律推理实践中，大多
数规则都会在未穷尽寻找所有可能规则例外的情况下使用，而不管
判例法中是否陈述过，这绝不是可行方法。可是，在第3.1节中，
我们已看到用标准方法中所有例外情况都被作为缺省而明确陈述出
来了，否则一般规则就不适用了。因此，在实践中律师用法律规则
进行推理的方法就不能用标准逻辑进行分析了，必须找到一种方法
来假定除非相反情形被表明，否则不存在例外。如前所说，这需要
非单调推理思想。

　　法律的非标准结构方面和人工智能与法研究直接相关，因为结
构相似性问题已是知识表示中的公认问题。可是，或许要论证法律
推理的可废止性分析只与哲学观点相关，因为在法律知识库系统中
假定了只有那些被列出来的例外才是可能例外。如果能够确保例外
数量不太大，那么穷尽搜寻既可能又值得做。如萨斯金德（Suss-
kind，1987，pp. 193~198）认为，虽然承认法律规则具有非标准
逻辑行为，但在实践中让结论由用户给出的信息相伴随就足够了。
基于原则或目的，这个结论易受潜藏例外的支配。根据这种观点，
法律推理和法律概念的可废止性属于法律系统适时演进的方面，与
其说是推理的问题，不如说是维护问题，知识库只不过应当保持
更新。

　　我承认，在这里存在一个值得考虑的真值度问题，特别是，如
果主要目的是建构实际可用的系统更是如此。然而，尽管如此，我
们仍然有理由把非单调推理放到人工智能与法研究的议程中。与标
准方法相比，根据在不完全信息条件下得出结论的能力，由非单调
形式体系提出的另一个可能性是防止了把许多系统问题留给用户

（也可参见 Gordon，1988，p. 119）。例如，在例 3. 1. 1 中（形式化
3），如果在相对于事实"N 不适用于 x"的失败性否定词证明中需
58 要关于公式 φ 的信息，那么标准推理机制必须知道 φ 是真还是假，
否则不能得出任何结论。另一方面，如果对于 φ 一无所知并且在下
述两种情况下这种能力都值得做，非单调系统也能得出结论。第一
种情况是：当不要求用户提供缺少信息是恰当的时候，例如在
3. 1. 1 中，因为"短期合同"概念在大量判例法中被规定而且本质
上高度真实明确（参见 Walker *et al.*，1991，p. 45）。第二种情况
是：要求用户提供 φ 的缺少信息，但其中用户能够给出"我不知
道"的答案。这种答案与在没有问的情况下没有 φ 的任何信息效果
是一样的。除此之外，知识库系统的设计者有时感到在不必问用户
是否确实拥有这些事实条件下需要假定特定琐碎事实信息为真。如
关于荷兰房东与租户法的普罗莱克斯系统（Walker *et al.*，1991）
假定了用户为成人并且租赁合同有效。因此，甚至在实际操作时我
们仍然有理由在例外不完全信息下应用一般规则。

　　除了这些论证之外，或许可以说，即使从推理观点来看某个
具体应用并不需要非单调方法，但从知识表示观点来看仍然有上
面提及的论证：在形式化中常常最好把规则与例外分离以此更好
保留原来的结构，除此之外，许多人认为这有益于检验和维护。
最后，从研究视角来看，法律推理的非标准特征值得研究只是因
为它们也是法律推理和人工智能研究的方面，说推理的每个特征
原则上都是研究的主题而不管研究它们的实际直接收益是什么，
这不足为怪。

　　因此，如果法律知识库系统不能进行非单调推理，这并未表明
法律知识库系统就不值钱，但已经表明法律推理的非单调方面至少
值得放到人工智能与法研究的议程上去。本章最后一节将讨论法律
领域已经在做这项工作的几个现有工程，尽管这些工程有时并没有
明确表示是建立在非单调推理理论之上的。可是，我首先要详细讨

论不一致知识库和非单调推理的形式特征。

特　征

正如所解释的那样，非单调推理得出的结论可以通过附加信息使之无效。使用非可证性算子已被表明是非单调推理的一种形式：如果结论取决于不能得出其他结论，那么一旦新信息使得得出的其他结论成为可能，原来的结论就变得无效了。也可以在利用冲突规则时引入非单调性，如在上位法优先原则和特别法优先原则的情况下，从下位原则或更一般性规则所推导出来的结论之有效性取决于不能根据上位的或更特别的规则推演出其对立结论。

顺便说一下，这解释了第 3.4.1 节中的最后评论，比较论证使得建模争议成为非单调的：如果标准被用来裁定冲突论证哪个最好，那么或许额外信息会产生新论证，这个新论证比根据旧信息所选取的论证更好。因此，只要对冲突论证进行比较看哪个最佳，考虑不一致知识库来建模争议就变成非单调的。

正如到目前为止所描述的那样，非单调性是后承概念的形式性质。可是，可计算的非单调推理系统在一个重要方面是不同于标准逻辑的。经典证明方法是局部的：如果存在一个根据知识库（KB）之一部分且针对公式 φ 的单调证明，那么它就算作根据整个知识库的证明，因为新信息不能使得该证明无效。例如，如果 ψ 描述的是案件事实且一个单调系统试图回答 φ 是否成立的问题，然后，如果要验证的第一个规则是 $\psi \to \varphi$，只要系统把分离规则用于该规则，它就可以中止。另一方面，非单调证明方法是全局性的，因为如果他们找到一种推演出 φ 的方法，那么他们必须继续搜索，因为新信息会使得非单调结论无效。如在一般例外子句方法中，基于从知识库的一部分出发的公式 ψ 之非推演性的结论 φ，能够被从知识库的另一部分出发的一个衍推使得无效；在冲突规则方法中，φ 的对立面可能根据知识库中的一个更特别或更高的规则推导出来。很明显，与局部性方法相比，全局性证明方法不易驾驭，因为它们要求

59

对每个结论都必须检查整个知识库。

总之，非单调推理在两个重要方面是不同于标准推理的：一是结论可以因其他信息而变得无效；二是对于推演的每一步全部可获得信息都必须考虑到。

关于在对抗性论辩中非单调推理和其他推理模式的作用，将二者进行比较是有用的。设想一种对话情形，其中，双方首先就讨论的基础即初始前提达成了一致，然后互相都试图说服对方接受某个特定结论。如果一方面提出的结论是用单调演绎方式从前提中推导出来的，那么对方能够攻击这个结论的唯一事情就是撤回他或她对前提的接受。另一方面，如果结论是根据非单调方法推导出来的，那么对方就有其他策略：她或他能够指向使结论无效的新前提。可是，如果她或他没有提供新信息，并且也没有收回其原来对初始前提的接受，那就必须接受这个非单调结论。现在，在这种对话情境分析法中归纳与类比的作用是什么呢？我们前面已经说过，它是提出新前提的启发原则，因此双方不得不首先就新前提的真实性达成一致。换句话说，与非单调结论的区别在于：如果一方基于归纳推理或类比推理得出结论，那么另一方面不需要自己也接受这个会使结论变得无效的新前提，如果她或他从事的是非单调推理，不接受类比或归纳推理步骤也是充分的。

一个有趣的问题是，如何形式刻画一方面是非单调推理而另一方面是类比推理以及归纳推理之区别。一般来讲，主张推论概念为演绎的必要条件是它具有形式单调性性质。这个问题是，非单调后承概念能否用它具有的性质来刻画而不是仅用它缺乏的性质来刻画。如果能够找到这种性质，那么非单调推理在形式意义上就能区别于类比推理和归纳推理。事实上，这是任何后承概念的极小性质是什么的问题，是关于非单调推理的人工智能研究而提出的一个新逻辑问题。在第4章我将回到这个问题。

让我们总结一下本小节。关于法律知识库系统的非单调性行为，我们是应当高兴还是不高兴呢？一方面，单调性是一种让人放心的性质，无论是从语用角度还是从计算角度来讲都是如此。从语用角度来讲，它是让人放心的，因为它保证了"即使新信息被添加到系统中，在推理过程的某个点上所进行的推论仍然有效"。对用户来讲，这当然使得单调结论是最可靠的，也就是说，不管他或她会提出什么样的新信息给系统，已经推导出来的东西仍然有效。从计算角度来讲，单调推论也非常有吸引力，因为它能利用局部证明方法，即一种不必对每个结论都要检查整个知识库的方法，与非单调系统的全局证明方法相对应。可是，尽管有这种计算魅力，如果它不能刻画有时结论是基于不能推演出其他结论而得出的领域之特征，单调性就变得不利了。在法律中，毫无疑问是刚才论述的这种情况。在人工智能与法领域中，也有其他许多作者作过相同的评 61 论，这里略举数例，如加德纳（Gardner，1987）、哈赫（Hage，1987）、戈登（Gordon，1988）和沙托尔（Sartor，1991）。总之，我们可以说，形式体系的难驾驭是由这些形式化推理的难驾驭所致（参见 Etherington，1988，p. 69）。

3.5　非标准特征的人工智能与法程序

为了说明接下来的研究和人工智能与法相关，本节讨论的是几个处理前面讨论过的非标准特征的现有程序。事先应当做两个评论：首先，在这些大多数系统中非单调行为的产生是由于他们比较不一致知识库产生的可替论证而引出的。很明显，这种推理方式更接近真实法律推理，沿着这条进路，本书大部分（第6～10章）将致力于这种论证方式的形式研究。其次，大多数系统缺乏明确的形式基础，因此它们构成了检验我的观点的一个极好机会，即在批判与分析实现系统时形式研究能够派得上用场。因此，第10章我又回到了这些系统的某些系统上来。

3.5.1 作为逻辑程序的法律

首先我讨论的不是具体系统，而是针对计算机应用的形式化法律之一般方法。这是一种把形式化法律作为逻辑程序的思想，也就是作为一个相对于自动定理证明机存在的那个逻辑语言之公式集。这种方法的基本思想是在塞科特（Sergot，1988）的论文中提出的，并与塞科特和科瓦尔斯基紧密联系在一起。最著名的应用就是《英国国籍法案》的形式化（Sergot *et al.*，1986）。作者大量使用了作为失败方法之否定的否定词，这具有逻辑程序的特征，并如第 3.1 节所解释的那样，这是一种非单调推理形式。他们把这种方法看作特别适合于例外。因此，他们用失败性否定词专门针对那些包括像"除非表明相反"和"受……制约"之类短语的规范。他们并不使用一般例外子句而是使用具体例外子句。一个使用失败性否定词的例子就是这样的规范，其内容大致是：在某些额外情形下，如果一个被遗弃小孩的父母身份不明，那么该小孩就取得英国公民资格。作者明确把这当作一种非单调推理形式。此外，他们还注意到立法者并没有预见到这种可能性，即过些时间知道其父母不是英国公民，而这个信息使得之前的结论无效。

3.5.2 纳税人 Ⅱ

62

麦卡蒂的纳税人 Ⅱ 工程（如 McCarty & Sridharan，1981；McCarty，1995）之目的就是建模律师如何论证或反证一个法律概念应用到一个问题情形。在麦卡蒂和斯里德哈兰（McCarty & Sridharan，1981）的论文中只展示一个理论模型，而在麦卡蒂（McCarty，1995）的论文中实现系统描述了该模型的大多数要件。可是，发现论证的交互仍然是由用户来控制的。

此外，这项工程涉及针对法律领域表达理论的逻辑知识表示语言之进展，以及抓住法律概念开放结构与动态本质的表达法律概念的方法设计。这种方法是建立在法律概念具有三个构成要件观念基础上的：首先，一个概念可适用的必要条件集合（可能是空集）；

其次，一个概念的事例（标本）集；最后，一个规则集，它能将一个个案转换成专门针对将"原型"标本与"变形"相关联起来的另一个个案。在麦卡蒂看来，律师通常把一个概念应用到一个新个案的论证方式是通过找到一系列看起来合理的转换，将一个原型（可能通过其他个案）映射到新个案上。

虽然这种法律概念观有诸多方面，但就我们的目的而言，最有趣的问题是它如何影响该系统的逻辑方面。在纳税人 II 的早期成果中，并没有提及这个问题，但麦卡蒂给出的逻辑表达语言提及了非单调推理要素。这就是根据上面对法律概念的可废止性讨论所期望的东西。此外，由于系统的整个任务是产生支持或反对概念应用的似真论证，因此，很明显需要处理不一致信息的能力。

3.5.3　加德纳程序

加德纳（Gardner，1987）设计了在美国普通法领域一个执行根据要约与接受的合同表述所谓"问题发现"的程序。该程序的任务就是要判定在输入个案中哪些法律问题容易解决和哪些法律问题很难解决，并且要解决容易的问题。如果所有相关问题都很容易，这个案件就能够被报告为清晰案件，否则就是疑难案件。这个系统包含的领域知识有三类本质上不同的法律类型：首先，一般法律规则，它以半官方形式源自判例法（美国合同法重述）；其次，所谓"常识规则"，它提供了关于与程序领域相关世界方面的一般性非法律知识；最后，判例法，这是用普遍量化条件句形式来概括的。要是"规则耗尽了"（开放结构之不充分决定型），或在没有任何理由选择一个更优于另一个（过度决定型）的情况下不同规则或不同个案是针对不同解决方案的，那么这个程序把问题当作难题处理。鉴于第二个可能性，该程序能够处理冲突信息。

加德纳方案执行非单调推理的原因是，在个案被报告为疑难案件之前，把互相矛盾的选择进行比较，检查一个是否优于另一个。正如上面我们已注意到的那样，这是一种非单调推理形式。由于这

63

个特征，系统也能够用下述方式来处理开放结构的可废止性。在他的程序中，为了间接表达规则与原则之目的，加德纳使用了判例法：司法裁决做到这一点的通常方式就是借助基于原则或目的的解释来搁置法律规则或法律概念的解释（在加德纳程序中用常识规则来表示）。加德纳实现这一点的方式就是给判例法优先于常识规则。假定借助这个例子，该方案试图将"禁止在火车站上睡觉"的规则应用到在打瞌睡的持月票者，这是富勒给出的一个例子（Fuller, 1958）。毫无疑问，常识规则会说此人正在睡觉，基于规则目的的论证可能反着说，为了把流浪者阻隔在车站大楼外。然后，相应地司法裁决便将字面意思搁置了。因此，加德纳系统提供了一个非标准冲突规则的例子。此外，在用冲突规则来比较冲突论证时，该系统执行的是非单调推理。

3.5.4　卡巴莱系统

卡巴莱系统（Rissland & Skalak, 1991）是一个系统执行推理任务的极好例子。在我看来，在这个系统中，显然是把逻辑作为法律推理的工具，而不是作为法律推理模型，但设计者并没有给他们的系统一个形式考虑。像加德纳系统一样，卡巴莱提供了让案例受到质疑的方法，质疑能够用法律规则推演出什么。但与加德纳系统不一样之处在于，卡巴莱并不试图给出法律问题的解答，其任务是建模对抗性法律推理启发阶段的方方面面（参见前面第2.3节）：依赖于用户的观点，它提供给用户许多可能方式来论证其结论，使反对者论证的前提受到质疑，通过类比等方式提出所需的信息，但所有这些事情差不多都是在没有任何基于知识库的证成力评估情况下完成的。

64　　卡巴莱系统是两个子系统的组合：一个是传统的基于规则的专家系统被充上观察其行为的方法；另一个是以海波系统为基础的基于个案的推理者（Rissland & Ashley, 1987；1989）。不像加德纳系统那样，案例库只是一个普遍量化为"如果—那么"的规则集，海波系统用更复杂的方式来表达个案。基于其所谓的"维度"，海波系统分析的既有存储个案又有新个案。维度是案例的抽象形式方式，它们是由知识工程师识别出来的且与支持或反对某个特定法律主张有关。海波系统的任务不是给输入问题一个解答，而是向个案各方提供引用的合理先例，并评估这些先例的相对优点。海波系统提出引用个案的一个理由是，它与当前事实情形相似或类似，并且包含了审方论证的裁决。海波系统的相似性思想根据如下方式实现：所有与当前事实情形共享至少一个维度的存储个案都根据它们与当前事实情形共享的因素集包含来排序。如果这个个案集包括了另一个个案集，那么前一个案被认为比后一个案与当前事实情形更相似（"多点"）。这个排序的极大元素被认为与当前事实情形最相似。正如第 2.3 节所说，关于这些个案是否足够相似以便保证相同结论，海波系统并没有以任何方式给出线索。此外，它并不试图在类比背后找到一个通用规则。

在卡巴莱系统中，基于个案的推理者能够有几种方式用来论证规则耗尽后的结论，甚至反对用于基于规则部分获得的结果。第一种可能性的例子是，如果事实情形不满足一条规则之所有条件，或许建议一个类比给存储案例，其中，这些条件已满足。第二种论证方式的例子是，通过找到一个规则条件都得到满足但该规则却不适用的个案，让对方获得结论所使用的规则不可信。

虽然卡巴莱系统的主要目的是法律推理的启发阶段，当然，它必须处理证成阶段的背景观，否则根本不能定义可能论证行动之效果。现在，在非单调推理方面中正好能够找到这种背景观。一个例子是刚刚描述的"规则质疑"启发法：当允许个案指向规则条件都满足的对立结论时，很明显那是建立在法律规则的可废止解释基础之上的，在加德纳系统中几乎使用了同样的方式。当我们进行个案相互比较看一下哪个相似多点时，所使用的方式也表达了法律推理的可废止观，其中使用的是特别性原则的约束版。当我们试图从证 65

成观去看卡巴莱系统时，这两个特征可以组合在一起。例如，如果借助一个个案来怀疑一条规则，但相似点多的个案却确证了规则，这个规则的结论可能被认为是法律问题之卡巴莱知识库的整体回答。

总之，虽然卡巴莱系统主要是建模法律推理的启发式部分，但其论证行动之证成力观已吸纳了非单调推理的要素。

第 **4** 章 非单调推理的逻辑

本章给出非单调推理各种现有形式化的一个概览。[1]首先，从
前两章推演出两个使用非单调推理形式的基本动机或许是有用的：
第一个动机对所有常识推理领域都很常见。在解决问题时，人们并
不总是有足够信息做走向结论的安全步骤，相反，它们常常不得不
通过应用一般的可废止规则跳向结论，因为要保证找到安全着陆信
息常常成本太高甚至不可能。但人们不是基于专门根据采取行动或
者作出计划和裁判，甚至更糟什么也不做，人们仍然想用理性方式
进行裁决，且通常所用的理性原则就是：尽可能假定事情都平凡，
在这个假定之下能够做出只有在不寻常条件下才不得不收回的
结论。

可在法律中非单调推理的第二种形式使用一般冲突元规则有着
不同的动机，这对于法律领域来讲似乎很特殊。虽然这些原则也有
这样的效果：其他信息可以使得之前获得的结论无效，使用它们的
理由与寻找更多信息的代价关系要小些，而与"法律事业"之效能
关系多一些。法规形成了，不再以复杂方式存在了，在不同地方不
同时期涉及不同权威。所有这一切很容易导致不一致。如果每当冲

---

〔1〕 本章并不是原来的内容；我从诸多人的概述中受益良多，如金斯伯格（Gins-
berg, 1987），瑞特（Reiter, 1987），埃瑟林顿（Etherington, 1988），布鲁卡（Brewka,
1991a），卢卡西维茨（Lukaszewicz, 1990），比杜瓦（Bidoit, 1991）以及鲁斯（Roos,
1991）。想参考技术细节的读者可看这些文献之一。

突出现之时，新的法规必须恢复一致性，那么，立法事业被以不予承认的方式阻碍。因此，律师们会提出一些预见这种冲突的方式，这些方式是建立在导致冲突的法律系统之相同结构特征之上的。总之，不仅是知识完全之代价而且是保持法律系统一致之代价导致了非单调的推理形式。

68 　　我将从评论建模不一致信息推理方法开始。一个有趣的事实是：这些方法之一是建立在把可废止推理看作不一致前提推理之上的，因此，不必单独评论不一致信息推理。综观各种非单调逻辑之后，将要评论一般研究的某些问题以及这些逻辑的整合。最后，将讨论发展非单调逻辑事业的某些异议。

4.1　非单调逻辑

有好几种分类非单调推理形式的方式。我选择的分类是关于什么是过去假设为无法确争知道的逻辑工具。第一种方法相当于如果与已知一致的一个事实。这种方法的最著名典型就是缺省逻辑。第二种方法是用模态来表达人的知识与无知以及用知识与无知进行推理，如用于自认知逻辑。另一种方法是，将原子事实或谓词扩展等各类具体信息极小化，应用这种思想的两个领域是限定逻辑与逻辑编程的失败性否定语义。还研究了用条件算子来表示"典型"条件关系或"通常"条件关系的思想。最后，有人提出了处理不一致性的方式，其中，如果前提不一致，那么优先选择例外结论是可能的。

4.1.1　一致性方法

麦克德莫特和道尔的非单调逻辑

一个早期的一致性方法是麦克德莫特和道尔的非单调逻辑（NML）（McDermott & Doyle，1980）。这是一种基于添加代表一致性的 M 新算子到命题逻辑语言的方法。因此，像如下公式

$$(b \wedge M \neg p) \rightarrow f$$

能够用来表示如果某物是鸟且与不是企鹅一致，它就能飞。在逻辑语言中，既然 M 是个新常项，它应当有语义解释。由于定义这个解释的固有困难，尤其是麦克德莫特和道尔的尝试，麦克德莫特和道尔的非单调逻辑没有幸存多久。

缺省逻辑

更成功的一致性方法是瑞特的缺省逻辑（Reiter，1980），其中并没有把一致性算子添加到逻辑系统的对象层语言，而是把它吸收进具体的可废止推论规则之中了。这些推论规则能够用于以公式扩充包含已知经典一阶理论，这些公式不是由理论经典衍推而来，而是基于已知足够相信，尽管它们是似真的。缺省被定义如下（Reiter，1980，p. 88）：

定义 4.1.1 （缺省，缺省理论）缺省是指形如

$$\frac{\alpha(x) : \beta_1(x), \cdots\cdots \beta_m(x)}{\omega(x)}$$

的任意表达式，有时写成

$$\alpha(x) : \beta_1(x), \cdots\cdots \beta_m(x) / \omega(x)$$

其中，$\alpha(x)$，$\beta_1(x)$，$\cdots\cdots \beta_m(x)$ 与 $\omega(x)$ 都是合式公式，而在 $x = x_1$，$\cdots\cdots x_n$ 的那些变元中都是自由变元。$\alpha(x)$ 被称为先决条件，$\beta_1(x)$，$\cdots\cdots \beta_m(x)$ 被称为证成理由，$\omega(x)$ 被称为后承。一个缺省是封闭的，当且仅当，α，β_1，$\cdots\cdots \beta_m$ 和 ω 没有一个包含自由变元。

缺省理论是一个偶对 $(\mathcal{F}, \Delta)$，其中，Δ 是一个缺省集，$\mathcal{F}$ 是一个封闭的一阶谓词逻辑合式公式集合。

从非形式角度来讲，缺省读作"如果 $\alpha(x)$ 成立，且 $\beta_1(x)$，$\cdots\cdots \beta_m(x)$ 可以被一致地假定，那就可推导出 $\omega(x)$"。开放缺省能够被认为是相对于所有基础事例的一个图式。也就是说，封闭缺省集可以通过用基础项会替代它的自由变元而得到。

让我们考虑一下特维迪例子的瑞特版[2]：

$$\Delta = \{ 鸟\ (x)：能飞\ (x)\ /能飞\ (x) \}$$
$$\mathcal{F} = \{ 鸟\ (特维迪)，\forall x.\ 企鹅\ (x) \rightarrow \neg 能飞\ (x) \}$$

由于"能飞（特维迪）"与已知事实一致，我们能够应用缺省到特维迪，且可废止地得出"能飞（特维迪）"。如果"企鹅（特维迪）"也被添加到事实：那么"¬能飞（特维迪）"由已知事实经典衍推出来，而且对应用缺省规则进行一致性检测，由此，"能飞（特维迪）"再也不能得出，那么，这个推论的确可废止变得明显。

一个公式"成立"的精确形式化是由扩充定义给出的。如前所70 说，缺省是用来扩充经典一阶理论成为如下信念的：根据这些理论，哪个成立或许更合理，而非哪个是根据它们经典衍推出来的。从非形式角度来讲，这按照如下方式发挥作用。相对于给定缺省理论（$\mathcal{F}$，Δ）来讲，只要一致性得以保证，新信念可以由 Δ 中人们想要的任何缺省的基础融合推演出来。因此，如果如此使用尽可能多的缺省，也就是说，如果应用任何新缺省会导致不一致，那么集合产生的就是（$\mathcal{F}$，Δ）的扩充。这些集合能够被视为根据事实和缺省假定 Δ 的可能极大集。扩充是根据下列定点定义方式来定义的（Reiter，1980，Th. 2.1）。

定义 4.1.2 （扩充）令 E 是一个封闭合式公式，并且（$\mathcal{F}$，Δ）是封闭缺省理论。定义一系列集合 E_0，……E_i，……使得

$$E_0 = \mathcal{F}$$

并且对于 $i \geq 0$ 来讲

$$E_{i+1} = Th\ (E_i \cup \{ \omega\ |\ \alpha：\beta_1，\ ……\beta_m/\omega \in \Delta，其中，\alpha \in E_i\ 且$$
$$\neg\beta_i，……\beta_m \notin E \})，那么，E 是（\mathcal{F}，\Delta）的扩充，当且仅当，$$

$$E = \cup_{i=0}^{\infty} E_i$$

---

〔2〕 既然本章关注的是形式方面而非应用，因此，我将用比其他章节更形式的符号来写例子。

乍看起来，这个定义似乎"自上而下"构造了一个扩充，从事实 W 开始，接下来每步都使用了任意缺省，其前件在迄今已产生的扩充之内，且证成理由与该扩充一致。可是，这种构造表象具有欺骗性：证成理由不应当与迄今已产生的扩充 E_i 一致，而应当与构造的最终结果 E 一致。问题是，构造的这个最终结果不得不被进一步猜测，并且不存在任何自动程序来确保提供正确猜测。这种非建构性的"前瞻"给了这个定义之定点特征。

由于缺省会冲突，故一个缺省理论也许有许多且互不一致的扩充。让我们考虑下面这个例 3.1.4［在缺省中变元是留有隐藏且其算法已假定包含在（之中）的缺省形式化］：

$d_1:$ $\dfrac{杀人 \wedge 故意：最高刑期 = 15 \text{ 年}}{最高刑期 = 15 \text{ 年}}$

$d_2:$ $\dfrac{杀人 \wedge 生死决斗：最高刑期 = 12 \text{ 年}}{最高刑期 = 12 \text{ 年}}$

$\mathcal{F}:$ {生死决斗→故意，杀人，

　　　生死决斗，¬（最高刑期 = 12 年 $\wedge$ 最高刑期 = 15 年）}

$\Delta:$ {d_1，d_2}

现在必须做出选择使用哪个缺省，因为同时使用任何两个则会使得扩充不一致。现在如果使用 d_1，那么最高刑期 12 年不再与产生的扩充一致，并且阻止了 d_2 的使用。另一方面，如果先使用了 d_2，就阻止了 d_1。因此，这个缺省理论就有两个扩充：

$E_1 = \mathcal{F} \cup$ {最高刑期 = 15 年}

$E_2 = \mathcal{F} \cup$ {最高刑期 = 12 年}

根据（$\mathcal{F}$，Δ），两个都是合理信念集，但它们不能同时成立，必须在二者间做出选择。

由于存在多重扩充的可能性，因此，根据一个公式是在一个缺省理论的某些还是所有扩充之中，可以定义缺省逻辑的两个不同后承概念。一般而论，这两种推理分别被称为"轻信推理"与"怀

疑推理"，在其他许多非单调逻辑中都能定义它们。

定义 4.1.3 （轻信后承与怀疑后承）令（$\mathcal{F}$，Δ）是一个缺省理论，则：

- （$\mathcal{F}$，Δ）$\vdash \varphi$ 当且仅当 φ 在（$\mathcal{F}$，Δ）的所有扩充之中（怀疑后承）

- （$\mathcal{F}$，Δ）$\vdash \varphi$ 当且仅当 φ 在（$\mathcal{F}$，Δ）的某个扩充之中（轻信后承）

怀疑后承背后的思想是，准确抓住了那些根据现有知识无法挑战的结论，即如果一个结论 φ 怀疑地从（$\mathcal{F}$，Δ）中得出，那么根据（$\mathcal{F}$，Δ）决不能建立起针对 φ 的任何论证。当然，一个不同之处是，在添加事实知识情况下 φ 是否会受到挑战呢？另一方面，轻信后承是很宽容的，即如果 φ 是（$\mathcal{F}$，Δ）的一个轻信后承，这只意味着至少存在一种可能事态与 $\mathcal{F}$ 的事实兼容；这种可能事态是由 Δ 的缺省产生的，并使得 φ 在这种事态中成立。在多重扩充情况下有时只有一种是想要的观察，这导致了瑞特与克里斯库罗（Reiter & Criscuolo, 1981）使用所谓的半正规缺省，并放弃了瑞特原来的"正规缺省是所需的必要缺省"思想（Reiter, 1980）。一个缺省是正规的，当且仅当，证成理由等同于结论，也就是，当且仅当它具有形式

$$\alpha(x) : \omega(x) / \omega(x)$$

并且一个缺省是半正规的，当且仅当，它具有形式

$$\alpha(x) : \beta(x) \wedge \omega(x) / \omega(x)$$

否则，它就不正规。

最具代表性的是，$\beta(x)$ 是一个冲突缺省的先决条件之否定，则该冲突缺省具有优先性（读者将看到第 3.1 节中具体例外条款方法）。因此，如果生死决斗之否定被用下列方式添加到《荷兰刑法典》第 287 条的缺省形式之证成理由之上，

$$d_{1'}: \frac{杀人 \wedge 故意 : \neg 生死决斗 \wedge 最高刑期 = 15 \, 年}{最高刑期 = 15 \, 年}$$

那么，修订后的缺省理论（$\mathcal{F}$，$\{d_{1'}, d_2\}$）只有一个扩充，即 E_2，因为 $d_{1'}$ 被如下事实阻止：现在它的证成理由即"$\neg$生死决斗"不再与事实集相一致。根据荷兰法律，E_2 的确是预期的扩充，因为《荷兰刑法典》第 154 条第 4 款是用作第 287 条的例外。要知道，既然"$\neg$生死决斗"是被添加入 $d_{1'}$ 的证成理由而不是它的先决条件，那么没有必要为了运用一般规则而证明缺少例外情况。因此，这种方法本质上是抓住了法律规则可废止性的候选方法。在第 5 章中，我将详细讨论这种方法是否在所有情况下都可行。

缺省逻辑的诸多修订与扩充都被提出来了，如卢卡西维茨（Lukaszewicz，1990）与布鲁卡（Brewka，1991b；1994a；1994c）的工作，这将在第 9 章讨论。此外，埃瑟林顿（Etherington，1988）给出了一种缺省逻辑的模型论语义，可是，它只给出了扩充语义特征，而没有给出缺省本身的语义特征。从非形式角度来讲，这种思想是：相对于一阶理论来讲，模型集的所有子集都与它们如何满足缺省排序是一致的。在这个排序中每个极大集都是某个扩充的模型集。

虽然其直观清晰度非常引人注目，缺省逻辑也有某些公认缺点，其中一个就是它的计算复杂性，如上所解释，其一个主要来源就是其扩充定义不是建构性的。问题是，在使用一致性来检测看一个缺省能否扩大一个扩充时，用其他缺省建构的扩充来检查该扩充是不够的，而是必须事先猜测整个扩充的内容并且这无法轻易机制化。更准确地说，众所周知，缺省逻辑的扩充不是"递归可枚举的"，即判断给定公式是否在给定缺省理论的某个扩充之中，这并非是半可判定问题（Reiter，1980，Th. 4.9）。

更进一步的问题是，在缺省逻辑中，关于缺省的推理是不可能的。请思考关于实施法律行为能力的例 3.1.7 的下一个修订版。

73

$$d_1 = \frac{未成年人（x）：\neg 有法律行为能力（x）}{\neg 有法律行为能力（x）}$$

$$d_2 = \frac{智力障碍（x）：\neg 有法律行为能力（x）}{\neg 有法律行为能力（x）}$$

$\mathcal{F}$：{未成年人（约翰）∨智力障碍（约翰）}

Δ：{d_1，d_2}

我们想要推导出"有法律行为能力（约翰）"，但是，为了应用其中的一个缺省，要么"未成年人（约翰）"确切为已知，要么"智力障碍（约翰）"确切为已知，我们却不能这样。问题是，从 d_1 和 d_2 推导出缺省

$$d_3 = \frac{未成年人（x）∨智力障碍（x）：\neg 有法律行为能力（x）}{\neg 有法律行为能力（x）}$$

是不可能的。

最后一个问题是，只有正规缺省理论才能保证有扩充，这使得对半正规缺省理论而言，逻辑后承概念并不总是被定义的。问题是：用半正规或非正规缺省将许多约束放到缺省的可应用性上，使得缺省后承借助一个其他缺省链与自己的证成相冲突，这是可能的。最著名的例子是

$$\frac{:p \wedge \neg q}{p} \quad \frac{:q \wedge \neg r}{q} \quad \frac{:r \wedge \neg p}{r}$$

其中，$\mathcal{F} = \varnothing$ 且 Δ 由上述三个缺省构成。正如埃瑟林顿（Etherington，1988，pp. 84~85）所评论那样："……应用任何一条缺省都给另一条缺省留下可应用的余地。可是，应用两条缺省就会导致否定二者之一的非正规证成部分。"问题是，这些缺省并不能留在那儿不可应用：定义 4.1.2 要求，每一步 E_{i+1} 都应用了所有缺省，其先决条件都在 E_i 中，并且证成与 E 是一致的。

尽管有这些问题，缺省逻辑还是非单调推理的一个最著名形式化，可能是因为它能够与直观清晰性链接在一起，并且能够适用于

常识推理。例如，我们在第 6 章将表明，它与法律推理的对抗性自然吻合，因为法律推理是由提出并比较支持和反对一个特定结论的可替论证所组成的。

4.1.2 自认知逻辑

在不完全信息条件下，跳转到结论的第二种方法是：将后承与显性陈述连结起来，以此来表达某人无知。例如，如果某人认为除非已知是企鹅否则鸟能飞，那么这个人说他或她并不知道这只叫特维迪的鸟是只企鹅，他或她就推导出特维迪能飞。为了使得"不知道事实"或"相信事实"这样的概念准确，人们充分利用在认识论方法中解释的模态算子来提出诸多形式方法，其中，最著名的当数莫尔（Moore，1985）的自认知逻辑（AEL）。这是为了改进麦克德莫特和道尔的非单调逻辑（NML）而提出的。

自认知逻辑试图把握理想内省推理者之信念[3]，其基本思想是：根据前提或推理者的"基本信念"构造出一个包括推理者所有信念的公式集，其中不仅包括了关于世界的信念，而且包括自身信念。表达信念或无知的陈述是在模态算子 L 帮助下来表示的，直观上代表的是"众所周知"，然后使用内省观察跳到结论，如缺省"鸟能飞"表示为

$$(b \wedge \neg Lp) \rightarrow f$$

且把不知道某只鸟是企鹅表示为

$$\neg Lp$$

然后，通过简单命题推理，我们就能推导出这只鸟能飞。当然，为了把握该结论之缺省本质，必须用下列方法解释 L：增加信息 p 使得陈述 $\neg Lp$ 为假。使用下列方法就能完成这项工作。

---

[3] 既然在自认知逻辑中，"知道"最终是建立在推理者提供的前提基础之上的，那么，在通常情况下，我们就在"知道事实"和"相信事实"之间不做任何区别。

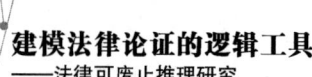

如果集合 T 包含了理想内省推理者所知道的一切信念，那么应当期望它具有某些形式性质。首先，它应当是演绎封闭的，因为理想推理者不仅相信他或她明确陈述的信念，而且相信从这些信念逻辑推导出来的一切信念。再者，相对内省陈述而言，下列两个条件应当成立：

- 如果 $\varphi \in T$，那么 $L_\varphi \in T$，并且
- 如果 $\varphi \notin T$，那么 $\neg L_\varphi \in T$。

用非形式的话来讲，如果一个人知道 φ，那么那个人也知道他或她知道 φ；如果一个人不知道 φ，那么那个人也知道他或她不知道 φ。我们把具有这三个性质的集合称为"稳定集"。除了稳定之外，一个信念集应当扎根于推理者的基本信念之中。这一切都是通过下列定点定义来把握的。

定义 4.1.4 T 是基础信念集之稳定扩张，当且仅当，

$$T = Th(B \cup \{Lp \mid p \in T\} \cup \{\neg Lp \mid p \notin T\})$$

现在可解释为什么自认知逻辑是非单调的了。其理由是，陈述 $L\varphi$ 是否在基础集 B 的一个稳定扩充 T 中既取决于什么在 B 中又取决于什么不在 B 中。假定推理者在考虑给定一只鸟是否能飞时提供了如下基本信念：

$$B = \{b, (b \wedge \neg Lp) \rightarrow f\}$$

既然 p 不在 T 中，那么 $\neg Lp$ 便在 T 中。此外，既然 B 包含在 T 中且 T 又是演绎封闭的，那么根据简单分离规则 f 也在 T 中。可是，如果 p 被添加到信念集 B 中，那么 T 就包含了 Lp 而不是 $\neg Lp$，且 f 不再在 T 中。

自认知逻辑与缺省逻辑有太多共同之处，特别是稳定扩充与缺省逻辑扩张很相似，如一个基本信念集具有多重稳定扩张。让我们思考下面两个带原子事实和两个可废止规则的一个基本信念集，它表示的是尼克松钻石（参见 Reiter & Criscuolo, 1981）。

贵格会教徒∧¬L¬和平主义者→和平主义者

共和党员∧¬L和平主义者→¬和平主义者

贵格会教徒，共和党员

既然"和平主义者"和"¬和平主义者"都不是已知的，那就有一个带"¬L¬和平主义者"并因此而带"和平主义者"的扩充，但也有一个带"¬L和平主义者"并因此而带"¬和平主义者"的扩充。另一方面，不存在既带"和平主义者"又带"¬和平主义者"的扩充，因为比如只要应用第一个缺省，"L和平主义者"就成立，而第二个缺省的前件则为假。

自认知逻辑与缺省逻辑有着共同的缺点。稳定扩充的定点定义并不是构造的，因为相对于缺省逻辑扩充的同样理由：像缺省逻辑一样，自认知逻辑在计算方面没有魅力。最后，应当注意到，像缺省逻辑一样，自认知逻辑也被以多种方式延伸和采用。（请参见脚注4的概述）

本书其余部分将不再讨论自认知逻辑。我将自己限制于简要说明相对于建模法律推理来讲自认知逻辑的表面相关性，特别是它使规则自然形式化成为可能，而这些规则将规范后承依附于特定事实"假定法律在其他方面并没有说什么"，因为在这种规范中法律在内省自身的内容。例如，《荷兰民法典》第3条第32款第1目（参见前面的例3.1.7）能够用命题将自认知逻辑形式化为

人∧¬L¬有法律行为能力→有法律行为能力

如果基本集并不包含其他规范和使得"¬有法律行为能力"能够被推导出来的事实，那么"¬L¬有法律行为能力"在T中且这条规则能够被应用。关于法律证据程序规则，如"只要其犯罪未经证明，任何嫌疑人都被认为无罪"原则，也都具有内省本质。使用自认知逻辑，这条规则的形式化是

¬L犯罪→¬犯罪

其中，"$\neg L$ 犯罪"的真值取决于依赖初始事实集、刑事证据规则以及科学或常识经验观察的内省。

4.1.3 极小化

在缺乏例外信息的情况下，为了使世界的描述封闭起来，跳到结论的第三种基本方法是极小化信息。如果这样做了，那么没被知道为真的事实就被假定为假。此外，这种方法能够用来建模"世界尽可能正常"之假定，既然未知为真的例外事实可被认为是假的，那么可以得出跳跃到缺省的结论。

这种观点有两个句法变异：首先，正如逻辑程序设计中所做的那样，将否定记号解释为不可证算子；其次，在对象语言中假定表达成一个显性公理，这个假定是"只有那些对象具有域理论的特定性质，并且声称对象具有那个性质"，这种方法被称为限制理论。

失败性否定词

在 20 世纪 70 年代计算机科学的各个领域中，涌出将否定记号解释为"没有推演出对立面"，其中一个领域就是演绎数据库理论，这是受有效数据存储启示而产生的。要在一个数据库中存储所有否定性事实是不切实际的，其标准例子就是航线数据库：如果必须包含所有不存在的联运，这个数据库就变得太大了，因此，如果根据这个数据库不能推出有从阿姆斯特丹到迈阿密的航班，它就会给出答案"从阿姆斯特丹到迈阿密没有航班"。

在封闭世界假设（CWA）条件下，这种推理是正确的。这里的封闭世界假设说的是：所有肯定性事实都被存储在数据库中。如果这个假设是正确的，我们就能安全地说不能从该数据库推导出来的事实为假。很明显，这种推理是非单调的，因为要是知道了其他肯定性事实，那么，这个假设结果是假的，并且不再推演出来其他事实之否定。这个封闭世界假设常常被表示为非形式概念，但许多人都试图给出一个形式考虑。瑞特（Reiter，1978）给出了如下形式化：

定义 4.1.5　（瑞特的封闭世界假设）假设 DB 是一个一阶公式集，且 φ 是一个一阶原子公式，那么

$$DB \vdash_{CWA} \neg \varphi \text{ 当且仅当并非 } DB \vdash \varphi$$

如果在数据库中所有事实都是原子事实，这会十分奏效。例如，如果 $DB = \{$航班（阿姆斯特丹，伦敦）$\}$，那么 $DB \vdash_{CWA} \neg$航班（阿姆斯特丹，迈阿密）。尽管如此，如果对该语言进行扩充，问题将出现，例如，如果 $DB = \{Pa \vee Qa\}$，那么 $DB \vdash_{CWA} \neg Pa$ 且 $DB \vdash_{CWA} \neg Qa$，但这与 $Pa \vee Qa$ 是不一致的。

为了处理这个问题，提出了带有封闭世界假设推理的复杂形式化。下面要讨论的限制理论被认为是这些形式化之一。现在，我讨论其中"素朴"封闭世界假设没有问题的一阶逻辑语言中的最大语言片段。在计算机科学中，在一阶逻辑语言新用途上这个片段起着重要作用。直到 20 世纪 70 年代，它只用来谈及关于程序语言或编程语言的事情，但后来用逻辑本身作为一种编程语言的思想出现了。PROLOG 语言就是这个进展的成果之一。

逻辑编程的基本片段是仅由霍恩子句构成的部分：

定义 4.1.6　（霍恩子句逻辑）霍恩子句具有如下形式：

$$\forall x_1, \cdots\cdots x_j. \, L_1 \wedge \cdots\cdots \wedge L_n \rightarrow L_m$$

其中，所有 L_i 都是原子公式，其变元都在 $x_1, \cdots\cdots x_j$ 中。在通常情况下，全称量词被悄悄地留在记号中。霍恩子句的前件被称为句干，而它的后件被称为句头。原子公子 L_i 是霍恩子句的邻界情形，因为它们可被视为一个带有有效公式作为句干的霍恩子句：$\top \rightarrow L_i$。否定原子也是霍恩子句的一个邻界情形，因为 $\neg L_i$ 可以被记为其句头为矛盾的子句，即 $L_i \rightarrow \bot$。一个霍恩子句集被称为逻辑程序，且将由一个可能索引过的 Π 来指示。

相对于逻辑编程来讲，霍恩子句的一个有趣理由是，已经给出

针对这个片段的有效定理证明机，即所谓的"选择性线性明确子句方案"，简称"SLD 方案"（参见 Lloyd，1984）。众所周知，如果一个逻辑程序只包括霍恩子句，瑞特的封闭世界假设形式是不成问题的，其中不会产生不一致。因此，在霍恩程序中询问"$\neg L_i?$"被肯定性回答，当且仅当，L_i 不能根据选择性线性明确子句方案推演出来。要注意到相对于素朴封闭世界假设产生问题的析取式 $Pa \vee Qa$ 无法被写成一个霍恩子句。

在霍恩子句逻辑中，瑞特的封闭世界假设有一个有趣的语义证成。其基本思想就是改变语义衍推的定义：在标准逻辑中，从前提集推导出结论正好是在所有前提模型中那个结论都为真，可现在我们只对这些模式中的某个或某些感兴趣，即只对其中谓词扩充极小的那些模式感兴趣。一个非常简单的例子展示了这个思想。让我们考虑程序 $\Pi = \{Pa\}$。Π 有许多模型，且在大多数模型中，比 a 更多的对象具有性质 P。可是，在 Π 的所有这些模型中要尽可能少的对象具有性质 P，明显只有 a 具有这个性质，因此，在那些极小模型中，相对于不等于 a 的每个对象 b 来讲 Pb 均为假。现在，这个思想通过断定"从一个逻辑程序推导出结论，当且仅当，它在这个程序的所有模型都为真"来把握封闭世界假设。

有个专业术语有待进一步解释：一个逻辑程序的领域并不正好是一个普通对象集，而是通过下列方式构造的：它是由逻辑程序语言中所有名称构成的。这个带有所有这些名称的集合被称为程序的"海尔勃朗全域"（后面我做了简化假定：这个语言并不包含函数符号，这是一个通常都不会做出的假定）。因为这一构造确保了：如果从一个程序推导出像 $\exists x Px$ 这样的存在公式，那么也存在一个相对于这个对象使该公式为真的名称 n，使得 Pn 也是从这个程序推导出来，正是这个程序使得要给出每个成功询问的替代回答成为可能。

这会导致下列极小模型和极小衍推的定义：

定义 4.1.7　（最小海尔勃朗模型）一个霍恩逻辑程序 Π 的最小海尔勃朗模型 $\mu(\Pi)$ 是满足下列条件的模型[4]：

1. $\mu(\Pi)$ 的域就是其海尔勃朗全域

2. 对于每个个体常项 a 来讲，$I(a) = a$

3. 对于 Π 的所有谓词字母 P 以及 Π 的所有模型 M 来讲，$I_{\mu(\Pi)}(p) \subseteq I_{M(p)}$

术语"最小海尔勃朗模型"是通过如下方式证成的：霍恩程序的极小海尔勃朗模型被揭示出是唯一的，而且还被揭示出总是存在的。在意向模型唯一的情况下，有时使用规准模型这个术语。

接下来，我们将针对霍恩子句定义新衍推概念。

定义 4.1.8　（霍恩子句逻辑的极小衍推）　　　　　　79

$$\Pi \vDash_{\min H} \varphi \text{ 当且仅当 } \varphi \text{ 在 } \mu(\Pi) \text{ 中为真}$$

正如已经指出的那样，一个否定结论 $\neg L_i$ 的非单调性是由于信息能被添加到允许推演出 L_i 的 Π 上所致。例如，如果 $\Pi = \{$航班（阿姆斯特丹，伦敦）$\}$，那么 $\Pi \vDash_{\min H} \varphi$ ¬航班（阿姆斯特丹，迈阿密）$\}$。但是，如果航班（阿姆斯特丹，迈阿密）也被添加到 Π 上去，那么，这个推演明显不再有效。从语义上讲，能够把这理解为：只要仅包含第一个航班，谓词"航班为 $\{$（阿姆斯特丹，伦敦）$\}$"的扩充所在的模型就是最小的，但如果第二个航班被添加到程序之中，这个模型就不再是 Π 的一个模型了，因为使得原子航班（阿姆斯特丹，迈阿密）为假；现在，最小模型就是带有 I（航班）$= \{$（阿姆斯特丹，伦敦），（阿姆斯特丹，迈阿密）$\}$ 的模型，正是这个模型使得 Π 的两个原子公式为真。

在霍恩子句逻辑中，只有否定结论是非单调的，其理由是：既然已知最小海尔勃朗模型为一个霍恩程序的所有模型之交集，那么它就是这个程序所有霍恩扩充模型的子模型，并因此所有肯定结论

─────────────

[4]　I（a）与 I（P）分别是指词项 a 与谓词 P 的解释。

都是单调的，因为它们在这个扩充之所有模型之中也都是真的。相对于定义 4.1.8 来讲，这意味着如果 φ 是原子，那么极小衍推和经典衍推同时发生。与之不同的是，如果在子句的句干中允许否定词，将会导致霍恩子句逻辑的一般化，这就变得不同了。

定义 4.1.9 （一般逻辑程序）文字是一个原子公式或它的否定词。子句就是这样一个公式，其形式如下：

$$\forall x_1, \cdots\cdots x_j. L_1 \wedge \cdots\cdots \wedge L_n \rightarrow L_m$$

其中，$L_1, \cdots\cdots L_n$ 是文字，L_m 是原子公式，$L_1, \cdots\cdots L_m$ 的变元在 $x_1, \cdots\cdots x_j$ 中，一般逻辑程序是一个一般子句集。

注意到子句不仅有陈述的意义，而且有程序的方面，这很重要（参见第 1.3.2 节）。作为程序规则，子句是方向性的：它们必须是关于句头的，子句的句干被视为能够用于直接推演出句头事例的某种东西。如果在子句前件中允许有否定词，这一点特别重要：如前所说，从程序上讲，否定被解释为"没有推导出对立面"，正因如此，有相同经典语义程序却有不同的程序效果成为可能。如让我们考虑程序 $\Pi_1 = \{\neg Pa \rightarrow Qa\}$ 以及 $\Pi_2 = \{\neg Qa \rightarrow Pa\}$，这些公式在经典意义上是等价的，但既然"$\neg$"在程序上代表失败性否定，故从 Π_1 能够推演出 Qa，而从 Π_2 推演出的却是 Pa。要注意，从经典意义上看这两个推演均无效。最后还要注意，还是因为否定词的程序性解释，在子句句头允许否定词没有意义了："如果 φ，那么 ψ 不可推演，恢复删除"缺乏智的解释。

第一个试图给出失败性否定词以语义解释的是克拉克的谓词补全法（Clark，1978），这是一种我已经在第 3.1.3 节中应用于形式化之方法。谓词补全也可以被认为是封闭世界假设的替代形式化。补全谓词 P 的思想是要添加额外信息到前提中，以表示那些说它们具有性质 P 的前提是具有这个性质的仅有前提。事实上，这种方法也使得推演出带 P 的原子之充分条件成为必要条件。于是，如果 $\varphi_1, \cdots\cdots \varphi_n$ 是所有带句头 $P(x_1, \cdots\cdots x_m)$ 子句之句干，那么相对于 P 的下列谓词补全被添加到前提中（注意"¬"代表经典否定词）：

$$\neg\varphi_1 \wedge \cdots\cdots \wedge \neg\varphi_n \rightarrow \neg P\ (x_1,\ \cdots\cdots x_m)$$

目前，这个思想是：如果一个逻辑程序用相对于其所有谓词的谓词补全来扩充，那么，用失败性否定规则来扩充的选择性线性明确子句方案（SLDNF 方案）从程序中推导出结论，当且仅当，从补全程序中演绎推导它。

失败性否定词的补全语义有许多问题，其中之一是一致程序补全或许不一致。如程序 $\{\neg Px \rightarrow Px\}$ 的补全是不一致集 $\{\neg Px \equiv Px\}$。

为了克服谓词补全问题，许多最新进展都关注到失败性否定词之模型语义。要注意，我们不能简单地利用定义 4.1.8 的极小衍推概念，因为一般逻辑程序并不总是具有唯一的最小海尔勃朗模型。让我们思考如下反例。程序 $\Pi = \{\neg Pa \rightarrow Qa\}$ 就不止一个极小模型谓词扩充，它有两个极小模型：一是带 $I(P) = \{a\}$ 和 $I(Q) = \varnothing$ 的 M_1；二是带 $I(P) = \varnothing$ 和 $I(Q) = \{a\}$ 的 M_2。可是，M_2 是目标模型，因为借助失败性否定 $\neg Pa$ 就能推演出来，并使得 Qa 也可推演出来。问题是，从经典意义来讲，$\neg Pa \rightarrow Qa$ 是等值于析取式 $Pa \vee Qa$，但从程序上来讲句干与句头有着不同状态。

因此，已经有人研究迫使目标极小模型作为规范模型的方式。对于一个被称为分层程序的特定句法来讲，确实需要通过反复按照程序子句之定向程序效果来建立目标模型，从而发展出一种能导出唯一极小模型的语义。这种分层思想避免了"通过否定递归"，即如果所有子句被链接在一起，就不会出现如下情形：这个链先前某个地方的一个否定原子又出现在子句的句干中，而稍后出现在这个链中的原子本身又出现在子句的句头。从直观上讲，我们无法理解：如果在某个点上，已推演出一个肯定事实 Qa，是因为无法推演出另一个事实 Pa，那么后来根据 Qa 使 Pa 可推演没有意义，因为 Qa 能够被推演的原因恰恰是 Pa 不可推演。用公式表示，它就变成了：

$$\Pi = \{ \neg Pa \to Qa, Qa \to Pa \}$$

我们可以注意到，用扩充的选择性线性明确子句方案来看，这是一个循环程序。

分层程序形式定义背后的思想是，用表达否定条件只依赖于较低层级之方式将程序的谓词字母分成一个全序的析取类或层级必须是可能的，因此避免了"通过否定词循环"。下面这个分层解释是埃瑟林顿（Etherington，1988，p. 61）给出的。程序被分层，意思是说，给每个谓词字母用一种方式指派唯一分层使得：

$$P_1(x) \wedge \cdots\cdots \wedge P_n(x) \wedge \neg Q_1(x) \wedge \cdots\cdots \wedge \neg Q_m(x) \to P(x)$$

在这个程序中，层级（P）大于或等于层级 P_i（其中，$1 \leqslant i \leqslant n$）且严格大于层级（$Q_j$）（其中 $1 \leqslant j \leqslant m$）。

现在可以解释程序 $\{ \neg Pa \to Qa, Qa \to Pa \}$ 为什么不是可分层的了。因为（$\neg Pa \to Qa$），Q 必须严格大于 P，因为 P 在带 Q 的子句句干中以否定形式作为句头出现。可是，由于（$Qa \to Pa$），故 Q 应当在一个至少等于 Q 层的层级中，因为 Q 可能出现在一个带 P 的规则之句干中且在开头。很明显，这两个必要条件不可能同时得到满足。

对于分层逻辑程序语义来讲，读者可参考比杜瓦（Bidoit，1991）的论文。我将自己限制在几个一般性评论。首先，像霍恩子句逻辑语义一样，分层逻辑程序语义定义了唯一规范模型，因此，如果 μ（Π）被用已定义规范模型的一个符号取代，那么逻辑程序的这个极小衍推定义 $\vDash_{minC}$ 与前面的定义 4.1.8 是相同的。可是，不像限定到霍恩子句那样，对于一般逻辑程序而言，肯定性结论也是非单调的。用句法术语来讲，之所以如此是因为肯定原子的推演可以依赖于没有证明另一个原子，这正如在逻辑程序 $\Pi = \{ \neg Pa \to Qa \}$ 中一样。$\Pi \vDash_{minC} Qa$，但很明显把 Pa 添加到这个程序会使 Qa 推演无效。针对这一点的语义理由是：虽然在现有规范模型中分层程序规范模型是唯一的，但如上所表明那样，它并不总是这个程序的唯一极小模型，因此，它并不是这个程序的所有模型之交集。

我的第二个评论是，并没有把分层思想的重要意义限制到逻辑编程上，在将其应用到其他非单调形式化时，它也能够识别出在计算上端端正正的语言之所有恰当子集。这可参见下面的第 4.2 节，更多的评论还可参见埃瑟林顿（Etherington，1988，pp. 61，88）以及布鲁卡（Brewka，1991a，pp. 91～93）的著作。

最后，我还要评论一下，一般逻辑程序的分层语义并不具有普遍性，它只给出了相对于分层程序的语义刻画。因此，对逻辑编程语义的深入研究并没有停留于分层上，相反在过去几年中已经出现了许多有趣的进展。如萨姆修斯基（Przymusinski，1988）在所谓优先化限定逻辑基础上发展了一个"完美模型"，这是极小化方法的又一个变形，在下一节我将要讨论。此外，格尔方德和列夫席兹（Gelfond & Lifschitz，1988）提出了一个稳定模型语义，这是自认知逻辑的直接应用：失败性否定被解释成 $\neg L$，然后，把一般程序的稳定模型定义为被限制到这个句法类的稳定扩充。此项研究在继续也有其他原因，如有些研究者关注用经典否定词来扩充逻辑编程语言（Gelfond & Lifschitz，1990；Kowalski & Sadri，1990），其理由是，在一般逻辑程序中所有否定词代表的都是失败性否定，但就知识表示的目的而言，这个限制常常太强硬。

限定逻辑

极小化例外知识思想的第二种形式化是由麦卡锡提出的限定逻辑（McCarthy，1980；1986）。像逻辑编程一样，它既是一个句法外观，又是一个语义外观。句法形式背后的思想与谓词补全基本相同：如果我们想要做一个理论域假定，那我们就应当添加一个公式到明确表示这些假定的理论之中；如果我这样做了，我们就能简单地从扩充理论单调地进行推导。更形式一点来讲，如果 T 是初始理论，C 为表达我们的假定（被称为限定逻辑公式）的公式并且 $\vdash_{circ}$

非标准限定逻辑后承概念为公式，那么，这个思想就是

$$T \vdash_{circ} \varphi \text{ 当且仅当 } T + C \vdash \varphi$$

83 这一思想的非单调本质是由限定逻辑公式之内容完全依赖于理论产生的，因此，如果扩充了理论，那就需要把限定逻辑公式改成 C'，并且 $T + C$ 的演绎后承相对 $T + C'$ 来讲不成立。

更具体地说，这种技术发挥作用的方式如下：如果一个理论的特定谓词被认为是表示例外性质或关系，则限定逻辑公式限制了这些谓词，即是说，只有那些对象才具有这种例外性质或关系，其中，这些性质或关系是该理论说明那些对象所具有的。例如，如果理论涉及刑法，并且认为罪犯有精神病被认为是例外，那么，谓词"有精神病"能够被限定为：没有证据证明罪犯有精神病，那么他或她就被推定为心理健康。这种限定解释看起来像封闭世界假定，并且限定逻辑确实已经被作为形式化封闭世界假定的一种方法来研究。相对于被称为谓词限定的最古老且最简单的限定形式来讲，限定公式被按如下方式定义，这取自布鲁卡的著作（Brewka，1991a）。

定义 4.1.10　（谓词限定）令 T 代表一个包含 n 元谓词符号 P 的一阶谓词公式（理论前提的合取），令 $T(P')$ 代表用谓词变元 φ 替代了 T 中 P 的所有出现结果。那么，T 中 P 的谓词限定就是下列二阶公式

$$T(P) \wedge \forall P'[T(P') \wedge \forall x(P'x \to Px)) \to \forall x(Px \to P'x)]$$

其中，$x = x_1, \cdots\cdots x_n$

为了给出这个公式如何发挥作用的线索，其思想是：如果限定谓词 P 已知相对于一个特定对象成立，即是说，如果 Pc 成立，然后我们应当足够明智用表达式 $x = c$ 去替换 $P'x$，那么我们能够演绎出 $\forall x(Px \equiv x = c)$，也就是说，只有 c 具有性质 P。可是，本书我只关注限定逻辑的语义，如应用限定公式。有兴趣的读者可以参考上面提及的导论性文本。

　　限定语义出现背后的思想不是给出相对于语言之新逻辑算子的真值定义，而是在一阶谓词逻辑语言之上定义语义衍推新概念。其总的思想是与逻辑编程语义相同：不是检测所有前提模型看看结论是否成立，而是只检测某些模型，即检测那些谓词扩充极小模型。可是，与逻辑编程相比，这有两个主要差别：一个技术差别是，目前考虑的是日常模型而非海尔勃朗模型。对于我们的目的来讲，更重要的一个差别是必须重新提炼极小模型概念。不是所有而是只有一些谓词扩充应当是极小的，即只有那些被限定的谓词之扩充者是极小的。此外，有些谓词扩充应当被固定，而其他的则应当允许在极小模型中变化着。这第二个区别是必须处理缺省推理本质，其中我们能够区分三种信息：首先是个案的"输入事实"；然后若可能，则是应当被假定为假的例外信息；最后是"输出事实"，即我们感兴趣的结论。当然，当例外谓词应当被极小化时，输入谓词应当在所有模型固定不变，因为它们恰好描述的是案件事实，且允许改变输出谓词，因为答案应当出人"意料"。这会导致极小模型的下列一般化定义，事实上它是与变元限定相对应的（McCarthy，1986），只是其语法形式比谓词限定稍显复杂。

　　定义 4.1.11　（极小模型）令 T 代表一阶理论，**P**、**Q** 和 **Z** 是谓词字母的互斥集，使得它们的并集是 T 的所有谓词语言字母的并集。**P** 表示限定谓词集，**Q** 是固定谓词集，**Z** 包括了可变谓词。再令 M 和 M' 代表 T 的两个模型。我们说 $M \leqslant_{P,Q,Z} M'$，当且仅当

　　1. M 和 M' 具有相同域；

　　2. 对于所有 $P \in \mathbf{P}$ 来讲，$I_M(P) \subseteq I_{M'}(P)$；

　　3. 对于所有 $Q \in \mathbf{Q}$ 来讲，$I_M(Q) = I_{M'(Q)}$。

M 是 $T_{P,Q,Z}$ 的极小模型，当且仅当，M 在次序关系 $\leqslant_{P,Q,Z}$ 中 M 极小，即当且仅当 T 不存在模型 M' 使得 $M' \leqslant_{P,Q,Z} M$，且并非 $M \leqslant_{P,Q,Z} M'$。

注意：在这个定义中，对于可变谓词 **Z** 不做任何要求。

　　定义 4.1.12　（变元限定的极小衍推）$T_{P,Q,Z} \vDash_{min} \varphi$，当且仅当，根

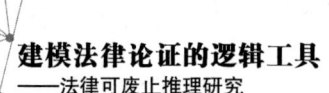
据通常真值定义，φ 在 $T_{P,Q,Z}$ 的所有模型中均为真。

埃瑟林顿（Etherington，1988）证明了这个语义的变元限定之语法形式是完全的：$T_{P,Q,Z}$ 的极小模型恰好是 $T+C$ 的所有模型，其中 C 是在 P 中根据变元限定定义限定所有谓词的公式。

下面这个例子表明这个极小衍推定义能够用来建模可废止推理。

85　　**例 4.1.13**　这是刑事法典的一个相当简单的形式化。

（1）$\forall x.$ 实施犯罪 $(x) \wedge \neg$ 有精神病 $(x) \rightarrow$ 受到惩罚 (x)

（2）实施犯罪（阿尔佛雷德）

既然我们对弄清某人犯罪能否受到惩罚感兴趣，且假定我们把精神病视为一种例外情形，那么极小谓词集 **P** 就是 {有精神病}，输出谓词集 **Q** 就是 {实施犯罪}，且可变谓词集 **Z** 就是 {受惩罚}。很显然，$\{1, 2\}_{P,Q,Z}$ 的极小模型就是那些"有精神病（阿尔佛雷德）"在其中为假的模型。既然"实施犯罪（阿尔佛雷德）"在所有模型中均真，那么它在所有极小模型中（1）的前件为真，这使得"受到惩罚（阿尔佛雷德）"在所有那些模型中也为真。因此，使用 **P**、**Q** 和 **Z** 的给定内容，$\{1, 2\}$ 就能极小衍推出"受到惩罚（阿尔佛雷德）"。

要注意，在没有让输出谓词"受到处罚"扩充可变情况下，不可获得结论，因为基于下列原因，也存在一个带有"有精神病（阿尔佛雷德）"为真而"受到惩罚（阿尔佛雷德）"为假的极小模型 M。在不允许扩充"受到惩罚"的前提下，"有精神病（阿尔佛雷德）"在任何情况下都不能使得它在 M 中为假，因为既然它使得（1）前件为真但后件为假，故这个模型不会再是（1）的一个模型。可是，若有需要，如果允许我们让"受到惩罚"的扩充增长，那么我就能够使"有精神病（阿尔佛雷德）"在 M 中为假，因为我们能够通过添加"阿尔佛雷德"到"受到惩罚"的扩充中来使得"受到惩罚（阿尔佛雷德）"为真。实际上，谓词限定并不具有这个可能性，但麦卡锡（McCarthy，1986）用可变限定校正了这一点。

限定的非单调性能够通过简单添加下面（3）来到前提中展示：

（3）有精神病（阿尔佛雷德）

然后，在前提的所有极小模型中，（1）的前件为假，因此，存在两个极小模型，一个是"有精神病（阿尔佛雷德）"为假的极小模型，另一个是"有精神病（阿尔佛雷德）"为真的极小模型，因此，结论"阿尔佛雷德受到惩罚"不再有效。

例 4.1.14　在应用限定时，一个常用技巧就是使用异常性谓词，它与第 3.1 节中讲的不可应用谓词或例外性谓词的用法相似。这种技巧将会在第 5 章中详细讨论。现在我将用下述例子来展示之。假定在通常情况下威尔士男人都是矿工，且富人都是保守党人，且事实上没有一个矿工是保守党人。然后，进一步假定，尼尔既是富人又是矿工。这可以用下列公式来表示，其中，表达式"异常（n，x）"读作"x 在 n 方面是异常的"。

（4）$\forall x.$ 威尔士男人（x）$\wedge\neg$异常（4，x）$\rightarrow$矿工（x）

（5）$\forall x.$ 富人（x）$\wedge\neg$异常（5，x）$\rightarrow$保守党人（x）

（6）$\forall x\neg$（矿工（x）$\wedge$保守党人（x））

（7）威尔士男人（尼尔）$\wedge$富人（尼尔）

86

读者会认为这与第 4.1.2 节中的"尼克松钻石"相似。在这个例子中，最佳限定策略是，使谓词"威尔士男人"和"富人"固定，而让谓词"矿工"和"保守党人"可变，并且极小化"异常"谓词。然后，不存在一个 {4～7} 的模型使得"异常（4，尼尔）"和"异常（5，尼尔）"均为假，因此，这些事实必有一个为真。很显然，在极小模型中，它们当中恰恰有一个为真，但既然既存在只有"异常（4，尼尔）"为真（其中尼尔是保守党人）的极小模型，又存在只有"异常（5，尼尔）"为真（其中尼尔是矿工）的模型，那么关于尼尔是矿工还是保守党人，没有明确结论可得出。可是，我们的确知道的是，尼尔具有这些资格之一，因此在所有极小模型中，"矿工（尼尔）∨保守党人（尼尔）"为真。

例 4.1.15 下一个例子将展示进一步精练可变限定是必需的。麦卡锡（McCarthy，1986，pp. 105～106）观察到，有时为了排除直观上不想要的极小模型，对于一个原子公式的极小化应当优先于对于另一个原子公式的极小化。请考虑如下情况：

(8) ∀x. 有驾照（x）∧¬异常（1，x）可驾车（x）

(9) ∀x. 酒醉了（x）∧¬异常（2，x）异常（1，x）

(10) 有驾照（彼德）∧酒醉了（彼德）

P = {异常}；**Q** = {有驾照，酒醉了}；**Z** = {可驾车}

直观上讲，"异常（1，彼德）"应当通过"{8，9，10}$_{P,Q,Z}$"推演出来，因为彼德酒醉了且在第二个方面没有他应当为异常之理由（注意：如果 {8，9，10} 是一个逻辑程序，那么这就是结果）。可是，存在两个极小模型，即带"I（异常）= {1，彼德}"的 M_1 和带"I（异常）= {2，彼德}"的 M_2。需要再次注意，它是一个会产生问题的析取式，因为从（8～10）可以必然推导出"异常 {1，彼德} ∨异常 {2，彼德}"为真。要使 M_2 成为唯一极小模型，需要根据某个优先图式让"异常"谓词的原子命题能够为假。在这个例子中，"异常 {2，彼德}"应当以"异常 {1，彼德}"为代价变成假的。从技术上讲，如果模型比较不是关于谓词扩充的，而是关于使之为真的原子公式集的，这一点能够在优先化限定逻辑中实现。有时，这被叫作"逐点限定逻辑"（Lifschitz，1987b）。

像其他大多数非单调形式体系一样，限定逻辑也有几个公认的问题。这些问题大多数是由当它们与逻辑编程比较时限定之一般性所致。如并非所有限定理论都有极小模型，这意味着不是每个限定理论都能从语义上进行刻画。另一个问题是限定的计算复杂性，除了其他方面之外，它通常是由限定公式必须为二阶公式导致的，因

87

为它必须在谓词之上进行量化。问题是，二阶逻辑具有不引人注意的证明论性质，特别是已经知道它缺乏一个可靠性和完全性的证明程序。为了克服这一点，在能够运用标准定理证明技术后，在将特定类型限定公式还原为一阶公式方面已做了很多研究工作，并且在二阶情形下定理证明研究已取得了很大进步，而对于特定类型限定理论，已经识别出其与逻辑程序等价的程序。可是，在通常情况下，在计算上限定仍然难以捉摸，也是由于另一个原因，即在通常情况下没有一个算法来解决在限定公式中不得不用 P' 替代谓词的问题；这要求真正智能，并且这是逻辑定理证明机不能提供的东西。

4.1.4 条件句方法

一种根本上不同的建模可废止推理之尝试是把可废止陈述看作一种特殊条件句。第一个试图这样做的人是戴尔格兰迪（Delgrande，1988）。条件句逻辑原来是针对建模反事实推理发展起来的。反事实条件句表达了，如果其他某些事物是那样，那会出现什么情况呢？如"如果贝多芬是法国人，他就不会写交响乐"。在可能世界语义中，反事实条件句被解释为：$\varphi \Rightarrow \psi$ 为真在如下情况成立，在 φ 为真的世界子集中 ψ 为真，也就是说，在与真实世界尽可能相似的可能世界中，给定 φ 在其中成立，则 ψ 为真。目前的思想是，用类似方式对像"通常情况下或典型情形下 A 是 B"之类的类短语来定义一个可能世界语义，其中，可废止条件句 $\varphi \Rightarrow \psi$ 被解释为"在 φ 成立的所有最正常世界中，ψ 也成立"。很明显，如果用这种方式来读，那么分离规则对这种条件句并不有效，因为即使 φ 在真实世界中成立，真实世界也不必是一个正常世界。对于可废止条件句来讲，分离规则的无效性是可行的，因为这是一个非单调推理规则，而可废止陈述应当只产生非单调结论。当然，可废止推理涉及的是，只要没有相反证据，均可假定真实世界正常。为了弄明白戴尔格兰迪如何实现这一点，应当解释为他区分了缺省推理的两个方面：第一是关于缺省的推理。如果我们知道在通常情况下鸟能 88

飞且在通常情况下飞机能飞，我们就能单调地推导出一个新缺省"在通常情况下或者是鸟或者是飞机的所有对象都能飞"。回想缺省推理的这个方面在缺省逻辑范围之外，且通常都被认为是它的一个缺点。可废止推理的第二个部分是，使用缺省来得出缺省结论：如果我们知道"将博"（Jumbo）或者是鸟或者是飞机，那么我们就能得出可废止结论"将博"能飞。正是在这个第二部分中做出了正常性假定；在建模第一部分时，关于缺省的推理，戴尔格兰迪能够利用针对可废止推理 $\varphi \Rightarrow \psi$ 的单调条件句逻辑。如上所述，分离规则对于这种条件句来讲不是有效的。同时，下述增加原则也不有效。

$$(\varphi \Rightarrow \psi) \vDash (\varphi \wedge \chi) \Rightarrow \psi$$

如果注意到这条原则是相对于后承概念的非单调性原则之对象语言的对应原则，增加原则的无效就会很明显。为了给出一个戴尔格兰迪逻辑如何支持新缺省推演，应当注意到一个有效的重要原则就是案例推理：

$$(\varphi \Rightarrow \psi) \wedge (\chi \Rightarrow \psi) \vDash (\varphi \vee \chi) \Rightarrow \psi$$

正是这条原则在刚才给出的例子中允许进行"析取"缺省推演。

既然戴尔格兰迪的条件句逻辑是单调的，不得不在这种逻辑之上定义另外一种机器，以使得推演出非单调结论成为可能。为了这个目的，与瑞特差不多，戴尔格兰迪定义了缺省理论概念[5]：在 (D, C) 中，集合 C 是一个代表偶然事实的标准一阶公式集，而 D 是一个相对于条件句逻辑语言的条件句公式集。以此为基础，戴尔格兰迪利用两个进一步思想来进行可废止推论。首先，只要可能，就通过按照（单调无效的）增加原则添加新缺省把缺省集 D 扩充成集合 $E(D)$，而添加一个新缺省是否可能，这是由特别性的隐性

---

〔5〕 戴尔格兰迪提出了一个替代方法，我不会讨论。

概念决定的。第二个思想是，用下列方法定义非单调后承概念⊢：

$(D, C) ⊢ φ$ 当且仅当 $E (D)$ 包含 $C ⇒ φ$

让我们通过例子来考虑缺省理论（D，C），其中

$D = \{(1) \forall x. 鸟(x) ⇒ 能飞(x)\}$

$C = \{鸟(特维迪), 死(特维迪), 绿色(特维迪)\}$

在这种情况下，戴尔格兰迪的定义允许（1）的放大变成   89

$(1') \forall x. 鸟 (x) \land 死 (x) \land 绿色 (x) ⇒ 能飞 (x)$

还可变成 $E (D)$ 中特维迪的基础事例，之后根据⊢的定义，可废止地推演出"能飞（特维迪）"也是可能的。可是，如果添加新缺省

$(2) \forall x. 鸟 (x) \land 死 (x) ⇒ ¬能飞 (x)$

那么，把（1'）添加到 $E (D)$ 上就被阻止了，因为（2）是带有一个逻辑上更强的即更具体前件的冲突缺省。另一方面，由于不存在一个更具体的缺省阻止（2）的论证，故下列缺省

$(2') \forall x. 鸟 (x) \land 死 (x) \land 绿色 (x) ⇒ ¬能飞 (x)$

能与特维迪的基础事例一起被添加到 $E(D)$ 上，然后，就能够可废止地推演出"¬能飞（特维迪）"。

　　如上所述，戴尔格兰迪逻辑避免了瑞特缺省逻辑对关于缺省的推理无能问题。可是，另一个非单调部分难以驾驭的问题还是没有避免，因为似乎没有有效办法来计算集合 $E(D)$。在哲学上戴尔格兰迪逻辑也有几个缺点，因为它那把握非单调推理的附加机器相当特别，它不是建立在其缺省语义基础之上的。然而，戴尔格兰迪方法的基本思想非常有趣，并且有些研究者还进一步发展了它，尤其是阿什和莫里欧（Asher & Morreau，1990）以及维特曼（Veltman，1996）。至于本书的其余部分，主要是评论建立在这种思想之上的

两种尝试，在扩充缺省理论时戴尔格兰迪悄悄使用的特别性概念应当在可废止条件句逻辑语义中得以反映。

4.1.5 不一致性处理

以往所有非单调推理的形式化都是从一致前提集出发，并且提供的是根据它们得出似真但演绎上不可靠结论的方法。一个不同方法是允许前提不一致，而且如果确实不一致性出现，那就优先选择前提的某个部分。根据这种观点，缺省表示了真实情况的近似性，在具体情况中可以校正它：人们用缺省进行推理，仿佛它们为真，直到在特定情况下它们产生不一致性。这种思想的魅力在于：如果把非单调推理认为是在经典逻辑中一种不一致性处理，那就不需要提出新逻辑了。就法律适用来讲，这种方法有趣还有另一个原因，即它可能产生也能用于建模律师使用不一致规范系统进行推理之方式的理论，前面已经把这种系统视为非单调推理的另一个来源。这个主题将在第 7 章和第 8 章讨论。

将非单调推理建模为不一致容错推理的研究者有布鲁卡（Brewka，1989；1991a），普尔（Poole，1985；1988）以及鲁斯（Roos，1991；1992）。早些时候，阿尔罗诺和麦金森（Alchourrón & Makinson，1981）率先用类似思想建模律师用分层结构规范系统进行推理的方式。这种一般思想可追溯到雷斯切（Rescher，1964）。如果前提集竟然不一致，那么一致子集被认同。一般来讲，在应用非单调推理过程中，根据某种优先关系排序，包含最具体信息的子集优先。优先集能够用来定义两个非标准后承关系，与下列从优先子集之一或所有优先集出发的情形相一致。因此，像在前述定义 4.1.3 一样，需要定义轻信后承和怀疑后承，但不同的是，如果子理论优先，那么现在只计算子理论的成员。

下面这个定义取自布鲁卡（Brewka，1991a）。

定义 4.1.16 （弱后承与强后承）

- 从前提集 T 出发公式 φ 弱可证，当且仅当，T 存在一个优先子

理论使得 $S \vdash \varphi$；

　　— 从前提集 T 出发式 φ 强可证，当且仅当，T 的所有优先子理论都使得 $S \vdash \varphi$。

　　在本小节中，我要展示普尔和布鲁卡的方法。

普尔的缺省推理框架

　　普尔（Poole，1988）把缺省推理建模成为一种假设推理。他主张，如果把缺省认为是可能假设，其中带有能被构造来解释已观察到事实的理论，不必改变逻辑而只需要改变使用逻辑的方式。因此，普尔缺省推理逻辑框架之语义和证明论只是那些一阶谓词逻辑。这个框架的基础是集合 $\mathcal{F}$ 和 Δ。$\mathcal{F}$ 是一个假定一致的封闭一阶公式集即事实集；Δ 是一个可不一致的一阶公式集，是缺省或可能假设。一个缺省的任何一个基础事例都能够作为假设，只要它与事实一致且另外缺省仍在用。从形式上看，这个框架是通过下述定义来把握的。

　　定义 4.1.17　一个缺省理论 $\mathcal{F}$，Δ 的场景是一致集 $D \cup \mathcal{F}$，其中 D 是 Δ 的缺省之基础事例集。

　　理论形成包括了建构给定公式的一个解释。　　91

　　定义 4.1.18　如果 φ 是一个封闭公式，那么从 $\mathcal{F}$，Δ 到 φ 的解释就是蕴涵 φ 的 $\mathcal{F}$，Δ 之场景。

　　像瑞特一样，普尔定义了扩充概念。

　　定义 4.1.19　$\mathcal{F}$，Δ 的一个扩充是 $\mathcal{F}$，Δ 的一个（关于集包含的）极大场景逻辑后承集。

　　普尔（Poole，1988，p. 45）简略地讨论了偏好解释的使用标准，其中允许使用定义 4.1.16 的后承概念。普尔（Poole，1985）从形式上定义了这样一个标准，最具体解释优先，这将在第 6 章详细讨论。我现在举例来展示普尔框架。

例 **4. 1. 20** 请考虑：

（1）有作案动机（x）→犯罪嫌疑人（x）

（2）有作案动机（x）∧有不在场证明（x）→¬犯罪嫌疑人（x）

$\mathcal{F}$：｜有作案动机（约翰），有作案动机（比尔），有不在场证明（比尔）｜

Δ：｛（1～2）｝

根据这个缺省理论，既能解释"犯罪嫌疑人（约翰）"和"犯罪嫌疑人（比尔）"，又能解释"¬犯罪嫌疑人（比尔）"，其分别场景是：

$E_1 = \mathcal{F} \cup$｜有作案动机（约翰）→犯罪嫌疑人（约翰）｜

$E_2 = \mathcal{F} \cup$｜有作案动机（比尔）→犯罪嫌疑人（比尔）｜

$E_3 = \mathcal{F} \cup$｜有作案动机（比尔）∧有不在场证明（比尔）→¬犯罪嫌疑人（比尔）｜

如果根据特别性原则定义优先概念，那么很显然根据定义 4.1.16 会强有力地推演出"犯罪嫌疑人（约翰）"，因为不存在相反解释，而且也会强有力地推演出"¬犯罪嫌疑人（比尔）"，因为 E_3 比 E_2 以更具体信息为基础。

要知道，普尔缺省并不是隐性地被量化，相反，它们与瑞特开放缺省有着同样的角色，充当的是所有基础事例的图式。其原因有：如果被用于一个场景的不是缺省基础事例而是它们的全称闭包，那么一旦存在例外情形，一个缺省就不能再用于正常情形。

例 **4. 1. 21** 请考虑：

$\mathcal{F} =$｜鸟（特维迪），鸟（将博），¬能飞（特维迪）｜

$\Delta =$｜$\forall x.$ 鸟（x）→能飞（x）｜

关于这个形式化的问题是，全称量化缺省不能用于解释"能飞（将博）"，因为它也蕴涵着"能飞（特维迪）"，而这与事实相矛盾。

92

布鲁卡的优先子理论

布鲁卡（Brewka，1989）提出了普尔框架的概括化，其中不存在两个有区别的信息层级，而是一个由严格前提全序决定的任意数字。其基本思想是：把域理论排序成等高层级前提的不同层级，且根据这个排序通过事先添加尽可能一致的最高层级诸多公式到集合上来构造一致前提集，然后再添加可能一致的诸多后续层级的公式，如此等等。如果同等层级公式出现了冲突，那就把结果集分成可替集和相互冲突集，如与缺省逻辑的扩充相类似。从形式上看，这会导致如下定义。[6]

定义 4.1.22　（布鲁卡的优先子理论）

－ 缺省理论 T 是一个元组（T_1，……T_n），其中 T_i 是（可能不一致的）一阶谓词逻辑公式集。

－ $S = S_1 \cup \cdots \cup S_n$ 是 T 的一个优先子理论，当且仅当，对于所有 i 来讲，$1 \leq i \leq n$，$S_1 \cup \cdots \cup S_n$ 是 $T_1 \cup \cdots \cup T_i$ 的极大一致子集。

让我们再通过展示来考虑例 4.1.20，假定（2）的特别性借助将其置于一个比（1）高的层级来把握。

$$T_1 = \mathcal{F}$$
$$T_2 = \{(2)\}$$
$$T_3 = \{(1)\}$$

想到（1）和（2）都是代表它们所有基础事例的图式。如果我们试图建构一个优先理论，既然这些事实是一致的，那么

$$S_1 = \mathcal{F}$$

再者，对于约翰和比尔来讲，能够添加（2）的基础事例：

---

〔6〕　布鲁卡（Brewka，1991a）提出了第二个概括，其中前提排序不再是全序的。我不会讨论这个定义。

$$S_2 = \{\text{有作案动机（约翰）} \wedge \text{有不在场证明（约翰）} \rightarrow \neg \text{犯罪嫌疑}$$
$$\text{人（约翰），有作案动机（比尔）} \wedge \text{有不在场证明（比尔）}$$
$$\rightarrow \neg \text{犯罪嫌疑人（比尔）}\}$$

最后，仅仅对约翰来讲，能够添加（1）的基础事例，因为 $S_1 \cup S_2$ 蕴涵"¬犯罪嫌疑人（比尔）"。

93    $$S_3 = \{\text{有作案动机(约翰)} \rightarrow \text{犯罪嫌疑人(约翰)}\}$$

结果 $S_1 \cup S_2 \cup S_3$ 一致，且蕴涵"犯罪嫌疑人（约翰）"但"¬犯罪嫌疑人（比尔）"。

要注意，如果（1）和（2）都在 T_2 中，那就会存在四个互不一致的优先子理论，因为对于约翰和比尔来讲，我们有权选择是将 S_2 添加到（1）还是（2）的基础事例上。总之，"犯罪嫌疑人（约翰）"、"犯罪嫌疑人（比尔）"与他们都不是犯罪嫌疑人均（弱）可证。

4.2   一般事项

还不熟悉非单调逻辑的读者会被试图形式化非单调推理的各种系统弄得相当糊涂。事实上，在逻辑学家中这已经是普遍感受，因此，为了洞察所有这些系统在建模同样类型的推理中是否具有竞争性，或者为了洞察它们能否建模推理的相关但又不同的方面，在最近几年许多研究都试图把各种系统研究整合在一起。

在本节中，我要讨论这种整合研究的三个例子。首先，抽象非单调衍推概念的发展，以进一步为具体推理任务服务而定制；其次，后承概念的一般性质研究；最后，挖掘各种不同系统两两之间的形式关系。除此之外，关于能够支持非单调推理实现的一般机制，即所谓的真值维护系统，我还要简单说几句。

4.2.1   优先衍推

索哈姆（Shoham，1988）提出了一个发展非单调逻辑的一般框架。在他看来，最重要的事情是用语义细化一个语言，并且根据所谓选择衍推来定义衍推关系。我们前面已经运用过这种衍推，其基本思想是：结论从前提非单调地推导出来，当且仅当，它们在前提模型的某些优先子集中为真。在逻辑编程和限定逻辑中，优先模型是指那些其中某些谓词扩充为极小但基于推理种类不同故其他优先标准也可能的模型。索哈姆自己将这种思想应用到时序推理中，其中他把优先模型定义为那些例外事实尽可能迟些发生（时序极小化）的模型。他也展示了适合其框架的许多其他非单调逻辑。有些　94具有非常自然的方式，如那些极小模型语义框架，但其他的只有在对逻辑进行相当大修改之后才适合，尤其是不能在优先衍推框架中把握瑞特最初的缺省逻辑。因此，索哈姆优先衍推概念仅在部分意义上是非单调逻辑的统一框架。

4.2.2　后承概念的性质

在非单调推理研究中，另一个一般性问题是：为了值得被称作后承概念，从公式集到公式的函数应当满足的极小条件是什么？在通常情况下，非单调推理只通过其缺省性质即单调性来刻画，但许多人感觉到，为了把非单调推理与明显不可靠的推理模式相区别开来，值得期待一个更积极的刻画。如今有学者已经注意到了在优先衍推思想与反事实条件句之可能世界语义之间的有趣相似性，记住在这种语义中条件句 $\varphi \Rightarrow \psi$ 为真，恰好是 ψ 在 φ 为真的那个世界之子集中为真，也就是在那些尽可能与真实世界相似的情况下中为真。这与说"ψ 是由 φ 衍推出来的当且仅当 ψ 在 φ 模型的特定子集中成立"相似。最突出的相似性是：正如之前所指出，反事实条件句缺乏论辩性，它是单调性的对象层级对应物。可是，反事实条件句确实仍然有诸多性质，并且这激发了研究者们尤其是克劳斯等（Kraus *et al.*，1990）沿着条件句逻辑进路系统地去研究后承概念之极小条件。一般来讲，把累积性或者谨慎单调性认为是后承概念的重要条件。令⊨代表任意后承概念，那么这个条件就是

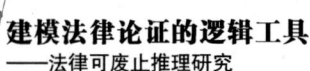

如果 $\varphi \models \psi$ 是 $\varphi \models \chi$，那么 $\varphi \wedge \chi \models \psi$

表面上这个条件说的是没有一个结论能够通过添加结论到前提上而变得无效。它在条件句逻辑中的对应物是

$$(\varphi \Rightarrow \psi) \wedge (\varphi \Rightarrow \chi) \models (\varphi \wedge \chi) \Rightarrow \psi$$

在所有条件句逻辑中这都有效。索哈姆的优先衍推概念满足了这个条件，但正如麦金森（Makinson, 1989）所表明，缺省逻辑不满足这个条件。这一发现并没导致缺省逻辑整个塌陷，使人想到了至今在后承概念的极小条件方面还没有达成共识。可是，应当注意到，布鲁卡（Brewka, 1991a; 1991b）已经发展了一个缺省逻辑的累积版。在后面的第 7.5.1 节中，我会回到累积性是否是非单调后承概念值得要的性质的问题。

在第 3.4.2 节中已触及另一个有趣的问题，即是否存在能把非单调推理与类比推理相区别开来的条件，而前面把类比推理认为不是一种推论模型。一个很好的候选原则是合取原则

如果 $\varphi \models \psi$ 且 $\varphi \models \chi$，那么 $\varphi \models \psi \wedge \chi$

这条原则的条件句逻辑对应准则有效，且优先衍推也满足这条原则：如果在 φ 的每个优先模型中 ψ 和 χ 均为真，那么因针对这些联结词的通常真值条件而在每个这种模型中（$\psi \wedge \chi$）也都为真。很容易验证，缺省逻辑唯独在怀疑推理上满足了这条原则。同样地，只有最强的可证概念，即雷斯切和布鲁卡的可证概念（参见定义 4.1.16），才满足这条原则。考虑把合取原则作为后承概念极小性质之直观理由是，它使得都能推导出 φ 和 ¬φ 的情形并不重要了，其中，它使得矛盾可推导。事实上，这迫使要维护一致性的推理者说出一个走向可能性之选择，且选择一个公式优先于其否定似乎是考虑公式可推导的关键特征。根据优先衍推，考虑公式可推导正在选择公式在其中为真的模型优于公式在其为假的模型。

而今如果一个公式与其否定均可推导不会产生不一致，如在谨

慎缺省推理中，那就不存在一个公式优先于其否定的优先选择所涉及的问题，且关键在类比推理中确实是这种情况，正如前面第 2.3 节中所解释，常常可能陈述带有相反结果的情形或者既涉及与另一种情形的相似性又涉及差异性。在类比推理的"逻辑"中，应当表示为两种情形

$$\varphi \models^{an} \psi \ \text{且} \ \varphi \models^{an} \neg \psi$$

可实际上，并不把这种情况认为是主张优先选择 ψ 或优先选择 $\neg\psi$，人们仍然必须选择引用那个相似案例，或者必须决定是否陈述与另一个案例的相似性或差异性。因此，这种情况提供了在类比推理情况下合取原则之反例，并且这使得该原则与其直观证成一起成为相对于放弃类比推理作为推论模式的较好候选方案，当然，并不是把类比推理当作为发现新前提的一种有用启发原则，参见前面第 2.3 节。要注意这也把怀疑投向了把谨慎缺省推理作为推论模式。

4.2.3 联　系

96

虽然大多数非单调逻辑原来是作为相互间之竞争者被提出来的，但最近几年挖掘出了两个系统间的形式关系。第一个是科诺里齐（Konolige，1988a）的发现：关于非模态公式，通过适当翻译缺省逻辑和自认知逻辑就产生等价结果。更具体地说，科诺里齐已经表明每个自认知逻辑理论都有一个正规形式，其中所有语句都具有形式

$$(L_\varphi \wedge \neg L_{\psi_1} \wedge \cdots\cdots \wedge \neg L_{\psi_n}) \rightarrow \chi$$

并且，如果把这翻译成缺省

$$\varphi : \neg L_{\psi_1}, \cdots\cdots \neg L_{\psi_n} / \chi$$

那么，对于产生缺省理论的每个扩充来讲，就存在一个所谓"强有根基扩张"，其中非模态部分与缺省理论的扩充相同。其他研究者在缺省逻辑与限定逻辑、逻辑编程与限定逻辑、逻辑编程与自认知

逻辑之间也找到了类似关系，涉及逻辑编程的结果特别与有效实现其他形式体系相关。可是，应当注意到，这些关系并不总是像前面那样清晰，而且有时只涉及系统之局部。我现在简要提及一下接下来对第 5 章讨论会起作用的几个结果。

列夫席兹（Lifschitz，1987a）利用优先化限定逻辑来给分层逻辑程序提供语义。他表明：如果把程序视为一种限定理论，并且限定策略让较低分层的谓词或原子在较高分层的谓词或原子不惜代价地极小化，那就可以得到所要的分层逻辑程序极小模型。一个更一般的结果是格尔方德和列夫席兹（Gelfond & Lifschitz，1989）获得的。他们表明了能够把限定理论翻译成逻辑程序，当且仅当，要极小化的谓词或原子之优先性图式是一个分层。再者，在格尔方德和列夫席兹（Gelfond & Lifschitz，1990）框架中，其中包含了一个针对带经典否定词的逻辑程序的"答案集语义"（参见下面第 5.5.3 节），它们建立一个与缺省逻辑的有用片段之间的关联。另一个有趣的结果是普尔（Poole，1988）提供的，他讨论了其框架与缺省逻辑之间的关系。他表明，如果把他的缺省集 Δ 之所有成员 φ 都翻译成瑞特的所谓自由缺省，这些缺省都是不带先决条件(：φ/φ)的正规缺省，那么普尔扩充与瑞特扩充相同。

我能够通过如下总结来结束对整合研究的概述：虽然可得到有趣结果，但还是没解决各种逻辑能否建模推理之不同方面，或者它在形式化同一种类型推理时是否具有竞争性。

4.2.4 真值维护系统

在实现非单调推理系统时，使推理引擎与所谓真值维护系统（TMS）交互常常很有用。这是因为：新信息能够使非单调结论变得无效，而不是用添加信息来重新启动整个推理过程，只收回变得无效的结论会更有效率。可是，如果不得不收回一个公式，那么也应当同时收回用这个公式推演出来的所有东西，并且要确保这事的确做了，需要用一个簿记系统来记录两个所推演出的公式间的逻辑独立性。除了收回已变得无效的结论之外，这种簿记系统还要能够用于出现任何系统中的任务，不管是经典系统还是非单调系统。当前提发生改变时，它能够派上用场，如借助"假使……会怎么样"的选择。如果一切东西都必须再计算，那么这个选择将不切实际。真值维护系统也能探测到不一致之源头，这对于有办法处理不一致知识库的系统来讲也有用。两个最有名的真值维护系统是道尔（Doyle，1979）的真值维护系统和克利尔（De Kleer，1986）的假定真值维护系统。前者试图维护知识库的单个一致性，而后者则记录了结论一致成立之极小假定集。

从概念上讲，真值维护系统既不是定义可推导性的逻辑学，也不是进行推导的推论引擎，而恰恰是记录两个相对于外在推论引擎成立之公式间的逻辑独立性簿记系统。因此，真值维护系统在本书其余部分不再讨论。可是，应当注意到，最近几年这个明显区别已经被削弱，因为形式结果使得把真值维护系统视为特定非单调逻辑的定理证明程序成为可能，如缺省逻辑和自认知逻辑（参见 Brewka，1991a，pp. 125～137）。

4.3 对非单调逻辑的异议

4.3.1 "逻辑是单调的"

有时，人们认为单调性是进行推论的基本特征，因此，提及非单调逻辑是没有意义的，这就是说逻辑都是单调的。当除此之外无话可说时，似乎只是术语问题了：在这个领域逻辑学家们关心的主要问题不是非单调推理的形式理论是否能够被称为逻辑的问题，而是这些理论是否正确地把不完全信息推理的理性图式系统化。我认为，这些逻辑学家中大多数都不会反对针对这种理论使用不同名称。事实上，前面已经做了与规范是否受逻辑关系支配讨论的比较（参见前面第2章引言部分）。所采用的立场之一就是冯赖特的观点

98

（Von Wright，1983，p. 132），规范不受逻辑法则支配而应当受理性法律要求支配。似乎这与在非单调推理情况下非本质术语问题相同。

一个更有趣的批评是伊斯拉埃尔（Israel，1980）提出的。他攻击非单调逻辑研究者们的基本假定：能够用非单调逻辑的数学工具来表示可废止推理的理性图式。伊斯拉埃尔承认有时在添加了新信念后必须收回旧信念，但他否定这是推论的事，取而代之的是将其视为理性信念修正或接受之事。根据他的观点，这是其中推理不只是逻辑的事情之一（参见前面第 1.3.3 节）。在伊斯拉埃尔批评中，最本质的是他主张：对于信念能否理性持有问题，根本无法给出证明论考量；我们期待最好的东西就是启发式规则。他还主张这些东西能在科学哲学文献中而不是在逻辑文献中找到。

埃瑟林顿（Etherington，1988，p. 65）的回应是，即使把非单调推理认为是信息修正或信念固定的一个方面，也推不出在逻辑概念帮助下根本无法形式化这项活动的理性图式。在我自己看来，自 1980 年非单调逻辑领域之进展在相当大程度上支持了这个回应，如在本章中评论的那些系统。另一个有趣的回应是瑞特的回应（Reitor，1987，pp. 181～182）。他用所谓回溯推理在下述两个问题上进行了区别，其中，回溯推理找到的是一个能够解释特定被观察事实的理论（参见普尔的假设推理框架）。第一个问题是：可能理论的空间是什么？第二问题是在这个空间中最佳理论是什么？根据瑞特的观点，非单调逻辑的恰当角色是将可能理论空间具体化，而第二个问题是由超越当前非单调逻辑范围的理性标准来支配的。可是，瑞特继续提出，在这些标准中至少可以用形式术语来表示某些标准。事实上，这正是本书第 6、7、8 章将要讨论的。在这些章节中，我的目标是要表明：就如何比较可替理论而言，在很大程度上不仅第一个问题和第二个问题都能在逻辑概念帮助下进行分析。

4.3.2　棘手问题

或许非单调推理最严重的缺点就是它们无法在没有严格限制条件下有效地计算。在哲学应用中，这并非是个真正的问题，但在人工智能中却明显不同。一个主要的可计算问题已经在第 3.4.2 节中谈到。我们已经阐明了其他公式不可推演性之非单调结论的独立性使得推理过程越来越慢，因为要表明一个公式不可推演涉及整个知识库检测，且这意味着对于每一非单调推演来讲必须检查整个知识库。这被称为非单调推理系统的全局性。可是，这种情形甚至更糟。第二个棘手问题是由非单调逻辑通常都整合了仅半可判定的一阶谓词逻辑所引起的。这意味着，如果问题是特定公式可推演与否，那么若答案为"是"，则算法能做的最佳事情总是寻求正确答案；如果答案为"否"，那就不存在算法不会循环的保证，因此，公式之不可推演性问题不可判定。现在伴随非单调逻辑，情形甚至更糟，因为就其他公式不可推演性来讲非单调结论具有独立性，特别是这对于所有涉及一致性检测的逻辑来讲都成立，因为检测一致性意味着在表明不能推演出结论之否定。这意味着，即使答案为"是"，找到它的算法也得不到保证，因为它必须表明另一个问题的答案为"否"，而这是个不可判定的问题。正因如此，不仅非单调推理过程变得更慢了，甚至非单调逻辑也不再是半可判定的，反而意味着这些实现，或者冒着循环之风险，或者无法保证答案正确。无需处理一致性检测的唯一非单调逻辑是限定逻辑，但这又有另一个计算缺陷，它是以在可证性上不完全的二阶逻辑为基础的。总之，除了某些小片段之外，非单调逻辑不存在任何完全证明程序。

它们的棘手问题使得非单调逻辑的进展对人工智能研究毫无用处吗？在我看来，并非如此。正如埃瑟林顿（Etherington，1988）已深信不疑地认为，非单调推理形式理论仍然有着重要作用，它们能够充当实现非单调推理计算机程序的正确行为评估标准。这种实现能够用两种方式来处理棘手问题：它们能够将逻辑语言严格限制

100 　在存在有效证明程序的一个片段上（正如在逻辑编程中那样）；它们能够近似于逻辑，有时允许它们犯错误。第一个选择牺牲了表达性，而第二个选择则牺牲了可靠性。而今，既然非单调逻辑定义了正确推论是什么，那么它们就与两个选择相关：在第一个选择中，要决定为了保住可靠性必须在多大范围内限制语言；在第二个选择中，要说出程序可犯的错误有哪些。总而言之，虽然非单调逻辑无法用一般形式来实现，但它们仍然能用作评价和批评实现系统行为的标准。因此，本书的其余部分之焦点不是直接关注可实现的形式体系，而是那些定义什么是正确推论之非单调概念的形式体系。

第 **5** 章 表达显性例外

需要解释一下本书其余部分。作为第 3 章的结论法律推理可废止之后续，已经在第 4 章讨论了非单调推理的某些逻辑。可是，讨论仍然停留在一般层面上。在接下来两章中，本书将把这些逻辑应用于法律中的可废止推理。这些研究将建立在处理例外的两个概念性方法之区分基础之上。本章中要讨论的第一个方法是利用显性子句[1]来获得唯一答案，而第二个方法是把例外隐藏起来且优先选择两个冲突结论之最具体的那个，这会是第 6 章的主题。可是，更复杂的问题是，第二个方法不仅是处理例外的方法，而且是不一致信息推理之更一般技术的一个可能应用，这是本书的第二个重要主题。因此，第 6 章不仅被认为是处理例外之第二章，而且被认为是不一致性处理的第一章，然后第 7 章和第 8 章继续讨论该主题。第 10 章其中一节我将回到把不一致性处理应用于可废止推理之中，并对两种表示例外的方法进行一般性比较。

在本章第 5.2～5.6 节研究表达显性例外之前，第 5.1 节引入了一个一般性问题，且下一章会讨论建模法律规则的可废止性。在勾勒了这些可能方法之后，给出一个必须处理的各种例外之清单，以及一个表达规则与例外的条件清单。应当注意到，接下来一章我会做两类比较：首先，比较一些处理例外的可替概念方法；其次，就处理这些方法的适宜性检测各种非单调形式体系。可是，在两种

---

〔1〕 请注意，当我提及"例外子句"时，我的意思并不是指一个逻辑编程子句，而是一条规则的例外条件。

比较中，既会使用各种例外的相同列表，也会使用表达它们的相同条件列表。

5.1 引 言

5.1.1 表达规则与例外的方法

在第 3.1 节中我已经讨论过在法律中规则与例外的单独出现，已经非正式引入处理例外的两种方法。第一种方法是前一章之主题，把显性例外子句依附到可废止规则上且假定这些子句为假除非有相反的证据。这种方法的基本思想是用下列方法指派子句：在例外情况下只有一个包含例外的扩充、极小模型或极大场景可获得。第二种方法在第 6、7、8 章会讨论，把例外隐藏起来了，且利用元层级的冲突规则在两个冲突规则或冲突论证之间做出选择，其中使用的方法就是最具体规则或最具体论证具有优先性。由于这种方法提供的是多个扩充之比较方法，因此，它不是旨在避开它们。在过去几年，已经提出了另一种把例外隐藏起来的方法，但其目标总是指向获取唯一答案。这种方法已在第 4.1.4 节中简要讨论，它是由把特别性处理为可废止条件句逻辑语义学之一个原则构成的。本书其余部分由于第 7.1 节中解释的原因，故我不会明确讨论这第三种方法。

5.1.2 例外的种类

虽然在非单调推理文献中就各种例外（参见下列引用）区别偶尔也做了一些评论，但就我们的目的而言，更系统描述将会更有用。沙托尔（Sartor，1991）根据法理论给出了例外的许多分类，特别有趣的是他在"（法律）证明责任"方面的讨论。研究他的分类如何能与我将用逻辑术语表达的区别结合在一起也会很有趣。在我的分类中，例子将取自第 3 章。第一个区别是在产生一般性否定结论的例外与在它们本身包含了对立面情况下仅使一般规则不可应

用之例外之间的区别。在例 3.1.3 之《荷兰租借法令》第 30 条第 2
款以及例 3.1.7 之《荷兰民法典》第 1 条第 234 款第 1 目便是第一
种类型的例子，而例 3.1.1 之《荷兰租借法令》第 2 条与例 3.1.2
之《荷兰民法典》第 6 条第 2 款第 2 目则属于第二种类型的例子。
用普洛克（Pollock，1987）的术语，我将把第一种类型例外称为
"反证击败"与"底切击败"。布鲁卡（Brewka，1991a，pp. 40 ~
41）使用了"强例外"和"弱例外"两个术语，且关于法律规则，
沙托尔（Sartor，1991）使用了"相对于效果之例外"和"相对于
规范之例外"。

　　关于它们本身是否应当有例外的问题，也可以区别出例外，我
将用"软例外"与"硬例外"术语来加以区别。很明显，例 3.1.7
中《荷兰民法典》第 1 条第 234 款第 1 目就是一个软例外。如果所
有法律规则都应当有例外成立，那么要找到硬例外很困难，例
3.1.3 之《荷兰租借法令》第 30 条第 2 款就是一个很好的例子。

　　反证击败的例外能够通过以下问题来区分：是否也复原一般规
则，或者它们是否是提供整个结论的唯一原则（显然，底切击败的
例外总是复原一般规则）。如果一般结论比例外之外包含更多信息，
则复原有意义。

　　人们常常把底切击败和反证击败组合在一起，特别是软底切或
硬底切常常与软反证击败组合在一起。如果说把《荷兰租借法令》
第 2 条与规则"允许《荷兰租借法令》中禁止的事情"组合一起，
但它本身却应当有例外，如例 3.1.2 之《荷兰民法典》第 6 条第 2
款第 2 目，那么这种情况也会出现在例 3.1.1 中。严格说来，不是
规则和例外之事但又无论如何应当包含在讨论中的一种情况是，存
在两个相冲突的规则，且谁也击败不了谁。其例子就是第 3.3 节中
被称为"超确定性"开放结构的情形。下面我将谈及诸如"悬而
未决冲突"或者偶尔如"尼克松钻石"这类情形（参见前面第
4.1.2 节）。它们为什么必须包括在讨论中的原因是，在法律实践

中支持其中的一个规则来打破冲突并非总是可能，因此，当将它们应用于法律领域时，不能处理它们的形式体系就缺乏充分表达能力。更具体地说，只有当可替代地将两个结论表示为合理观点时才能充分形式化悬而未决的冲突。

既然这个概览似乎已经穷尽了真实发生在法律推理实践中的各种规则例外关系，我会把自己限制在研究这些类型的形式化上。

5.1.3 表示规则与例外的条件

在系统讨论各种方法与形式体系时，有一个表达规则与例外问题的清单非常有用。除了"结构相似性"仅属人工智能与法研究领域以及就我所知"特别性之排他性"为新的之外，这些问题大多数都来自非单调推理的一般文献。就法律知识表示之条件的一般讨论而言，读者可参考萨斯金德（Susskind，1987，pp. 114~116）和尼文惠斯（Nieuwenhuis，1989，pp. 43~47）的著作。

结构相似性

在第 3.1 节中讨论的第一个问题是，在法律自然语言来源中哪种方法最能保证规则与例外分开。记得我已经把这个定义为形式化过程结果的一个方面：最关键是要避免在一个知识库单元中几个自然语言表达式混合的情况，但通常不认为需要避免在几个知识库单元之上把一个源单元分开的情形。

模块性

这个问题已经在第 3.1 节中简要讨论过。问题是，在没有考虑域之其他部分情况下，能否形式化自然语言表达式。在非单调推理文献中，模块性是关于非单调逻辑和形式化方法比较的主要方面（Touretzky，1984，1986；Etherington，1988，pp. 44~45；Loui，1987，p. 106；Poole，1991，p. 295）。可是，作为形式化过程的一个方面，模块性并不总是能够与作为形式化结果一个方面的结构相似性相区别开来。目前这项研究的一个贡献将是提供理由说明为什么应当做出这个区分。

非模块翻译的最大弊端是，如果知识工程师必须考虑两个知识库之间的交互，特别是在大系统中，他或她可能犯错误，这就增加了检验任务和维护知识库的复杂性；这不仅对设计知识库成立，而且对维护知识库也成立，因为用非模块形式化添加新条目到知识库会导致需要改变旧规则，如新发现的例外。在本书其余章节中，在不改变一般规则前提下，会把使添加例外成为可能的形式化方法认为支持"添加例外的模块性"。

与自然语言的相似性

事实上，这个问题是我称为"结构相似性"的一个事例。可是，区分它的理由是我想把它用作个体源单元的一个方面，而不是用作两个不同源单元间的关系。现在的问题是，其形式化是否包含了在自然语言对应中没有给出的表达式。与自然语言的接近性加强了形式化的可读性，因而支持检验和维护。

特别性之排除

105

在确定正确结果时，特别性是否是唯一可能标准呢？或者能否使用其他标准呢？如果能，它们能否被交替使用或者组合起来使用呢？这个问题的重要性将通过法律中几个标准的组合之事实给出，如在第3.1.4节中我们看到不仅使用了"特别法优于一般法"原则，而且也使用了"上位法优于下位法"原则。这个问题会在第8章详细讨论。

实　现

很明显，关于在法律知识库系统中实现的预期，都会评估各种方法和形式体系。

表达力

在想要用来建模同一种类型推理的两个竞争性逻辑系统之间进行比较，这当然是很重要之点，它涉及如下这类问题：能够在两种类型的例外之间做出所有区分吗？例外的结论是唯一的还是优先选择的呢？在悬而未决的冲突情况下可替答案是否可能？逆分离规则的可废止形式是否可能？

在本章最后一节，我会回到这些关键点，且在第 10 章我将两次使用它们，并把例外子句方法与第 6~8 章所提出的方法进行比较。本章其余部分将致力于研究显性例外子句方法：第 5.2~5.5 节将研究它们分别在缺省逻辑、限定逻辑、普尔框架和逻辑编程中的用法，然后，除了其他方面之外，第 5.6 节将借助例外子句何以能应用于每一种非单调逻辑之中的图式概观来勾画这些研究。应当注意到，沙托尔（Sartor，1991）已经做过类似研究，特别是关于逻辑编程（包括最新进展）以及缺省推理的普尔框架。我对这些形式体系的有些观察也是沙托尔做的。

5.2　缺省逻辑

正如第 5.1.1 节中所说，在缺省逻辑中例外子句方法的应用应当产生唯一的扩充，其中例外的结论成立。应当解决的问题是，在缺省逻辑中虽然新信息能够使得先前推论无效，但它并不总是使例外结论有效。这一点在第 4.1.1 节中已经表明，在例 3.1.4 的缺省逻辑形式化中，伴有两个正规缺省，在这个例子中缺省理论有两个扩充，而直观上只有带最高刑期 = 12 年的扩充才是所想要的。在那里已经注意到，一种使例外结论有效的方法是使用半形式缺省，其中证成的非正规部分代表例外条件，更具体地说，通过添加更具体缺省的先决条件之否定到更一般缺省证成上使唯一扩充得以强化。因此，添加例外事实到 $\mathcal{F}$ 上或从另一个缺省推演出它都会妨碍更一般缺省的可应用，从而产生带例外结论的唯一扩充。下面我将研究这种方法如何处理各种类型之例外，先处理具体例外子句，后处理一般例外子句。这些形式化大多应用于法律领域，其理念是由其他人提出来的。可是，有时这些思想必须用一种（就我知道的）相对新的方法组合起来，特别是对于我的软反证击败处理来讲，这一点成立。

5.2.1　具体例外子句

如在第 4.1.1 节中注意到，例外子句方法原来是瑞特与克里斯库罗（Reiter & Criscuolo，1981）为了处理软反证击败而提出来的。请考虑例 3.1.7 的下面的形式化，其中 d_1 糅合了《荷兰民法典》第 3 条第 32 款第 1 目和第 1 条第 234 款第 1 目，并且 d_2 糅合了《荷兰民法典》第 1 条第 234 款之第 1、2 目。

$$d_1: \frac{人(x)：有法律行为能力(x) \wedge \neg 未成年人(x)}{有法律行为能力(x)}$$

$$d_2: \frac{未成年人(x)：\neg 法定代理人同意(x) \wedge \neg 有法律行为能力(x)}{\neg 有法律行为能力(x)}$$

$$\mathcal{F}: \{未成年人(玛丽), \forall x. \ 未成年人(x) \rightarrow 人(x)\}$$

在将"$\neg$ 未成年人（x）"添加到 d_1 的证成中之后，这个缺省因"玛丽"而被阻止，由此产生了唯一扩充，其中包含了"$\neg$ 有法律行为能力（玛丽）"。因此，在进行形式化时，d_2 是一个软例外，如果接下来《荷兰民法典》第 1 条第 234 款第 2 目的形式化被添加到缺省集 Δ 上，那么它将变得显而易见。

$$d_3: \frac{未成年人(x) \wedge 法定代理人同意(x)：有法律行为能力(x)}{有法律行为能力(x)}$$

如果现添加"法定代理人同意（玛丽）"到事实上，那就阻止了 d_2，且唯一扩充包含着"有法律行为能力（玛丽）"。要注意的是，该事实在扩充中是由于 d_3 而不是因为 d_1，这个事实在扩充之中，因为 d_1 仍然不可应用，那是由于"未成年人（玛丽）"仍然是给定的。还要注意到，在进行这样的形式化时，d_3 不会被一个新缺省阻止，它只能被一个事实阻止，因此，如果发现了相对于 d_3 的一个新软例外，为了把新例外先决条件之否定添加到其证成上必须改 107

变 d_3，但这又违背了例外模块添加的目的。为了预防这一点，d_3 应当有一个不是指具体例外的一般性例外子句，在下一小节我会展示这一点。

很容易把《荷兰民法典》第 1 条第 234 款第 1 目的解释形式化为《荷兰民法典》第 3 条第 32 款的硬反证击败，即代替添加缺省 d_2 到 Δ 上的是添加下列一阶公式：

$$\forall x. \text{未成年人}(x) \rightarrow \neg \text{有法律行为能力}(x)$$

到 $\mathcal{F}$ 上。可是，底切击败无法用具体例外子句来表达，它们需要更一般的例外子句，这在下一小节中也将得以展示。

正如在第 4 章已注意到的那样，在缺省逻辑中与在标准逻辑中使用例外子句的关键区别是，现在为了应用一般规则而无需表明缺乏例外；需要的只是其缺省与已知事实保持一致。可是，在使用表示具体例外的例外子句时，仍然存在一些第 3 章中已经提及的弊端：首先，它在一个知识库单元中混合了几个源单元；其次，添加新软例外会使得改写旧规则成为可能；最后，随着例外与例外之例外的数量增加，也增加了形式化的复杂性。就讨论这些弊端来讲，请参见托雷茨基（Touretzky，1984）的论文以及埃瑟林顿（Etherington，1988，pp. 44～45，102～103）的著作。因此，常常会优先选择使用一般例外子句，这是一种在第 3.1.3 中半正式地解释过的方法。沿着这条进路，我将在本章其余部分主要讨论一般例外子句的用法。

5.2.2 一般例外子句

现在基本思想是要使用只表达例外出现的子句，而不涉及具体例外。例如，这正如处理 d_1 中条件"$\neg$未成年人（x）"那样。这种条件与"除非另外说明"之类的自然语言短语相符。正如我们将在其余章节中看到的那样，在许多形式体系中都已经使用了一般例外子句技术。有时，使用一个代表可应用的子句是将其以

肯定方式添加到一般规则上；有时使用表达异常性和例外性子句
是以否定方式出现在一般规则之中。在缺省逻辑中由于否定词并
不具有特殊状态，正如它在限定逻辑或逻辑编程中状态一样，故
它能处理两种类型的子句。我将使用带谓词"可应用"的可应用
子句。

　　在文献中，至少能找到三种形式化可应用子句的方法。首
先，给谓词"可应用"加上一个表示规则名称之索引，这会产生
形如"可应用 n（x_1，……x_m）"的表达式。因此，存在许多与缺
省一样多的谓词"可应用 n"。另一个方法是使用麦克德莫特
（McDermott，1982）的思想把规则的名称作为常项而非谓词来编
码，这会产生形如"可应用（n，x_1，……x_m）"的表达式。正如
布鲁卡（Brewka，1991a，p.36）的观察，第二种命名技术更富
有弹性，因为它允许人们说关于规则的东西，且在规则类之上进
行量化，在法律中它有极其自然的运用。让我们考虑例3.1.1 和
例3.1.2，其中，底切击败使得不止一条规范而是一组规范不可
应用。

　　要注意，在两种命名方法中，除规则命名外谓词"可应用"用
于其他论证的空间。这是因为相对于某些而非全部个体来讲应当可
以表达缺省之（不）可应用。例如，如果特维迪是只企鹅且波莉是
只乌鸦，那么缺省"鸟能飞"只应当因特维迪而被阻止，而不应当
因为波莉而被阻止。为了使这成为可能，谓词"可应用"必须也有
针对出现在缺省中所有自由变元的论证。一个复杂情况是，并非所
有缺省都有相同参量，因此，在第二种方法中，我们需要的不只是
一个"可应用"谓词，而是几个带有不同参量 i 的诸如"可应用 i"
之谓词，其中，i 为出现在缺省中的自由变元数量加1（因为必须
有一个相对于缺省名称的额外空间）。

　　借助第三种方法，可避免这个问题。在第三种方法中，正好只
能使用一个可应用谓词，且其中用函数表达式 $n(x_1$，……x_m）替

108

代了一个词项元组（n，x_1，……x_m），并且产生了一个公式"可应用 $[n(x_1, ……x_m)]$"。因此，所有可应用原子的参量都是1，故量化规则的公式不必相对每个参量进行复制。我在本书其余章节中要使用的正是这种命名方法。可是，为了可读性，我省去最外面那对括号，结果是"可应用 $n(x_1, ……x_m)$"。

记得我曾提及，目的是以获得唯一扩充方式使用可应用子句。下面这些使用可应用子句获得一个扩充并不总是必需的，但正如接下来的解释那样，这些子句也支持例外模块添加，因此，将把它们添加到可能受例外支配的每条规则。

硬例外

请考虑例3.1.1的下列形式化，其中，作为因《荷兰租借法令》第2条使得不可应用的一般规则，使用了《荷兰租借法令》第6条第2款，这是一条断定在给了第一方不公平利益情况下使任何合同条款无效的规则。

$$d_4: \frac{\text{租赁条款}(x) \wedge \text{给第三方不公平的利益}(x):\quad \text{可应用第6条第2款}(x) \wedge \text{使无效}(x)}{\text{使无效}(x)}$$

说租借行为不适用于涉及短期使用的租赁时，《荷兰租借法令》第2条明显是一个底切击败。如果再把它看作为一个硬条款，那就应当把它形式化为一个事实：事实集 $\mathcal{F}$ 必须包含一个下列形式的公式。

$$\forall x,y. \ \text{短期合同}(x) \wedge 《荷兰租借法令》(y) \to \neg\text{可应用}(y)$$

如果 $\mathcal{F}$ 进一步只包含

租借款 $(\alpha) \wedge$ 给第三方不公平的利益 $(\alpha) \wedge$ 《荷兰租借法令》$[$第6条第2款$(x)]$

那么，缺省理论 $(\mathcal{F}, \{d_4\})$ 只有一个包含了"使无效 (a)"的扩充。如果把例外情况"短期合同 (b)"添加到 $\mathcal{F}$ 上，那么 $\mathcal{F}$ 蕴涵着"¬可应用第 6 条第 2 款（a）"，这使得 d_4 的证成与已知不一致，因此，一般规则被阻止。硬反证击败也很容易表达，即添加一条形如

$$\forall x.\ 条件(x) \rightarrow \neg 使无效(x)$$

的规则到 $\mathcal{F}$ 上。

软底切击败

如何把可应用子句用于软例外呢？其关键问题是要允许例外自身覆盖但仍然只用一个扩充获得缺省理论。似乎这能够使用下列形式化方法来确保，其基本思想非常简单：每个缺省都有一个表达其应用性的额外证成子句。对于底切击败来讲，这会借助例 3.1.1 的新形式化来展示，并把《荷兰租借法令》第 2 条来解释为软底切击败。那么，《荷兰租借法令》第 2 条应当形式化为一个缺省集而不是事实集，其形式如下：

$$d_5: \cfrac{短期合同\ (x) \wedge 《荷兰租借法令》\ (y) \wedge y \neq d_5(x, y): 可应用\ d_5\ (x, y) \wedge \neg 可应用\ (y)}{\neg 可应用\ (y)}$$

如果现在仅仅考虑 a 是一条给第三人不合理利益的合同条款，那就能够用 d_4 来获得结论"使无效（a）"；如果 a 是短期合同且把 $d_5 \neq d_4$ 的信息添加进来，那么 d_4 被 d_5 阻止了。为了弄清这个缺省理论为什么只有唯一扩充，试设想一下应用 d_4，因为"可应用第 6 条第 2 款（a）"与已知事实一致。然后，"¬可应用第 6 条第 2 款（a）"仍然与已知事实相一致，因此，也能应用 d_5。可是，这使得"可应用第 6 条第 2 款（a）"与已知事实不一致，因为其否定在扩充之中。另一个方面，如果不将 d_5 应用于 a，那么并非应用了所有缺省。唯一扩充就是应用了 d_5 的那个扩充，其中包括了"¬可应用第 6 条第 2 款（a）"但不包括"使无效（a）"。

使得《荷兰租借法令》第 2 条不可应用的例外是什么呢？或许

是例 3.1.2 之《荷兰民法典》第 6 条第 2 款第 2 目。请考虑其下一次形式化。

110

$$d_6: \frac{债权债务人规则(x) \wedge 不合理的(x) \wedge x \neq d_6(x,y): 可应用 d_6(x,y) \wedge \neg 可应用(x)}{\neg 可应用(x)}$$

软反证击败

如果它们与底切击败结合起来，只能表达软反证击败。请考虑例 3.1.7 的下面形式化。

$$\mathcal{F}: \{\forall x. 未成年人 (x) \rightarrow 人 (x)\}$$

$$d_7: \frac{人 (x): 可应用 d_7 (x) \wedge 有法律行为能力 (x)}{有法律行为能力 (x)}$$

乍看起来，《荷兰民法典》第 3 条第 32 款第 1 目的下列形式似乎足够了。

$$d_8: \frac{未成年人 (x): 可应用 d_8 (x) \wedge \neg 可应用 d_7 (x) \wedge \neg 有法律行为能力 (x)}{\neg 可应用 d_7 (x) \wedge \neg 有法律行为能力 (x)}$$

可是，这导致了有两个扩充的理论，因为如果 d_7 被用来获得"有法律行为能力（玛丽）"，那么 d_8 的证成不再与已知事实一致，由于它蕴涵了"有法律行为能力（玛丽）"。因此，也存在一个带"有法律行为能力（玛丽）"的扩充，它只能借助将 d_8 分离成下列两个缺省来避免：

$$d_9: \frac{未成年人 (x): 可应用 d_9 (x) \wedge \neg 可应用 d_7 (x)}{\neg 可应用 d_7 (x)}$$

$$d_{9'}: \frac{未成年人 (x): 可应用 d_9 (x) \wedge \neg 有法律行为能力 (x)}{\neg 有法律行为能力 (x)}$$

这个例子展示了另一种命名技术的可能性：d_9 和 $d_{9'}$ 的可能性，可应用子句涉及 d_9，表达了它们二者都是建立在相同来源即《荷兰民法典》第 1 条第 234 款第 1 目之上，因此，这个例外之例外只需要包括一个不可应用子句，即相对于 d_9 的子句，仿佛用同样方法形式化《荷兰民法典》第 1 条第 234 款第 2 目一样变得明显。

$$d_{10}: \frac{\text{未成年人}\ (x) \wedge \text{法定代理人同意}\ (x)\ :\ \text{可应用}\ d_{10}\ (x) \wedge \neg \text{可应用}\ d_9\ (x)}{\neg \text{可应用}\ d_9\ (x)}$$

$$d_{10'}: \frac{\text{未成年人}\ (x) \wedge \text{法定代理人同意}\ (x)\ :\ \text{有法律行为能力}\ (x) \wedge \text{可应用}\ d_{10}\ (x)}{\text{有法律行为能力}\ (x)}$$

而今，如果 d_{10} 和 $d_{10'}$ 可应用，那么 d_9 和 $d_{9'}$ 均被阻止。还要注意到，在那种情况下，d_7 被复效了，因为虽然"未成年人（玛丽）"仍然成立，但目前这个事实并未导致 d_7 不可应用，因为 d_{10} 使得 d_9 不可应用。

这个例子也能用来解释为什么使用可应用子句会支持添加例外时的模块性（参见 Etherington，1988，p. 103；Brewka，1991a，p. 117）。如果 d_9 和 $d_{9'}$ 没有一个可应用子句，那么 d_7 就被 d_9 或 $d_{9'}$ 阻止了，但在那种情况下添加例外 d_{10} 或 $d_{10'}$ 会通过仍然给它这样一个子句而引起改变 d_9 和 $d_{9'}$ 的需要，因为在没有它的情况下，作为结果的缺省理论有两个扩充。

悬而未决冲突

在缺省逻辑中，例外子句方法如何处理两个缺省理论之间悬而未决冲突呢？在非单调推理文献中，标准例子就是所谓的"尼克松钻石"（参见前面的第 4.1.2 节）。一个取自法律领域的例子是例 3.1.4 的修改版，其中，并不把生死决斗协议认为隐藏有杀人目的，在其解释中两条规范之任何一条都不是另一条的例外。在本节提出的形式方法中，通过下列表达来实现这一点。

$$d_1: \frac{\text{杀人} \wedge \text{故意}\ :\ \text{最高刑期} = 15\ \text{年} \wedge \text{可应用}\ d_1}{\text{最高刑期} = 15\ \text{年}}$$

$$d_2: \frac{\text{杀人}\wedge\text{生死决斗：最高刑期 12 年}\wedge\text{可应用 } d_2}{\text{最高刑期 12 年}}$$

$\mathcal{F}$：{生死决斗 → 故意, 杀人, 生死决斗, ¬(最高刑期 = 12 年 ∧ 最高刑期 15 年)}

Δ：{d_1，d_2}

由于与那些第 4.1.1 节中类似的原因，这个缺省理论有两个扩充：一个包括了"最高刑期 = 15 年"但不包括"最高刑期 = 12 年"的扩充，另一个是相反情形的扩充。根据之前定义的谨慎后承概念，两个结果都能被推导出来，而根据怀疑概念，可推演出析取式"最高刑期 = 12 年 ∨ 最高刑期 = 15 年"，因为根据 $\varphi \to (\varphi \vee \chi)$ 的演绎有效性，这个公式存在于两个扩充之中。因此，缺省逻辑很好地表达了悬而未决冲突。

5.2.3 评 价

让我们总结一下到目前为止所获得的结果，当具体例外子句只能处理反证击败时，对于形式化前一节列出的各种例外来讲，一般例外子句似乎更有充分表达力。正如前面已经注意到，其他学者也研究了使用半正规缺省来表达例外，并且这已经招致了某些批判意见。它们中的大多数与这一事实相关，即与正规缺省相比，半正规缺省理论更为复杂。首先，半单调性质只对正规缺省理论成立。粗略地说，这种性质把新缺省理论添加到缺省理论之上不会使扩充无效，因此，瑞特那相当简单的自上而下证明程序思想只适合于正规缺省。其次，在第 4.1.1 节中，我们已经看到，不像正规缺省理论那样，半正规缺省并没有保证有扩充。

虽然这些一定是严重异议，但是，半正规缺省逻辑仍然有其好处。首先，识别确有扩充的大量半正规缺省推理研究工作已有人做了，如埃瑟林顿（Etherington, 1988）。此外，下面我们仍然会看到，如果获得唯一扩充的目标得以实现。在逻辑编程中，能够相当有效地实现一个有趣的半正规缺省逻辑片段。

5.3 限定逻辑

最初从麦卡锡（McCarthy，1986）开始，在极小化方法中使用例外子句也是一种得以很好研究的技术。在限定逻辑中，这种方法是通过添加表达例外性原子公式之否定到一般规则的前件并极小化相关谓词扩充来应用的。前面已解释过，在缺省逻辑中，当把表达式"可应用（x）"与"¬可应用（x）"添加到一个缺省证成上时，在逻辑上它们完全具有同样的效果。可是，在限定逻辑中利用否定原子变得很关键，因为在极小模型方法中只有肯定信息能够被极小化。我讨论这种方法只是当它应用到限定逻辑之中时。关于逻辑编程，我将关注其程序方面，涉及推演出对立面的失败性否定解释。为了让谓词术语保持靠近法律语言，我使用谓词"例外"来替代异常性谓词"异常"，这是一个在限定逻辑中经常使用的谓词。

在例 4.1.13 讨论中已经简要表明，选择限定策略是关键。那里所描述的政策也常常被推荐为缺省推理的最佳政策，它是由极小化"例外"谓词扩充而成的，让关于个案给定事实之"输入谓词"扩充保持固定不变，而让关于我们感兴趣的结论之"输出谓词"扩充变化着。在通常情况下，输入谓词是指包括出现在条件句前件中的"例外"谓词及之外的所有谓词，并且输出谓词是指出现在结论中的谓词。在下面所有这些例子中，也会暗暗使用这种限定策略。可是，在做这一点时，我们会注意到有必要做进一步提炼。

硬底切击败

使用这种方法，像例 3.1.1 中那样，硬底切击败能够用下列方式来表达。其中，（1）代表《荷兰租借法令》第 6 条第 2 款且（2）代表《荷兰租借法令》第 2 条。

113

(1) $\forall x, y. x$ 是租约 $\wedge y$ 是 x 的条款 $\wedge y$ 给第三方不公平的利益 $\wedge \neg$ 例外 $1(x, y) \rightarrow y$ 无效

(2) $\forall x, y. x$ 是短期合同 $\wedge y$ 是《荷兰租借法令》的条款 $\wedge$ $y \neq 2(x, y) \rightarrow$ 例外 (y)

(3) a 是租约 $\wedge a$ 是短期合同 $\wedge b$ 是 a 的条款 $\wedge b$ 给第三方不公平的利益 $\wedge 1(a, b)$ 是《荷兰租借法令》的条款

非单调性能够借助首先跳过（3）的第二个合取支来展示：在 $\{1 \sim 3\}$ 的所有极小模型中"$\neg$例外 1 (a, b)"为真，因此，b 无效成立；可是，在添加了（3）的第二个合取支之后，在 $\{1 \sim 3\}$ 的所有模型中并且也因此在它的所有极小模型中"例外 $1(a, b)$"都为真；此外，既然一个为真的实质蕴涵之后件既真又假，那么在某些极小模型中 b 无效为真而在其他模型中为假；因此，假如有"例外 $1(a, b)$"，关于 b 的合法状态不再能推导出什么东西来，这正是底切击败想要的结果。

硬反证击败

硬反证击败不会导致其他问题。假如例 3.1.4 中把生死决斗规则解释为这样一种例外，那么，其形式就变成

《荷兰刑法典》第 287 条：$\forall x, y. x$ 杀死了 $y \wedge x$ 是故意杀人 $\wedge \neg$ 例外 $287(x, y) \rightarrow x$ 最高刑期是 15 年。

第 154 条第 4 款：$\forall x, y. x$ 杀死了 $y \wedge x$ 与 y 生死决斗 $\rightarrow x$ 最高刑期是 12 年。

再假定添加了足够公理来表达两个后承之不相容性。如果现在只有

查尔斯杀死了亨利 $\wedge$ 查尔斯故意杀人

被给出来了，那么在这些前提的所有极小模型中，"例外 287（查尔斯，亨利）"为假，因此，所有那些模型使得"查尔斯最高刑期为 15 年"为真。可是，如果

查尔斯与亨利进行生死决斗

也被给出来了，那么从经典意义上讲，这个理论既蕴涵了查尔斯的 　114
最高刑期为 12 年，又蕴涵了"例外 287（查尔斯，亨利）"。其理
由是，在所有模型中，《荷兰刑法典》第 154 条第 4 款的前件为真
故其后件也为真，因为相对于其他公理在所有模型中"查尔斯最高
刑期为 15 年"为假；不过，如果实质蕴涵《荷兰刑法典》第 287
条的前件也为假，那么它只能在所有模型中为真，而且由于已给出
前两个合取支，因此，"¬例外 287（查尔斯，亨利）"必须在所有
模型中为假。

软底切击败

正如麦卡锡已经观察到（McCarthy，1986，pp. 105 ~ 106）
以及前面用例 4.1.15 所展示那样，问题出现在软底切击败。在
那个例子中，（9）是这种击败，且也能把在例 3.1.1 中《荷兰租
借法令》第 2 条解释为这种例外。在这种情形下，（2）应当被
改成

　（2'）$\forall x, y. x$ 是短期合同 $\wedge y$ 是《荷兰租借法令》的条款
　　　　$\wedge y \neq 2'(x, y) \wedge \neg$例外 $(x, y) \rightarrow$ 例外 (y)

问题是，如果例外的输入原子为真，比如说相对于带有条款 b 的合
同 a 来讲为真，并且如果 $y = 1(a, b)$，那么（2'）等值于析取式
"例外 $2'(a, 1(a, b)) \vee$ 例外 $1(a, b)$"，它有两个极小模型，
而直观上这个使得"例外 $1(a, b)$"为真且"例外 $2'(a, 1(a,
b))$"为假的极小模型正是我们想要的，因为没有理由使得后一个
原子为真，即它得不到以这个作为句头之规则的支持。正如第 4 章
所阐释那样，这种一直在刺激所谓优先化限定逻辑之发展，其中，
如果把较高优先性的谓词或原子极小化，那么允许较低优先性的谓
词或原子发生变化，因此，通过给出"例外 $2'(a, 1(a, b))$"
优先于"例外 $1(a, b)$"就能获得所想要的模型。

软反证击败

经过这样修改，用缺省逻辑中那种相同的方式与底切击败结合起来毫无问题把软反证击败形式化了。请考虑例 3.1.7 的下列形式化，其中底切击败是一个硬底切击败，且（4）代表《荷兰民法典》第 3 条第 32 款第 1 目，（5）和（6）代表《荷兰民法典》第 1 条第 234 款第 1 目，（7）代表《荷兰民法典》第 1 条第 234 款第 2 目。

（4）$\forall x. x$ 是人 $\wedge \neg$ 例外 4（x）$\rightarrow x$ 有法律行为能力

（5）$\forall x. x$ 是未成年人 $\rightarrow$ 例外 4（x）

（6）$\forall x. x$ 是未成年人 $\wedge \neg$ 例外 5（x）$\rightarrow \neg x$ 有法律行为能力

（7）$\forall x. x$ 是未成年人 $\wedge x$ 有法定代理人同意 $\wedge \neg$ 例外 7（x）$\rightarrow$ 例外 5（x）

115　要注意，为了把握规则之直接效果，比如说相对于玛丽，必须为例外原子的极小化排优先顺序如下

例外 7（玛丽）＞例外 5（玛丽）＞例外 4（玛丽）

关于这一点更多的将会在逻辑编程章节谈到。

链接缺省与硬底切击败

正如麦卡锡观察到的那样（McCarthy，1986，pp. 104 ~ 105），如果使用其他可废止规则将与击败链接起来，那么那些伴随软底切击败的类似问题也会随着硬底切击败出现。现在假定例 3.1.1 中判例规则将一种情形归为存在短期合同租借。正如第 3.3.2 节中所论证，既然法律分类规则是可废止的，这条规则就最好能用当前方法形式化为

（8）$\forall x.$ 情形（x）$\wedge \neg$ 例外 8（x）$\rightarrow x$ 是短期合同

如果把它与前面的（2）链接在一起，就会产生

∀x. 情形（x）∧y 是《荷兰租借法令》的条款∧y≠2（x，y）∧
¬例钱 8（x）→例外（y）

其中，如果相对于带条款 b 的特定合同 a 以及相对于 y＝1（a，b）
来讲，所有输入谓词均真，它就再等值于析取式

例外 8（a）∨例外 1（a，b）

其中，这儿有两个极小模式，而直观上看只有"例外 1（a，b）"
成立的那个模型才是所想要的。

　　既然在缺省逻辑中这类问题不再出现，因为缺省是推论规则，
它给出了一个方向性，如在缺省逻辑中《荷兰租借法令》第 2 条的
软解释就变成了

$$\frac{x \text{ 是短期合同：} y \text{ 是《荷兰租借法令》的条款} \wedge y \neq 2'（x，y）\wedge \neg \text{例外} 2'（x，y）}{\text{例外}（y）}$$

且这个缺省方向性阻止了有问题析取"¬可应用 1（a，b）∨¬可
应用 2（a，1（a，b））"，也就是把（2）的可应用于推演出（1）
的不可应用。

　　限定逻辑的这个问题不仅仅是技术层面的，因为产生它们的两
种情况在法律推理中也出现。在真实推理中，很明显常常把规则链
接在一起，而且第 3 章的一个结论就使几乎所有法律规则都受隐性
例外之支配，这使得把底切击败解释为软底切击败非常自然。当这
种情况出现时，就期待能找到指派优先性的一般标准，因为如果必
须为每个个案确定优先排序，那么也正如埃瑟林顿指出（Ethering-
ton，1988，p. 47），形式化过程就变成非令人绝望的模块。相对于　116
限定理论的某些类型来讲，确实存在这些一般性标准，但讨论它们
必须推后到关于逻辑编程的小节。

　　悬而未决冲突
　　必须考虑的最后一种情形是"尼克松钻石"，为此我使用了其

在缺省逻辑中相同的法律版本。如果在例 3.1.4 中两个刑事法条都用例外谓词（避免不一致的唯一方法）来形式化，那么，它们变成了

《荷兰刑法典》第 287 条：$\forall x, y. x$ 杀死了 $y \wedge x$ 是故意杀人 $\wedge \neg$ 例外第 287 条 $(x, y) \rightarrow x$ 最高刑期是 15 年。

第 154 条第 4 款：$\forall x, y. x$ 杀死了 $y \wedge x$ 与 y 生死决斗 $\wedge \neg$ 例外第 154 条第 4 款 $(x, y) \rightarrow x$ 最高刑期是 12 年。

因为与例 4.1.14 中同样的原因，这儿有两个极小模型：一个只有"例外第 287 条（查尔斯，亨利）"为真，另一个只有"例外第 154 条第 4 款（查尔斯，亨利）"为真。在两个模型中，析取式

查尔斯的最高刑期是 12 年 $\vee$ 查尔斯的最高刑期是 15 年

是相对于输出谓词的最强公式，因此，至多能够推演出这个析取式。要注意，在限定逻辑中，不可能在给定事实和法律规则前提下要提出两个可替析取式作为可接受信念。在这个方面，限定逻辑比缺省逻辑的表达力要弱，因为在缺省逻辑中能够把这些析取支包含在不同扩充中提出来。

评　价

总而言之，如果使用了一般例外子句，那么在限定逻辑中也都能形式化各种例外。可在缺省逻辑中，总是可能用产生唯一扩充方式进行形式化，但在限定逻辑中优先性有时必须用于选择两个多重极小模型。在法律领域非常普通的两种情形中，特别需要这一点。这两种情形分别是有软底切击败的情形以及有输入谓词被可废止规则使得为真之硬底切击败的情形。除非能够对优先极小化的一般标准进行表达，否则这要减少形式化过程的模块性。在缺省逻辑与限定逻辑之间的这个区别主要是由实质蕴涵为非方向性的所导致，这与缺省作为推论规则是不一样的。

5.4 普尔的缺省推理框架 117

从结构上讲，普尔的缺省推理框架与缺省逻辑非常相似，即都区别了事实集和缺省集，且都存在相同多重扩充之可能性。因此，在普通框架中，有缺省逻辑中必须解决的相同问题一点也不奇怪：虽然新信息能够使一般结论无效，但它并不总是能使例外结论无效，因为有时它只会产生相对于冲突事实的可替解释。为了处理这个问题，普尔既研究了显性方法又研究了隐性方法。第一种方法是普尔在 1985 年的论文中研究的（Poole，1985），第二种方法是普尔在 1988 年论文中谈及的（Poole，1988）。他的隐性方法是由使用特别性作为比较解释之元原则组成，这将在下一章讨论。本节致力于讨论普尔使用一般例外子句的方法。

缺省逻辑与普尔框架之间的一个差别是，在普尔缺省中，没有瑞特缺省之证成类比，并且这个差别妨碍了精确使用同样形式化之风格，其理由是把带例外 χ 的缺省 "如果 φ 那么 ψ" 形式化为缺省

$$(\varphi \wedge \neg \chi) \rightarrow \psi$$

的集合 Δ 的一个成员是不够的，因为在通常情况下不存在假定 $\neg \chi$ 的方法。为了获得这个效果，也必须添加

$$\neg \chi$$

到 Δ 上，但另一方面把关于缺省的实质蕴涵添加到事实上也无妨，且这正是普尔做的事。

像普尔（Poole，1988）一样，我将只讨论涉及一般例外子句的这种方法。普尔是借助表达缺省名称并带一个与缺省自由变元数量相符的参量来表示这些子句的。更具体地说，在给定缺省理论（$\mathcal{F}$，Δ）基础上，普尔用如下方式构建了新缺省理论（$\mathcal{F}'$，Δ'）：相对于带自由变元 x_1，……x_2 的 Δ 的每个成员 φ 来讲，他用公式来表示了

一个 n 元谓词"名称$_\varphi$",然后,他把其名称"$_\varphi(x_1, \cdots\cdots x_n)$"不是添加到 φ 而是添加到 Δ' 上,并且把公式

$$\forall x_1, \cdots\cdots x_n. \text{ 名称}_\varphi(x_1, \cdots\cdots x_n) \rightarrow \varphi$$

不是添加到 Δ' 而是添加到事实 $\mathcal{F}'$ 上。因此,在可应用子句为真的通常情况下,用"该子句是 Δ' 的成员"来建模这个假定。如果 φ 是实质蕴涵($\psi\rightarrow\chi$),那么这个公式常常等值于

$$\forall x_1, \cdots\cdots x_n. \psi \wedge \text{名称}_\varphi(x_1, \cdots\cdots x_n) \rightarrow \chi$$

118　这显然揭示了这就是事实上可应用子句的方法,然后,弄清其结果是什么,这很有益。

　　实际上,普尔的命名技术是前面第 5.2.2 节中解释的第一种方法,它带有谓词"可应用 i",其中,i 是缺省的名称。正如在那里所评论,与借助本章通篇所使用的函数表达式技术来表示规则相比,这种技术缺乏灵活性。在普尔框架中其使用也没有任何困难,并且由于其优点所在,因此我将在本节剩余部分这样去做。

　　使用这种方法,如何用普尔框架来建模各种各样的例外?接下来我将利用普尔(Poole,1988,p.30)的证明"每个场景都包含在至少一个扩充之中"来关注场景而非扩充。在各种情况下,应当把缺省

　　(1) 可应用(x)

添加到 Δ 上。现在首先要表明用普尔框架表示两个规则之间悬而未决冲突毫无困难。假定下两个冲突规则都在 $\mathcal{F}$ 中,且其中还包括它们的"输入谓词"为真以及没有人既是鹰派又是鸽派。

　　(2) $\forall x. x$ 是贵格会教徒 $\wedge$ 可应用2(x) $\rightarrow x$ 是鸽派

　　(3) $\forall x. x$ 是共和党员 $\wedge$ 可应用3(x) $\rightarrow x$ 是鹰派

　　(4) 尼克松是贵格会教徒 $\wedge$ 尼克松是共和党员

　　(5) $\forall x \neg (x$ 是鹰派 $\wedge x$ 是鸽派)

"$\mathcal{F} \cup \{$可应用 2（尼克松）$\}$"解释了"尼克松是鸽派"，且"$\mathcal{F} \cup \{$可应用 3（尼克松）$\}$"解释了"尼克松是鹰派"，而两个场景解释了析取式"尼克松是鸽派 $\vee$ 尼克松是鹰派"。要记得，由于对场景有一致性要求，故"可应用 2（尼克松）"和"可应用 3（尼克松）"不能同时在一个场景中使用。

　　接下来，让我们思考硬反证击败。假定替代前提 $\{$（2） $\sim$（5）$\}$ 是作为 $\mathcal{F}$ 成员的下列一般规则。

　　（6） $\forall x. Ax \wedge$ 可应用 6（x）$\rightarrow Bx$

那么，（6）的一个硬反证击败能够用在限定逻辑中那样的方式通过添加公式

　　（7） $\forall x. Cx \rightarrow \neg Bx$

到 $\mathcal{F}$ 来表示，因此，如果也把

　　（8） $Aa \wedge Ca$

添加到 $\mathcal{F}$，即为 $\{$（6~8）$\}$，那么，$\mathcal{F}$ 蕴涵着"$\neg$可应用 6（a）"，这阻止了相对于（6（a））的缺省之例示。唯一能够构建的解释是 $\mathcal{F}$ 本身是相对于 $\neg Ba$ 的。

　　硬底切击败能够借助添加公式　　　　　　　　　　　119

　　（9） $\forall x. Cx \rightarrow \neg$可应用 6（$x$）

到 $\mathcal{F}$ 用同样的方式来表示。甚至也能用普尔方法来表示软反证击败，至少如果把它们与硬底切击败组合起来是如此。除（9）之外，如果把软反证击败

　　（10） $\forall x. Cx \wedge$ 可应用 10（x）$\rightarrow \neg Bx$

添加到 $\mathcal{F}$ 上，即是 $\{$（6，8~10）$\}$，那么"$\mathcal{F} \cup \{$可应用 10（a）$\}$"是关于 Ba 或者能够构建的 $\neg Ba$ 的唯一解释。

　　可是，伴随软底切击败的问题产生了。唯一的可能性似乎是把

公式

(11)　$\forall x. Cx \wedge$ 可应用 11（x）$\rightarrow \neg$ 可应用 6（x）

添加到 $\mathcal{F}$ 上，但问题是随后能够构建两个场景：一个是想要的场景"$\mathcal{F} \cup \{$ 可应用 11（a）$\}$"，但它又蕴涵了"$\neg$ 可应用 6（a）"，因此，阻止了（6）；另一个是蕴涵了 Ba 的不想要之场景"$\mathcal{F} \cup \{$ 可应用 6（a）$\}$"。该问题之根源与在限定逻辑中相同：普尔系统并没有意识到（11）的方向性，而直观上让相对 11（a）的（1）例示优先于它相对于 6（a）的其例示。用布鲁卡的话来讲（Brewka，1989），既然普尔框架无法表示两个缺省之间的优先性，它就不允许使用阻止其他缺省的缺省。当然，这正好是软底切击败的任务，因此，这种例外无法用普尔框架来表示。这种方法的一个副作用是，既然复效一般规则需要软底切击败，那么建模复效也是不可能的。

既然这个问题有着与在限定逻辑中相同的原因，故普尔框架也有链接规则一样的困难并不令人吃惊：假定把（6）与出现在 $\mathcal{F}$ 中的下列硬底切击败

(12)　$\forall x. Bx \rightarrow \neg$ 可应用 13（x）

链接在一起，其目的是要使 $\mathcal{F}$ 中的下列规则

(13)　$\forall x.$ 可应用 13 $\rightarrow Dx$

不可应用。现在，如果 $\mathcal{F} = \{(6, 8, 12, 13)\}$，那就没有办法阻止相对于 Da 的解释"$\mathcal{F} \cup \{$ 可应用 13（a）$\}$"，因为 $\mathcal{F}$ 蕴涵了"$\neg$ 可就在用 6（a）$\vee \neg$ 可应用 13（a）"，并且再次无法给出在表达由（6）和（12）所构成的那个链之方向性的两个缺省事例之间的优先序。

在注意到这些困难之后，布鲁卡（Brewka，1989）用类似于为解决这些问题而概括限定之方式来概括普尔框架，其方式就是提供

120

表达两个缺省间的优先序。可是，在布鲁卡提出的这种概括方式中，它并不再真的是例外子句方法，而是冲突规则方法，因为他没有把优先化限定到可应用子句上。因此，它的讨论将被延后到第 7 章进行。

总而言之，关于例外子句，为了让普尔框架与缺省逻辑和限定逻辑具有同样的表达力，普尔框架可能需要两个缺省事例之间的优先序。利用这个扩充来使用针对例外子句方法的框架变得与用限定逻辑那样做非常相似，最重要的是对一般优先化政策有着相同的需求。此外，根据作为包含极小数目异常性谓词之事例的极小模型定义，定义 4.1.19 的结果"极大场景尽可能包含了可应用谓词的许多事例"有着其在限定逻辑中的类似之处。概括起来讲，在应用例外子句方法时，与缺省逻辑和限定逻辑相比，普尔框架并没有提供新可能性，相反，在没有布鲁卡扩充的情况下，它甚至表达力更弱。

5.5 逻辑编程的失败性否定

与到目前为止所讨论的逻辑学相比，逻辑编程的重要性在于它强调计算效能。因此，本节主要目的是在何种程度上研究逻辑编程，特别是如何能够用具体一般程序来实现先前讨论过的形式体系之片段。因此，本节我主要考虑例子的程序解释。在做这项工作时，我假定使用的是逻辑编程之标准定理证明程序——带失败性否定词之选择线性明确子句方案，简称 SLDNF 方案，这是一个用有限失败否定扩充过的选择线性明确子句方案，简称 SLD 方案（参见 Lloyd，1984）。从本质上讲，选择线性明确子句方案是一个像回溯链接一样的推论引擎，并与统一算法组合在一起。

正如第 4 章中所讨论，使非单调推理建模成为可能的逻辑编程特征是能够推演出其否定（下面我将用"～"来表示"失败性否定")的失败性否定程序解释。与其他形式体系相比,这个解释严格限制了一般逻辑程序的表达力,因为它没有给经典否定词留下任何空间。作为一种解决方案,常常使用如下转换技巧,其中每个否定原子 $\sim Px$ 都被原子 P^*x 取而代之。此外,有时为了保护经典否定词的部分意义,需要约束

$$Px \wedge P^*x \rightarrow$$

121 被添加,其中空句头代表假命题。在没有其他逻辑工具前提下,约束可以通过其他转换技巧来表示:对于在句头中带有 Px 的每个规则而言,需要把一个额外文字 $\sim P^*x$ 添加到句干上,反之亦然,这将避免两个子句 Pa 与 P^*a 被同时推演出,这一点可参见科瓦尔斯基针对表示法律的应用(Kowalski,1989)。可是,我们下面将看到,伴随带有限失败否定的选择线性明确子句方案,常常会产生循环程序。

5.5.1 具体例外子句

我现在从讨论具体例外子句开始,并且正如在逻辑编程中常常做的那样,把全称量词隐藏起来。

反证击败

正如刚才解释那样,形式化反证击败需要利用翻译技巧,但除此之外不会产生真正的问题。甚至不必要对各种谓词之不相容性进行编码。硬反证击败能够用下列方式形成。

(1) $Px \wedge \sim Qx \rightarrow Rx$

(2) $Qx \rightarrow R^*x$

除了 Pa 之外,如果 Qa 也成立,那么阻止(1),故只能推演出 R^*a。要注意,相对于任意个体 a 来讲,不可能从 $\{(1,2)\}$ 同时推演出 Ra 和 R^*a。总的思想是,把例外之句干的否定添加到一般规则上。如果这个句干有更多原子,那么一般规则必须被分开。比

如，如果将（2）改成

（2′）$Qx \wedge Sx \rightarrow R^* x$

那么，除了（1）之外，

（1′）$Px \wedge \sim Sx \rightarrow Rx$

也需要。

软反证击败也很容易表示。一般规则及其例外的方法同样也能用于例外及其例外。这儿有一个在 Qx 情形下（1）的软反证击败，并且它与其在 Tx 情形下自己（硬）反证击败结合在一起了。

（3）$Qx \wedge \sim Tx \rightarrow R^* x$

（4）$Tx \rightarrow Rx$

然后，如果 Pa、Qa 和 Ta 成立，那么（3）被阻止，且用（4）我们能推演出 Ra。可是，要注意，（4）的这个应用并没有复效（1）。

悬而未决冲突

这里第一个问题产生了。首先在没有例外子句前提下，请考虑"尼克松钻石"。

（5）$Rx \rightarrow P^* x$

（6）$Qx \rightarrow Px$

如果添加了 Rn 和 Qn，那么在不承认任何矛盾的情况下能够推演出 Pn 和 $P^* n$。为了防止这种情况发生，应当利用例外子句。第一个可能性是用刚才描述的方式使用完整性约束

$$Px \wedge P^* x \rightarrow$$

即将（5）和（6）改成

（5′）$Rx \wedge \sim Px \rightarrow P^* x$

（6′）$Qx \wedge \sim P^* x \rightarrow Px$

如果现在 Rn 和 Qn 被添加，那么，用有限失败性否定的选择线性明确子句方案，这就是一个循环程序（还要注意这个程序不可分层）。为了避免这种情况，另一个办法是需要添加例外子句，其中使用表示硬反证击败的方法好似两个规则互为例外：

(5″) $Rx \land \sim Qx \to P^* x$

(6″) $Qx \land \sim Rx \to Px$

如果现在同时添加 Rn 和 Qn，那么两条规则都被阻止了，因为在句干中否定原子为假，因此，根本得不出任何结论，这是针对悬而未决冲突的怀疑方法。与其他形式体系相比较，在这个方面一般程序逻辑的表达力要弱：像限定逻辑一样，它不能给出可替结论，且它是唯一的甚至是一个并不能够推演出析取式 $Pn \lor P^* n$ 的形式体系；在这个公式中，如果 P 和 P^* 只是不相容而不是补充（参见尼克松钻石之"鹰派"与"鸽派"版），那么这个公式至少承载了某些信息。

5.5.2 一般例外子句

如在其他形式体系中一样，具体例外子句并不充分：首先，它们不允许表达底切击败；其次，在不必须改变一般规则前提下它们没有提供添加新例外的方式。因此，我现在将转向一般例外子句。

底切击败

形式化硬底切击败毫无问题。

(7) $Px \land \sim$ 例外 7 $(x) \to Qx$

(8) $Rx \to$ 例外 7 (x)

从程序上讲，用软底切击败也毫无问题。用

(9) $Rx \land \sim$ 例外 9 $(x) \to$ 例外 7 (x)

去取代 (8)，然后，如果添加 Ra，那么推演不出"例外 9 (a)"就会导致推演出"例外 7 (a)"。

123

可是，在这个程序解释的语义证成中，必须引入分层思想提炼。其中，不是把谓词公式而是把原子公式进行分层，其理由是原有形式中谓词被指派一个唯一层级，而在（9）中关于 9（a）的"例外"谓词应当比关于 9（a）的谓词在层级上要高。被称为"局部分层"的新形式（Przymusinski，1988）与优先限定逻辑的最精炼版即逐点限定逻辑（在前面第 4.1.3 节中已经讨论过）紧密相关。从这个例子来看，与这个例子有关，限定逻辑存在的两个极小模型问题隐约可借助局部分层语义学来解决，其中使用了分层程序中那种相同的方式，且仍然从字面上按照方案之方向性程序效果构建了所想要的极小模型。在这个例子中已有这样的效果：既然没有规则要求目标"例外 9（a）"，那么模型是构建在"例外 9（a）"为假上的，因此"例外 9（a）"必定为真。

底切击败与可废止规则链接在一起，同样的情形出现了：在它需要相同的语义提炼时，不会导致程序问题。在

（10）$Px \wedge \sim$ 例外 $10（x）\rightarrow Rx$

（11）$Rx \rightarrow$ 例外 $7（x）$

中，缺少在句头中带"例外 10（x）"的规则确保在模型中涉子句"例外 10（x）"的程序影响会是假的，这产生了 Rn 且故此"例外 7（a）"为真。

现在，要就限定逻辑讨论所提出的问题做出某些评论是恰当的。特别是需要评论一下在像（9）之类公式情况下所产生的一般限定策略需要之类问题。这里分层已经转向一个重要概念，如列夫席兹（Lifschitz，1987a）提供了一种失败性否定语义学，他表明：如果在理念中较低层级谓词或原子用较高优先性极小化了，那么针对分层逻辑程序想要的模型与相应限定理论所获得的模型相同。这个结果也能够倒过来用，即用分层表示一般理性限定策略。对这个主题进行充分讨论已超出本章主题，但应当强调：如果要求转换一个限定理论会产生非分层级逻辑程序，那么它就失去作用。正如在

124

下面将要进一步讨论那样，如果这个理论包括两条规则之间悬而未决冲突，那么常常就是这种情形。

我现在要给出一个与复效一般原则相关的例子。乍看起来，似乎不是要对结论建立在一般原则基础之上或者是建立在例外之例外基础之上做出某些区别，但如果一般原则之自然语言版有合取式作其结论，这就不同了。在逻辑编程中，把这条规则分成两条规则，每条都有着相同句干但另一个带有合取支作为句头。请考虑下面例子，其中假定偶对 7/7′ 是这个分离的结果，9/9′ 是 7/7′ 的软反证击败，并且 12/12′ 是 9/9′ 的软反证击败。

(7) $Px \wedge \sim$ 例外 7 $(x) \rightarrow Qx$

(7′) $Px \wedge \sim$ 例外 7 $(x) \rightarrow Tx$

(9) $Px \wedge \sim$ 例外 9 $(x) \rightarrow$ 例外 7 (x)

(9′) $Px \wedge \sim$ 例外 9 $(x) \rightarrow Q^*x$

(12) $Sx \rightarrow$ 例外 9 (x)

(12′) $Sx \wedge \neg$ 例外 2 $(x) \rightarrow Qx$

我们也假定 Pa、Ra 和 Sa 成立。还要注意，(7′)、(9′) 和 (12′) 的例外子句分别是指 (7)、(9) 和 (12)，表示的是偶对 7/7′、9/9′ 和 12/12′，每个以一个自然语言规则为基础。现在，如果只给出了 (7)，那么其复效是借助阻止 (9) 之后接着阻止 (12) 完成的，但这并不意味着什么，因为它导致了作为 (12′) 的相同结论。可是，随着 (7′) 的给出，(7) 的复效允许推演出 Qa 和 Ta。

反证击败

无法用限定逻辑中那样相同的方式来表示硬反证击败，也就是

(13) $Px \wedge \sim$ 例外 13 $(x) \rightarrow Qx$

(14) $Rx \rightarrow Q^*x$

问题是，使用 Pa 和 Ra，将在不承认矛盾前提下同时产生 Qa 和 Q^*a。因此，除 (14) 之外，需要一个额外规则，即

（15）$Rx \rightarrow$ 例外 13（x）

用其他方法同样的方式把软反证击败形式化了，这种方法与底切击败组合在一起：（13）被下列两条规则弱反证

（16）$Rx \wedge \sim$ 例外 16（x）$\rightarrow$ 例外 13（x）

125

（17）$Rx \wedge \sim$ 例外 16（x）$\rightarrow Q^* x$

或者选择带硬底切击败的（17）来弱反证，其中不存在"$\sim$ 例外 16（x）"情形即（16）。要注意，（17）的例外子句包括了（16）的名称。此外，在应用关于一般规则复效的相同评论时，其语义方面与带软底切击败的情形相同。

悬而未决冲突

在尼克松钻石情况下，问题再次产生，特别是如果把它表达成

（18）$Qx \wedge \sim$ 例外 18（x）$\rightarrow Px$

（19）$Rx \wedge \sim$ 例外 19（x）$\rightarrow P^* x$

时。随着具体例外子句的使用，如果添加了 Rn 和 Qn，两条规则都被阻止了。现在两个例外子句都因失败而被否定了，因此，都能推演出 Pn 和 $P^* n$。要像前面那样获得相同结果的唯一方法就是添加两条规则

（20）$Qx \rightarrow$ 例外 19（x）

（21）$Rx \rightarrow$ 例外 18（x）

可是，这又是一种极端怀疑方法，其中既没有可替结论，又没有推演出析取式结论。

5.5.3 带经典否定词的逻辑编程

到目前为止，我们的讨论揭示出：关于当前主题，带一般逻辑程序的逻辑编程主要有两个规则之间存在悬而未决冲突之困难，有时，同时推演出两个直观上不相容结论，有时却产生了循环程序。既然问题的主要原因是一般逻辑程序不能表达经典否定词，那么考

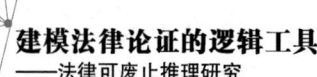
虑在逻辑编程中的某些最新进展就变得非常有趣，其中包含把经典否定词"￢"添加到语言中。这产生了所谓的"扩充逻辑程序"，那是一些形如

$$L_1 \wedge \cdots\cdots \wedge L_m \wedge \sim L_{m+1} \wedge \cdots\cdots \wedge \sim L_n \Rightarrow L_0$$

（其中，$n \geqslant m \geqslant 0$）的基础子句集。与一般逻辑程序（参见定义4.1.9）的关键区别在于，现在每个 L_i 都不必是原子，它也可以是经典意义上的否定原子。把带变元子句解释成相对它们所有基础事例的图式。要注意，经典否定词既能出现在句干又能出现在句头，并且不仅原子而且经典意义上的否定原子都能通过失败来加以否定。极其重要的是，不是把箭头"$\Rightarrow$"解释为实质蕴涵，而是解释为使得逆分离规则无效的推论规则。

现在让我们来审视一下针对扩充逻辑程序的语义解释的几个方案。

格尔方德和列夫席兹的回答集语义

格尔方德和列夫席兹（Gelfond & Lifschitz，1990）率先介绍了扩充逻辑程序，他们把解释建立在一般逻辑程序语义的一个新成果基础之上，即在第4章中简要提及的稳定模型语义。虽然稳定模型语义仍未把规范模型指派给每个逻辑程序，但它的确是到目前为止比（局部）分层程序更为宽泛的逻辑程序类别。稳定语义的另一个特征是有些程序可能不止一个稳定模型。就当前目的而言，这非常有趣，因为它为充分处理悬而未决冲突打开了局面。

格尔方德和列夫席兹首先提出了一个针对扩充逻辑程序的语义，他们称为"回答集语义"，然后，他们通过系统地将扩充逻辑程序翻译成一般逻辑程序，研究了这种语义与稳定模型语义的联系。他们表明，在非常一般的条件下，扩充逻辑程序的结论及其翻译一致。解释所有的技术细节已超出了本章范围，但总的思想会随着翻译方法的讨论而给出。这种方法非常简单：格尔方德和列夫席兹通过用肯定形式为 L^* 形式 $\neg L$ 的每个表达式中的替代，其简单使用了前面描述过的否定词翻译技巧。如将扩充子句

（22）$A \wedge \sim \neg B \Rightarrow \neg C$

翻译成

（22′）$A \wedge \neg B^* \Rightarrow C^*$

要注意，针对这种方法，把 $\Rightarrow$ 读成推论规则很关键，因为将它读成实质蕴涵会使得从转换一般程序不能推演出的公式之推演有效，如使用实质蕴涵，扩充程序 $\{A \Rightarrow B, \Rightarrow \neg B\}$ 蕴涵着 $\neg A$，而转换一般程序 $\{A \rightarrow B, \rightarrow B^*\}$ 并不蕴涵 A^*。

让我们来看看这种方法是如何处理悬而未决冲突的。原来一个正确处理取决于使用例外子句的精确方式。为了弄清原因，让我们思考下面这个尼克松钻石的无例外形式化。

（22）$Qn \Rightarrow Pn$

（23）$Rn \Rightarrow \neg Pn$

这个程序被翻译成（5）和（6）（的基础事例），且是在不承认矛盾情况下同时满足 Pn 和 P^*n 的唯一稳定模型。

因此，使用例外子句是必需的，但能够用几种方式来做到这一点。如果（22）和（23）被改变成

（22′）$Qn \wedge \sim Rn \Rightarrow Pn$

（23′）$Rn \wedge \sim Qn \Rightarrow \neg Pn$

那么，这种翻译产生了（5″）和（6″）。如果现在添加 Rn 和 Qn，那么两条规则又被阻止了。像一般逻辑编程一样，稳定模型语义也不会得出任何东西了。

获得两个回答集模型或稳定模型的唯一方法就是让规则"假定"其自己的句头在其句干中：

（22″）$Qn \wedge \sim \neg Pn \Rightarrow Pn$

(23″) $Rn \wedge \sim Pn \Rightarrow \neg Pn$

要注意与缺省逻辑之正规缺省的相似之处，其中证成相当于它们的后承。这个扩充程序的一般对应物是 $\{(5', 6')\}$。在前面，我们已经注意到这个程序不可分层，但在一个具有两个稳定模型的新语义中，一个语义满足尼克松是和平主义者，另一个语义则满足尼克松不是和平主义者。要注意，为了使每个悬而未决冲突获得这个结果，关键是要用上述方式来形式化扩充程序的每个子句，即与之相反通过句干中失败来否定句头。

可是，这个方案仍然没有解决关于尼克松钻石的程序问题，因为用带失败性否定的选择性线性明确子句方案，$\{(22″, 23″)\}$ 仍是循环程序。因此，当前逻辑编程中许多研究的目的就是提出一些针对语义发展的可替证明程序。

科瓦尔斯基与萨德里

科瓦尔斯基与萨德里（Kowalski & Sadri, 1990）也借助于一般程序之稳定语义来解释扩充逻辑程序，但他们的方法不同。他们把带否定词的句头解释为在其句头中带有肯定对应物的规则之例外。为了实现这一点，他们把扩充程序

(24) $Px \Rightarrow Qx$

(25) $Rx \Rightarrow \neg Qx$

128 首先翻译成

(24′) $Px \wedge \sim \neg Qx \Rightarrow Qx$

(25) $Rx \Rightarrow \neg Qx$

然后再译成

(24″) $Px \wedge \sim Q^*x \rightarrow Qx$

(25′) $Rx \Rightarrow Q^*x$

这是一般程序，且根据稳定语义它与 Pa 和 Ra 一起会得出结论 Q^*a。

这儿有一个他们如何处理悬而未决冲突的问题。他们不能用（22）和（23）对尼克松钻石进行形式化，因为这会把优先性给（23），故他们给出了下列形式化。

(26) x 是贵格会教徒 $\Rightarrow x$ 是和平主义者

(27) x 是共和党员 $\Rightarrow x$ 是鹰派

(28) x 是鹰派 $\Rightarrow \neg x$ 是和平主义者

(29) x 是和平主义者 $\Rightarrow \neg x$ 是鹰派

借助这个转换方法，这就得出了一般程序

(30) x 是贵格会教徒 $\wedge \sim x$ 是鹰派$^* \rightarrow x$ 是和平主义者

(31) x 是共和党员 $\wedge \sim x$ 是和平主义者$^* \rightarrow x$ 是鹰派

(32) x 是鹰派 $\Rightarrow x$ 是和平主义者*

(33) x 是和平主义者 $\Rightarrow x$ 是鹰派*

从本质上讲，这种形式化与格尔方德和列夫席兹方法中上述形式化最后部分相同。这种程序也有两个稳定模型，但使用带失败性否定的选择性线性明确子句方案，这个程序就循环了，因此需要可替证明程序。除此之外，科瓦尔斯基与萨德里方案还有个重要缺点，既然带否定句头的规则总具有优先性，就无法表达例外之例外。

良序模型语义

当以稳定语义为基础的方法是轻信的时，针对一般扩充逻辑编程提出了另一种怀疑语义，即良序模型语义（Pereira & Alferes，1992），其中，轻信方法给出了可替结论，而良序模型语义得不出任何结论。当在悬而未决冲突情形下这是个缺点时，良序模型语义的一个重要优点是它把规范模型指派给每个逻辑程序。可是，有人认为，良序模型语义丢掉了稳定语义的某些直观结论，因此，研究仍然在继续中（参见 Brewka，1996；Prakken & Sartor，1997a）。

直觉主义逻辑编程

最后，麦卡蒂（McCarty，1988a；1988b）针对经典否定词问

题采用了不同方法。他根据直觉主义逻辑来解释扩充程序，与经典逻辑相比，它使得更少的推论有效。例如，直觉主义逻辑不把

129　$(\varphi \land \neg \varphi)$ 当作重言式，这使得从 $\{\varphi \rightarrow \psi, \neg \varphi \rightarrow \psi\}$ 到 ψ 的推论无效。另一个无效是从 $\neg\neg\varphi$ 到 φ 的推论，它阻止了某些（但不是全部）假言易位推论，读者很容易检测这一点。这样做的效果是，添加否定词并没使逻辑变得棘手。为了建模非单调推理，麦卡蒂（McCarty, 1988c）引入了一个失败算子，只与直觉主义否定词组合起来使用。麦卡蒂和科恩（McCarty & Cohen, 1990）主张继续使用显性例外子句。在他们看来，知识工程问题能够通过开始写一个不带例外子句的程序来避免，然后通过解释器运行各种预期询问，且借助添加例外子句阻止那些不想要的推论来"调试"程序。就当前目的来讲，有趣的是麦卡蒂系统能够选择性地提供矛盾结论，而第5.1.2节中列出的种种例外都能够用如"经典"逻辑编程中那些同样方式进行形式化。麦卡蒂思想与其他新进展之间的准确关系如何仍然在研究中。一个有趣问题是，用直觉主义逻辑而不用经典逻辑的哲学意蕴是什么？

5.5.4　小　结

例5.1.2中列出的大多数类型之例外都能用一般逻辑程序来表示，特别是当使用一般例外子句时。一个小问题是，无法表示经典否定词使得不可能把反证击败在逻辑上认为是与一般规则矛盾的例外。当两条规则之间存在悬而未决冲突时出现了一系列严重问题。首先，如果使用带失败性否定词的选择性线性明确子句方案，那么消去表示谓词不相容性的完整性约束就会产生循环程序中的这类情况。其次，没有办法有选择地把不相容结论表示为合理推论。可是，还应当注意到，当前许多逻辑编程研究的目的都是针对这些问题提出解决方案。有些已经在前面讨论过。

总而言之，逻辑编程的最重要贡献是它能提供其他形式体系片段的有效实现，因而，这预示着提供了限定逻辑中所需要的优先化策略。这个结论将在下一节中通过图式概览来加以展示。可是，这同时意味着在逻辑编程中无法表示有趣但难以处理的片段，而这个片段展现了表达力与易处理性之间的权衡。

5.6　评　价

5.6.1　一种形式化方法

在本章最后一部分，借助将其他人提出来的技巧组合起来，我们给出了一个通常可接受的形式化方法。我现在要系统地把这种方法应用于每个形式体系。简言之，这种方法是：相对于每条可废止规则来讲，可用这样两种方式把一般例外子句添加到前件上。一种方式是，如果没有证明其反面的证据，那就假定例外为假；另一种方式是，如果两条规则之间不存在悬而未决冲突，那么所产生的理论就有唯一扩充或唯一极小模型或唯一极大情景（下面的"结论集"）。最后，用第 5.2.2 节中解释过的第三种命名技巧来表示例外子句，其中，规则名称是用函数表达式来表示。应当强调，这种方法并没有保证存在唯一结论集，总是可能用或者导致更多结论集或者根本没有结论集产生这种方式来约束形式化。虽然我希望，除了悬而未决冲突之外，这些情况被发现是不正确的形式化，它们的形式可能性仍然对方法进行了严格实践约束。

下面"DL"代表"缺省逻辑"，"PC"代表优先限定逻辑，"LP"代表"带一般子句的逻辑编程"，且"PF"代表"普尔框架"。我们通过使用函数符号"f_i"代表"事实"以及"d_i"代表"缺省"来对缺省逻辑和普尔框架中的事实与缺省做出区分。"（1）"和"d_i"表示"一般规则"。在逻辑编程中，规则被隐性地量化。最后，在优先限定逻辑中，假定下列限定策略：在相应逻辑程序中，（如果相关就给出优先顺）根据它们的分层对"例外"谓词进行极小化，前件中其他谓词可以是固定的，也可以是可变的，并且后件中的谓词可变。正如前一节中指出，只有该理论不包括悬而未决冲突，才会很好地起作用。

硬底切击败

DL：(d_1) Ax：可应用 d_1 (x) $\wedge Bx/Bx$

(f_1) $\forall x. Cx \rightarrow \neg$可应用 d_1 (x)

PC：（1）$\forall x. Ax \wedge \neg$例外 1 (x) $\rightarrow Bx$

（2）$\forall x. Cx \rightarrow$例外 1 (x)

PF：(f_1) $\forall x. Ax \wedge \neg$可应用 f_1 (x) $\rightarrow Bx$

(f_2) $\forall x. Cx \rightarrow \neg$可应用 f_1 (x)

(d_1) 可应用 (x)

LP：（1）$Ax \wedge \sim$例外 1 (x) $\rightarrow Bx$

（2）$Cx \rightarrow$例外 1 (x)

软底切击败

DL：(d_1) Ax：可应用 d_1 (x) $\wedge Bx/Bx$

(d_2) Cx：可应用 d_2 (x) $\wedge \neg$可应用 d_1 (x) $/\neg$可应用 d_1 (x)

PC：（1）$\forall x. Bx \wedge \neg$例外 1 (x) $\rightarrow Bx$

（2）$\forall x. Cx \wedge \neg$例外 2 (x) $\rightarrow$例外 1 (x)

优先性：对于所有 x 来讲，例外 2 (x) ＞例外 1 (x)

PF：无法表示

LP：（1）$Ax \wedge \sim$例外 1 (x) $\rightarrow Bx$

（2）$Cx \wedge \sim$例外 2 (x) $\rightarrow$例外 1 (x)

硬反证击败

DL：$(d1)$ Ax：可应用 d_1 (x) $\wedge Bx/Bx$

(f_1) $\forall x. Cx \rightarrow \neg Bx$

PC：（1）$\forall x. Ax \wedge \neg$例外 1 (x) $\rightarrow Bx$

（2）$\forall x. Cx \rightarrow \neg Bx$

PF：(f_1) $\forall x. Ax \wedge$ 可应用 f_1 (x) $\rightarrow Bx$

(f_2) $\forall x. Cx \rightarrow \neg Bx$

(d_1) 可应用 (x)

LP：（1） $Ax \wedge \sim$ 例外 1 $(x) \rightarrow Bx$

（2） $Cx \rightarrow$ 例外 1 (x)

（3） $Cx \rightarrow B^* x$

带硬底切击败的软反证击败

DL：(d_1) Ax：可应用 d_1 $(x) \wedge Bx/Bx$

(f_1) $\forall x. Cx \rightarrow \neg$ 可应用 d_1 (x)

(d_2) Cx：可应用 d_2 $(x) \wedge \neg Bx/\neg Bx$

PC：（1） $\forall x. Ax \wedge \neg$ 例外 1 $(x) \rightarrow Bx$

（2） $\forall x. Cx \rightarrow$ 例外 1 (x)

（3） $\forall x. Cx \wedge \neg$ 例外 3 $(x) \rightarrow \neg Bx$

LP：（1） $Ax \wedge \sim$ 例外 1 $(x) \rightarrow Bx$

（2） $Cx \rightarrow$ 例外 1 (x)

（3） $Cx \wedge \neg$ 例外 3 $(x) \rightarrow B^* x$

PF：(f_1) $\forall x. Ax \wedge$ 可应用 f_1 $(x) \rightarrow Bx$

(f_2) $\forall x. Cx \rightarrow \neg$ 可应用 f_1 (x)

(f_3) $\forall x. Cx \wedge$ 可应用 f_3 $(x) \rightarrow \neg Bx$

(d_1) 可应用 (x)

132

带软底切击败的软反证击败

DL：(d_1) Ax：可应用 d_1 $(x) \wedge Bx/Bx$

(d_2) Cx：可应用 d_2 $(x) \wedge \neg$ 可应用 d_1 $(x) / \neg$ 可应用 d_1 (x)

(d_3) Cx：可应用 d_2 $(x) \wedge \neg Bx/\neg Bx$

（d_3 的可应用条件为什么包括 d_2 的原因已在第 5.2.2 节中讨论。）

PC：（1） $\forall x. Ax \wedge \neg$ 例外 1 $(x) \rightarrow Bx$

（2） $\forall x. Cx \wedge \neg$ 例外 2 $(x) \rightarrow$ 例外 1 $(x) \wedge Bx$

优先性：对于所有 x 来讲，例外 2 $(x) >$ 例外 1 (x)

LP：（1）$Ax \wedge \sim$ 例外1 $(x) \rightarrow Bx$

（2）$Cx \wedge \neg$ 例外2 $(x) \rightarrow$ 例外1 (x)

（3）$Cx \wedge \neg$ 例外2 $(x) \rightarrow B^{*}x$

PF：无法表示

悬而未决冲突

DL：(d_1) Ax：可应用 $d_(x) \wedge Bx / Bx$

(d_2) Cx：可应用 $d_2 (x) \wedge Dx / Dx$

(f_1) $\forall x \neg (Bx \wedge Dx)$

有两个扩充且带有可替结论。

PC：（1）$\forall x. Ax \wedge \neg$ 例外1 $(x) \rightarrow Bx$

（2）$\forall x. Cx \wedge \neg$ 例外2 $(x) \rightarrow Dx$

（3）$\forall x \neg (Bx \wedge Dx)$

优先性：对于所有 x 来讲，例外2 $(x) \approx$ 例外1 (x)

有两个极小模型，且带有析取式结论。

PF：(f_1) $\forall x. Ax \wedge$ 可应用 $f_1 (x) \rightarrow Bx$

(f_2) $\forall x. Cx \wedge$ 可应用 $f_2 (x) \rightarrow Dx$

(f_3) $\forall x \neg (Bx \wedge Dx)$

有两个极大情景，且带有可替结论。

LP：（1）$Ax \wedge \sim$ 例外1 $(x) \rightarrow Bx$

（2）$Cx \wedge \sim$ 例外2 $(x) \rightarrow B^{*}x$

不承认矛盾，或者：

（1）$Ax \wedge \sim$ 例外1 $(x) \wedge \sim B^{*}x \rightarrow Bx$

（2）$Cx \wedge \sim$ 例外2 $(x) \wedge \sim Bx \rightarrow B^{*}x$

133　用带失败性否定词的选择性线性明确子句方案，这是循环的，或者带有两条规则：

（3）$Ax \to$ 例外 2（x）

（4）$Cx \to$ 例外 1（x）

其中，两条规则都被阻止了，而且并不蕴涵析取式结论。

根据这种图式概观，在各种情况下形式化风格很明显很相似。正如第 4.2.3 节中所注意到，已经众所周知，各种形式体系在形式上都是有条件可互翻译的，但如果在这些翻译下能够保持一个有用的形式化方法，那么这些结果就变得更加重要。上述图式表明，总体说来，的确是这种情况。特别有趣的是，除了悬而未决冲突之外，对于一般逻辑编程来讲这也成立，因此，在未充分把握经典否定词且不存在悬而未决冲突的限制下，逻辑编程中各种形式体系似乎都有着有效的实现途径。可是，这些限制并非不重要，因为在法律语言中常常用经典否定词，且处理悬而未决冲突也是当前人工智能与法研究中的一个重要议题。为了处理这些问题，逻辑编程大体能够被扩充且部分已经被扩充了，但或许不得不放弃的一大好处就是计算效率。

为了对悬而未决冲突的逻辑编程问题略加扩充，应当注意到只有产生的程序可分层时才能实现在逻辑编程中其他形式化普遍有效的运作，且问题是涉及悬而未决冲突的理论常常产生不可分层的逻辑程序（像前面 {（5′，6′）} 一样），如对于将限定理论编译成格尔方德和列夫席兹（Gelfond & Lifschitz，1989）所定义的逻辑程序来讲，这也是成立的，这一点还可参见布鲁卡（Brewka，1991a，pp. 92～93）。因此，在两条规则之间悬而未决冲突的可能性大大增加了理论的计算复杂性。事实上，关于这个议题还可以说更多，因为在寻求解决这些问题的方案中逻辑编程领域当前非常活跃。前面我已经对准了某些（但肯定不是全部）新语义进展。在比杜尔（Bidoit，1991）的论文中有详细概述。这项研究的另一部分是，为这些新语义进展找到可靠的且有效的新定理证明器，因为正如我们所看到，逻辑编程的标准定理证明器——带失败性否定词的选择性线性明确子句方案不是很合适。可是，所有这些议题都超出了本书范围。

为了总结本小节，我们可以说，本章得到了一个能够在几个形式体系使用且在逻辑编程中被相当有效地实现了的形式化方法。这种方法似乎很灵活，而且对于处理非单调推理文献中诸多不同例子都有足够表达力。最重要的是，它能够表达第 5.1.2 节中所列出的种种例外，这似乎已经耗尽了法律推理实践中的规则例外关系。可是，这一切都受一个重要限制的支配：如果一个领域产生了两条规则之间悬而未决冲突，那么例外子句方法就丧失了其诸多魅力。

5.6.2 缺省的方向性

在讨论限定逻辑和普尔框架时，我们已看到，有些问题只能通过给可废止条件一个方向性解释，如当两个常态性假定互相排斥时，极小化例外之目的迫使我们必须做出选择，并且直觉告诉我们似乎考虑到了缺省的方向性本质。比如，如果在限定逻辑中，在不必使用假言易位推理情况下，公式

$$\neg \text{例外} 1 \ (a) \rightarrow \text{例外} 2 \ (a)$$

能够在句法上被从前提推演出来，那么，直观上期望的假定是"¬例外 1 （a）"。但是，如果需要假言易位才能推演出这个公式，那么，另一个选择"例外 2 （a）"为最佳。在普尔框架中，同样的问题出现了，其中，在布鲁卡的框架扩充中，根据方向性考量这个问题能够用在两个缺省之间指派优先性的类似方式来解决。在本章中，我们已经碰到了把握可废止规则方向性的两种方式：第一种方式是，正如在缺省逻辑中那样，把缺省看作推论规则；第二种方式是，正如在限定逻辑中通过表达两个谓词或原子之间的优先性以及阐明限定策略那样，用元层级信息形式表达句法上有目的的走向极小化偏好。

有趣的是，要注意，虽然在逻辑编程语义中出现了与限定逻辑

中相似的问题，根据其程序性解释已较好地把握了所需要的方向性，但似乎不是由于作为条件联结词的性质而主要是由于能推演出其反面的失败性否定词之程序性元层级解释。从在命题上等值于"~例外 1（a）→例外 2（a）"的半形式析取式"¬~例外 1（a）∨例外 2（a）"角度来看，这变得非常明显：如果确实不可推演出"例外 1（a）"，那么借助简单命题推理，"例外 2（a）"成立。这正是想要的结论。在逻辑编程语义中，绝大多数新进展都是由试图把握失败性否定语的这种方向性程序效果组成的。在这些进展中，分层概念竟然是有价值的，因此，正如前面已注意到，如果不存在悬而未决冲突，那么在对限定逻辑中需要使缺省具有方向性进行优先选择时也能使用这个概念，这并不让人感到奇怪。这也意味着，相对于能够被编纂成逻辑程序的限定逻辑片段来讲，适当的优先化策略是通过编译悄悄定义的。

5.6.3　假言易位推论

在非单调推理文献中，偶尔讨论的一个问题是假言易位推论之有效性，特别是逆分离规则之有效性。当然，对于可废止陈述而言，逆分离规则应当单调无效：直观上，如果在通常情况下鸟能飞，那么不能飞的东西不必是非鸟，因为它也可能是只不寻常的鸟。可是，既然非单调推理自动将不寻常性极小化了，故或许可认为逆分离规则的非单调形式应当有效。很明显，缺省逻辑并没有考虑到这一点，因为缺省是推论规则，但在限定逻辑和普尔框架中，可废止逆分离规则形式是可能的。请考虑

（1）∀$x. Ax \wedge$ ¬例外 1（x）→Bx

（2）¬Ba

在限定逻辑中，可废止逆分离规则在一个条件下有效，即不仅 B 而且 A 为可变谓词，即如果 A 是固定的，｛（1，2）｝有两个极小模型：在想要的那个模型中，"例外 1（a）"为假而"¬Aa"为真；

在不想要的那个模型中，"例外 1（a）"和"Aa"都为真，其理由是，根据定义 4.1.11，带有不同输入谓词扩充的模型均不可比较。因此，在限定逻辑中，形式化该问题的人借助限定策略就可以控制可废止逆分离规则对于一个具体缺省是否应当可能的问题。从哲学意义上讲这有问题，因为一个推论图式的有效性应当取决于相关的表达式形式而非取决于语用考虑。可是，正如布鲁卡（Brewka，1991a，p.57）所指出，事实上，缺省"如果 C，那么 A"的前件总会必定可变，否则这个缺省就无法用先前缺省"如果 C，那么 A"链接在一起。正如第 4.1.3 节中指出，在这个缺省中 A 肯定必须可变，且会得出缺省结论。

普尔框架反映出与限定逻辑所做的那样趋向假言易位推论的相同态度。首先要注意到，正如前面所定义的框架那样，它使得逆分离规则有效：记得我曾说过，（1）和（2）都会在 $\mathcal{F}$ 中，且缺省"¬例外（x）"在 Δ 中，那么"$\mathcal{F} \cup \{$¬例外 1（a）$\}$"解释了"¬Aa"，但没有"例外 1（a）"的解释。可是，普尔定义了其框架的一个扩充版，他的准确目标是允许用户针对每一单个缺省判定其是否应当顾及可废止逆分离规则。用下列方式来定义这个扩充版。除了相对事实的范畴 $\mathcal{F}$ 和相对缺省的范畴 Δ 之外，普尔针对所谓"约束"引入一个新范畴 C，这不能用于建构解释只能用于阻止它们。通过添加情景之定义 4.1.17 确保了必要条件 $\mathcal{F} \cup \Delta \cup C$ 一致。现在，通过公式

（3）$\forall x. \neg Bx \rightarrow$ 例外 1（x）

不是被添加到事实而是被添加到约束上，就能够阻止相对（1）的可废止逆分离规则了。为了弄清这一点，假定把"¬Ba"添加到事实 $\mathcal{F}$ 上：那么，$\mathcal{F} \cup C$ 蕴涵着"例外 1（a）"，因此，相对"¬Aa"的解释就变得与 $\mathcal{F} \cup C$ 不一致，因为它包含了"¬例外 1（a）"。要注意，如果 $\{（1，2）\}$ 是限定理论，那么也能添加（3），但那恰好是另一个问题，因此，它也能用于其他推演，而在

普尔系统中它只意味着阻止推演。

正如在缺省逻辑中一样，在逻辑编程中假言易位推论根本不可能。对于霍恩子句来讲，这显然是由于语言中缺乏否定词所引起的；而对于一般子句来讲，这产生的原因是只有出现在子句句干中的原子才能被否定。在前面提及的带经典否定词的逻辑编程扩充中，假言易位的推论也无效，因为在这些方法中把子句解释为推论规则。可是，这与考虑可废止推理毫不相干，这些推论为什么会无效的唯一理由是为了保持逻辑编程有效证明方法的完全性（或近乎完全性）。可是，这在哲学上相当有问题：相对一个条件句来讲，使得诸如逆分离规则之类推论变得无效的唯一敏感理由似乎是，把这个条件句解释为可废止条件句。

总之，当缺省逻辑和逻辑编程不考虑任何形式的可废止逆分离规则时，限定逻辑和普尔框架用不同方式提供了对问题进行形式化的选择，既考虑到使可废止逆分离规则有效，又考虑到阻止可废止逆分离规则。可是，既然这个选择留给用户了，那么这些系统并没有深入洞察可废止逆分离规则是否有效这个哲学问题。

5.6.4　例外子句方法评价

关于第5.1.3节中所列出的要点，我们可以作如下评论。

结构相似性

如第3章已经解释，如果例外子句是一般的，那么只能避免把许多源单元混合在一起。可是，针对在缺省逻辑和限定逻辑中的软反证击败，借助给出基于相同源单元的知识库单元的相同名称，似乎不能获取源单元和知识库单元之间的一一对应情形而只能是近似。

模块性

一般来讲，例外子句方法是非模块性的。有时，可以说它支持模块性（Etherington，1988，pp. 102～103；Brewka，1991a，p. 117），

137

但是，这只相对于添加例外的模块成立；被形式化的例外仍然不得不明确提及它是哪条规则之例外，因此，知识工程师仍然必须明白各种规则与例外之间的所有可能交互（参见 Touretzky，1986，p. 18；Poole，1991，pp. 282，295）。正如有时法律中的情形一样，只有自然语言例外本身提及了它们是哪些规则之例外时这才不同。此外，我们已经看到，在软底切击败以及链接规则情况下，限定逻辑需要缺省的优先化。如果这无法根据一般标准来做，那么它就导致了非模块形式化。这样的标准是由逻辑编程的分层概念来提供的，但只有当理论不包含悬而未决冲突时才行。

实　现

当然，带一般程序的逻辑编程为实现提供了最佳前景，但这主要是由把语言限制到可计算片段的基本思想所引出的。我们已经看到，如果用类似方式限制其他形式体系的语言，那么，在特定条件下它们形式上就变得可翻译成一般程序。再者，即使这不成立，那么至少能够设计一个大致保持了形式化风格且或多或少使得相同推论有效的一般程序。因此，逻辑编程与其说是一种逻辑本身，不如说是一种实现逻辑之方式。可是，在这些观察成立下限制相当严厉：它们意味着两条规则之间的冲突要么被消解要么被阻止，且它们放弃了表示经典否定词的可能性。正因如此，弄清当前关于逻辑编程的证明论研究之结果会是什么很有趣。

特别性之排除

正如已几次注意到的那样，借助例外子句方法把握特别性的目的是要获得唯一扩充，其中例外结论成立。事实上，在这种方法中悄悄地用指派例外子句方法表示特别性。而今，如果这产生了唯一回答，那就别无选择，因此，在悬而未决冲突情况下只存在唯一空间供其他标准使用；相反，如果用特别性来解决冲突，就没有其他标准能够解决它了，并且，这使特别性被排除。

138

与自然语言的相似性

有些领域规则本身已经包括例外子句，但不是它们的全部，因此，例外子句方法通常都并没有真正接近自然语言。

表达力

具体例外子句的用途有限，但一般子句能用于形式化绝大多数种类的例外子句。有两类问题出现了：首先，在两条规则之间存在悬而未决冲突情况下，逻辑编程要么不能承认这种冲突，要么导致循环程序，要么不得不完全保持沉默。限定逻辑不能提供可替结论，只提出一个析取式结论。其次，普尔框架不能表达软底切击败。此外，它防止了一般规则复效，而其他形式体系则没有这个问题。我们也看到，既然例外子句方法的目标是获得唯一答案，那么在没有形式体系的情况下，例外性结论能够作为冲突选择之优先选择的那一个被提出来。此外，相对于每一单个缺省来讲，虽然它取决于已选择的限定策略，但在限定逻辑和普尔框架中只有可废止逆分离规则是可能的。最后，从逻辑上讲，编辑程序语言远不如其他形式体系的表达力，但这就是易处理性之代价。

总体评价

总之，虽然例外子句方法已经起到相当不错的作用，但如果必须有效地实现它，那么要限制应用领域。最重要的限制就是，它必须总是要么解决这个冲突并支持两条规则之一，要么同时阻止应用它们。对许多应用来讲，这个限制不会不利，但是对其他应用来讲则不利。特别是，试图建模法律推理的对抗性方面是人工智能与法研究的主题之一，在没有解决或阻止悬而未决冲突情况下需要处理它们的办法。的确，至少在哲学意义上，缺省逻辑满足了这些必要条件，但在用于例外子句方法时它仍然有限制：在没有悬而未决冲突情况下，它会产生唯一扩充，因此，正如刚才所解释那样，它的确没有给除特别性之外的其他标准解决规范冲突留下空间。因此，

139

在一些应用中，需要处理例外方法，这种方法不仅考虑到了悬而未决冲突，还考虑到了其他冲突解决原则。这些方法是要求用不一致信息进行推理的更一般工具，并且，既然这种推理是本书的第二个主题，那么我现在将转向处理例外的一种方法，它能够被植入针对容忍不一致性推理的技术之中。

第6章 优先选择最具体的论证

6.1 引 言

在本章中，我开始研究带可废止规则推理建模的第二种方法。这是一种考虑到同一问题有不相容解决方案的方法。在这种方法中，如果存在不相容，那么选择有例外的那个，此方法中例外可能是隐藏起来的，不必使用例外子句或可应用子句，因为例外被认为是选择的结果。如第3章中已经提到，在应用到法律时，这种方法符合法律冲突规则"特别法优于一般法"的应用。

在前一章中，已识别出支持把例外推理建模成在两个可替结论之间进行选择的三个主要理由。第一个是要处理悬而未决冲突：说一个问题有两个可替的、不相容的解决方案且没有理由优先选择其中一个，这是可能的。另一个理由是，正如例外子句方法那样，选择方法是一种在法律中保持规则与例外相分离的方法，但它有个好处就是它常常更接近自然语言，因为当自然语言文本不使用例外子句时，它也不必使用例外子句。第三个是非常重要的理由，即基于两个回答之间做出选择的系统留给除特别性之外的其他标准一些空间，它仍然可以用来解决两条规则之间的冲突，并且这两条规则中没有一条是另一条的例外，甚至不顾特别性考虑。法律是一个使用了这样一些其他标准的领域：在法律中，两个规范间冲突不仅根据"特别法优先"原则来解决，甚至具有更高优先级的是根据规范颁布时间和法律体系之总体分层结构来解决的。这种观察就是为什么在本书中我不去探究除了例外子句方法和选择方法之外的第三种处理例外方法的理由。在第5.1 节中已经提到，这种方法是把特别性视为可废止条件句逻辑的一个语义原则。很明显，如果把特别性标准建模成一个语义原则，那就没有其他标准能推翻它了。

142　　在选择方法之内，做出优选择的方式有两种：第一种方法会在本章中探讨，它用特别性概念之例外形式化作为冲突原则。这条原则所做的就是检查有关公式的逻辑结构，以检测何种解决方案是建立在最特别信息基础之上的。记得我曾说过，在例外子句方法中，不是把特别性概念形式化，而是在指派例外子句时形式化表示悄悄使用了特别性概念。做出这种选择的第二种方法是根据外在提供的、预先定义好的某个前提排序来实现（正如 Brewka，1989；Konolige，1988b；Roos，1992）。这种方法在下一章将要讨论。在这种方法中也悄悄使用了特别性，即在设定优先性时使用。在前提排序中，公开优先选择特别性优于其条款的一个理由是，后者妨碍了形式化的模块方法：排序必须针对冲突解决方案的每个个案进行个别定义，其中知识工程师不得不清楚两条可废止规则之间的所有可能交互（参见 Etherington，1988，p. 47；Poole，1991，p. 295）。相反，既然特别性检测并不依赖于外在定义好的排序，而完全由前提的逻辑结构来决定，那么，人们常常会主张，知识工程师必须做的一切就是对单个自然语言表达进行形式化，然后，该系统要照顾计算规则例外关系，正是这个关系确保了模块形式化过程（参见 Touretzky，1984，1986；Loui，1987，p. 106；Poole，1991，p. 287）。本章的一个次要目的是研究特别性检测的这个所谓长处是否确实成立。无论如何，本章只研究特别性的显式用法，但其借助前提排序的隐式用法也不会被忽略。由于能够根据任何标准来定义优先性，且不只是表示规则例外关系，故这些讨论将延后到下一章讨论，那是关于不一致信息推理的。

记得我在第 5 章讨论过，在例外子句方法之某些形式化中，有时也必须做出选择，即在限定逻辑和逻辑编程中必须在两个多重极小模型间做出选择，且在普尔建模例外子句方法中必须在两个情景间做出选择。可是，为了对失败性否定词的方向性程序效果进行语义建模，在这些情况下使用优先性之唯一目的就是要求例外子句极小化，这与在同一问题的两个冲突方案之间做出选择不同，特别是没有涉及特别性概念时更是如此。

不管是用特别性还是用优先性，研究选择方法不只是如何处理例外的技术讨论。事实上，在没有详细探讨过非单调推理逻辑研究的基本问题的情况下，这种方法无法讨论。在第 4.1.5 节中已经触及这一点：这种推理应当通过改变逻辑或只改变使用逻辑的方式来建模吗？在选择方法中这个问题特别容易出现的原因是，正如前面第 3.1 节中所表明，即使其背后的逻辑是标准逻辑，在两个冲突回答之间做出选择的方式也会使得推理过程成为非单调的。如果不一致处理足以获得非单调性，那为什么还要改变逻辑呢？这种方法的最直言不讳的提出者是布鲁卡（Brewka，1989；1991a）。普尔（Poole，1985；1988）也认为，如果追随他使用逻辑的方法，就不再需要非标准逻辑（可是，要注意，1988 年普尔的论文中并没有将这个主张限制到他构建选择方法的方式上；在那篇论文中普尔主要探讨了针对建模例外子句方法之框架利用）。简言之，在处理不一致的方法中，不把缺省看作是不同语言实体，而看作是对真理的逼近，在具体情境中它能被搁置。在涉及普尔框架这一章以及涉及布鲁卡的下一章讨论也是用来研究在建模非单调推理过程中这种范式之可防御性的。

在本章中，必须回答两个问题：如何能够从形式上把特别性概念定义为冲突规则，且什么是决定何时存在需要选择的东西的一般形式语境？第 6.2 节研究了普尔对第一个问题的回答（Poole，1985），随后，在 6.3 节中批评了在其针对缺省推理框架中使用特

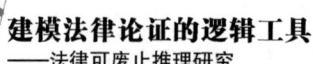

别性定义的方式。这个批评导致了以"论辩系统"形式来回答第二个问题，这会在第 6.4 ~ 6.6 节中讨论。最后，在第 6.7 节中，对处理特别性的选择方法进行了评估。

6.2　普尔：优先选择最特别解释

在关于非单调推理的人工智能文献中，形式化特别性一开始就与处理例外的继承体系相关。这类系统的基本思想是：除非有子类的矛盾信息，否则子类继承其父类性质。在这种情况下，这就推翻了关于其父类的信息。形式化这一思想的各种方法已经被提出来，最著名的是托雷茨基（Touretzky，1984；1986）和霍蒂等人（Horty *et al.*，1990）的方法，他们用一个可接受的"继承路径"之句法概念整合了子类的定义。可是，由于继承网语言之表达力非常弱，就当前目的而言，这些形式化限制过于严格。在使用完整逻辑语言时，路易（Loui，1987）给出了作为可废止论辩系统之构成要素的四个句法范畴，其中相对于特别性的论证比一个有冲突的论证要好。这种范畴化涉及的不只是测试子集关系，它仍然基于这样一个隐性直观之上，那就是，一个论证比另一个论证更特别。普尔（Poole，1985）的"理论比较"率先试图在不参考任何句法情形下给特别性以语义定义，因此，如果那是对的，那么它能够用来决定特别性之任何句法范畴化的可靠性。

普尔（Poole，1985）针对他详细展示的缺省逻辑之一般看法而提出了他的特别性原则之形式化（Poole，1988）。正如第 4 章所解释，其基本思想是：如果把缺省认为是能够用来建构理论的可能假设，那么，在不放弃标准逻辑前提下也能够建模非单调推理。我研究普尔思想的最初理由是它们与我称为法律推理的"建模不一致"观的东西具有显著相似性，这一点也被戈登观察到了（Gordon，1989）。粗略地看起来，这种观点在人工智能与法领域的英美研究者中特别流行（Rissland & Ashley，1987；Gardner，1987；Gordon，1989；Skalak & Rissland，1992）。他们认为，律师并不试图论证在法律上正确的方案，即使它存在，也是论证服务于客户最大利益的方案。更具体地说，这种相似性是：普尔说明的法律对应物是一个相对于想要的个案解决方案之论证，其中特定事实必须服从于这样的论证。如关于当前案件事实，或者诸如"男人是人"或"租约是合同"之类的必然真理，但至于其他方面，律师们可获得大量冲突的观点、规则和先例，并且他们能够从中选择最有利于委托人利益的一个融贯前提集。当然，律师们不仅要表示不一致观点，而且还要比较它们。现在，对于这一点，普尔框架也提供了形式对应物，即在两个不相容的解释之间做出选择的可能性。在普尔框架中，他只研究特别性原则（Poole，1985），但他还认为也可以使用其他标准（Poole，1988，p. 45）。

记得我曾经说过，在普尔框架中，缺省理论是一个偶对（$\mathcal{F}$，Δ），其中，$\mathcal{F}$ 是个一致的封闭一阶事实公式集，并且，Δ 是个一阶缺省公式集；此外，（$\mathcal{F}$，Δ）的情景是一致集 $\mathcal{F} \cup D$，其中 D 是 Δ 的基础事例子集；最后，从（$\mathcal{F}$，Δ）到 φ 的解释是（$\mathcal{F}$，Δ）蕴涵了 φ 的一个情景。现在，虽然普尔（Poole，1985）的主要目的是给例外继承网络提供一个语义学，但他并没有把其特别性规则限定在这样的网络上，而是用完全一阶谓词逻辑来定义它。请考虑相对于 φ 的解释 $A_i = \mathcal{F} \cup D_i$ 以及相对于 $\neg \varphi$ 的解释 $A_j = \mathcal{F} \cup D_j$。从非形式角度来看，其基本思想是：$A_i$ 比 A_j 更特别，当且仅当，存在一种只适用 A_j 的可能情形。为了使这一点更准确，应当把事实区分为必然事实 $\mathcal{F}_n$，即基于（$\mathcal{F}$，Δ）的所有可能解释均真的事实，以及偶然事实 $\mathcal{F}_c$，即个案的"输入事实"。现在的核心思想是，在特别性检测中，忽略了偶然事实，这些事实只是用于推演出关于实际情况的结论。在检测特别性时，它们被用任意"可能事实"集取而代之，其中，可能事实集能够是任意一阶公式，不管是在

145

$\mathcal{F}_n$中还在$\mathcal{F}_c$中。因此，严格说来，并非解释A_i和A_j本身可比较，而是因为当它们被应用于任意可能情形时其"非偶然"部分可比较：在记法上，对于所有可能事实F_p来讲，可比较的是集合$\mathcal{F}_n \cup \{F_p\} \cup D_i$和$\mathcal{F}_n \cup \{F_p\} \cup D_j$。现在，如果能够找到一个可能事实$F_p$，其后一个结构蕴涵了$\neg\varphi$而第一个结构并不蕴涵$\varphi$，并且，如果不能找到相对于其反面成立的可能事实$F_p$，即在没有后者蕴涵$\neg\varphi$的情况下前者蕴涵$\varphi$，那么，我们就可以说，$A_i$在$A_j$适用的所有可能情况之真子集中均适用，其中，这使得$A_i$完全比$A_j$更特别。

定义 6.2.1 （普尔的特别性定义）令$A_i = \mathcal{F}_n \cup \mathcal{F}_c \cup D_i$且$A_j = \mathcal{F}_n \cup \mathcal{F}_c \cup D_j$分别表示相对于$\varphi$和$\neg\varphi$的解释。相对于$\varphi$，$A_i$比$A_j$更特别，当且仅当，存在一个事实$F_p$使得

1. $\mathcal{F}_n \cup \{F_p\} \cup D_j \models \neg\varphi$；且
2. $\mathcal{F}_n \cup \{F_p\} \cup D_i \not\models \varphi$和$\not\models \neg\varphi$[1]。

此外，相对于φ，如果A_j不比A_i更特别，那么A_i就相对于φ完全特别于A_j。

或许可以问，普尔为什么把特别性测试定义为两个解释或两个论证间而不是两个单个规则间的比较？毕竟，在大多数情况下，似乎这种比较都被化归成了一条规则是否比另一条规则更特别的问题。可是，普尔比较论证而非规则的理由是：他的目标是给出特别性的一般性定义，是为了充当使用特别性的任意句法方式之标准。从哲学观点来看，毫无疑问，这种定义值得做，但从一般可应用意义来讲，它不应当必须考虑语义不相干的句法细节。

在下面这个标准例子中，普尔的简洁定义给出了直观结果。

---

[1] 这最后一个相对于A_i和$\neg\varphi$的"非重要的必要条件"是本质的，因为没有它，可能事实$\neg\varphi$总会使A_i比A_j更特别。

例 6.2.2　请首先考虑明斯基企鹅例子的法律变种，它是由两条规则构成：一条规定合同仅对有关当事人有约束力的规则，另一条规定房屋租约对新房屋所有者也有约束力。相对于给定合同 c，这变成

（1）x 是合同 $\rightarrow x$ 仅对其当事人有约束力

146

（2）x 是房屋 y 的租约 $\rightarrow x$ 对 y 的一切所有者都有约束力

$\mathcal{F}_n$：$\{\forall x. x$ 是房屋 y 的租约 $\rightarrow x$ 是合同

　　　　$\forall x \neg$（x 仅对双方当事人有约束力 $\wedge x$ 约束 y 的一切所有者）$\}$

$\mathcal{F}_c$：$\{c$ 是房屋 h 的租约 $\}$

Δ：$\{$（$1 \sim 2$）$\}$

$A_1 = \mathcal{F}_n \cup \mathcal{F}_c \cup \{(1)\}^{[2]}$ 解释了 "c 仅对其双方当事人有约束力"，而 $A_2 = \mathcal{F}_n \cup \mathcal{F}_c \cup \{(2)\}$ 解释了 "c 对 h 的一切所有者均具有约束力"。A_2 完全比 A_1 更特别："c 为合同"是可能事实，它使得 A_1 解释了 "c 仅对其当事人"，而没有使 A_2 解释 "c 对 h 的一切所有者均有约束力" 或 "c 仅对其当事人有约束力"，因此，A_2 比 A_1 更特别；另一方面，A_1 不比 A_2 更特别，因为每个蕴涵 "c 为房屋 h 的租约" 的可能事实，与 $\mathcal{F}_n$ 一起也都蕴涵着使 A_1 可应用的 c 为合同，从而使得 A_2 可应用。在继承网络中，这是可表达特别性的唯一一类。

例 6.2.3　另一种典型特别性出现在一个缺省前件蕴涵着另一个缺省之前件，它不只是作为事实问题，而且是演绎关系。让我们来考虑下保守党人的情形，借助缺省他们是富人，而且破产保守党人借助缺省他们就是穷人。

（3）x 是保守党人 $\rightarrow x$ 是富人

（4）x 是保守党人 $\wedge x$ 是破产者 $\rightarrow \neg x$ 是富人

$\mathcal{F}_c$：$\{$丹尼斯是保守人 $\wedge$ 丹尼斯是破产者 $\}$

Δ：$\{$（3，4）$\}$

---

〔2〕 在这个记号中，我忽略了论证不使用缺省而使用缺省基础事例的复杂性。

$A_3 = \mathcal{F}_c \cup \{(3)\}$ 是一个相对于"丹尼斯是富人"的论证，且 $A_4 = \mathcal{F}_c \cup \{(4)\}$ 是一个相对于"¬丹尼斯是富人"的论证。A_4 完全比 A_3 特别，是因为（4）的前件在逻辑上蕴涵（3）的前件，而相反方向却不成立。这意味着，一方面，让 A_4 解释了"¬丹尼斯是富人"的每个事实都使得 A_3 解释了其反面；而另一方面，存在一个事实"丹尼斯是保守党人"，这使得 A_3 在没有使 A_4 解释其反面前提下解释了"丹尼斯是富人"。因此，相对于"¬丹尼斯是富人"的论证具有优先性。

通过将（4）改变成：

（4′）x 是破产者 $\rightarrow$ ¬x 是富人

就得到了一个尼克松钻石变体。在那种情况下，"丹尼斯是保守党人"仍然是可能事实，它使得 $A_{4'} = \mathcal{F}_c \cup \{(4')\}$ 比 A_3 更特别，但现在也有一个事实，在没有让 A_3 解释"丹尼斯是富人"的前提下，它使得 $A_{4'}$ 解释了"¬丹尼斯是富人"。因此，两个解释中没有任何一个完全比另一个更特别。

147　　　我现在转到几个不太明晰的例子。

例 6.2.4　一个有趣的类型例子是具有下列形式的例子：

（5）x 是保守党人 $\rightarrow x$ 很自私

（6）x 是穷人 $\rightarrow$ ¬x 很自私

（7）x 是破产者 $\wedge x$ 是保守党人 $\rightarrow x$ 是穷人

$\mathcal{F}_c$：$\{$丹尼斯是保守党人 $\wedge$ 丹尼斯是破产者$\}$

Δ：$\{(5 \sim 7)\}$

让我们考虑相对于"丹尼斯很自私"的解释 $A_5 = \mathcal{F}_c \cup \{(5)\}$ 以及相对于"¬丹尼斯很自私"的解释 $A_6 = \mathcal{F}_c \cup \{(6 \sim 7)\}$。根据普尔定义，这两个解释彼此比对方更特别："丹尼斯是保守党人"是这样一个可能事实，它使得在没有让 A_6 解释"¬丹尼斯很自私"的情况下 A_5 解释了"丹尼斯很自私"，并且，"丹尼斯是穷人"是这样一个可能事实，它使得在没有让 A_5 解释"丹尼斯很自私"［要记住一个可能事实不必在（$\mathcal{F}_c$ 中）］的情况下 A_6 解释了"¬丹尼斯很自私"。可是，乍一看，似乎直观上存在了一个优先选择 A_6 的理由，即它是建立在事实情形"丹尼斯是保守党人 ∧ 丹尼斯是破产者"基础之上的，这是 A_5 所依赖的事实情形"丹尼斯是保守党人"的一个特别事例。路易（Loui，1987）把这种情形称为"优势证据"情形，并且他确实用它优先于 A_6 的方式定义了特别性。

例 6.2.5　在某些非本质方面另一个句法上不同于前一个例子的是下面这个构想的例子。

（8）有松动砖的墙是维护不够。

（9）在路附近有松动砖的墙是危险情形。

（10）在维护不够的情形下，是房东而不是房客必须采取行动，

（11）在危险情形下，是房客而不是房东必须采取行动。

$\mathcal{F}_c$：{一堵墙有松动的砖 ∧ 它在路附近}

Δ：{（8 ~ 11）}

在公式中，它们就成了

（8）$l \to m$　　　　　（9）$m \to (l \wedge \neg t)$

（10）$(l \wedge r) \to d$　　（11）$d \to (\neg l \wedge t)$

$\mathcal{F}_c$：{l, r}

当路易的定义优先选择了相对于 ¬$l \wedge t$ 的解释 $\mathcal{F}_c \cup \{(9, 11)\}$，根据普尔定义，再次无法判定这种冲突。初看起来，路易的结果似乎与关于这个例子的常识直观更相匹配。可是，在我看来，在把这种结果视为悬而未决之时，普尔定义仍然正确，其原因是，正如解释那样，在优先选择最特别论证时，需要区别两个阶段：首先，要判断哪个论证最特别；其次，要用优先选择的论证推演出新事实。如今，$\mathcal{F}_c$ 只在第二个阶段起作用，即在根据本案事实判定什么成立时起作用。相比较而言，特别是相对于所有可能情

148

171

形来决定的，因为相对于优先选择一个论证来讲，仅仅在案件事实之下还不足以成为更特别。正是后一种情形出现在例 6.2.5 中：规范（11）本身见证了其形式化并非是一种有维护缺陷的特殊类型，而是一种普遍危险情况，其与它们是否有维护缺陷无关，因此，在其他情况下，这些冲突论证可能模糊不清，故不能说（11）是（10）的例外。

弗雷斯维克（Vreeswijk，1991）注意到几个类似的例子：如果特别性的直观不清楚，或者在不同例子中指向不同结果，那么，其形式答案必须是不优先选择其中任何一个。他特别指出了把关于一个例子逻辑形式之直观与关于其内容之领域具体直观混淆起来的危险性。现在我们来小结一下关于"优先证据"的讨论，我认为普尔定义正确，因为他没有把这种情形视为特别性的原因，并在例 6.2.4 和例 6.2.5 中把这种冲突视为悬而未决冲突。

6.3 问 题

尽管有其直观魅力，普尔思想仍有某些不足，其中一个涉及特别性定义本身，它错误地把论证应用的所有可能情形都视为与判定特别性相干。另一个缺点是，普尔使用其定义的方式忽略了多重冲突可能性，而最终问题却是使用标准逻辑来表示缺省所引起的，因为其中产生了不应当为可能的论证。

6.3.1 一些不相干可能事实

第一个问题是路易和史蒂芙薇特（Loui & Stiefvater，1992）发现的。正如前面所解释的那样，普尔特别性比较背后的一般直观是：如果存在一个只应用论证 A_2 的可能情形且不存在只应用论证 A_1 的情形，那么论证 A_1 开始比论证 A_2 更特别。虽然作为一般直观，这似乎可靠，但下一个例子表明，应当小心定义一个"应用论证的可能情形"。

149

例 6.3.1　请考虑：

$A_1 = \{t,\ s\quad t{\to}r\quad s{\to}q\quad (q{\wedge}r){\to}p\}$

$A_2 = \{s\qquad\qquad s{\to}q\quad q{\to}\neg p\}$

$\mathcal{F}_c = \{s,\ t\}$

$\mathcal{F}_n = \phi$

从直观上看，A_1 应当比 A_2 严格更特别。可是，根据普尔定义并非如此，因为存在一个在没使 A_2 解释 $\neg p$ 情况下使 A_1 解释 p 的可能事实，这个可能事实就是 $t{\wedge}(r{\to}q)$。问题是，这个事实通过引入新"链接" $r{\to}q$ 进入到论证中"偷偷地取得了"推演一个中间结论之新方式，因而在直观上使它成为一个不同的论证：相对于这个可能事实而非真实事实，A_1 使用了一个不同缺省来解释 q，即用 $t{\to}r$ 替代了 $s{\to}q$，因此，不能说 A_1 适用于可能情形。要注意，这些考虑本质上都是句法的，它意味着普尔有一个纯粹语义特别性定义之目标无法得到维持。

6.3.2　多重冲突被忽视

另一个问题是，普尔特别性定义使用不正确地处理了其中必须解决不止一个冲突的事例，因为它忽视了论证包含被击败前提的可能性。

例 6.3.2　请考虑下面例子。

$A_1 = \{p\qquad p{\to}q\qquad\qquad q{\to}r\quad r{\to}s\}$

$A_2 = \{p,\ r\quad (p{\wedge}r){\to}\neg q\quad \neg q{\to}t\quad t{\to}\neg s\}$

$\mathcal{F}_c = \{p,\ r\}$

$\mathcal{F}_n = \{r{\to}t\}$

普尔定义优先选择相对 s 的 A_1，因为 t 是在没有 A_1 解释 s 情况下使得 A_2 解释 $\neg s$ 的一个事实，而所有使得 A_1 解释 s 的事实都蕴涵着 r，因此，既然 $\mathcal{F}_n$ 包含了 $r{\to}t$，它们就蕴涵着使得 A_2 解释 $\neg s$ 的 t（要再次注意忽略了 $\mathcal{F}_c$）。可是，这忽略了 A_1 使用中间结论 q 的事实，

因为情景 $A_{1'} = \mathcal{F}_c \cup \mathcal{F}_n \cup \{p \rightarrow q\}$ 显然被相对于 $\neg q$ 的 $A_{2'} = \mathcal{F}_c \cup \mathcal{F}_n \cup \{(p \wedge r) \rightarrow \neg q\}$。

当然，正如普尔（Poole，1988，p. 146）自己所认识到那样，在讨论类似个案时，相对于被优先选择的论证来说，不仅必须优先选择出最后结论，而且必须优先选择出所有中间结论。可是，定义 6.2.1 的问题是，它并没有把 q 视为 A_1 的中间结论。事实上，这正是普尔处理不一致性方法的基本缺陷：它没有看到特别性定义必须嵌入到一般论证框架之中，其中规定了这个定义应当何时适用且应当用于何种冲突。最重要的是，这样一个框架应当反映建构论证和比较论证的按部就班之本质（事实上，这是本章的两个主要结论之一）。理想情形是，在每一步之后而非一次要检查到目前为止已建构的论证是否好于所有反论证，并且如果在某一步存在相对于那一步之结论严格更特别的反论证，那就应当"被删除"这个论证。这样，当前例子中的 A_1 就会在导致 q 的中间步骤之后被删除，相对于竞争性理由来讲，A_2 也因此会成其为赢得关于 s 的冲突论证，因为它不存在与早先一步的唯一反论证 A_1 进行比较问题了。本章的主要目的将是对建构和比较论证的按部就班之本质进行形式化。

6.3.3 不能用标准逻辑表示的缺省

即使用满足刚刚所说要求之框架也会遗留一些问题。正如前面所注意到的，相对于非单调逻辑来讲，提倡处理不一致性方法所强调的是，这种方法以标准一阶逻辑为基础。可是，我们有许多较强理由来怀疑这个主张之可维持性。我现在将表明，如果把刚才所勾勒的比较论证所需要的一般框架与普尔观点甚至与布鲁卡观点结合起来，就能够把缺省表示成实质蕴涵，那就可能建构那些在直观上应当根本不可能之论证。

例 6.3.3 请思考鲍勃正当防卫时杀死了功夫小子的例子。

（1）x 杀死了 $y \rightarrow x$ 犯了谋杀罪

（2）x 杀死了 $y \wedge x$ 属正当防卫 $\rightarrow \neg x$ 犯谋杀罪

（3） x 自我防卫功夫小子 $\rightarrow x$ 属正当防卫

$\mathcal{F}_c$：｛鲍勃杀死了功夫小子，鲍勃自我防卫功夫小子｝

Δ：｛（1～3）｝

很明显，根据这个规则集和事实，"¬鲍勃犯杀人罪"应当是被优先选择之结论。可是，普尔框架允许我们根据 $\mathcal{F}_c \cup \{（3）\}$ 解释"鲍勃属正当防卫"，而且根据 $\mathcal{F}_c \cup \{（1，2）\}$ 解释"¬鲍勃属正当防卫"。理由是，与"鲍勃杀死了功夫小子"一起，（1）蕴涵了"鲍勃犯了谋杀罪"，而与（2）一起根据逆分离推论又蕴涵着 151 "¬鲍勃杀死了功夫小子 ∧ ¬鲍勃属正当防卫"，且与事实一起又蕴涵着"¬鲍勃属正当防卫"；此外，既然"鲍勃杀死了功夫小子"是个可能事实，它是在没有使"$\mathcal{F}_n \cup \{（3）\}$"解释"鲍勃属正当防卫"的前提下使得"$\mathcal{F}_n \cup \{（1，2）\}$"解释"¬鲍勃属正当防卫"的，那么针对"鲍勃属正当防卫"的论证就不够特别，这意味着，在给定前提下，关于鲍勃是否属正当防卫存在一个不可解法律问题，而且反过来这意味着相对"¬鲍勃犯杀人罪"的论证使用了非优先选择的子论证，并且这个论证不能被优先选择。

可是，在我看来，直观上不可建构相对于"¬鲍勃属正当防卫"的论证，其理由如下。该论证建立在如下事实之上：既然（1）和（2）有相互矛盾的结论，它们的前件在逻辑上不可能同时为真；可是，在处理不一致性方法中使用冲突规则的目的恰恰就是要能够处理规则应用的冲突情形，在法律推理中也是如此；因此，允许把论证建立在这种不能产生的情形之上并不奇怪。使针对"鲍勃属正当防卫"之论证成为可能的系统不会承认正是（1）和（2）中存在冲突且这个冲突必须得以解决。既然这个论证建立在逆分离推论基础之上，那么，我们必须得出结论：受冲突规则支配的规则并没使逆分离推论有效。

正如前面已讨论，必须承认普尔（Poole，1988，pp. 137～140）把相对于缺省的逆分离推论之无效性视为"一种可能观点"，而且给出了阻止它的方法。可是，正如我们在第 5.6.3 节中所看到的那样，这种方法具有随意性，选择用它与否是相对于每个缺省分别做出的，且从哲学上讲这并不令人满意。相对于缺省，如果逆分离推论被视为无效，这应当在它们的逻辑中表示，这种逻辑使它们成为单向的。

为了总结一下本节的主要结果，首先我们要明白处理例外之选择方法应当考虑到论证的按部就班本质；其次，普尔和其他人主张在不改变逻辑前提下能够建模这种方法，但这一主张无法得以继续维持，即应当把缺省表达为单向规则。

6.4　建构和比较论证的系统

6.4.1　总体评价

为了试图解决前一节中所发现的问题，我将给出一个建构和比较论证的一般系统，其中，使用瑞特缺省逻辑语言来表示可废止规则。我说该系统为一般系统，是在如下意义上说的：它假定有一个比较论证的未指定标准，但在本章中这条标准用恰当和特别性原则来例示了。

这个系统由五个要素组成：首先，它有缺省逻辑的基本逻辑语言，且前提能够用该语言来表达；其次，它有论证概念。其直观思想是：论证是扎根于事实的缺省链，且与一阶推理片段结合在一起。当这两个概念抓住了论证建构时，其他要素是用来形式化论证冲突之评价的。第一个概念是两个论证之间的冲突概念。在本章中，到目前为止我们只讨论了有冲突结论的论证情形，且这本质上只是这个系统所识别到的冲突之唯一类型。可是，在后面第 6.6 节中，我还将分析这样一类冲突，其中一个论证攻击一个缺省的证成部分。

然后必须定义如何比较冲突论证，弄清哪个论证击败了其他哪些论证。沿着本章的主题，首先要定义如何相对于特别性来比较论

152

证。可是，注意到一般系统无论如何并不依赖于特别性非常重要，并且用其他任何比较标准来取代这个标准也很容易。前面已经解释过这为什么是值得的。在法律领域中，特别性恰恰是比较论证之可能标准之一，但它并不总是最重要的标准。在第 7 章和第 8 章中，我们将进一步讨论其他标准及其组合标准。

既然击败论证之论证本身可能被其他论证击败，那么仅比较成对的论证不充分。还需要一个定义根据它们交互的各个方面来决定论证的状态。正是这个定义给出了系统的结果，它将论证分为三类：用它可以"赢得"争论的论证、用它会"输掉"争议的论证以及可以让争议悬而未决的论证。在本书中，这些论证分别使用术语"已证成论证"、"已推翻论证"和"可防御论证"。

现在，让我们转向这五要素之形式定义。

6.4.2 基本逻辑语言

前一节的一个主要结论是，甚至在一个比较论证系统中需要用非标准的单向条件算子来形式化可废止陈述。为了满足这个要求，这个系统的基本逻辑语言将是缺省逻辑语言。重要的是，要意识到该系统所使用的缺省逻辑的唯一一方面就是其语言。瑞特的缺省扩充概念被用刚才讨论的三个概念取代了，即论证概念、论证中的击败概念以及最重要的论证状态概念。

我们将按下列方法使用缺省逻辑语言。相对于事实来讲，其基本思想是把本案件事实表达为偶然事实集 F_c，并且把如"男人是人"或"租约是合同"之类的必然真理表示为必然事实集 F_n。关于缺省陈述，其基本思想是将它们形式化为非正规缺省 $\varphi : \top / \psi$（其中 $\top$ 代表任意有效公式），本书的其余章节将记为 $\top \Rightarrow \psi$。无条件缺省将被表示为 $\Rightarrow \psi$ 形式之缺省，它是 $\top \Rightarrow \psi$ 的简写。瑞特缺省之单向本质使得直观上无效论证之形式建构无效。

初看起来，用非正规缺省似乎有些令人惊讶，因为在第 4 章中我们已经看到非正规缺省理论并不总有扩充。可是，目前这个系统解决了这个问题，下面我将详细讨论。

接下来从形式上定义语言。从现在起，缺省将被称作"可废止规则"，或者就称"规则"。此外，为了记法简便，这正如它们在缺省逻辑中一样，现在把它们视为对象层公式而不是视为（领域特别的）推论规则。可是，应当注意到，它们不能与其他公式联结在一起，即它们不能被否定、组合、嵌套等。

定义 6.4.1 令 $\mathcal{L}_0$ 代表任意一阶语言。

－ 缺省规则是一个表达式，其形如

$$\varphi_1 \wedge \cdots\cdots \wedge \varphi_n \Rightarrow \psi$$

其中，任意 φ（$0 \leqslant i \leqslant n$）是 $\mathcal{L}_0$ 的公式。箭头左边合取式是规则前件，且箭头右边文字是规则后件。一条带有开放的 $\mathcal{L}_0$ 公式之规则是一个代表所有基础事例的图式。

－ $\mathcal{L}_0$ 的可废止扩充 $\mathcal{L}_1$ 是用所有可废止规则 $\varphi \Rightarrow \psi$ 的集合扩充后的 $\mathcal{L}_0$。

－ 缺省理论是一个集合 $(\mathcal{F}_c \cup \mathcal{F}_n \cup \Delta)$，其中 $\mathcal{F}_c \cup \mathcal{F}_n$ 是 $\mathcal{L}_0$ 的一致子集并且 Δ 是一个可废止规则集。

为了定义某个有用的记号，对于任意规则 r，"前件（r）"和"后件（r）"分别代表 r 的前件和后件，而"前件（r）"的所有要素之合取式用"前件合取（r）"表示。此外，对于任意有穷规则集 $R = \{r_1, \cdots\cdots r_n\}$ 来讲，前件（R）= 前件（r_1）$\cup \cdots\cdots \cup$ 前件（r_n）；对于"后件（R）"来讲也是一样，而最后"前件合取（R）"就是前件（R）的所有成员之合取式。

154   6.4.3   论证

接下来要定义论证概念。这项工作将充分利用董番明（Dung，1993；1995）以及邦达伦科等人（Bondarenko *et al.*，1997）的工作来完成。他们表明，在其他许多非单调逻辑中，瑞特的缺省扩充定义能够根据建构和比较论证来重新表述。首先，在语言中要定义"简单衍推"概念ト。不应当把这个概念与我们正要指向的最终非单调后承概念混淆起来，正是后者抓住了已证成论证之本质；⊢只抓住了能够被建构的论证之本质，而没抓住通过与其反论证竞争而生存下来这一本质。这个新概念是根据通常被称为演绎系统之形式来定义的。

定义 6.4.2　（缺省演绎系统）令 $\mathcal{L}_0$ 代表任意一阶语言，$\mathcal{L}_1$ 代表 $\mathcal{L}_0$ 的可废止扩充，R_0 代表在 $\mathcal{L}_0$ 之上定义的一阶逻辑之任意公理化。也就是说，R_0 是一个推论规则集，其形式为 $\varphi_1, \cdots \varphi_n / \psi$，其中，$\varphi_1, \cdots \varphi_n, \psi \in \mathcal{L}_0$ 且 $n \geq 0$。请注意，能够把逻辑公理表示为带有 $n = 0$ 的推论规则。

请考虑一个新推论规则 DMP（缺省分离规则）

$$\varphi, \ \varphi \Rightarrow \psi / \psi$$

且令 R_1 代表 $R_0 \cup \{DMP\}$。那么（$\mathcal{L}_1, R_1$）就是个缺省演绎系统。

下一个定义是演绎定义。像下面其他所有定义一样，它隐性地假定了一个任意缺省演绎系统（$\mathcal{L}_1, R_1$）。

定义 6.4.3　（缺省演绎）从 $\mathcal{L}_1$ 公式集 Γ 出发的演绎是一个序列 $[\varphi_1, \cdots \varphi_n]$，其中，$n > 0$，使得对所有 φ_i（$1 \leq i \leq n$）来讲：

－ $\varphi_i \in \Gamma$；或者

－ R_1 中存在一个推论规则 $\psi_1, \cdots \psi_m / \varphi_i$ 使得 $\psi_1, \cdots \psi_m \in [\varphi_1, \cdots \varphi_{i-1}]$

我们说，从 Γ 出发 φ 简单可推演 $\Gamma \vdash \varphi$，当且仅当，存在一个从 Γ 出发的缺省演绎，而 φ 作为其最后的元素。

在语言上，缺省演绎的每个要素都是前提或公理，或者是根据演绎中先前要素简单推演出来的。尤其，一个一阶公式简单可推演，当且仅当，它是根据缺省分离规则从可废止规则简单推演出来的，或者如果它是被事实或其他简单可推演出的公式演绎蕴涵着的。

定义 6.4.3 把演绎的标准概念应用到了我们的新语言 $\mathcal{L}_1$ 上。为了使其适合于论辩系统，需要几个额外条件。它们是借助论证定义

155 来陈述的,并且被定义为具有如下两个性质的演绎:第一个性质是论证并不包括未使用过的可废止规则。在论证中每条可废止规则都既是"可应用的"又是"已用过的"。这是因为,既然当前系统中关于可废止规则的推理不可能,那么在没使用它们的情况下要把这样的规则包括在论证之中就毫无目的了。第二个性质是论证并不包括循环规则链。在没有这个条件情况下,有时通过循环扩充论证来拯救差论证是可能的。

定义 6.4.4 令 Γ 代表任意缺省理论($\mathcal{F}_c \cup \mathcal{F}_n \cup \Delta$)。基于 Γ 的论证是从 Γ 开始的一个缺省演绎,使得

1. 关于 A 中每条缺省规则 d,其前件都出现在 d 之前,且其后件都出现在 A 中的 d 之后;并且

2. 在 A 中没有元素会出现一次以上。

对于任意缺省理论 Γ,把以 Γ 为基础的所有论证之集合表示为 $args_\Gamma$。如果不存在混淆的危险,那么下标 Γ 将被隐去。

我们也需要下列辅助概念。

定义 6.4.5 对于任意论证 A 来讲

— $\varphi \in A$ 是 A 的前提,当且仅当,$\varphi \in \Gamma$;

— $\varphi \in A$ 是 A 的结论,当且仅当,$\varphi \in \mathcal{L}_0$;

— 论证 A' 是 A 的(真)子论证,当且仅当,A' 是 A 的(真)子序列;

— A 是严格的,当且仅当,A 不包括任何可废止规则,否则 A 是可废止的。

要注意,可废止规则不能是论证之结论,如这使得推演出新的可废止规则或建构针对这类规则的论证的可废止规则推理成为不可能。只能应用它们,即用于推导出结论。

我现在要用一些例子来阐明这个定义。请考虑缺省理论 $\Gamma = \mathcal{F}_c \cup \mathcal{F}_n \cup \Delta$,其中,

$$\mathcal{F}_c = \quad \{q\}$$
$$\mathcal{F}_n = \quad \phi$$
$$\Delta = \quad \{\Rightarrow p,\ q\Rightarrow r,\ p\wedge r\Rightarrow s\}$$

然后，下面的序列 A 是基于 Γ 的（可废止）论证。

$$A = [\Rightarrow p,\ p,\ q,\ q\Rightarrow r,\ r,\ (p\wedge r),\ p\wedge r\Rightarrow s,\ s]$$

A 的前提是 $\{\Rightarrow p,\ q,\ q\Rightarrow r,\ p\wedge r\Rightarrow s\}$；此外，$A$ 的结论是 $\{p,\ q,\ r,\ (p\wedge r),\ s\}$，且其子论证有

156

$[\ ]$

$[q]$

$[\Rightarrow p,\ p]$

$[\Rightarrow p,\ p,\ q]$

$[q,\ q\Rightarrow r,\ r]$

$[\Rightarrow p,\ p,\ q,\ q\Rightarrow r,\ r]$

$[\Rightarrow p,\ p,\ q,\ q\Rightarrow r,\ r,\ (p\wedge r)]$

$[\Rightarrow p,\ p,\ q,\ q\Rightarrow r,\ r,\ (p\wedge r),\ q\wedge r\Rightarrow s,\ s]$

在这些论证中，只有 $[\ ]$ 和 $[q]$ 是严格的。

在本书的其余部分，针对这些例子的可读性，我常常只列出论证的前提，而把逻辑公理和推演步骤隐去。我也会使用下列记号约定。如前指出，下列定义假定了任意缺省演绎系统。此外，除非特别约定，它们也假定一个固定而任意的缺省理论 $\Gamma = \mathcal{F}_c \cup \mathcal{F}_n \cup \Delta$。$\mathcal{F}$ 将是指 $\mathcal{F}_c \cup \mathcal{F}_n$。再者，当我写 $\mathcal{F}_c$、$\mathcal{F}_n$ 或 D 时，我暗中假定 $\mathcal{F}_c \subseteq \mathcal{F}_n$、$\mathcal{F}_n \subseteq \mathcal{F}_n$ 以及 $D \subseteq \mathcal{F}_n$。而且，关于论证 A，当我提及论证 $A = [F_c,\ F_n,\ D]$，我的意思是指 A 的前提是从 F_c、F_n 和 D 出发的所有元素。

6.4.4 论证冲突

到目前为止，概念已经变得相当标准，现在要定义系统之对抗性方面。首先，要定义一个论证何时在攻击另一个论证，即该论证

为另一个论证之反论证。[3]这个定义还没有包括检查哪个论证较好的任何方式，它只告诉我们哪些论证冲突。初看起来，论证似乎相互攻击，当且仅当，它们有相互矛盾的结论，即在相关论证中两条规则针锋相对的冲突。可是，必然事实把这个问题复杂化了。为了看清这一点，请考虑下列例子。

例 6.4.6 假定我们有缺省规则

d_1：x 有小孩 → x 已婚

d_2：x 独身 → x 是单身汉

还有必然事实

f_n：$\forall x.\, x$ 已婚 → ¬ x 是单身汉

以及偶然事实

f_{c1}：约翰有小孩

f_{c2}：约翰是单身汉

论证 $[f_{c1}, d_1]$ 和 $[f_{c2}, d_2]$ 没有相互矛盾的结论，但直观上它们却互相攻击，因为必然事实 f_n 是个语言约定，它断定了谓词"已婚"和"单身汉"不相容。为了把握这个直观思想，必须定义：两个论证相互攻击，当且仅当，它们有与必然事实一起不相容的结论。

定义 6.4.7 （攻击）令 A_1 和 A_2 代表两个论证。A_1 攻击 A_2，当且仅当，$A_1 \cup A_2 \cup F_n \vdash \bot$。

让我们现在来讨论和展示该定义。首先要注意到，如果 A_1 攻击 A_2，那么 A_2 攻击 A_1。其次，每个内部不一致的论证都不但攻击自身，而且攻击其他论证，因为 $\mathcal{L}_0$ 的合式公式都单独被不一致论证所蕴涵。虽然这或许有些奇怪，但它不会产生问题，因为不一致

---

〔3〕 为了防止术语混乱，应当注意到董番明和邦达边科等人使用"攻击"（attack）之词的不同方式，它更接近我的"击败"（defeat）概念，下面将会定义。他们并没有一个我称为"攻击"的明确概念。

论证结果总是被推翻（更多的参见第 6.5 节）。

例 6.4.8 第一个例子表明，为了攻击论证，反论证能够将其攻击指向论证的最终结论，但也会指向其中一个真子论证，因而间接攻击了整个论证。因此，如果我们有

d_1：$\Rightarrow f$ 伪造证据 e

d_2：f 伪造证据 $e \Rightarrow \neg e$ 为可采证据

d_3：$\Rightarrow \neg f$ 伪造证据 e

我们有 $[d_3]$ 不仅攻击 $[d_1]$，而且攻击 $[d_1, d_2]$。如果我将这个例子改成

d_1：$\Rightarrow f$ 伪造证据 e

d_4：f 是警官 $\wedge f$ 假造证据 $e \Rightarrow \neg f$ 可信赖

d_5：f 是警官 $\Rightarrow f$ 可信赖

d_6：f 可信赖 $\Rightarrow \neg f$ 伪造证据

f_c：f 是警官

那么，我们有 $[d_1, d_4]$ 不仅攻击 $[f_c, d_5]$，而且攻击 $[f_c, d_5, d_6]$。$[f_c, d_5, d_6]$ 不仅攻击 $[d_1]$，而且攻击 $[d_1, d_4]$。

"攻击"或者"反论证"这个概念非常重要，因为很明显任意比较论证系统的最小要求是，如果两个论证相互冲突，那么不能都接受两者为已证成论证。在后面将要定义的"已证成论证"的集合免于冲突的意义上，现有系统应当同意这一点。为了达到这个目的，我现在要定义下列概念。

定义 6.4.9 论证集 *Args* 免于冲突，当且仅当，在 *Args* 中没有论证攻击论证。　158

6.4.5　比较论证

由于我们知道哪些论证相互冲突，因此，接下来的工作就是要对有冲突的论证进行比较。这一步有三个方面：挑选出与冲突有关

的规则；比较这些相关规则之特别性；判定它如何导致论证的击败关系。

新特别性定义具有句法性质，有两个理由：其一，例 6.3.1 已表明不进行句法考虑的特别性之直观定义不可能；其二，例 6.3.3 已表明识别那些导致冲突的规则很重要。关于特别性，正是用这些规则来进行比较的。因此，我们首先不得不定义一条规则何时与冲突相关。

挑选相关规则

当两个论证相互攻击时，我们要识别出"冲突对"，即导致该冲突的每个论证之规则。在最简单情况下，这个偶对正好是由从两个论证出发的一条规则所组成的，即一个规则对使得它们的共同后承与必然事实一起蕴涵着矛盾。可是，有时推演出矛盾用了不只两条规则的后承，因此，必须把这个冲突对定义为一个规则集对。更具体地说，我们考虑了冲突论证之极小可废止规则集对，使得它们的后承与必然事实一起会导致不一致。

定义 6.4.10　（冲突对）请考虑任何两个互相攻击的论证 $A_1 = [F_1, D_1]$ 和 $A_2 = [F_2, D_2]$。冲突对 (A_1, A_2) 是任意极小可废止规则集对 (C_1, C_2)，使得 $C_1 \subseteq D_1$ 和 $C_2 \subseteq D_2$，并且

　　- 后件 $(C_1 \cup C_2) \cup \mathcal{F}_n \vdash \perp$。

为了阐明这个定义，请首先考虑一个带有 $\Delta = \{d_1: \Rightarrow p, d_2: \Rightarrow q\}$、$\mathcal{F}_n = \{f_n: \neg (p \wedge q)\}$ 以及 $\mathcal{F}_c = \Phi$ 的缺省理论，那么 $[d_1, p]$ 和 $[d_2, q]$ 相互攻击，并且其唯一冲突对就是 (d_1, d_2)。[4]

接下来请考虑一个带有相同 Δ 但互换了 $\mathcal{F}_n$ 和 $\mathcal{F}_c$ 内容的缺省理论：$\mathcal{F}_c\{f_c: \neg (p \wedge q)\}$ 以及 $\mathcal{F}_n = \Phi$，那么，$[d_1, p]$ 和 $[d_2, q]$ 并不相互攻击，因为 $\neg (p \wedge q)$ 现在正好是偶然事实。冲突反而是在 $[d_1, p, f_c, \neg q]$ 和 $[d_2, q]$ 之间。而今与第一例子的关键区

159

――――――――――

〔4〕　在冲突对中如果一个规则集是单元素集，我就省掉括号。

别是，这些论证的冲突对是 (ϕ,ϕ)：再次是因为 f_c 现在恰恰为偶然事实且非语言约定，因此，不能说正是这两条可废止规则冲突。

让我们现在来审视取自第 6.3 节的三个例子，它们揭示了普尔方法之问题所在。下面将自始至终用它们来阐明现有系统的其他构成要素。

例 6.4.11　请首先考虑例 6.3.1 的翻译。

$$A_1 = [\,t,\ s \qquad t{\Rightarrow}r \qquad s{\Rightarrow}q \qquad q\wedge r{\Rightarrow}p\,]$$
$$A_2 = [\,s \qquad\qquad s{\Rightarrow}q \qquad q{\Rightarrow}\neg p\,]$$
$$\mathcal{F}_c = \{s,\ t\}$$
$$\mathcal{F}_n = \phi$$

只有一个冲突对即 $(q\wedge r{\Rightarrow}p,\ q{\Rightarrow}\neg p)$，因为 $\{p,\ \neg p\}\vdash\perp$。

例 6.4.12　其次请考虑例 6.3.2，其中论证在两个问题上冲突。

$$A_1 = [\,p \qquad d_1: p{\Rightarrow}q \qquad d_2: q{\Rightarrow}r \qquad d_3: r{\Rightarrow}s\,]$$
$$A_2 = [\,p,\ r \qquad d_4: p\wedge r{\Rightarrow}\neg q \qquad d_5: \neg q{\Rightarrow}t \qquad d_6: t{\Rightarrow}\neg s\,]$$
$$\mathcal{F}_c = \{p,\ r\}$$
$$\mathcal{F}_n = \{r{\rightarrow}t\}$$

既然这些论证在两个问题上冲突，那么它们有两个冲突对，即 $(d_1,\ d_4)$ 和 $(d_3,\ d_6)$。

例 6.4.13　最后请再考虑例 6.3.3，它激发我们要转到缺省逻辑语言之上。

d_1：x 杀死了 $y{\rightarrow}x$ 犯了谋杀罪

d_2：x 杀死了 $y\wedge x$ 属于正当防卫 ${\rightarrow}\neg x$ 犯谋杀罪

d_3：x 在自我防卫功夫小子 ${\rightarrow}x$ 属于正当防卫

$\mathcal{F}_c = \{f_1$：鲍勃杀死了功夫小子，f_2：鲍勃在自我防卫功夫小子$\}$

两个互相攻击的论证是

$$A_1 = [\,f_1,\ d_1,\ 鲍勃犯谋杀罪\,]$$
$$A_2 = [\,f_2,\ d_3,\ f_1,\ d_1,\ \neg鲍勃犯谋杀罪\,]$$

这里只有唯一冲突对即（d_1，d_2），因此，导致这个冲突的规则是 d_1 和 d_2，其中 d_2 同意了第 6.3.3 节的结论。

例 6.4.14　最后，我将展示一个其中不只两条规则相关的例子。假定 $A_1 = [d_1: \Rightarrow Rab$，$d_2: \Rightarrow Rbc]$、$A_2 = [d_3: \Rightarrow Rca]$ 以及 $\mathcal{F}_n$ 包括相对 R 的传递性公理和反对称性公理，即 $\mathcal{F}_n$ 包括

传递性：$\forall x$，y，$z. Rxy \wedge Ryz \rightarrow Rxz$

反对称性：$\forall x$，$y. Rxy \rightarrow \neg Ryx$

那么，A_1 和 A_2 就相互攻击。现在如果我们去检查 A_1，那么 d_1 和 d_2 都需要产生冲突，因此，冲突对是（$\{r_1$，$r_2\}$，$\{r_3\}$），其意思是 d_3 必须与规则集 $\{d_1$，$d_2\}$ 进行比较。

特别性比较

既然我们知道如何挑选出导致冲突的规则，那么我们如何就特别性问题对它们进行比较？前面通过例 6.3.1 我们已看到，普尔特别性定义的纯粹语义特征不能得以维持。现在不再将必然句法要素整合进普尔定义，而正如我在 1993 年所做的那样（Prakken，1993），我将利用较简单的定义，即完全是基于句法的纽特定义概括版（Nute，1992）。纽特定义是要检测两条冲突的可废止规则其中之一的前件，与必然事实（我的术语）以及该缺省理论的其他可废止规则一起，是否蕴涵了另一条规则之前件。如果检测成功，第一条规则比另一个规则更特别。

例如，$p \wedge r \Rightarrow q$ 比 $p \Rightarrow \neg q$ 严格更特别，因为 $p \wedge r \vdash q$ 但 $p \nvdash p \wedge r$。如果 $\Delta = \{r \Rightarrow q$，$p \Rightarrow \neg q$，$r \Rightarrow p\}$ 并且 $\mathcal{F}_n = \phi$，那么 $r \Rightarrow q$ 比 $p \Rightarrow \neg q$ 严格更特别，因为 $\mathcal{F}_n \cup \Delta \cup \{r\} \vdash p$，而 $\mathcal{F}_n \cup \Delta \cup \{p\} \nvdash r$。

相对于冲突的最简单形式，即两条可废止规则间直接冲突，纽特定义就足够了。可是，如我们看到，冲突论证可以包括不只一条与冲突相关的规则，那么，不得不对纽特定义进行概括。

定义 6.4.15　（特别性）令 D_1 和 D_2 代表两个可废止规则集。D_1

比 D_2 更特别，当且仅当

— 前件（D_1）$\cup \mathcal{F}_n \cup \Delta \vdash$ 前件合取（D_2）

D_1 比 D_2 严格更特别，当且仅当，D_1 比 D_2 更特别，且 D_2 不比 D_1 更特别。

让我们用一些例子来阐明这一点，首先使用相对普尔方法来讲有问题的三个例子。在例 6.4.11 中，$q \wedge r \Rightarrow p$ 比 $q \Rightarrow \neg p$ 严格更特别。严格特别性的这种简单情形也发生在例 6.4.12 的早期冲突之中，d_4：$p \wedge r \Rightarrow \neg q$ 严格特别于 d_1：$p \Rightarrow q$。稍微更复杂的是在这个例子中的后期冲突：由于 $\mathcal{F}_n = \{r \rightarrow t\}$ 且 $\{r \rightarrow t\} \vdash t$，故 d_3 比 d_6 更特别。此外，既然 $\mathcal{F}_n \cup \Delta \cup (t) \nvdash r$，那么 d_3 也比 d_6 严格更特别。

例 6.4.13 是简单特别性情形的另一个例子。

d_2：鲍勃杀死了功夫小子 $\wedge$ 鲍勃属于正当防卫 $\Rightarrow \neg$ 鲍勃犯谋杀罪。

这明显严格更特别于

d_1：鲍勃杀死了功夫小子 $\Rightarrow$ 鲍勃犯谋杀罪。

集合 Δ 也算在判定特别性之内的理由是，它抓住了所谓可废止特别性。在人工智能中，标准例子是"通常情况下雇佣成人，通常情况下不雇佣学生，并且通常情况下学生是成人"。为了从"学生"推演出"成人"，我们需要三条可废止规则。这儿有一个这种情形的法律例子。

例 6.4.16 请考虑例 3.1.4 的下列形式化。

d_1：x 杀死了 $y \wedge x$ 属故意杀人 $\Rightarrow x$ 的最高刑期为 15 年

d_2：x 杀死了 $y \wedge x$ 与 y 在进行生死决斗 $\Rightarrow x$ 的最高刑期为 12 年

d_3：x 与 y 在进行生死决斗 $\Rightarrow x$ 属于故意杀人

$\mathcal{F}_c$：$\{$查尔斯杀死了亨利，查尔斯与亨利在进行生死决斗$\}$

$\mathcal{F}_n$：$\{\forall x \neg (x$ 的最高刑期为 15 年 $\wedge x$ 的最高刑期为 12 年$)\}$

用以比较的规则是针对查尔斯和亨利的 d_1 和 d_2 之例示，因为

161

187

f_n 使得它们的结论相矛盾。在可废止规则集中，d_3 的纳入使得从 d_2 的前件简单地推演出 d_1 的前件成为可能。由于相反推演不可能，因此 d_2 比 d_1 严格更特别。

论证间的击败

由于我们能够判定哪些论证相冲突，哪些规则与冲突有关，哪个相关规则集比另一个更特别，因此，我们能定义一个论证何时击败另一个论证。重要的是，要意识到这个定义并没裁定哪些论证可用来赢得争议，它只是告诉我们关于两个个别论证（及其子论证）之间关系的东西。

两个论证击败关系部分但不是全部由两个相关规则集间的特别性关系决定。这是因为特别性标准只适用于两个可废止论证间的冲突，严格论证总是击败可废止论证，与特别性考虑无关。要注意，既然 𝓕 被假定一致，那么严格论证决不会相互攻击，因此，不必考虑这种情况。

击败概念是弱概念：A_1 击败 A_2 直观上并不意味着 A_1"真好于" A_2，只是这不是更糟，这意味着，两个具有同等强度的冲突论证互相击败。我们有弱击败概念的理由是接下来要定义的"已证成论证"概念只把这些论证视为已证成的，即在给定前提下它们已超越了任何合理怀疑或挑战，并且能够把合理怀疑投向正是由并不次于它的反论证所提供的论证。因此，一个攻击（可废止）论证 A_2 的（可废止）论证 A_1，如果它在涉及正好是冲突对之一的特别性检测中幸存下来，且在 A_2 并不比 A_1 严格更特别的意义上这个幸存是弱的，那么它总是击败 A_2。

定义 6.4.17 （特别性击败）令 A_1 和 A_2 代表两个论证。A_1 击败 A_2，当且仅当

1. A_1 攻击 A_2；且

2. A_2 可废止；且

（a）A_1 是严格的；或者

162

（b）相对于 (A_1, A_2) 的某个冲突对 (C_1, C_2)，C_2 不比 C_1 严格更特别成立。

A_1 严格击败 A_2，当且仅当，A_1 击败 A_2，且 A_2 没击败 A_1。

要注意到，每个内部不一致的可废止论证都被每个严格论证严格击败。这是因为相对于严格论证的每个结论 φ，可废止论证都被爆炸原则（*Ex Falso* principle）蕴涵着 $\neg\varphi$。

让我们再次检查第 6.3 节中的三个例子。在例 6.4.11 中，A_1 严格击败 A_2 是因为它们只有一个冲突对，即 $(q \wedge r \Rightarrow p, q \Rightarrow \neg p)$，并且第一个缺省比后一个缺省严格更特别。

例 6.4.12 更有趣，因为在那里 A_1 和 A_2 有两个冲突对。前面我们已经看到，在前一个冲突中 A_2 有严格更特别的相关规则，而在后一个冲突中 A_1 有严格更特别的相关规则。因此，相对于某个冲突对来讲，两个论证都满足了定义 6.4.17 的条件（2b），故两个论证相互击败。然而，读者不用担心：在下一节中定义已证成论证时会尊重冲突顺序，并且仍会优先选择 A_2 而非 A_1。

再者，例 6.4.13 很简单：A_1 和 A_2 只有一个冲突对，并且就这个对来讲，A_2 会赢得特别性比较，因此，A_2 严格击败 A_1。

6.4.6　非正式总结

163

或许读者已经被本节中的大量定义弄晕了头脑，因此，现在简要总结一下此时此刻我们有了些什么。我们已经有了把标准逻辑语言中严格信息和可废止信息表达成单向规则的工具。通过把非单调推论规则应用到前提，即一阶逻辑的那些规则加上针对单向规则的特殊分离规则，就能够形成论证了。两个论证间最简单的冲突类型是两条可废止规则直接有相互矛盾的句头，相应地，比较论证的基本方法非常简单，即检查两条冲突规则中哪条更特别。可是，有两件事把问题复杂化了：一是因严格信息而使得间接有矛盾的规则句头；二是两个规则间的多重冲突。正是这两种复杂情形产生了两个复杂定义：间接规则冲突引出相关规则的复杂定义及其比较，以及多重冲突引出击败的复杂定义。针对本书其余章节，所有相关的就是：给定一个规则集，这些定义给出一个可能论证集以及这些论证间的二元击败关系；这两个要素足以定义可证成论证概念了。既然这个概念是系统的核心部分，我将用单独一节来讨论它。

6.5 论证评价

6.5.1 总的观点

我们已经看到，前一节的最终结果是论证间的二元击败关系。可是，这个概念正好表达两个冲突论证的相对强度。如果我们想知道，相对于整个可能论证集，哪些论证能被接受为已证成论证，我们也需要一个全面考虑到论证交互的定义。例如，即使 A 严格击败了 B，这仍然不足以知道 A 是否被证成而 B 是否未被证成；通过严格击败 A 且自身在饱受攻击后幸存下来的 C 来恢复 B，且 C 幸存下来要么借助自身强度要么反过来在恢复 C 的其他论证帮助下得以实现的。应当把握的评价论证之另一个重要特征是论证的按部就班本质。例 6.3.2 已经表明，已证成论证的任何定义都必须满足"最弱链"原则，即除非其所有子论证都已证成，否则无法证成它。

在本节中，我们将定义一种评价论证方法来考虑到这些特征。它将所有可能论证及其相互击败关系的集合作为输入，而把作为输出的论证分为三类：能够"赢得"争议之论证、会"输掉"争议之论证以及让争议悬而未决之论证。如前所评述，胜利论证或已证成论证应当只是那些在给定前提下超越合理怀疑的论证；怀疑这些论证的唯一方式就是给出新前提，产生新击败的反论证。因此，我们的已证成论证集应当是唯一的且免于冲突的。

这些思想的形式化将使用对话博弈的论辩风格。该博弈有两个博弈者，即主张的提出者与反对者。提出者必须证明其主张有一个已证成论证，而反对者必须阻止提出者成功论证。已证成论证之证明将采用对话树形式，其中每个树枝都是一个对话，且树根是针对一个公式的论证。其基本思想是，对话之每个行动都由基于缺省理论的论证所组成，其中，每个说出来的论证都以满足博弈规则所分配的博弈者证明责任要求之方式攻击反对者的最后一个行动。一个行动所需要的力量取决于谁在陈述它。由于提出者想证成结论，提出者的论证是必须严格击败的，而由于反对者只想阻止证成结论，故反对者行动可以刚好是击败。一个行动由完全论证构成，即寻找个别论证用"独白"方式来让指引，只有考虑反论证的过程才以论辩方式建模。

我并不是第一个使用对话形式来针对逻辑系统的人。众所周知的是对话中所提出的（单调）逻辑后承之对策论概念，其概览请参见巴斯和克罗贝的著作（Barth & Krabbe, 1982）。在这里，逻辑常项的含义是根据带这些联结词的陈述能够如何被攻防来定义的。在非单调逻辑中，逻辑论辩证明论早已被人研究过如董番明（Dung, 1994），并且被雷斯切（Rescher, 1977），西马里和路易（Simari & Loui, 1992），路易（Loui, 1997），弗雷斯维克（Vreeswijk, 1993b）以及布鲁卡（Brewka, 1994b）所倡导，而罗亚克斯和迪赫拉姆（Royakkers & Dignum, 1996）已经提出视为对话证明论的思想。

让我们基于下列著名辛普森审判例子之对话来展示对话博弈。

例 6.5.1　假定我们有下列缺省理论（读者可以假定它是由对话双方所说的任何东西引起的：对话博弈假定双方之间就要建构论证所依赖的庞大前提没有任何事先约定，也可参见后面第 10.4.5 节）。

d_1：是可采证据 165

d_2：x 是可采证据 $\Rightarrow x$ 证明犯罪嫌疑人辛普森犯谋杀罪

d_3：x 是洛杉矶警察局警官 $\Rightarrow x$ 是种族主义者

d_4：x 是种族主义者 $\wedge$ 嫌疑犯是黑人 $\Rightarrow x$ 伪造证据 z

d_5：x 伪造证据 $z \Rightarrow \neg z$ 是可采用证据

d_6：x 是洛杉矶警察局警官 $\wedge x$ 的妻子是黑人 $\Rightarrow \neg x$ 是种族主义者

d_7：$\Rightarrow f$ 不喜欢犯罪嫌疑人辛普森

d_8：x 不喜欢犯罪嫌疑人 y $\Rightarrow$ x 伪造证据 z

d_9：x 不喜欢犯罪嫌疑人 y $\wedge$ x 是警官 $\Rightarrow$ $\neg x$ 伪造证据 z

$\mathcal{F}_{c1}$：f 是洛杉矶警察局警官

$\mathcal{F}_{c2}$：犯罪嫌疑人辛普森是黑人

$\mathcal{F}_{c3}$：f 的妻子是黑人

$\mathcal{F}_n$：$\forall x.\, x$ 是洛杉矶警察局警官 $\rightarrow$ x 是警官

下面用 P_i 来表示提出者的行动，用 O_i 来表示反对者的行动。在本案中提出者是检察官，他从主张特定证据 e（或许是在车道找到的血手套）证明犯罪嫌疑人有罪开始了争议。P 特此使用了缺省假定 d_1，即若无说明任何证据均可采。

P_1：$[d_1$：$\Rightarrow e$ 是可采证据，

$\quad\quad d_2$：e 是可采证据 $\Rightarrow e$ 证明犯罪嫌疑人辛普森有罪$]$

现在，反对者即在这个例子中的辩方不得不击败这个论证。O 通过论证证据不可采用来这样做了：犯罪嫌疑人是黑人，且找到证据的警官是种族主义者。由于洛杉矶警察局所有警官都是种族主义者，因此，这个警官伪造证据是意料之中之事。

O_1：$[f_{c1}$：f 是洛杉矶警察局警官，

$\quad\quad d_3$：f 是洛杉矶警察局警官 $\Rightarrow f$ 是种族主义者，

$\quad\quad f_{c2}$：犯罪嫌疑人辛普森是黑人，

$\quad\quad d_4$：f 是种族主义者 $\wedge$ 犯罪嫌疑人辛普森是黑人 $\Rightarrow f$ 伪造证据 e，

$\quad\quad d_5$：f 伪造证据 $e \Rightarrow \neg e$ 是可采证据$]$

现在，提出者不得不用一个严格击败 O_1 且因此恢复 P_1 的论证来反击。P 正是这样做的，他论证了已知警察妻子为黑人，这意味着他不是一个种族主义者。请注意，P 通过（严格）击败其真子论证之一（严格）击败 O 的论证。

166   P_2：$[f_{c1}$：f 是洛杉矶警察局警官，

f_{c3}：f 的妻子是黑人，

d_6：f 是洛杉矶警察局警官 $\wedge f$ 的妻子是黑人 $\Rightarrow \neg f$ 是种族主义者]

O 没有找到击败这个论证的方式，因此，O 现在尝试攻击 P_1 的另一条进路。O 现在主张已知 f 不喜欢犯罪嫌疑人，而且不喜欢犯罪嫌疑人的人有涉及那个犯罪嫌疑人的伪造证据倾向。

$O_{1'}$：[d_7：$\Rightarrow f$ 不喜欢犯罪嫌疑人辛普森，

d_8：f 不喜欢犯罪嫌疑人辛普森 $\Rightarrow f$ 伪造证据 e]

提出者必须反驳这条攻击进路，否则他就会输掉对话博弈。P 的确这样做了，他论证了警官即使不喜欢犯罪嫌疑人也不会伪造证据。

$P_{2'}$：[f_n：$\forall x. x$ 是洛杉矶警察局警官 $\to x$ 是警官，

f_{c1}：f 是洛杉矶警察局警官，

d_9：f 不喜欢犯罪嫌疑人辛普森 $\wedge f$ 是警官 $\Rightarrow \neg f$ 伪造证据 e]

现在，反对者耗尽了全部行动步骤：根据我们的缺省理论，再也没有论证能击败 P 的最后论证。因此，P 能够针对每个可能的攻击路线成功地对其论证进行防御，这意味着，P_1 是一个已证成论证。

6.5.2　定义对话博弈

已证成论证

现在，我将从形式上进行定义判定一个论证是否已证成对话博弈。

定义 6.5.2　基于缺省理论 Γ，对话是一非空行动序列 $Move_i = (Player_i, Arg_i)$ $(i > 0)^*$，使得

1. $Arg_i \in Args_\Gamma$；

　＊　其中，"$Move$" 代表 "行动序列"，"$Player$" 代表 "博弈者"，"Arg" 代表 "论证"。——译者注

2. $Player_i = P$，当且仅当，i 为奇数；且 $Player_i = O$，当且仅当，i 为偶数；

3. 如果 $Player_i = Player_j = P$，且 $i \neq j$，那么，$Arg_i \neq Arg_j$；

4. 如果 $Player_i = P$，那么 Arg_i 严格击败 Arg_{i-1}；

5. 如果 $Player_i = O$，那么 Arg_i 击败 Arg_{i-1}。

这第一个条件使得对话是相对于给定缺省理论 Γ 的，而第二个条件说的是由提出者开始，然后博弈者轮流进行。条件（3）防止提出者重复攻击。事实上，这个条件将"循环检测"植入系统之中。很容易看到这条规则不会伤害 P。如果在 P 陈述论证后 O 有了第一个行动，P 将有第二个行动，因此，P 的非重复行为可以使 P 赢得对话。最后，后面两个条件构成了这个定义的核心：它们规定了 P 和 O 的证明责任。

在下面定义中，Γ 将被隐去。

定义 6.5.3　对话树是这样一棵行动树，它使得

1. 每个枝都是个对话；
2. 如果 $Player_i = P$，那么 $Move_i$ 之后的行动都是 Arg_i 的击败。

该定义的第二个条件使得对话树成为充当证明的候选者，它要求这棵树应当考虑到 O 攻击 P 的论证之所有可能方式。

定义 6.5.4　博弈者赢得对话，当且仅当，另一个博弈者无法行动了；博弈者赢得对话树，当且仅当，他赢得了所有树枝。

这个定义的基本思想是：如果 P 的最后一个论证悬而未决，那么，它恢复了出现在一棵树的同一枝特别是树根之中 P 的所有先前论证。

定义 6.5.5　论证 A 已证成，当且仅当，存在一棵用 A 作为其根的对话树且提出者赢了。

形式性质

让我们现在来讨论已证成论证集的一些形式性质。这个证明在

帕肯和沙托尔（Prakken & Sartor，1997a）的论文中能够找到。对话博弈原来是由帕肯和沙托尔（Prakken & Sartor，1996b；1997a）针对已证成论证集的语义刻画之论辩证明论提出来的。在帕肯和沙托尔（Prakken & Sartor，1996a）的论文中是用定点算子来表示的。这个语义是董番明（Dung，1995）和邦达伦科等（Bondarenko *et al.*，1997）提出的可废止论证一般语义框架之事例，这将在后面第 9.2.1 节中讨论。当前系统语义受到怀疑。针对每个前提集，它指派了唯一（已证成）后承集。这个集合被确保存在，对缺省逻辑进行了改进，其中，不是所有缺省理论都有扩充。在帕肯和沙托尔（Prakken & Sartor，1997a）的论文中，已经表明这个语义之论辩证明论可靠，即根据论辩证明论，每个已证成论证再根据定点语义也都被证成了。此外，他们也表明，在每个论证都受到至多有穷数量论证攻击的条件下，这个证明论也是完全的，即每个语义证成概念也都是论辩证成概念。符合预期，已证成论证集免于冲突也是成立的。

最后，关于比较论证的按部就班本质即"最弱链"原则又如何呢？也就是说，如果不是所有子论证都已证成，那就无法证成该论证吗？有些系统在已证成论证定义中整合了这个原则，如弗雷斯维克（Vreeswijk，1997），纽特（Nute，1992），帕肯（Prakken，1993）和沙托尔（Sartor，1994）。但在目前这个系统中并非如此，相反，它使得从其他定义中可推导原则出来，还可参见如普洛克（Pollock，1987），西马里和路易（Simari & Loui，1992）以及盖夫勒和珀尔（Geffner & Pearl，1992）的论文。

命题 6.5.6　如果一个论证已证成，那么其所有子论证都已证成。

让我们用例 6.4.12 的最终研究来阐明这个重要命题。这儿又有一个缺省理论。

$$d_1: p \Rightarrow q \qquad d_2: q \Rightarrow r \qquad d_3: r \Rightarrow s$$

$$d_4: p \wedge r \Rightarrow \neg q \qquad d_5: \neg q \Rightarrow t \qquad d_6: t \Rightarrow \neg s$$
$$\mathcal{F}_c = \{p, r\}$$
$$\mathcal{F}_n = \{r \rightarrow t\}$$

我们已经看到针对 s 的论证 A_1 和针对 $\neg s$ 的论证 A_2，这两个论证都有两个冲突对，即（d_1, d_4）和（d_3, d_6），并且 A_2 赢得了之前冲突，而 A_1 赢得了之后冲突。在第 6.3.2 节中，我论证了之前冲突应当在之后冲突之前得到处理，因此，A_2 应当已证成了。这确实是定义之结果。这里有一个证成 A_2 的证明。P 从针对 $\neg s$ 的论证 A_2 开始。

$$P_1: [p, r, \quad d_4: p \wedge r \Rightarrow \neg q, d_5: \neg q \Rightarrow t, d_6: t \Rightarrow \neg s]$$

O 可应用 s 的论证 A_1 进行还击，正如我们所看到，它击败了 P_1，因为相对于冲突对（d_3, d_6）来讲，O 有（严格）更特别的规则。

$$O_1: [p, \quad d_1: p \Rightarrow q, d_2: q \Rightarrow r, d_3: r \Rightarrow s]$$

但是，P 现在用 P_1 的第一部分来回应，准确地说只是赢得之前冲突的 P_1 那部分。

$$P_2: [p, r, \quad d_4: p \wedge r \Rightarrow \neg q]$$

这个论证不能被 O 击败，因此已表明 P_1 被证成。

这里有一个 A_1 证成失败的证明。

$$P_1: [p, \quad d_1: p \Rightarrow q, d_2: q \Rightarrow r, d_3: r \Rightarrow s]$$

现在 O 能够攻击针对 q 的子论证。

$$O_1: [p, r, \quad d_4: p \wedge r \Rightarrow \neg q]$$

并且 P 没有严格击败 O_1 的方法，因此，P 耗尽了所有行动：最弱链原则防止了证成 A_1，因为 A_1 有一个未证成之子论证。

169　　已推翻论证与可防御论证

接下来，我要转向可防御论证与已推翻论证的定义。与早先工作相一致,这些范畴能够用纯宣告方式来定义,例如帕肯与沙托尔的工作(Prakken & Sartor, 1995a; 1996a)。

定义 6.5.7 论证已被推翻,当且仅当,它被一个已证成论证攻击;论证可防御,当且仅当,它既没被证成也没被推翻。

但是,相应对话规则是什么?我只针对可防御论证来讨论这一点,因为我不希望一个争议的多方都要将其论证作为已推翻论证来防御。因此,如何从论辩上表明论证可防御呢?其关键思想是互换 O 和 P 的证明责任:反对者现在必须找到一个严格击败提出者前一行动之论证,而提出者只需要找一个最后一步击败反对者的论证即可。此外,非重复条件现在成立是针对反对者的而不是针对提出者的。至于其他方面,定义仍然保持不变:特别是如果提出者能够让反对者耗尽了其每个攻击策略之行动,那就表明该论证(至少)可防御。这里有一个简单例子。

例 6.5.8 请考虑不带优先性且正好有下列两条可废止规则的缺省理论。

d_1: $\Rightarrow p$
d_2: $\Rightarrow \neg p$

很明显,针对 p 的论证 $[d_1]$ 以及针对 $\neg p$ 的论证 $[d_2]$ 均未被证成。可是,能表明两个均可防御。这里有一个针对 $[d_1]$ 的证明。

$$P_1: \quad d_1: \quad \Rightarrow p$$

在相对于已证成论证的博弈中,O 现在能用击败论证 $[d_2]$ 进行攻击,然后 P 黔驴技穷了,因为现在 O 必须严格击败 P_1。

关于可防御论证的宣告性定义和论辩性定义之间的关系,更多细节在帕肯(Prakken, 1997)的论文中也有讨论。其主要结果是,宣告性定义针对可防御论证的对话博弈可靠但不完全。不完全性之所以产生,是因为对于某些宣告可防御论证,对话可能永无止境地进行下去。

结论状态

既然最终我感兴趣的不是论证而是它们支持的结论，那么我们也不得不定义一阶公式的状态。

定义 6.5.9 对于 $\mathcal{L}_0$ 的任意公式 φ，我们说

－ φ 是可证成结论，当且仅当，它是可证成论证之结论

－ φ 是可防御结论，当且仅当，它未被证成且为可防御论证的结论

－ 并且，φ 是已推翻结论，当且仅当，它未被证成或者可防御，并且是已推翻论证之结论。

用帕肯的方式（Prakken，1993）能够表明，在一阶逻辑后承下已证成结论集封闭。

6.5.3 举例说明

前面我们已经阐明该系统的几个方面。关于在第 6.5.1 节开始所说的两个必要条件，其恢复工作在那一节中已用辛普森例子来阐明。例如，P_2 借助严格击败 O_1 来恢复 P_1。事实上，在 P 赢的任何对话中，其第一个行动是通过其所有后续行动来恢复的。同一个例子阐明了论辩的按部就班本质，因为 P_2 通过针对 O_1 的子论证做同样事情来严格击败 O_1。

现在，我要讨论第 6.3 节中剩下的两个例子，它们揭示了普尔原始方法之问题所在。请首先思考例 6.3.1。

$$
\begin{aligned}
A_1 &= \begin{bmatrix} t, & s & t{\to}r & s{\to}q & q \wedge r{\to}p \end{bmatrix} \\
A_2 &= \begin{bmatrix} s & & s{\to}q & q{\to}\neg p \end{bmatrix} \\
\mathcal{F}_e &= \{s,\ t\} \\
\mathcal{F}_n &= \phi
\end{aligned}
$$

很容易看到已证成 A_1，因为只存在唯一冲突对（$q \wedge r \Rightarrow p$，$q \Rightarrow \neg p$），并且前一个缺省比后一个严格更特别。

下一步我要表明该新系统正确地处理了例 6.3.3。

d_1：x 杀死 y→x 犯谋杀罪

d_2：x 杀死 y∧x 属于正当防卫→¬x 犯谋杀罪

d_3：x 自我防卫功夫小子→x 属于正当防卫

$\mathcal{F}_c$：{f_1：鲍勃杀死了功夫小子，f_2：鲍勃自然防卫功夫小子}

已证成结论是鲍勃无罪。这个证明非常简单。P 从

$$P_1：[f_2，d_3，f_1，d_1，¬鲍勃犯谋杀罪]$$

开始，并且 O 已经耗尽所有行动。可废止规则的单向性本质阻止了构造出针对"鲍勃属于正当防卫"不想要的论证。因此，只有一个可能反论证，那就是 $[f_1，d_1，鲍勃犯谋杀罪]$，但这个论证并没击败 P_1。正如前面所讨论，这里只存在唯一冲突对 $(d_1，d_2)$，并且 d_2 很明显比 d_1 严格更特别。

例 6.5.10　接下来我将阐明如何在新系统中表达软反证击败，假如租户已借助合同形式同意了其反面，那就可用例外之例外来扩充例 6.2.2。

d_1：x 是合同→x 仅对其当事人有约束力

d_2：x 是房屋 y 的租约→x 对 y 的一切所有者均有约束力

d_3：x 是房屋 y 的租约∧租户已同意 x⇒x 仅对其当事人有约束力

$\mathcal{F}_{n1}$：$\forall x，y.x$ 是房屋 y 的租约→x 是合同

$\mathcal{F}_{n2}$：$\forall x，y$ ¬（x 仅对其当事人有约束力∧x 对 y 的一切所有者均有约束力）

很容易看到，能够用像第五章所做的那样完全相同方法来形式化硬反证击败，即通过添加蕴涵例外结论到事实上而不是添加到可废止规则上。

例 6.5.11　最后，我要讨论一个可防御论证例子。请再次思考例 6.4.8。

d_1：⇒f 伪造证据 e

d_2：f 是警官∧f 伪造证据 e⇒¬f 可信赖

d_3：f是警官$\Rightarrow f$可信赖

d_4：f可信赖$\Rightarrow \neg f$伪造证据

f_c：f是警官

在两个问题上，即在f是否做了伪证和f是否可信赖这两个问题上，论证$A_1 = [f_c, d_1, d_2]$和论证$A_2 = [f_c, d_3, d_4]$冲突。第一个是(d_1, d_4)，其中d_4比d_1严格更特别，且第二个是(d_2, d_3)，其中d_2比d_3严格更特别。现在，不像例6.3.2中那样，在逐步比较时这两个冲突任何一个均不优先于另一个，因此，其结果应当是没有证成的论证。这儿表明了f不可信赖的证明如何失败。

P_1：$[f_c$：f是警官，d_1：$\Rightarrow f$伪造证据e

$\qquad d_2$：f是警官$\wedge f$伪造证据$e \Rightarrow$

$\qquad\qquad \neg f$可信赖$]$

O_1：$[f_c$：f是警官，

$\qquad d_3$：f是警官$\Rightarrow f$可信赖，

$\qquad d_4$：f可信赖$\Rightarrow \neg f$伪造证据$]$

172　现在P已黔驴技穷。要用同样方式弄清f没做伪证的证明失败也很容易。

6.6　组合优先性与例外子句

到目前为止，在本章中我们只看到反证击败的例子，但关于底切击败又如何呢？这可归结为如何将例外子句方法和冲突解释方案组合到当前系统中的问题。读者或许会问为什么这值得期待？为什么选择其中一种方法不够？答案是，法律语言本身就已组合了这两种方法。正如我们在前一章已看到，有些例外是用"特别法优先"原则（如例3.1.4）以及其他带"除非法律另有规定"之类短语之例外（如例3.1.7）来表达的。此外，优先性与例外能够交互使用。如在例3.1.1中，假定在特定情况下判例法也给出了将《荷兰租借法令》之某一条款应用到短期租约上的理由，那么《荷兰租借法令》第 2 条就与判例法规则相冲突，而且必须在两者间做出选择。总之，在一个形式体系中将两种表达例外的方法组合起来，这应当是可能的。

为了满足这个要求，在下一节中我们将扩充本章的形式体系。

6.6.1　系统扩充

在语言中我现在要引入一个特殊符号 $\sim$ 表示"弱否定"，它只能用于可废止规则的前件。事实上，这使得我们的系统语言有完全缺省的逻辑表达力，其中包括除 T 之外的带有正当理由的非正规缺省：在规则前件中任何强否定公式都是缺省证成。

定义 6.6.1　令 $\mathcal{L}_0$ 代表任意一阶语言。现在，可废止规则是一个表达式，其形如

$$\varphi_1 \wedge \cdots\cdots \wedge \varphi_j \wedge \sim \varphi_k \wedge \cdots\cdots \wedge \sim \varphi_n \Rightarrow \psi$$

其中，每个 φ_i $(0 \leqslant i \leqslant n)$ 都是 $\mathcal{L}_0$ 的公式。

$\varphi_1 \wedge \cdots\cdots \wedge \varphi_j$ 被称为前件，$\sim \varphi_k \wedge \cdots\cdots \wedge \sim \varphi_n$ 被称为正当理由，以及 ψ 被称为规则后件。在可废止规则正当理由中，对于任意表达式 $\sim \varphi_i$，$\sim \varphi_i$ 是该规则的一个假定，并且一个论证之假定也是该论证中任意规则之假定。

接下来必须重新定义缺省分离规则之推论规则 DMP（参见定义 6.4.2）。其基本思想是：在应用 DMP 时，能够忽略可废止规则之假定。如果假定站不住脚，则借助成功攻击论证就会得到反映。

定义 6.6.2　DMP 是推论规则，其形如

$$d : \varphi_0 \wedge \cdots\cdots \wedge \varphi_j \wedge \sim \varphi_k \wedge \cdots\cdots \wedge \sim \varphi_m \Rightarrow \varphi_n,$$
$$\frac{\varphi_0 \wedge \cdots\cdots \wedge \varphi_j}{\varphi_n}$$

论证定义保持不变。下面的例子将表明在论证建构中弱否定与日常"强"否定之不同作用。

例 6.6.3 规则 d_1 规定，一个不能被表明为未成年的人均有实施法律行为的能力，并且规则 d_2 要求，为了一个人能够行使投票权，她或他要肯定地被表明不是未成年人。关键是这些规则导致了一个针对"x 具有法律行为能力"而不是针对"x 有投票权"的论证，因为没有规则提供给 r_2 的前件。

d_1： $\sim x$ 是未成年人 $\Rightarrow x$ 有法律行为能力

d_2： $\neg x$ 是未成年人 $\Rightarrow x$ 有投票权

弱否定的使用产生了攻击论证的其他方法，即通过构造一个论证，其结论与被攻击论证的假定相矛盾。因此，也必须扩充攻击定义。

定义 6.6.4 令 A_1 和 A_2 代表两个论证。A_1 攻击 A_2，当且仅当，

1. $A_1 \cup A_2 \cup \mathcal{F}_n \vdash \perp$；或者

2. 对于 A_2 的任意假定 φ，$A_1 \cup \mathcal{F}_n \vdash \neg \varphi$。

很明显，第二种新攻击方式不对称：$[\Rightarrow p]$ 攻击 $[\sim p \Rightarrow q]$，但反之则不然。

接下来必须重新定义论证击败概念。首先要注意无需改变特别性之定义 6.4.15，因为它只检查规则前件而忽略了检查正当理由。直观上看这似乎合理。接着需要解决两个问题：第一个问题是，如果攻击论证并非比被攻击论证更特别，那么我们必须判定一个攻击是否只在此情形下才是成功的。我认为，事情并非如此。在我看来，在冲突结论情况下，像"特别法优先"（还有"上位法优先"和"后法优先"）之类的法律冲突规则仅仅用于冲突结论情形，而不适合于一个论证之结论与另一个论证之假定相矛盾之情形。

174　　　第二个问题涉及两个攻击论证间之交互。如果一个论证攻击另一个论证之结论［定义 6.6.4 的子句（1）］，并且另一个论证攻击第一个论证之假定［定义 6.6.4 的子句（2）］，那么，哪个论证应当击败哪个？我将用下面缺省理论的讨论来回答该问题。

d_1： $q \wedge \sim p \Rightarrow \neg p$

$d_2:\quad\Rightarrow p$

$f_c:\quad q$

要注意，d_1 比 d_2 严格更特别。$[d_2]$ 攻击 $[f_c,d_1]$ 的假定，但 $[f_c,d_1]$ 和 $[d_2]$ 也有相矛盾之结论，而 $[f_c,d_1]$ 使用了一个严格更特别规则。我仍然认为，$[d_2]$ 应当严格击败 $[f_c,d_1]$，其理由是，这是（在直观意义上）两条规则中没有一条必须被拒斥的唯一方式。如果接受 $[d_2]$，那么 d_1 的假定不成立，因此除了 d_2 之外，d_1 也能作为一条规则被接受。相反，在相信前件但不相信其后件意义上，接受 d_1 意味着拒斥 d_2。事实上，我这里使用了一条法律原则之逻辑对应原则，这条法律原则是"应当尽可能融贯地解释法律"。

我现在要把这个直观吸收进论证击败之新定义中。由于现在有两种类型击败，在组合这两类击败之前，首先分开定义它们很方便。第一种类型正好是定义 6.4.17 中"与结论相矛盾的"击败类型。我要重复其定义，并且现在称它为"反证"论证。第二种击败与假定相矛盾，我称之为"底切"论证。

定义 6.6.5　令 A_1 和 A_2 代表两个论证。

－ A_1 反证 A_2，当且仅当，

1. $A_1\cup A_2\cup\mathcal{F}_n\vdash\perp$；并且

2. A_2 可废止；并且

（a）A_1 是严格的；或者

（b）对于 (A_1,A_2) 的某个冲突对 (C_1,C_2) 来讲，C_2 并不比 C_1 严格更特别成立。

－ A_1 底切 A_2，当且仅当，对于 A_2 的任意假定 φ 来讲，$A_1\cup\mathcal{F}_n\vdash\neg\varphi$。

要知道，正如所期望的那样，底切并不依赖于特别性。

最后，能够把这两个概念组合进击败之新定义中。正如所期望的那样，它使得攻击假定比攻击结论要强：如果一个论证底切另一

个论证，且另一个论证没有底切而只反证了第一个论证，那么第一个论证击败第二个论证，但第二个论证并没有击败第一个论证。

定义 6.6.6 令 A_1 和 A_2 代表两个论证，那么，A_1 击败 A_2，当且仅当，

 – A_1 底切 A_2；或者

 – A_1 反证 A_2，并且 A_2 没底切 A_1。

我们说 A_1 严格击败 A_2，当且仅当，A_1 击败 A_2 且 A_2 没击败 A_1

要注意，不必改变对话博弈：不管击败关系源头何在，均可应用其规则。

6.6.2 举例说明

接下来我要用一个例子来阐明所扩充的系统。

选择方法中的显性例外

这里我要展示如何用我们的扩充语言来形式化例 3.1.7。除了新定义之外，它也说明了谓词名称选择中的微妙之处。

d_1：x 是人 $\wedge \sim$ 例外 $d_1(x) \Rightarrow$ 根据 d_1，x 有法律行为能力

$d_{2'}$：x 是未成年人 $\wedge$ 例外 $d_1(x)$

d_2：x 是未成年人 $\wedge \sim$ 例外 $d_2(x) \Rightarrow$ 根据 d_1，$\neg x$ 有法律行为能力

$d_{3'}$：x 是未成年人 $\wedge x$ 已征得法定代理人同意 $\Rightarrow$ 例外 $d_2(x)$

d_3：x 是未成年人 $\wedge x$ 已征得法定代理人同意 $\wedge \neg$ 例外 $d_3(x) \Rightarrow$ 根据 d_3，x 有法律行为能力

f_n：$\forall x$ 根据 y，x 有法律行为能力 $\rightarrow x$ 有法律行为能力

要注意，正如第 5 章中所做的那样，我现在用非正规缺省替代了半正规缺省。这是可能的，因为当前对话博弈是建立在保证存在扩充的语义基础之上的，因此，关于瑞特的定义（在第 5.2.2 节最后讨论的），半正规缺省的好处是与当前系统不相关。

还要注意在第 5.3 节限定逻辑中形式化的相似性。可是，这有

两个差别：首先，⇒的单向性本质防止了像在限定逻辑中那样需要对例外子句指定优先性；其次，选择谓词名称之微妙性。具有法律行为能力这一性质，现在是相对于它所依赖的规则而言的。这就确保了根据法定代理人同意行事的未成年人只是根据 d_3 且不是根据 d_1 才具有法律行为能力。d_1 仍然因这类未成年人而被阻止，因为 $d_{3'}$ 只攻击 d_2 而没有攻击 $d_{2'}$。因此，假定所有前件都是作为事实被给出的，我们就有通过 d_3 只有 x 有法律行为能力的结论被证成，而我们无法通过 d_1 得出 x 有法律行为能力的结论。就我所知，这种让结论相对于规则的方式首先是由科瓦尔斯基提出来的，如参见科瓦尔斯基的论文（Kowalski，1995）。

要注意，在某人是否具有法律行为能力问题上，必然事实 f_n 确 176 保直观上针锋相对冲突的规则确实使得充分利用这些规则之论证相互攻击。

组合反证与组合底切

我现在要举例说明显性例外与优先性间之交互。这是一个如何表达例 3.1.1 形式化之例子。我想起，《荷兰租借法令》第 2 条规定：本法令的其他所条款都不适用于租约为短期的情形。这条可以形式化如下（请再次注意其与第 5.3 节中给出之翻译的相似性）。

2：x 是短期合同 $\wedge y$ 是《荷兰租借法令》的条款
$\wedge y \neq 2'(x, y) \wedge \sim \neg$ 可应用 $2'(x, y) \Rightarrow \neg$ 可应用 (y)

此外，《荷兰租借法令》的其他任意条款 r 接纳了一个"它可应用"之假定，其形式如下：

$$r：Ax \wedge \sim \neg \text{可应用} r(x) \Rightarrow Bx$$

为了阐明两个击败形式间的相互作用，接着假定针对某个合同《荷兰租借法令》第 2 条和第 r 条的前件都得到满足，且 C_c 也成立，还假定了判例法规则 $prec$ 使得：在 C_x 情况下，针对第 r 条来讲，例外是相对于《荷兰租借法令》第 2 条的。

$prec$：x 是短期合同 $\wedge\, r\,(x)$ 是《荷兰租借法令》的条款 $\wedge$

$r\,(x)\,\neq 2\,(x,\,y)\wedge Cx \Rightarrow$ 可应用 $r\,(x)$

那么，既然 $prec$ 比 2 严格更特别（记得定义 6.4.15 中忽略了 2 的假定），那就能构造出带 $r\,(c)$ 的论证来，并且这个论证严格击败了带 2 $[c,\,r\,(c)]$ 的论证。

最后要注意，这个例子也阐明了在当前系统中软底切击败在两种方式上可能是软的：它们不仅有一个被反驳的假定，而且它们也能够被一个更特别的规则反驳。

规则有效性或规则支撑之论证

正如我们在第 3.1 节中已经看到，当用命名来组合时，例外子句技术也能用于表达关于规则的有效性或支撑之信息，这正如沙托尔（Sartor，1994），戈登（Gordon，1995）以及哈赫（Hage，1996；1997）所观察的那样。精确方法是给每条可废止规则一个支撑它或者使其有效的额外条件。在当前系统中，有两种方式来实现这一点。如果某人想要通过缺省来假定规则有效，那么每条缺省规则 d 都应当接纳一个弱前件"～¬有效 (d)"。于是，不必肯定地去表明规则 d 法律上有效。只要它没有被确定为被无效论证所阻止，就能使用 d。相反，如果某人不想通过缺省假定规则有效，那么每条规则 d 应当接纳一个强前件"有效 (d)"。于是，如果前提产生了 d 确实有效的一个论证，那就只能使用 d 了

6.7 评 价

关于第 5.1.3 节中所列出的要点，应当如何评价处理特别性之选择方法？在第 3 章已经表明了这种方法对结构相似性的支持，并且将在第 10 章讨论其实现方面，本章也会包括在选择方法和例外子句方法之间的详细比较。关于其他要点，可作如下评论。

在文献中常常强调的特别性之一个方面是，它要支持模块形式

化过程。可是，在我看来，这个好处通常不成立。如在例 6.2.3
中，在（4）和（4′）之间的选择取决于借助缺省破产保守党人是
否被认为是穷人这个问题，即必须考虑缺省"保守党人是富人"与
缺省"破产者是穷人"之间的关系，还要考虑与关于富人或穷人之
其他缺省之间的关系。关于生死决斗之例 6.4.16 给出了一个取自
法律领域的真正例子。为什么不用模块方式将其形式化的理由是，
把第三个缺省添加到 Δ 上的决定是预见了在《荷兰刑法典》第 287
条（d_1）和《荷兰刑法典》第 154 条第 4 款（d_2）间可能冲突之结
果：第二条法律规则被指为是第一条规则之例外，但在没有第三条
规则的情况下，d_2 句法上并非 d_1 的特殊情况；可是，预见可能冲
突并不是一种模块形式化方法。另一个取自荷兰法律的例子是，关
于潜在缺陷之规定是否是违背合同规定之特殊情况的问题（参见
Snijders，1978，pp. 50～52，他还讨论了一些其他例子）。一般来
讲，问题是，在法律领域这类问题常常是真正的法律问题，其解决
方案无法从法律字里行间读出来，因为法律常常是含混表述的；因
此，在知识库中特别性之句法出现常常不只是对该问题辩论结果之
形式化，而首先必须检查辩论结果是什么，只有那时才能选择适当
的形式化。很明显，在一个领域提出这类问题完全挫败了将一项法
规进行模块形式化之目的。

　　关于其他要点，我主要做一些正面评论。本章所提出的系统已
经表明对表达第 5.1.2 节中所列出的种种例外有足够表达力，其中
使用了一种常常比例外子句方法更接近自然语言之方式，因为既可
以使用又可以不使用例外子句来形式化可废止规则。关于这种表达
力，一个小毛病就是由于系统建立在缺省逻辑之上，故缺省逆分离
推论不可能。当前方法的一个非常重要的好处是，它允许除了特别
性之外的其他比较论证标准，因为我们的对话博弈给出了任何判定
击败方式之空间。在本书其余部分中，我的目的是要挖掘这个
好处。

178

现在总结一下本章之结论，一个重要结论一直是：处理例外之选择方法需要针对构造和比较论证的一般系统，其中定义了论证能够交互的各种方式，并且要判定何时应当做出选择。另一个结论是：应当把这样一个系统定义在非标准逻辑之上，应当把可废止规则定义为单向条件句。已经给出了一个满足这些要求的系统，并且它与改进后的特别性定义之组合已经被表明足以表示所有类型的例外。此外，该系统的应用并不局限于处理例外，因为在留给比较论证任何标准空间时，它提供了针对处理不一致信息推理的一般理论。后面两章我将用这种方式来使用这个系统：在第 7 章我将其应用到建模带不一致但有序的前提之推理上，并且在第 8 章我要研究它如何能处理前提排序的多重资源以及处理关于这种排序的推理。

第7章 不一致信息推理

7.1 引　言

　　本章致力于不一致信息推理的逻辑分析。对于法哲学以及人工智能与法来讲，这个主题密切相关，因为，正如第 3 章所注意到的那样，一个律师所面临的信息常常是矛盾的。可是，本章的相关性并不局限于法律领域，即在常识推理的其他领域人们也常常碰到冲突信息资源。逻辑分析所面临的问题是，根据经典逻辑不一致前提根本没有什么用处，因为在经典意义上矛盾可以推出一切。因此，如果不是不恰当，标准逻辑至少不足以建模非平凡的不一致信息推理。

　　那么，如何解释这种推理呢？有些逻辑学家已提出可替逻辑学，其中，矛盾虽然仍然为假，但并没有在经典逻辑中所具有的毁灭性后承（可供选择的其他系统如相干逻辑和次协调逻辑）。另一方面，其他人试图通过将其融入一个较大框架中来保留经典逻辑的语义学和证明论。其主要观点是，允许对前提进行排序，并且用一个或多个一致子集的产生方式来使用这个排序，这就可以使用经典逻辑规则了，因此，不一致集之非标准后承就是结果集之标准后承（Rescher，1994；Alchourrón & Makinson，1981；Brewka，1989；Roos，1992）。不管第一种方法有多少优点，第二种方法似乎更接近法律推理，其中，正如我们前面已经看到，有时用冲突规则来在两个不相容结论之间做出选择。本章的目的是分析这种处理易受冲突规则支配的知识推理之形式方面。虽然基本思想相当简单，但其完全形式化竟然如此微妙。事实上，本章的主要目的是论证现有的所有尝试在某些方面都不符合的标准。

在不一致信息推理中，能够区分两种情形。第一种情况出现在一个矛盾阻止了直观上与冲突无关的结论之非平凡推演之时。对于这类结论来讲，不存在蕴涵其否定的一致前提子集。第二种情况是"真实"冲突的情况即一个冲突公式对的情形，其中两个公式有蕴涵这个冲突对的一致前提子集。实际上，关于这第二种情况，或许认为短语"不一致信息推理"有些误导，因为在实践中它多半出现在辩论情形，其中人们选择了合起来不一致但内在一致的不同前提，这意味着辩论各方都从一致前提集进行推理。尽管如此，我也会使用"不一致信息推理"这个短语来针对这种情况，其中，它接纳了一个更抽象的意义，如"讨论的共同基础不一致"。这样做的理由是，把第一种情况视为第二种情况的临界情况不仅可能而且具有启发性，这会变得非常明显。

本章也与形式人工智能研究相关，因为最近几年在研究形式化的非单调推理中，特别是作为一种处理例外的建模选择方法之方式，不一致但有序信息的推理已受到关注。有时，在非单调推理中使用了优先性，如在科诺里齐（Konolige, 1988b）的分层自认识逻辑以及布鲁卡（Brewka, 1994a）的优先缺省逻辑中，但有时在形式化非单调推理的不一致性处理方法中它们的应用才是基本要素，正如在布鲁卡方法（Brewka, 1989）和鲁斯方法（Roos, 1992）中一样。这种方法非常接近刚才提及的处理不一致信息推理的"排序方法"，因此，本章的一个次要目的是：如在讨论普尔框架中那样，探讨关于非单调推理这种观点的可防御性。

本章的结构如下：第7.2节讨论处理不一致信息分层推理的最新形式理论之某些不足；其原因在第7.3节中会详细讨论；然后，第7.4节演示了如果把优先性融入第6章提出的论辩系统之中问题就迎刃而解了；在 7.5 节中，我将用讨论该系统的一些一般特征来结尾。

7.2 容不一致性推理的现有形式化

在本节中，我将讨论非平凡的不一致但有序信息推理的几个现有形式化，其中有两个是受法律推理启发，也就是阿尔罗诺与麦金森（Alchourrón & Makinson，1981）及沙托尔（Sartor，1992a；1992b）的有关信息修正之方法。第三种方法是布鲁卡的优先子理论框架，是非单调推理的一般理论。既然与这些方法相比，科诺里齐方法（Konolige，1988b）和鲁斯方法（Roos，1992）的主要区别是涉及它们应用排序之外的其他东西，那么不会把这些理论分开讨论。

所有这些方法都使用了公式排序，因此，有些符号约定不得不解释一下：$x \leqslant y$ 意思是 y 优先于 x；$x \approx y$ 是 $x \leqslant y$ 和 $y \leqslant x$ 的简写；并且，$x < y$ 是 $x \leqslant y$ 且 $y \not\leqslant x$ 的简写。除非另有提及，在本章中排序关系 $\leqslant$ 假定了一个偏前序，即一种传递关系（如果 $x \leqslant y$ 且 $y \leqslant z$，那么 $x \leqslant z$）和自反关系（$x \leqslant x$）。相对于法律应用来讲，或许要问是否需要这个排序的更多性质？特别是，要问它是否应当为线性的？（$x \leqslant y$ 或者 $y \leqslant x$ 或者 $x \approx y$）。换句话说，分层关系应当针对每对规范来定义吗？当然，在两个道德规范或法律规范之间是否存在未定义的关系并不是一个形式问题，而是一个伦理问题或法理问题，因此，分层推理的形式理论应当对这个可能性持开放的态度。如果这样做了，它就至少把总排序作为特例包括在其中，因此，它就把是否把特定"真实生活"分层视为整体分层的问题留给了应用该系统的那些人。

7.2.1 阿尔罗诺与麦金森（1981）
研究处理不一致法律信息之非平凡推理的开拓者可能是阿尔罗

181

诺与麦金森（1981）。他们的理论提供了两样东西，即一种在其基本元素排序基础上比较任意规范集之方法以及一个针对不一致前提信息的非平凡后承概念。虽然他们将自己的研究限制在规范推理上，但在他们理论中没有东西阻止其在其他领域的应用。

前提集是根据它们的极小元素来排序的。

定义 7.2.1 令集合 X 被称为至少与集合 Y 一样暴露（$X \leqslant Y$），当且仅当，对于所有 $y \in Y$ 来讲，存在一个 $x \in X$ 使得 $x \leqslant y$；且 X 比 Y 严格更暴露（$X < Y$），当且仅当，$X \neq \varnothing$ 并且对于所有 $y \in Y$ 来讲，存在一个 $x \in X$ 使得 $x < y$。

在这个定义帮助下，我们就可以定义下列"弱后承"和"强后承"概念了。

定义 7.2.2 请考虑前提偏序集 X。

– $Y \subseteq X$ 指示着 φ，当且仅当，$Y \vdash \varphi$，且对于所有 $Z \subseteq X$ 使得 $Z \vdash \neg \varphi$：$Y \not\leqslant Z$。

– $Y \subseteq X$ 决定着 φ，当且仅当，$Y \vdash \varphi$，且对于所有 $Z \subseteq X$ 使得 $Z \vdash \neg \varphi$：$Y > Z$。

要注意其与弱后承和强后承之定义 4.1.16 的相似性，其主要差别是当下定义指涉任意子集而非极大一致子集。

例 7.2.3 通过展示下列法条设想一下，有两个法条分别规定阿姆斯特丹是又不是荷兰首都，且宪法规定荷兰是个王国。

（1）阿姆斯特丹是荷兰首都

（2）¬阿姆斯特丹是荷兰首都

（3）荷兰是个王国

      （1）≈（2），（1）＜（3）。

集合 {（1，2，3）} 决定了荷兰是个王国，因为它的子集 {（1，2）} 也蕴涵了其对立面（因为它不一致），并且比 {（3）} 严格更暴露。因此，虽然整个前提集不一致，但证成了结论"荷兰是个王

182

国", 而关于阿姆斯特丹是还是不是荷兰首都, 没有什么有趣的东西得出。这与律师会从这些前提中抽取的信息相符。事实上, 这是第7.1节中提出的第一种情形之例子, 因为直观上第三个陈述与(1) 和 (2) 的冲突无关。

可是, "指示" 和 "决定" 概念并不总是产生可接受的结果。正如阿尔罗诺与麦金森 (Alchourrón & Makinson, 1981, pp. 138~139) 自己所观察到那样, 如果两个上位规范发生冲突, 那就不能决定下位规范。比如, 如果把上例中的排序变成 (1) ≈ (2); (1, 2) > (3), 那么, {(3)} 比 {(1, 2)} 严格更暴露, 这意味着 "¬荷兰是个王国", 虽然它直观上与关于什么是荷兰首都问题无关。根据阿尔罗诺与麦金森的观点, 需要一个另外的相关性概念, 但他们没有从形式上定义它。

初看起来, 如果要求定义 7.2.2 中的子集一致, 在此之后不再有蕴涵 "¬荷兰是个王国" 的集合了, 问题似乎就能解决。可是, 情况并非如此, 因为这个定义仍然不足以处理反复冲突, 即论证在中间结论和最终结论上均存在冲突的冲突 (参见前面第 6.3.2 节)。请考虑下面例子, 其直观读法是 (8) 代表案件事实, 第 (4)、(5) 行表示借助中间结论 q 得出 s 的论证, 第 (6)、(7) 是借助 ¬q 得出 ¬s 的论证。

例 7.2.4 请考虑

(4) $p \rightarrow q$ (5) $q \rightarrow s$ (8) $>$ (4, 5, 6, 7)
(6) $r \rightarrow \neg q$ (7) $\neg q \rightarrow \neg s$ (4) $>$ (5, 6, 7)
(8) $p \wedge r$ (6) $>$ (5, 7)
    (7) $>$ (5)

如果我们把第 6.3.2 节中的分析根据类比应用于该例子, 那么集合 {(4, 8)} 和 {(4, 5, 8)} 应当分别决定 q 和 s。可是, 虽然确实决定了 q, 但并未决定 s, 因为 {(6, 7, 8)} 蕴涵着 ¬s 且 (7) > (5), 这使得 {(4, 5, 8)} 比 {(6, 7, 8)} 严格更暴露。

183

尽管有些不足，阿尔罗诺与麦金森1981年这篇论文还是包括许多有趣思想，已成为进入新逻辑框架即信息修正研究的一个开端，并且其他人已经改进过了在那个框架内他们的非标准后承定义。

7.2.2　信念修正方法

信念修正或理论修正（参见 Gärdenfors，1988）涉及的是"信念集"之动态学：它研究相对于特定命题的信念命题集的修正过程之定义与必要条件。这类必要条件例子是，从理论到公式的收缩应当会产生一个不蕴涵 φ 的理论，并且其修正应当极小，同时应当保留的信息要尽可能多。信念修正理论已经应用到好几个问题，如检验科学假说、反事实推理以及数据库更新。在本节中，它的运用是研究从不一致信息推演出非平凡结论。就该目的而言，信息修正是个可能候选框架之理由是，刻画不一致前提之非平凡后承的一种方法是将它们定义为集合之标准后承，且这个集合是由前提收缩出而产生的（这是阿尔罗诺与麦金森1981年提出的一个思想）。似乎最适合这些目的的信念修正方法组成如下：首先识别前提的所有极大一致子集［对此，我使用了布鲁卡（Brewka，1989）的术语"子理论"］；其次就某些排序关系对这些子集进行比较；最后取在这个排序中所有集合的极大交集。针对这个运算结果，只能使用单调逻辑。把这称为应用到任意集合上的"部分适当收缩"（Gärdenfors，1988，pp.59，80），即应用到在演绎后承条件下无需封闭的集合中。还要注意它与前面定义4.1.16的相似之处。

应当注意到，如果用信念修正来建模不一致前提的非平凡推理，那似乎最好不要把它定义在逻辑后承条件下不封闭的集合上，也就是不要定义在理论之上。理由是，除非基于被拒斥前提的结论有时仍然有效，但这不是我们想要的。例如，如果我们有前提 p 和 $p{\to}q$，并且因某种原因 p 遭拒斥，那么 q 应当被拒斥，因为它建立在一个被拒斥前提之上。可是，如果修正是在理论之上而不是在任

184

意前提集之中来执行的，那么修正的极小性条件会导致保留 q。麦金森（Makinson，1985）已做过类似的观察，但绝大多数信念修正理论研究都关注修正理论，这似乎使得它们几乎不适合用来处理不一致信息推理。

现在，给定一个公式有序集，其极小一致子集应当如何排序？要注意定义 7.2.1 不能简单应用于子理论，因为那会在反复冲突情况下给出不正确结果。请再次思考例 7.2.14。集合 $\{(4 \sim 8)\}$ 有四个子理论：

A：$\{(4，5，7，8)\}$ B：$\{(5，6，7，8)\}$

C：$\{(4，5，6，7)\}$ D：$\{(5，6，7，8)\}$

按照我们依据反复冲突的分析，A 应当优先，但形式定义的说法则不同：所有子理论都处于同一个层级，因为在它们全部之中极小元素都是 $\{(5)\}$。比较子理论的较好方法是由沙托尔给出的（Sartor，1992b），他把定义 7.2.1 应用到子理论之子集并组合成高于子理论自身的复杂排序关系。粗略地说，在子理论排序之上，集合 X 极大，当且仅当，关于每个其他子理论 Y，没有一个与 X 不一致的子集 Y' 比与 Y' 不一致的 X 之所有子集 X' 要好。

定义 7.2.5　X 是至少与 Y 一样好（$X \geq Y$），当且仅当，对于每个与 X' 不一致的集合 $Y' \subseteq Y$，都存在一个与 Y' 不一致的集合 $X' \subseteq X$，且使得 $X' \not\prec Y'$。此外，$X > Y$，当且仅当 $X \geq Y$ 且 $Y \not\geq X$。

然后，对于子理论比较，沙托尔通过简单使用在定义 4.1.16 中的排序 $\geq$ 定义了弱后承和强后承概念。

用这个定义，例 7.2.4 就有了（在我看来）最自然的结果，A 是唯一极大子理论：一方面，$A \geq B$，因为对于与 A 不一致的 B 之所有子集 B'，存在一个不更暴露的 A 之不相容子集 A'，其理由是：所有 B' 都会包括 (6)，且 $\{(4)\}$ 是击败 B' 的 A 之必需子集 A'；另一方面，$B \not\geq A$，因为 A' 是 A 的子集，使得不存在 B 的矛盾子集

$B' \not< A'$。这很好地表明处理先前冲突优先。此外，阿尔罗诺与麦金森的与冲突不相关的前提问题已经得到了解决。在有排序（1）≈（2），（1，2）<（3）的例 7.2.3 中，两个子理论 {（1，2）} 和 {（2，3）} 在排序≥中均极大：{（1）} 是第一个集合之子集，而第一个集合并不比与它不相容的 {（2，3）} 的所有子集更暴露，这些子集有 {（2，3）} 本身以及 {（2）}，而对于 {（2，3）} 的子集 {（2）} 同样成立。既然（3）处于两个子理论的交集之中，那么"荷兰是个王国"是整个集合 {（1，2，3）} 的强后承。总之，似乎在信念修正框架之内，沙托尔根据它们的元素排序来比较子理论的方式在目前可获得方法中最佳。

不过，沙托尔还没有解决所有问题：他的定义有时仍然会给出违背直觉的结果，这正如下列例子所揭示的那样。

例 7.2.6 请思考一个不融贯的大学图书馆管理规定，其中一条规定不文明行为会导致被赶出图书馆，但另一条规则规定不能把教授赶出图书馆；法学院图书馆管理规定比大学图书馆管理规定位阶低，并规定了打鼾是一种不文明行为；最后，给出最高优先性的事实陈述了鲍勃是一名在图书馆打鼾的教授。

（9）x 不文明→x 可以被赶出图书馆

（10）x 是个教授→¬x 可以被赶出图书馆

（11）x 打鼾→x 不文明

（12）鲍勃是个教授∧鲍勃打鼾

（9，10）<（12）;（9）≈（10），（11）<（9，10）

该例子有四个极大一致集，每个都省略了前提集的不同元素：

E：{（9，10，11）}　　　　F：{（9，10，12）}

G：{（9，11，12）}　　　　H：{（10，11，12）}

要注意是否可以把鲍勃赶出图书馆，这个问题是第一节中区别的第二种情况的一个例子，因为既存在说"是"的一致子集，又存在说

"否"的一致子集。现在，根据定义 7.2.5，这些子理论的排序是

$$F > E; \ E \approx G \approx H$$

F 最优的理由是，它是唯一不包括最低层级规范（11）的子理论，而关于其他子理论，与 F 不一致的所有子集都包含了（11）（事实上唯有这类子集是子理论本身），因此，所有这些集合都比 F 严格更特别。总之，子理论集合的唯一极大元素就是 F。关于鲍勃打鼾的结果它说了什么？因为（11）不在 F 中，（9）不能用于演绎出"可以赶走鲍勃"，那么结论就是"不能把鲍勃赶出图书馆"。要注意，根据定义 7.2.2，也能观察到同样的结果，F 决定了：¬可以把鲍勃赶出图书馆，因为它的极小元素即（9）比蕴涵其对立面的所有集合之极小元素更特别，且在所这些集合中这个对立面就是（11）。

可是，我想从不同观点来讨论这个例子，而且这种观点沿着的是第 6 章之进路。一方面，很明显，在规则（9）和（10）之间存在潜在冲突，因为当追究教授不文明时，必须做出选择优先采用其中哪个。另一方面，说鲍勃不文明不存在争议这似乎很自然。正如第 6.3.3 节中那样，可以说"鲍勃不文明"只是使（9）可应用的中间结论，因此，（11）与是否应当把鲍勃赶出图书馆不相关。相反，通过拒斥结论"鲍勃不文明"而优先选择"¬可以把鲍勃赶出图书馆"，在两个肯定互相冲突的规范（9）和（10）之间做出选择似乎很自然。既然这两条规范属于同一个层级，那么结果应当是无法解决冲突。

这个观点也能用具有相同形式的法律例子但有不同的前提排序来加以阐明。

例 7.2.7 请考虑荷兰宪法的一个条款即《宪法》第 5 条（5 GW），该条规定"人人都有权向有关当局提交书面请求"。一个（设想的）判例法裁判陈述了通过传真请求属于书面请求，并且一个（也

是设想的）行为陈述了囚犯无权向有关当局提交申请。我把判例法裁判与法律之间的排序关系留着不定义。最后，为了让这个例子更接近绝大多数法律系统，我假定荷兰宪法高于法律，但事实上在荷兰法律中它们的关系更为复杂。

　　（13）x 是传真件 → x 是书面的

　　（14）x 是请求 $\wedge$ x 是书面的 → 有关当局必须接受 x

　　（15）x 是囚犯请求 → $\neg$ 有关当局必须接受 x

　　（16）我的信是传真件 $\wedge$ 我的信是囚犯请求 $\wedge$ $\forall x. x$ 是囚犯请求 → x 是请求

$$（16）>（14），（14）>（15）$$

由于前面用例 4.1.21 解释的原因，开放公式是针对其所有基础事例的图式。

　　这些子理论是

I：$\{（13，14，15）\}$　　　　J：$\{（13，14，16）\}$

K：$\{（13，15，16）\}$　　　　L：$\{（14，15，16）\}$

在子理论排序中，I 比其他三个位阶都低，因为它蕴涵了（16）之否定，而且因为根据定义 7.2.5，$\{（16）\}>\{（13，14，16）\}$，这是因为（16）>（14，15）。可是，由于（13）处于未定义状态使得其他结论不可比较，根据定义 4.1.16，这使得它们全部都弱蕴涵其后承，这意味着"有关当局必须接受我的信"及其否定都只弱可证。再者，我认为，有一个不同的分析似乎更接近法律推理：我认为许多人都不会接受像（15）之类的法律规范之制定能够阻止宪法规范的应用，正是因为宪法规范的前件是由判例法裁决所提供；此外，一个更自然的观点似乎是，冲突的正是（14）和（15），而且由于（14）比（15）位阶高，故这种观点导致必须接受囚犯请求。概括地说，定义 7.2.5 有如下不期望之结果：在"论证链"中，如果一条后来规范加入后产生了冲突，那么在该链中之前的规范若都比涉及冲突的相关规范位阶高，就只能得出一个已证成的中间结论。

对于数学家来讲，针对这些异议，一个自然的回答就是："哦，如果应当保留（11）且拒绝（15），那就应当改变排序：（11）应当比（9）和（10）位阶高，且（13）应当比（13）位阶低。"可是，虽然就数学家的目的而言可接受它，但在认识上这不充分，因为它并没有抓住在法律推理中使用分层之方式：这种分层并不依赖于在个别案件中想要的结果，而相反建立在一般根基之上，并且是后来用以解决个别冲突的。在建模这种用法时所需要的是修改形式定义而不是改变特定排序的指派：像（13）之类的前提不应当被认为比（15）位阶高，而应当被认为与冲突不相关。

7.2.3　布鲁卡的优先子理论方法

布鲁卡（Brewka，1989）提出了一种建构优先极大一致子集的替代方法。正如例 4.1.5 所解释的那样，这种思想是根据个别前提的严格非完全排序并通过下列步骤建构一致前提集的：首先，尽可能一致添加许多最高层级公式到集合上，然后尽可能一致地添加后续层级的许多公式，如此等等。如果不相容公式出现冲突，那么结果集就分成可替不一致集和互相不一致集，这类似于缺省逻辑的扩充。

既然在第 4 章已经讨论过形式定义了，现在检查一下本章中关键例子就足够了。在例 7.2.4 的反复冲突类型中，正如通过思考最关键排序所展示一样，一切进展顺利，现在是

188

(8) > (4,5,6,7)

(7) > (4,5,6)

(5) > (4,6)

(4) > (6)

在事实（8）之后，首先添加（7），然后添加（5），然后在（4）和（6）之间必须做出选择，因为同时添加它们两个会使集合不一

致。既然（4）＞（6），那么把（4）添加到优先子理论上，正如所期望那样，这就既蕴涵着 q 又蕴涵着 s。

现在让我们看看如何以此种方法处理例 7.2.6。首先，把事实（12）添加到集合上，然后添加关于赶出图书馆的两条规范即（9）和（10），因为在没有关于打鼾的较低规范（11）情况下，（9）不能用于推演出"可以赶走鲍勃"，因此，没有矛盾出现。最后考虑（11）：把这个添加应用到集合上，就会导致不一致，因此，不予考虑它。因此，布鲁卡方法已经产生了与沙托尔信念修正方法相同的集合 ｛（9，10，12）｝，这使得它易受同样的批评：在我看来，它把（11）错误地视为与冲突相关，其中，（11）的较低状态妨碍了可替优先子理论 ｛（9，11，12）｝ 的构造。在例 7.2.7 中也可以获得类似结果：首先，添加事实（16），然后添加关于书面请求的宪法条款（14），然后在关于传真判例法裁决（13）和关于囚犯请求的法律条款（15）之间不得不做出选择：在不使集合不一致情况下至多能添加它们其中之一，并且由于这些规范不可比较，故集合分叉了，其中一个结果优先子理论蕴涵着"我的信是书面的"且"有关当局必须接受我的信"，但另一个则蕴涵了它们的否定，这意味着布鲁卡框架没有把前两个公式视为从 ｛（13～16）｝ 出发是强可证的。总之，关于当前主题，布鲁卡理论并不是信念修正方法的改进。

7.3 诊 断

正如前面已简要指出，与上述方法相关的问题是，它们把太多前提视为与是否可以把鲍勃赶出图书馆以及是否可以提交请求的冲突相关：在两种方法中，正是把所有（经典）极小不一致集元素认为相关，而例 7.2.6 和例 7.2.7 已经表明，只有该集合的一个子集相关，即从非形式角度讲，只有带冲突后承的条件规则才与冲突相

关。初看起来，这一点似乎相当特别，其中它只适合于这些例子的
特殊形式。此外，对不一致信息推理采用不同态度，即如果把它认
为是在冲突论证之间而不是在修正不一致前提之间进行选择，就能
将其一般化。在前一节例子讨论中，有时已经使用了这种态度。正
如第6章所解释，建构和比较论证是一个按部就班的过程，因此应
当把只需要提供论证的中间结论之前提视为在论证后续与步骤中所
得出的结论之冲突不相关。在例 7.2.6 中，这意味着，在相对于
"可以赶走鲍勃"的论证中，（11）仅仅用于推演出中间结论"鲍
勃不文明"，而与关于"可以赶走鲍勃"的冲突无关。在例 7.2.7
中，相对于涉及传真的规则（13）同样成立，它与宪法规范（14）
以及是否可以提交请求的法律规范（15）之间的冲突无关。

　　现在，如果我们集中关注例 7.2.7，且我们宽松地将论证定义
为蕴涵结论的一致集，那么初看起来什么也没有改变，因为从形式
上 $\{(13\sim16)\}$ 不仅包括了"我的信是书面的"之论证即 $\{(13,$
$16)\}$，且包含了相对于"￢我的信是书面的"之论证即 $\{(14,$
$15，16)\}$，因为（15）和（16）蕴涵着"￢有关当局必须接受我
的信"，借助逆分离推论和（14），它就蕴涵着"￢我的信是书面
的"。可是，沿着第6章例 6.3.3 之分析路径，一个更自然观点似
乎是，诸如相对于"￢我的信是书面的"之类的论证会导致其他两
个规范之间的冲突，而处理不一致性的想法是当冲突出现时要解决
它们，于是，允许论证建立在这类冲突不会出现的思想之上就有些
奇怪。通过有效对换规则使这种论证可能的系统不会承认正是（9）
与（10）以及（14）与（15）要对冲突负责。

　　原来能够得出与第 6.3.3 节中那样相同的结论：所有易受击败
的规则（不管是借助例外规则还是借助层级较高规则）都是单向
的；它们并不满足逆分离推论以及其他假言易位推论。如果把这个
观察与构建论证的按部就班本质之观察结合起来，那么我们有一般
性的理由把（11）和（13）视为与冲突不相关，因为这些规则都

是单向的，根本无法构建出针对"鲍勃不文明"或者针对"我的信是书面的"之论证。

顺便说一下，要注意这种分析抓住了第7.1节中所区别的两类不一致信息推理：我们能够说，比较论证现象包含了一种作为边界个案的情形，其中不存在反论证。此外，这些情况的组合分析竟然非常有用，因为通过说它们导致没有反论证之结论，就能帮我们解释（11）和（13）为什么与冲突无关。

应当强调，上述问题恰恰不能通过用某些非单调形式体系替代标准逻辑来解决。如果把沙托尔子理论规则比较之缺省逻辑版用来与瑞特缺省逻辑中的正规缺省扩充相比较，那么弄清其结果是什么非常有益。在定义这个版时，能够充分利用每个缺省理论扩充都有一个"生成缺省"集（参见 Reiter，1980，Th. 2.5）。从非形式上看，这些缺省是对扩充内容负责的缺省：每个扩充公式都被事实和一个或一个以上生成缺省之后承所蕴涵。能够把生成缺省集认为与标准逻辑的不一致集之极大一致子集相似。由于暴露定义 7.2.1 能够简单应用于缺省集合，故定义 7.2.5 能够用下列方式来适应缺省逻辑。

定义 7.3.1 （沙托尔子理论规则比较的缺省逻辑版）令 $(\mathcal{F}, \Delta)$ 代表缺省理论，D_1 和 D_2 代表 $(\mathcal{F}, \Delta)$ 的扩充 E_1 和 E_2 之生成缺省集。于是，E_1 至少与 E_2 一样好（$E_1 \geq E_2$），当且仅当，对于每个使得 $E(\mathcal{F}, D_{2'})$ 与 E_1 不一致的集合 $D_{2'} \subseteq D_2$ 来讲，存在一个集合 $D_{1'} \subseteq D_1$，使得

- $E(\mathcal{F}, D_{1'})$ 与 $E(\mathcal{F}, D_{2'})$ 不一致；且
- $D_{1'} \nprec D_{2'}$

现在如果我们把例 7.2.6 读成一个带 $\mathcal{F} = \{(12)\}$ 以及 $\Delta = \{(9 \sim 11)\}$ 的缺省理论，那么，其本质观察就是，虽然不存在带包含"鲍勃不文明"的扩充 $D \subseteq \Delta$，但（11）的较低状态仍然阻止了优先选择包含"鲍勃不文明"的 $(\mathcal{F}, \{(9, 11)\})$ 之扩充。在帕肯

的论文（Prakken，1993）中已表明，同样问题也出现在布鲁卡将其子理论方法应用于缺省逻辑（Brewka，1991a）中，并且同样的批评也适用于科诺里齐的分层自认知逻辑（Konolige，1988b）。事实上，论证方法与其他方法之间的主要区别能够总结如下：论证方法的一个基本假定是，如果一个公式所依赖的论证能够被击败，那就只能拒绝这个公式，而其他方法背后的思想并不排除。即使一个公式被没有可能攻击的一致子集所蕴涵，这个公式也能被排除。

　　在提出本章对这些问题的解决方案之前，应当讨论一下给这些遭受批评之方法进行辩护的最终论证。或许可以认为，在例 7.2.6 和例 7.2.7 中，用标准逻辑推演出想要的结论之后要定义信念修正完全可能，诸如

$$f(\{(9 \sim 12)\}) = \{(9,11,12)\} \cap \{(10,11,12)\}$$

以及

$$f(\{13 \sim 16\}) = \{(13,14,16)\}$$

可是，虽然技术上毫无疑问这是可能的，但在我看来它并没澄清实质上发生了什么。要澄清的事情是信念修正函数：首先，要用一般术语而不只是几个句法情形来陈述它；其次，只使用形式概念。本节的结论一直是：对于一般函数而言，像"比较论证"之类的概念以及中间结论与最终结论之区别是不可缺少的，并且非形式概念只能借助使用单向条件句来避免。

　　为了总结一下本节的结论，我们首先看到了把非单调推理建模为容不一致性推理的方法无法辩护其不必放弃经典逻辑之主张；其次，我们得出这样的结论，容不一致性推理理论应当考虑论证的按部就班本质。由于在第 6 章普尔方法讨论已得出了类似结论，一个自然解决方案本身提出要使用第 6 章给出的论辩系统，但其中使用了不管其来源的、考虑到两条规则间之任意分层关系之比较来取代了特别性规则比较。

7.4 分层击败

为了使我们的论辩系统与不一致但有序信息推理相适应，只需要做一小点修改。首先，必须提炼系统的输入；另外，除了缺省理论之外，现在可废止规则排序也假定为给定的。

定义 7.4.1 有序缺省是一个对 $(\mathcal{F}_n \cup \mathcal{F}_c \cup \Delta, \leq)$，其中 $\mathcal{F}_n$、$\mathcal{F}_c$ 和 Δ 的定义如前，且 $\leq$ 是 Δ 的偏前序。

现在系统的其他定义是相对于一个有序缺省理论而言的。

现在只要用考虑了规则排序的规则比较去替代定义 6.4.15 中的特别性规则比较就足够了；这种规则比较再次引入了论证击败关系，故系统之其余部分恰好应用了第 6 章所使用的相同方式。下面我们来看看如何做到这一点。

192 正如我在前一节中所论证的那样，除了提供选择标准之外，定义还应当提供相关性标准。事实上，已经在第 6 章冲突对的定义 6.4.10 中定义了相关性标准，因此，剩下要定义的一切就是根据它们所包含的规则排序来对冲突对进行排序。为了这个目的，可以使用"（严格）暴露"的阿尔罗诺与麦金森定义，即前面的定义 7.2.1。在当前系统中的记法是：

定义 7.4.2 对于任意两个可废止规则集 R 和 R'，$R < R'$，当且仅当，对于某个 $r \in R$ 和所有 $r' \in R'$，$r < r'$ 都成立。

这个定义背后的直观思想是，如果 $R < R'$，那么借助用 R' 中的任意规则去替代 R 中的某条规则，R 会质量更好，但反过来不可能。

最后，在反证定义中（参见定义 6.6.5），这个排序代替了特别性排序。

定义 7.4.3 （分层反证）令 A_1 和 A_2 代表两个论证，A_1 反证 A_2，当且仅当

1. $A_1 \cup A_2 \cup \mathcal{F}_n \vdash \perp$；且

2. A_2 可废止；且

（a）A_1 是严格的；或者

（b）对于 (A_1, A_2) 的某个冲突对 (C_1, C_2)，$C_2 \not\succ C_1$ 成立。

采用这个新反证概念，定义 6.4.17 又能产生一个论证击败关系，这可直接应用于第 6.5 节的论辩证明论规则。由于这个证明论独立于击败关系的任意根基，因此它的所有性质仍然成立。

　　下面展示的是新定义如何处理关键例子。

d_1：x 不文明 $\Rightarrow$ x 可以被赶出图书馆

d_2：x 是教授 $\Rightarrow$ ¬ x 可以被赶出图书馆

d_3：x 打鼾 $\Rightarrow$ x 不文明

f_1：鲍勃是个教授 $\wedge$ 鲍勃打鼾

$d_1 \approx d_2$，$d_3 < d_1$

$A_1 = [f_1, d_1, d_3]$ 是一个相对于"可以把鲍勃赶出图书馆"的论证，而 $A_2 = [f_1, d_2]$ 是一个对于其对立面的论证。与冲突相关的集合是 $\{d_1\}$ 和 $\{d_2\}$。既然这些集合中仅仅有些元素处于同一层级，那么 A_1 和 A_2 都得不到证成，两个都仅仅是可防御论证。要注意，正如所期望，通过选择标准，d_3 不予考虑。

d_4：x 是传真件 $\Rightarrow$ x 是书面的　　　　　　　　193

d_5：x 是请求 $\wedge$ x 是书面的 $\Rightarrow$ 有关当局必须接受 x

d_6：x 是囚犯的请求 $\Rightarrow$ ¬有关当局必须接受 x

f_2：我的信是传真件 $\wedge$ 我的信是囚犯的请求 $\wedge$ $\forall x. x$ 是囚犯的请求 $\rightarrow$ x 是请求

$d_5 > d_6$，$d_4 \approx d_6$

对于"有关当局必须接受我的信"之论证 $A_3 = [f_2, d_4, d_5]$ 击败了对于相反结论之论证 $A_2 = [f_2, d_6]$，因为 $d_5 > d_6$；此外，A_3 对于"我的信是书面的"之唯一子论证 $[f_2, d_4]$ 平凡地被证成，因为它没有任何反论证。总之，A_3 是个已证成论证。

这两个形式化之一个良好属性是避免了其他许多优先方法中的一个问题，即需要表达两条规则之间的优先性，而这两条规则直观上却互不相干。如前面我们已经看到，在其他方法中 d_3 必须与 d_1 和 d_2 处于同高位阶，且 d_4 必须高于 d_6。很明显，这严重使得知识工程师的工作复杂化了，因为他们在能够指派优先性之前的确不得不事先解决每个可能的问题（参见 Poole，1991，p. 289）；此外，当这样做时，他或她不能依赖指派优先性的法律标准，因为正如这两个例子所展示，为了获得正确结果，常常必须改变法律排序。在当前系统中，这些问题并没出现；甚至根本没有必要定义在冲突论证中的"之前"规范或"之后"规范。当然，对于知识工程来讲，这已好多了。

7.5 该系统的一般特征

在本质上，前两章提出的是一个比较冲突论证的系统，即一个可废止论辩系统。这已经产生了逻辑后承的非单调概念，即作为一个有序缺省理论之已证成结论概念。下面我将用 $\Gamma \vdash^a \varphi$ 来表示这个概念，其意思是"Γ 论证性地蕴涵 φ"。在本节中我将讨论这个系统的某些一般特征和后承概念。

7.5.1 后承概念之性质

正如第 4.2.2 节中所讨论的那样，已经论证了非单调后承概念至少应当满足某些其他性质。首先，在第 4.2.2 节中，我论证了任何后承概念至少应当满足合取原则，即相对于论证性后承来讲，它看起来如

$$\text{如果 } \Gamma \vdash^a \varphi \text{ 且 } \Gamma \vdash^a \psi，\text{那么 } \Gamma \vdash^a (\varphi \wedge \psi)$$

这个性质是从已证成公式集之演绎封闭性推导出来的。正如前面第

194

6.5.2 节所评论，沿着帕肯进路（Prakken，1993），就能证成这一点。

另一个常常被视为本质属性的是累积性。相对我们论辩系统而言，这个性质具有下列形式。$\vdash^a$ 是累积的，当且仅当，对任意缺省理论（$\mathcal{F} \cup \Delta$，$\leq$）

如果（$\mathcal{F} \cup \Delta$，$\leq$）$\vdash^a \varphi$ 且（$\mathcal{F} \cup \Delta$，$\leq$）$\vdash^a \psi$，那么（$((\mathcal{F} \cup \psi) \cup \Delta$，$\leq$）$\vdash^a \varphi$

用语言来表达就是：如果把一个可推演公式添加到事实上，那么其他一切都东西都继续可推导。

目前该系统并不具有这个性质，这正如下列反例所展示那样。

$d_1: \Rightarrow p$　　$d_2: p \Rightarrow q$　　$d_3: q \Rightarrow r$

$d_4: r \Rightarrow \neg p$

$f_1: p$

根据这个缺省理论，p、q 和 r 都是已证成结论。这是因为支持这些结论的论证之唯一反论证是 $[f_1, d_1, d_2, d_3, d_4]$，但这个论证不融贯，因此，它被空论证推翻了。

可是，如果把已证成结论 r 添加到事实上，如

$$f_2: r$$

那么，在新缺省理论中，p、q 和 r 都不再被证成。其理由是：存在一个 q 的不同论证，即 $[f_2, d_4]$，且这个论证并非不融贯，因此它能击败论证 $[f_1, d_1, d_2, d_3]$。

缺乏累积性是当前这个系统的缺点吗？我认为不是。追随弗雷斯维克（Vreeswijk，1993a，pp. 82~86）的思想，我认为这类例子显然展示了为什么一般来讲累积性不是非单调后承概念的一个期望性质。上述表明的是，当评价论证时考虑结论推演史很重要：与初始缺省理论一起，把结论 r 建立在中间结论 q 之上，因此，$\neg p$ 的后续论证不融贯；可是，在扩充缺省理论中，r 不再取决于 p，这

195 使得 ¬p 的新论证融贯了。换句话说，在第二个缺省理论中，¬p 的论证并没有与第一个缺省理论一样使用"相同的" r。[1]

7.5.2 怀疑推理与轻信推理

接下来要讨论这个系统如何处理怀疑推理和轻信推理（参见第 4 章）。记得怀疑后承是那些不能根据给定信息进行挑战的结论，但轻信后承就是那些在至少有一个这条信息所承认的可能事态中成立的结论。很显然，怀疑推理是通过已证成论证概念来把握的，且轻信推理则是通过可防御论证概念来把握的。当两个论证同处在无法解决的冲突中时，两个中任何一个都得不到证成，但它们仍然能够作为一种可选择的辩护而进一步继续下去。

系统把握怀疑推理和轻信推理的能力与特殊的怀疑推理"温和观"紧密相关，在文献中这并非由所有方法共享。一个更极端的可替怀疑推理观能够在霍蒂等人的处理例外之继承网络系统中（Horty *et al.*，1990）以及在纽特的工作中（Nute，1992）找到。其考虑是：如果面对不可解决之冲突，怀疑者可以拒绝进一步继续涉及冲突的任何论证。换句话说，极端怀疑论推理者不仅在论证被推翻时会"切断"论证，而且在论证仅可防御时也会这样做。

例 7.5.1 我们的下面这个辛普森例子变体将展示这种怀疑。

d_1：$\Rightarrow f$ 伪造证据 e

d_2：f 伪造证据 $e \Rightarrow \neg e$ 是可采证据

d_3：$\Rightarrow \neg f$ 伪造证据 e

d_4：$\sim \neg e$ 是可采证据 $\Rightarrow e$ 证明辛普森有罪

假定 $\leq$ 只包括 $\approx$ 关系。这里将展示当前系统中 "e 证明辛普森有罪"的证明有多么失败。

---

〔1〕 事实上，这个观察是布鲁卡缺省逻辑累积版的基础（Brewka，1991b），这在第 4.2.2 节中已经提及：他用其推演历史来"标注"了每个被推演出的公式；然后，上述反例平凡地失败，因为将可废止结论改成了一个平凡地使其句法不同的事实。

P_1：$[d_4$：$\sim\neg e$ 是可采证据$\Rightarrow e$ 证明辛普森有罪$]$

O_1：$[d_1$：$\Rightarrow f$ 伪造证据 e，

　　　　d_2：f 伪造证据 $e\Rightarrow\neg e$ 是可采证据$]$

现在，P 已耗尽所有行动，因为 $[d_3]$ 仅仅是非严格击败 O_1。

麦金森和施勒希特（Makinson & Schlechta，1991）把像 $[d_1$，196
$d_2]$ 之类论证称为"僵尸路径"：虽然这个论证因未被证成而没完
全激活，但也并非完全是死的，因为仍然能够阻止其他论证被证
成。麦金森和施勒希特认为，恰当的继承理论或论证理论应当允许
一个路径或一个论证的这种中间状态。目前这个系统是用可防御论
证形式来这样做的。可是，极端怀疑系统并没有这个中间范畴。用
我们的术语，在这个系统中 $[d_1$，$d_2]$ 不允许阻止证成 $[d_4]$，因
为它的一个子论证与另一个论证 $[d_3]$ 有不可解冲突；于是，极端
怀疑论者会拒绝继续进一步论证。因此，即使 $[d_4]$ 被一个"僵
尸"即没有被证成但也不被比任何反论证差的论证所攻击，在这个
系统中也证成了它。

假定怀疑主义的不同考虑反映了一种"直觉冲突"，我仍然认为
目前这个系统的温和考虑已通过其根本思想得以证成。记得我说过，
只有在给定前提及其排序方式情况下根本无法怀疑论证时（当然除
非添加了新前提），该系统才把论证视为已证成的。目前，在我们的
例子中，对论证 $[d_4]$ 提出了怀疑，因为它有一个反论证，且这个
反论证不比攻击它的任何论证弱。我认为，如果在实践中产生这种情
况，那么法官在裁定支持 P 之前会不得不判定是否 $d_1 < d_2$。

7.5.3 浮动结论

下列例子提出了讨论之另一个关键点。

例 7.5.2 假定 $\mathcal{F} = \leq = \varnothing$ 且 $\Delta = \{d_1 - d_4\}$，其中

d_1：$\Rightarrow p$　　　　d_2：$p \Rightarrow q$

d_3：$\Rightarrow \neg p$　　　d_4：$\neg p \Rightarrow q$

既然在 d_1 和 d_3 之间没有优先关系成立，那么本例中所有论证都是可防御的；也不管用何种方式解决在 d_1 和 d_3 间之冲突，都会证成 q。或许可以论证，即使 q 没有已证成论证支持，它也应当作为已证成结论出现。如参考麦金森和施勒希特（Makinson & Schlechta，1991）的论文，他们把这种结论称为"浮动结论"。

目前这个系统并没有使得把握该直观不可能，但我们必须引入"论证扩充"概念，即在某种意义上，它是具有特定性质的极大论证集。其基本思想是融贯地扩充所有已证成论证之唯一集合，其中，所有已证成论证包含了尽可能多的可防御论证。所产生的论证扩充表达了前提承认的一个可能观点。在所有这些扩充中，作为某个论证之结论的任何公式，即使在所有扩充中它不是由同一个论证所支持，也就是说，即使它不是一个已证成论证的结论，也都能够把它看作已证成结论。

197

在文献中能够找到定义这种扩充的种种方法，但在细微方面有所不同，这可请参考如董番明（Dung，1995）以及邦达伦科等人（Bondarenko et al.，1997）的论文，我后面在第 8.2.1 节中将予以讨论。可是，对于目前这个系统来讲，它们的区别无关紧要，仅仅提出该定义就足够了，这个基本思想也适用于其他选择。下面这个定义取自帕肯和沙托尔的论文（Prakken & Sartor，1997a）。

定义 7.5.3 可防御论证是指任意包含所有已证成论证的、免于冲突（涉及集包含）的极大论证集。

很明显，任意缺省理论都至少有一个可防御扩充，于是可以把已证成结论概念重新定义如下。

定义 7.5.4 公式 φ 是已证成结论，当且仅当，所有可防御扩充都有一个以 φ 作为结论的论证。

针对这个概念，如果能找到相应对话规则会非常有趣，但在此不得不把这留到将来研究。

如果再看看例 7.5.2，我们会发现它有下列可防御扩充。我已将对于有效公式的（已证成的）论证留着不管，对于独立论证之组合也同样如此。

$$E_1: \{ [d_1], [d_1, d_2] \}$$
$$E_2: \{ [d_3], [d_3, d_4] \}$$

现在，在两个扩充中都有一个 q 的论证，因此，q 是已证成结论。那与在两个扩充中 q 为不同论证之结论无关。

哪个已证成结论概念最佳呢？是定义 6.5.9 还是刚刚给出的这个？在我看来，这是个错误问题；这不是同一概念的可替定义问题，而是这些定义稍稍把握了不同论证后承概念之本质，反映了借助大量信息能够支持结论的不同方式。说存在由已证成论证支持的已证成结论以及存在没有被已证成论证支持的其他已证成结论，这似乎都很有意义。我们是否应当对一类或另一类结论感兴趣，或者它们之区别是否无关紧要，或许这取决于这个系统应用之本质。

7.5.4 论证权责

一个熟悉的实践推理现象是，那些单个没有足够砝码支持特定结论的理由常常组合起来后分量的确够了。如或许单个理由"今天很热"和"天要下雨了"对不要去跑步均不足够充分，但组合起来它们就足够充分了。在论辩系统中如何才能形式化这种现象呢？（可以用一种形式，我的意思是说，把形式论辩系统与形式化方法组合起来就可以了。）

已经论证过比较单个论证的系统无法用自然方式建模这种现象（Hage，1996；Verheij，1996）；相反，一个系统应当比较一下论证组合。有人已经说过，理由组合不是推论的事情，而是用公式表达前提的事情，因为一般说来不能假定针对同一结论的不同理由相互独立（Pollock，1995；Prakken & Sartor，1996b）。

让我们暂且用"理由"作为"规则"与"论证"间的模棱两

可情形，且任何形式的权衡理由应当满足什么基本条件。我看到这样的条件有四个：首先，形式化（明显）应当正确处理理由权责的典型情况，其中单个不充分理由之组合是充分的，这正如在前面提及的跑步例子中那样。可是，形式化也应当承认有时两个正理由之组合本身并不是一个正理由。为了修改一下跑步例子，针对特定人来讲，"今天下雨"和"今天很热"的个别情况能够是不去跑步的理由，但它们的组合是如此讨人喜欢以至于相反它成了去跑步的理由。此外，即使两个正理由之组合是一个正理由，其组合或许比单个理由还要弱。在我们的例子中，即使下雨和天热组合起来仍是不去跑步的理由，或许它是一个比仅仅下雨或仅仅天热还要弱的理由。因此，即使"如果今天下雨，我就不去跑步"和"如果今天很热，我就不去跑步"，就单个而言其权重都胜过"如果是星期天，我就不去跑步"，但它们之组合"如果今天下雨且今天很热，我就不去跑步"或许没胜过它。概括地说，结论有更多的理由并不总是能产生一个更强理由的情形。最后，形式分析应当把握有时理由是不能组合的情形。如果主教练告诉运动员应当去跑步，不管它是不是星期天，那么其他教练说什么都无关紧要；由教练分层成员发出的各种禁止和许可组合起来都不好权衡。

如何用充分尊重这些观察的方式来形式化理由权责呢？总的思想是通过第二个观察和最后一个观察给出，其中，第二个观察是说有时两个正理由之组合反而是一个反理由，最后一个观察是说有时理由能组合但有时却不能。这些观察表明，组合理由不是逻辑的事情，而是用公式表示前提的事情。关于同一个后承，当前提包含不只一条规则时，应当判定是否也应当添加除组合其前件并拥有相同结论的第三条规则之外到前提上。

这个解决方案似乎合情合理，其形式化需要巧妙。为了明白这一点，让我们首先给出这个思想的一个直接形式化。假定我们有规则

d_1：今天下雨 $\Rightarrow$ ¬我去跑步

d_2：今天很热 $\Rightarrow$ ¬我去跑步

其基本思想是：

$d_{1/2}$：今天下雨 $\bigwedge$ 今天很热 $\Rightarrow$ ¬我去跑步

是否也应当在前提中，这是内容裁定。此外，一般来讲，组合规则的强度并不取决于 d_1 和 d_2 的强度。因此，如果前提也包含了

d_3：今天是星期天 $\Rightarrow$ 我去跑步

那么，即使 $d_1 > d_3$ 且 $d_2 > d_3$，$d_{1/2} < d_3$ 也仍然可以。因此，不仅对规则进行组合，而且把优先性指派给组合规则，均是裁定之事。在每个案件中都会进行这项工作。

可在再三考虑之后，这个方案似乎不完全充分。假定优先性使得组合起来的规则比其要素规则要弱：$d_1 > d_3$、$d_2 > d_3$ 且 $d_{1/2} < d_3$，这就需要引入下列击败关系。

$[d_1]$ 严格击败 $[d_3]$

$[d_2]$ 严格击败 $[d_3]$

$[d_3]$ 严格击败 $[d_{1/2}]$

正如前面所评论，这个直观结果是，$[d_3]$ 被证成，而另一个论证被推翻。可是，虽然 $[d_3]$ 严格击败 $[d_{1/2}]$，但它仍然依次被 $[d_1]$ 和 $[d_2]$ 严格击败，而 $[d_1]$ 和 $[d_2]$ 本身未被任何论证击败。正如很容易检测一样，这使得 $[d_3]$ 被推翻且另一个论证被证成。然而，直观结果是我要去跑步，因此，我的第一个方案有缺陷。

还有一种方法可以修补它，即通过用哈赫所描述的方式（Hage，1997，p. 204）来改变该例子的表达。可以说，如果我们有个星期天很热且下雨，那么就会中止运用有关热和雨的单个理由：在证成 $d_{1/2}$ 的前件时，$[d_1]$ 和 $[d_2]$ 就再也不能用于建构论证了。

这种直观能够借助使用可应用子句来形式化（参见第 6. 6. 2　200

节）。首先，给出每条规则一个额外条件，以表示这条规则假定可应用。

d_1：今天下雨 $\wedge \sim \neg$ 可应用（d_1）$\Rightarrow \neg$ 我去跑步

d_2：今天很热 $\wedge \sim \neg$ 可应用（d_2）$\Rightarrow \neg$ 我去跑步

$d_{1/2}$：今天下雨 $\wedge$ 今天很热 $\wedge \sim \neg$ 可应用（$d_{1/2}$）$\Rightarrow \neg$ 我去跑步

d_3：今天是星期天 $\wedge \sim \neg$ 可应用（d_3）$\Rightarrow$ 我去跑步

接下来，要添加可应用规则，使得如果［d_3］的前件成立，就不可应用［d_1］和［d_2］。

d_4：今天下雨 $\wedge$ 今天很热 $\wedge \sim \neg$ 可应用（$d_{1/2}$）$\Rightarrow \neg$ 可应用（d_1）

d_5：今天下雨 $\wedge$ 今天很热 $\wedge \sim \neg$ 可应用（$d_{1/2}$）$\Rightarrow \neg$ 可应用（d_2）

那么，对于很热又下雨的星期天，只有 $d_{1/2}$ 和 d_3 可应用，且既然 $d_{1/2} < d_3$，那么结果就是我去跑步。要注意，这种方法并不正好是胡乱地补前提，而是建立在如下一般思想之上的：在应用对于特定后承的更特别规则时，同样后承的更一般规则就变得不相关。

如果我们检查这种方法如何处理其他三个观察，我们看到它们均受到重视。让我们假定今天是一个很热又下雨的星期天。首先，在 $d_1 > d_3$ 且 $d_2 > d_3$ 但 $d_3 < d_{1/2}$ 的典型情况下，我们再次有只有 $d_{1/2}$ 和 d_3 可应用，且既然 $d_3 < d_{1/2}$，那么结果就是我不去跑步。其次，如果天热和下雨的组合被认为是去跑步的理由而不是不去跑步的理由，那么前提不会包括 $d_{1/2}$，但代替包括了一条规则

d_4：今天下雨 $\wedge$ 今天很热 $\wedge \sim \neg$ 可应用（d_4）$\Rightarrow$ 我去跑步

并伴随优先关系 $d_1 < d_4$，$d_2 < d_4$。于是，结果是我去跑步，而不管 d_3 是否具有比 d_1 和 d_2 较高或较低的优先性。最后，理由无法组合的情形是很容易形式化的，只要借助不把 $d_{1/2}$ 添加到前提上即可。

还有人感觉到，这个方案并不令人满意，因为理由权责思想直观上很自然（请参见如 Verheij，1996，pp. 161～162）。因此，他们感觉到理由应当通过"缺省"来组合，即除非明确说明它们不能组

合。研究如何能把当前这个系统的定义改变成这个效果，然后对这两种方法比较，这会非常有趣。可是，这项工作不得不留待将来研究。

7.6 结 语

受法律推理形式分析的启发，本章研究了不一致但有序信息的非平凡推理。有两个重要结论已经形成，两个结论都揭示了这种推理形式更加复杂，在人工智能研究中这是普遍承认的。第一个结论是：应当以某种方式把不一致信息推理建模成不相容论证的建构与比较，而且这种方式要反映论证的按部就班之本质。但这还不够，因为第二个结论是，如果不放弃把标准逻辑作为知识表示语言，那么论辩系统仍然需要面对严重问题：所需要的是，能够把可废止规则表达成单向规则。因此，通过改变使用逻辑方式而不是改变逻辑来形式化非单调推理方法，远不如常常声称的那样有魅力。事实上，前一章提出的论辩系统在应用于排序推理时都重视这两个结论。系统的某些逻辑问题已经进行了评估，并且总体评价已经是肯定的。

我现在要转向一个非常重要的问题，即组合优先关系的来源。这个问题需要单独用一章来讨论。

201

第 8 章 优先关系推理

8.1 引 言

鉴于在第 6 章中只能就特别性进行比较，在第 7 章中假如能够就用规则对标准进行排序，那就允许任何标准。可除了特别性之外，关于优先性的可能来源几乎还什么都没说。在人工智能中有一段时间的希望是，这些优先性来源具有领域独立的一般本质，且常常希望是隐性的。因此，通常不把能否找到这些优先性问题认为是常识推理的事情。如果这个问题最终被提出来，那么通常把它认为是个元逻辑问题。特别是，许多研究已经集中到特别性原则之形式化。正如我们所看到，它能够用纯逻辑术语来表达。可是，简单看看逻辑领域就足以明白，要我能找到有用的、领域独立的优先选择来源不现实。在法律中，冲突规则本身常常是域理论的构成部分，请参见佩策尼克（Peczenik，1990）在瑞典法背景中的详细概述，而且在常识推理的其他诸多领域如行政系统中也如此。甚至这对于特别性也成立。虽然检测哪个论证更特别可以是逻辑的事情，但决定优先选择最特别论证却是由一个法律决定。此外，冲突规则不是随领域变化而变化，使用正如"日常"领域信息能够使用的同样方式，它们也能是不完全的和不一致的。换句话说，优先推理是非单调推理。这些观察意味着，在一种打算用来形式化这种推理的逻辑中，一个前提集之后承不仅取决于优先性，而且它们也决定了优先性。在当前大多数非单调逻辑中，这些观察都被忽略了，但在第 9

章我们能看到某些例外。

　　在本章中，将提出这些问题。我将用如下方式对论辩系统进行扩充：能够在前提中表达优先性信息，并且能够把这些需要解决冲突的优先性推演为这些前提之结论，其中使用了正如其他任何结论一样之方式。这意味着提出论证是为了支持或反对优先性结论。如有必要，能够在其他优先性帮助下比较这些优先性结论，反过来它们又能用相同方式从前提推导出来。

204

　　本章我从一个法律冲突规则概要开始，这些规则会产生其形式化的某些条件。然后，我要扩充当前系统的定义，其扩充方式是，在系统中表达和推演优先性信息，然后我勾勒和阐明表示法律冲突规则之方法。

8.2　法律问题

8.2.1　法律冲突规则

　　法律体系通过提供一般冲突规则已经预见了两条规范间的冲突。我们已经碰到实际上存在于所有法律体系中的三条原则：上位法优先原则，这是基于法律体系的一般分层结论的（如宪法优于一般法）；后法优先原则，它给予后来法规优于之前法规的结论；特别法优先原则，这是特别性原则。此外，法律规章常常包括几条特殊冲突原则。例如，《荷兰刑法典》包括一个条款即《荷兰刑法典》第 1 条第（2）款，它规定：如果在刑事审判期间法律发生改变，那么应当运用最有利于犯罪嫌疑人的规范。很明显，这条冲突规则是打算被用来优先于一般后法优先原则的。另一个例子是第 3 章之例 3.1.6，其中《荷兰民法典》第 1624 条规定：如果一个合同既具有商务住宿租赁特征又具有另一个合同的特征，并且涉及另一个合同类型的规范与涉及商务住宿合同的规范相抵触，那么后者优先。我们看到《荷兰民法典》第 1637c 条是关于劳动合同的类似规定。

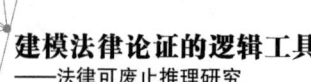

可是，法律冲突规则并不局限于这三条一般原则和特殊法律冲突规则。当不同解释方法指向对立结论时，这类规则常常在法律解释情况下被陈述或被攻击。如律师能够论证一个社会所希望的解释（或者论证一个尊重立法者意图的解释）是否应当优先于一个文献解释，这可参见麦考密克和萨默斯（MacCormick & Summers, 1991）关于解释的冲突规则之详细讨论。此外，正如在前面第 3.3.3 节中已经讨论的那样，法律裁决经常涉及支持和反对一个结论之理由权衡；如果一个裁决或论证使得特定结论根基显现出来，那么事实上它陈述了一个冲突规则。这里有一个取自沙托尔论文（Sartor, 1994）的意大利的例子，其中冲突理由建立在法律原则之上：根据保护隐私原则，禁止传播隐私信息；而根据传播自由原则，允许传播每条具有公共意义的信息。但在公众人物私生活信息情况下，这些原则相冲突。现在，借助如下冲突规则就能解决该冲突：如果有关人物是政治家，并且这些私人信息会影响其政治运行方向，那么传播规则应当优先。

重要的是，要注意从逻辑观点来看法律冲突规则像其他任何法律规则一样准确运行。首先，冲突规则使得它们的后承（那是一种优先性断定）取决于特定条件之满足。比如，只有已经回答了其他法律问题，前面取自《荷兰民法典》和《荷兰刑法典》的冲突规则才可应用：对于应用第 1637c 条来讲，必须知道某东西是合同，且特定合同是劳动合同；相对于《荷兰刑法典》第 1 条第 (2) 款来讲，必须确认哪条规则最有利于犯罪嫌疑人，所有这些事情都是真实的法律问题，是关于存在哪些进一步法律信息的问题，是关于推导出哪些信息的问题。此外，像其他任何法律规则一样，法律冲突规则也可废止。正如像佩策尼克（Peczenik, 1990, pp. 187 ~ 188）等人所认为的那样，它们只有作为一般规则才成立；在特殊情况下，其他考量或许占优势。最后，法律冲突规则能够相互冲突：如设想两个冲突法条，后者涉及任意合同类型，且前者涉及劳

205

动合同，那么《荷兰民法典》第 1637c 条和后法优先原则不会同意哪条规则优先；或者试着设想一下，一条刑法典规则在审判期间改变了，而且先前规则更有利于犯罪嫌疑人，那么，后法优先原则与《荷兰刑法典》第 1 条第（2）款冲突。对于这种冲突，其他任何冲突规则都能使用，如在荷兰法律中后一种冲突用特别法优先原则来解决。

8.2.2　形式分析的条件

没有元层级的分层

我现在要讨论形式分析必须尊重的用法律冲突规则进行推理或者法律冲突规则推理的某些方面。首先，我们不能假定冲突规则的独立分层之层级。如三条优先原则不仅适用于两条"一般"法条间冲突，而且适用于它们自身所涉及的冲突。例如，在荷兰法律中，刚刚提及的在后法优先原则与《荷兰刑法典》第 1 条第（2）款间的冲突。正如刚刚所谈到，这是用特别法优先原则来解决的。下面我们甚至将碰到后法优先原则应用于自身的例子。

组合法律冲突规则

206

形式分析也必须尊重律师组合几个冲突规则的方式。这种方式或许最好通过例子来解释。请思考三条优先原则，并为了解释目的而假定上位法优先（H）最重要，且反过来时间性原则（T）优于特别性原则（S）（在几个法律体系中，T 和 S 的关系事实上是辩论的主题）。让我们看看，如果两条规则 r_1 和 r_2 发生冲突，那么在法律推理中会发生什么？如果 H 选择 r_1 优于 r_2，且 T 选择 r_2 优于 r_1，事情就很容易，因为 H 推翻了 T，选择 r_1 优于 r_2。现在，假如 r_1 和 r_2 在层级上相等，比如说，它们两个都属法规会怎么样呢？于是，H 把决定权交给了 T，从而导致选择 r_2 优于 r_1。可是，如果 r_1 和 r_2 层级上不平等，当其分层关系不确定时，即当它们来自两个没有明确分层关系存在的不同类型来源时，事情就不一样了。如在荷兰法

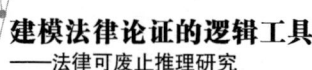

中这是国家委员会的管理规定与地方水利委员会的管理规定之间的情形（地方当局负责地表水管理）。在这种情况下，法律共识是冲突不能通过诉诸 T 来解决，但管理规定"总的说来"不相容。

法律冲突规则的范围

法律冲突规则的另一个必须重视的特征是它们常常有范围限制。例如，三条优先原则似乎只适用于两条法律规范相冲突：在法律上，说一个新判例法因后法优先原则而击败了已经存在的成文规范，或者说试图做出成文规范之例外的判例法裁决因为特别法优先原则而成功做到了，这似乎有些奇怪；这个裁决是否推翻成文规范完全取决于它们是否被法律共同体接受那样做。同样理由，在层级上不能说判例法总是低于法律规范。总之，法律冲突规则的任何形式化都必须要能表达其范围。

8.3 扩充定义

在本节中，前两章所给出的论辩系统将被改编以适应规则优先性推理。这涉及两个变化：系统语言需要能够表达优先信息，以至于在论证上能够用与其他任何结论一样的方式推演出优先性结论；所推演出的优先性结论需要可用于解决两个论证（包括优先参量）之间的冲突。由于只考虑两条单独规则间的优先性关系，所以必须把定义 6.4.15 的特别性比较即不是根据规则而是根据规则集进行排序划归为根据规则排序。下面我要返回这一点。

本章并没有像第 7 章那样考虑偏前序，而考虑的是严格偏序，即排序 < 是传递的（如果 $x<y$ 且 $y<z$ 那么 $x<z$）且是反对称的（如果 $x<y$ 那么 $y\not<z$）。这是因为形式严格偏序使得事情更加简单，而在实践应用中与偏前序的差别无关紧要，这将在下面进行解释。

扩充语言

为了能够表达优先信息，需要用两个特征来扩充我们系统的对象语言。首先，它必须包括一个著名的二元谓词符号 $<$，它表示排序关系 $<$。此外，既然这个排序是一个（可废止）前提之排序，那么这个语言必须包括该语言之所有可废止规则的名称。用第 5.2.2 节中解释的第三种命名约定来添加这些名称：每条带非形式名称 name 以及包括自由变元 x_1，$\cdots\cdots x_n$ 的可废止规则图式都用一个函数表达式 name（x_1，$x\cdots\cdots x_n$）来表示；并且根据例示这个图式可获得的任意带词项 t_1，$\cdots\cdots t_n$ 的规则都用 name（t_1，$\cdots\cdots t_n$）来表示。进一步假定，每条可废止规则都恰好有一个名称，但允许不同规则有相同名称，在第 5.2.2 节中已证明这有用。最后，与第 8.2.2 节一致，我不把逻辑语言区分为单个对象语言和元语言。

关于这些改变，现在我们系统的逻辑语言中能够表达冲突规则，这意味着优先性现在在被作为论证结论，能够用与其他任何结论相同的方式推演出来。这使得有序缺省理论的显性排序构成要素成了多余，因此，从现在开始，有序缺省理论正好是 $\mathcal{F}_n \cup \mathcal{F}_c \cup \Delta$。

接下来，所推演出的排序必须是所期望的类型即严格偏序。通过添加严格偏序的定义公理（传递性和反对称性）到必然事实上就能确保这一点。因此，本章其余部分假定：关于每个缺省理论，集合 $\mathcal{F}_n$ 只包括了下列包含了谓词 $<$ 的公式：

　传递性：$\forall x, y, z. x<y \wedge y<z \rightarrow x<z$

　反对称性：$\forall x, y. x<y \rightarrow \neg y<x$

为了简便起见，需要假定对表达优先性的句法形式进行某些约束。$\mathcal{F}_c$ 可以不包括任何优先性表达式，而在缺省规则中优先性表达式可以只在后面出现，并且只以文字合取式形式出现（记住文字是原子公式或否定原子公式）。例如，这排除了析取优先性表达式。这些句法约束的理由是，它们产生了较简单的定义，并且在实践应用中似乎无害。

连接对象层与元层

要确保能够在这个系统中推演出优先性信息还不够充分。此外，所推演出的优先性需要用来解决两个论证间的冲突，它们需要设法上升到系统的元理论层级，特别是对于定义 7.4.2 来说。换句话说，在系统对象层级与元层级间必须定义形式连接：必须确保 $r < r'$ 当且仅当存在一个相对 $r < r'$ 的已证成论证［要注意：谓词符号 < 表示系统的（元层级）定义，如定义 7.4.2 所使用的排序］。

为了实现这一点，首先需要下列记法。

概念 8.3.1 对于任意有序缺省理论 Γ 而言，集合 $JustArgs_\Gamma$ 是在 Γ 基础上证成的所有论证之集合。

目前的基本思想是，有序缺省理论 Γ 的排序要素是由根据 Γ 证成的所有优先论证之集合来决定的[1]。更准确地说，$JustArgs_\Gamma$ 的所有优先论证的共同结论应当与排序 $\leq$ 相符，从而使得 $JustArgs_\Gamma$ 准确包含了那些在（Γ，<）基础上根据旧定义 6.5.5 已证成的论证。

让我们首先引入对于一个论证集所决定的排序之下列记法。

定义 8.3.2 对于任意论证集 $Args$ 来讲，

$$<_{Args} = \{r < r' \mid r < r' \text{ 是某个 } A \in Args \text{ 的结论}\}$$

此外，对于任意论证集 $Args$，在 Γ 的基础上 A（严格）$Args$－击败 B，当且仅当，根据定义 6.4.17，在（Γ，$<_{Args}$）基础上 A（严格）击败 B。偶尔会使用类比概念 $Args$－反证，且对于任意论证 A，$\{A\}$－击败将写成 A－击败。

现在，为了产生"正确"排序，应当如何改变第 6 章的对话规则呢？这里的主要问题是根据哪个优先性来决定这些步骤之击败力。要避免的是，对于判定特定行动之击败力来讲，必须产生所有可能的优先论证。最令人愉快的惊讶是，为了实现这一点，需要满足几个非常简单的条件。对于 O 来讲，其行动 $\varnothing$－击败 P 的前一行动就足够了。正如帕肯和沙托尔所表明（Prakken & Sartor, 1997a），这

---

〔1〕 要注意，这个概念是隐藏在 Γ 中的排序，故仍然必须定义。

是因为定义 6.4.17 和定义 7.4.3 蕴涵着那个行动的 $\varnothing$ – 击败。因此，O 并没有考虑优先性，正如下列（基于隐性假定缺省理论）对话所展示的那样

$$P_1 : \left[d_1 : \Rightarrow p \right]$$

现在 O 的一个可能行动是

$$O_1 : \left[d_2 : \Rightarrow q, \ d_3 : q \Rightarrow \neg p \right]$$

因为 $O_1 \varnothing$ – 击败 P_1。

另一方面，提出者应当考虑优先性。可是，只需要考虑那些由 P 之行动所陈述的优先性就足够了，不必考虑更多优先性，因为定义 6.4.17 和定义 7.4.3 也意味着如果 P 的论证 Arg_i 严格 $Args_i$ – 击败 O 的前一行动，那么不管能够以何种方式推演出其他优先性，它都会这样做。因此，P 回应 O_1 能够用

$$P_2 : \left[d_4 : \Rightarrow \neg q, \ d_5 : \Rightarrow d_2 < d_4 \right]$$

且该行动严格 P_2 – 击败 O_1。

可是，这并非提出者所能做的唯一行动类型。P 也能够论证：虽然 O 的行动击败 $\varnothing$ – 的前一行动，但在已证成论证所决定的排序下它并没有那样做，即 P 使用 P_2 "破坏" 了 O_1 的击败力：

$$P_{2'} : \left[d_5 : \Rightarrow d_3 < d_1 \right]$$

因为 O_1 并没有 $P_{2'}$ – 击败 P_1。

初看起来，对 P 的新证明责任似乎太随意了，因为 P 陈述的优先性竟然不是已证成的。可是，这本身将体现在通过 O 成功攻击 P 的优先论证之可能性。如 O 能够用 O_2 来回应 $P_{2'}$：

$$O_2 : \left[d_6 : \Rightarrow r, \ d_7 : r \Rightarrow d_1 < d_2 \right]$$

且如果 P 没有回答，那么 P_1 和 $P_{2'}$ 竟然未被证成。

现在将把这些思想整合到一个对话定义之中。除了对 P 的新行

动类型以及指称对于击败论证的"击败"之外，所有条件都与前面
定义 6.5.2 相同。

210　　　**定义 8.3.3**　　基于 Γ 的优先性对话是一个有穷行动序列 $move_i =$
$(played_i, Arg_i)$ （ $i > 0$ ），其中，

　　1. $Arg_i \in Args_\Gamma$ ；

　　2. $played_i = P$ ，当且仅当，i 是奇数；并且 $played_i = O$ ，当且仅当，
i 是偶数；或者

　　3. 如果 $played_i = played_j = P$ ，并且 $i \neq j$ ，那么 $Arg_i \neq Arg_j$ ；

　　4. 如果 $played_i = P$ ，那么

　　- Arg_i 严格 Arg_i – 击败 Arg_{i-1} ；或者

　　- Arg_{i-1} 没有严格 Arg_i – 击败 Arg_{i-2}。

　　5. 如果 $played_i = O$ ，那么 Arg_i 在 Γ 基础上 $\varnothing$ – 击败 Arg_{i-1}。

且在对话树定义中，唯一改变就是 O 的行动之击败条件是相对于空
集的。

　　定义 8.3.4　　优先性对话树是一个有穷行动序列，使得

　　1. 每个枝都是一个对话；

　　2. 如果 $played_i = P$ ，那么，$move_i$ 的分枝都是 Arg_i 的 $\varnothing$ – 击败。

另一个定义保持不变。

　　在帕肯和沙托尔的论文中（Prakken & Sartor，1997a）已表明
前面提及的定点优先性系统之形式性质相对于可废止情况也成立。
此外，根据定义 6.5.5，这也表明集合 $JustArgs_\Gamma$ 恰恰包括了那些在
（ Γ ， $<_{JustArgs_\Gamma}$ ）基础上已证成论证。因此，新对话规则证成了"正
确的"优先性结论。

8.4　形式化方法

　　在本节中，我们将描述一个表达优先性规则的一般方法。这个

方法并非全是原创：它组合了一些现有技术，如前面解释的人工智能中众所周知的命名技术，以及在帕肯和沙托尔（Prakken & Sartor，1996b）的论文中讨论过的组合排序方式。这也与戈登（Gordon，1994；1995）提出的方法相似，其主要差别来源于以下事实：戈登是根据盖夫勒和珀尔（Geffner & Pearl，1992）的特别性概念（请进一步参考后面第 9 章）来编码优先性的。

这种方法的主要思想是（除了下面会讨论的一种情形之外）只给出关于排序的正面信息，因此，三条一般性原则即上位法优先原则、特别法优先原则和后法优先原则变成：

$H(x, y)$：x 低于 $y \Rightarrow x < y$

$T(x, y)$：x 早于 $\Rightarrow x < y$

$S(x, y)$：y 比 x 更特别 $\Rightarrow x < y$

然后，其他规则能够指出这些规则的前件何时成立。例如，

$d_1 [d_3(x), d_4(x)]$：$\Rightarrow d_4(x)$ 比 $d_3(x)$ 更特别

$d_2(x, y)$：x 在法律中 $\wedge y$ 在宪法中 $\Rightarrow x$ 低于 y

现在是解释这种方法如何处理特别性的时候了。其基本思想是，特别性观察如前面的 d_1 是通过外在程序把定义 6.4.15 应用到前提而提供的。可如上所述，这里存在一个问题，因为这个定义不是对规则而是对规则集进行排序。现在，虽然这个定义形式的提出，要把按规则集排序化归为按规则排序相当容易，然而我这里不去探究详细技术研究，而是简单假定这个化归是可能的。

关于第 8.2.2 节中所陈述的条件，我们已经做出评论：这种逻辑语言已把对象和元语言合并在一起。接下来要记住，在法律上它对两条规范在层级上是平等还是不可比做了区别：只有在第一种情形下其他法律冲突规则才能用于解决冲突。当前这种方法是如何反映这种区别的？表达两条规则不可比很直接，只需要明确那样说即可。在荷兰法的地方水利委员会管理规定与国家委员会管理规定的

211

情况下：

$H(x, y)$：x 是一项地方水利委员会管理规定 $\wedge$ y 是一项国家委员会管理规定

$$\Rightarrow \neg x < y \wedge \neg y < x$$

（这是表达了否定性优先性的唯一情形。）现在假定一项地方水利委员会管理规定 w 与后来的国家委员会管理规定 c 相冲突。那么，虽然根据 T，我们有 $w < c$，但根据 H，我们有矛盾的结论 $\neg w < c$；并且，由于根据 HT 我们有 $T < H$，故正如所期望的那样 T 应用被阻止。要注意到，这里我们使用的不同可废止规则图式可以有相同的名称。

可是，我们如何能表达两条规则具有同样的优先性？初看起来，这似乎不可能，因为 $<$ 是反对称的。然而，仍然有一种方式：其基本思想是，如果两条规则直观上具有相同分层类型，那么即使什么也没有说就可形式化了！为了弄清为什么这会起作用，假定两条竞争性规则 d_1 和 d_2 来自同一源头，如两条均为一般法条，但 d_1 颁布的时间要晚。然后，从 d_2 什么也推导不出来，因为其前件得不到满足，正如所期望的那样，这留给了应用 T 的空间；事实上，从 T 我们能推演出 $d_2 < d_1$；并且，由于不存在反论证，因此，这是一个已证成结论。

第 8.2.2 节的最后一个要求是，应当有可能是表达法律冲突规则之范围，如三条优先原则只适用于源自法律的规范。通过给三条规则 H、T 和 S 两个额外前件，这就很容易形式化了。例如，T 变成：

$T_l(x, y)$：x 是法律 $\wedge$ y 是法律 $\wedge$ x 早于 $y \Rightarrow x < y$

如果想在两个先例之间表达时间性原则也成立这样的观点，那么说

$T_p(x, y)$：x 是先例 $\wedge$ y 是先例 $\wedge$ x 早于 $y \Rightarrow x < y$

就足够了。要注意，时间性原则仍然不适用于判例法与法律之间的冲突。

8.5　例　子

现在让我们把该新定义和形式化方法应用于某些法律例子。第一个例子是关于后法优先原则与《荷兰刑法典》第 1 条之间的关系。记得这一节说：如果在刑事审判期间法律发生了变化，那将应用最有利于犯罪嫌疑人的规则。很明显，如果最有利规则是原来规则，那么冲突规则本身与时间性规则相冲突。在荷兰法律中，这条原则被编成"通则法令"第 5 条，使得其在层级上与《荷兰刑法典》第 1 条相同。让我们进一步假定两个规定都是同时颁布的，以至于它们在时间上也是同等的（要注意，这里有一个冲突规则即后法优先原则也应用于自身；这个可能性将用第二个例子来进一步展示）。于是，这个冲突能够用特别法优先原则来解决，注意刑法典的冲突规则比较"通则法令"第 5 条更特别，因为一般来讲它是为法律而写的。刑事冲突规则能够形式化如下（其中 r、r'、c 和 s 是变元）。

> 1 (r, r', c, s)：c 是刑事案件 $\wedge s$ 是 c 案中的犯罪嫌疑人 $\wedge r$
> 在 c 审判期间被改成 $r' \wedge r$ 比
> r' 更有利于 $s \Rightarrow r' < r$

此外，$\mathcal{F}_n$ 包括：

> f_n：$\forall r, r', c . r$ 在 c 审判期间改变成了 $r' \rightarrow r$ 早于 r'

这个必然事实需要使《荷兰刑法典》第 1 条比 T 更特别。相应地，把下列观察作为定义 6.4.15 之"外在"应用添加到 $\mathcal{F}_c$ 上。

> f_{c1}：1 (r, r', c, s) 比 T (r, r') 更特别

现在假定在特定盗窃案 $case_1$ 审判期间，其中犯罪嫌疑人为约翰，《荷兰刑法典》第 310 条 "盗窃罪的最高刑期为 6 年"已经被改变成《荷兰刑法典》第 310′条把最高刑期提高到 8 年。很明显，新条款比旧条款更不利于约翰。让我们将下列规则添加到 Δ 上（其中已

包含了 H、T、S、O_1 和 O_2)。

310：x 犯有盗窃罪$\Rightarrow x$ 的最高刑期为 6 年。

310′：x 犯有盗窃罪$\Rightarrow x$ 的最高刑期为 8 年。

并且将下列事实添加到 $\mathcal{F}_c$ 上。

f_{c2}：$case_1$ 是刑事案件

f_{c3}：约翰是 $case_1$ 中的犯罪嫌疑人

f_{c4}：约翰犯有盗窃罪

f_{c5}：310 改变成了 310′

f_{c6}：310 比 310′ 更有利于约翰

（在实践中 f_4 将总是可废止论证的结论。）最后，我假定 $\mathcal{F}_n$ 包括了合适算法公理。使用该缺省理论，S 的事例版，其名称改为

$$S\,[1\,(310,\ 310'),\ case_1,\ 约翰,\ T\,(310,\ 310')\,]$$

产生了结论

$$T\,(310,\ 310')\ <1\,(310,\ 310',\ case_1,\ 约翰)$$

用语言来表达就是，《荷兰刑法典》第 1 条比后法优先原则具有优先性，因此，得出了最高刑期为 6 年的结论。这是一个论辩证明（为了维持可读性，如果没有混乱危险，从现在起我将只给出规则名称之函数符号部分，并且有名称的论证前加前缀）。

P 从论证最高刑期为 6 年开始，并使用旧规则。

P_1：［约翰犯有盗窃罪，310：约翰犯有盗窃罪$\Rightarrow$约翰的最高刑期为 6 年］

O 通过使用已改变的规则来对抗，支持最高刑期为 8 年。

O_1：［约翰犯有盗窃罪，310′：约翰犯有盗窃罪$\Rightarrow$约翰的最高刑期为 8 年］

P 现在使用《荷兰刑法典》第 1 条的优先论证来使 O_1 的击败力

无效。

P_2：[$case_1$ 是刑事案件，约翰是在 $case_1$ 的犯罪嫌疑人，

　　 在 $case_1$ 审判期间把 310 改成了 $310'$，310 比 $310'$ 更有利

　　 于约翰，

　　 1：$case_1$ 是刑事案件 ∧ 约翰是 $case_1$ 中的犯罪嫌疑人 ∧

　　 在 $case_1$ 审判期间把 310 改成了 $310'$ ∧

　　 310 比 $310'$ 更有利于约翰 ⇒ $310' < 310$]

现在 O 用诉诸后法优先原则来挑战这个优先论证。

O_2：[在 $case_1$ 审判期间把 310 改成了 $310'$，

　　 $\forall r, r', c. r$ 在 c 审判期间被改成了 $r' \to r$ 比 r' 早，

　　 T：310 比 $310'$ 早 ⇒ $310 < 310'$]

但现在 P 将辩论带向了元层次，试图用特别法优先原则来消除冲突规则《荷兰刑法典》第 1 条和后法优先原则之间的冲突。

P_3：[1 比 T 更特别，S：1 比 T 更特别 ⇒ $T < 1$]

现在 O 已耗尽所有行动，并且已表明 P_1 已证成。

　　第二个例子是取自意大利城镇规划法律，它包括了一条冲突规则，即规定旨在保护建筑物风格之规则优先于城镇规划规则。这个例子是用冲突规则与时间性规则相冲突的这样一种方式来构造的。这种情形涉及一条城镇规划规则，即如果一栋建筑物需要重建，那么其外观可以被修改；而它与早先的建筑遗产规则相冲突，之前的规则规定：如果建筑物被列入受保护的清单，那就不可修改其外观。这个例子部分是要用哲学意义即将优先性规则应用于自身（或者最好应用于其中一个事例）来展示技术之精妙所在。规则 d_9 规定：规则 d_3 比后法优先性原则 T 要晚，这意味着，根据 T 自身，d_3 优于 T。

$d_1(x)$：x 是受保护建筑物 ⇒ ¬x 外观不可修改 　　　　215

$d_2(x)$：x 需要重建 ⇒ x 外观可修改

d_3 (x, y): x 是建筑遗产保护规则 $\land y$ 是城镇规划规则 $\Rightarrow y < x$

T (x, y): x 早于 $y \Rightarrow x < y$

d_4 $(d_1, (x))$: $\Rightarrow r_1$ (x) 是建筑遗产保护规则

d_5 $(d_2 (x))$: $\Rightarrow d_2$ (x) 是城镇规划规则

d_6 $(d_1 (x), d_2 (y))$: $\Rightarrow d_1$ (x) 早于 d_2 (y)

d_7 （我的别墅）: $\Rightarrow$ 我的别墅是受保护建筑物

d_8 （我的别墅）: $\Rightarrow$ 我的别墅是需要重建

d_9 $(T(x, y), d_3(x, y))$: $\Rightarrow T$ (x, y) 早于 d_3 (x, y)

这是关于不可修改我的别墅外观的证明。

P_1: $[d_7$: $\Rightarrow$ 我的别墅是受保护建筑物，

d_1: 我的别墅需要重建 $\Rightarrow \neg$ 我的别墅外观可修改$]$

O 能够用唯一方式来回应：

O_1: $[d_8$: $\Rightarrow$ 我的别墅需要重建，

d_2: 我的别墅需要重建 $\Rightarrow$ 我的别墅外观可修改$]$

P 现在能够用下列优先论证来使 O 的击败失效，这个优先论证就是保护规则优先于城镇规划规则。

P_2: $[d_4$: $\Rightarrow d_1$ 是建筑遗产保护规则，

d_5: $\Rightarrow d_2$ 是城镇规划规则，

d_3: d_1 是建筑遗产保护规则 $\land d_2$ 是城镇规划规则 $\Rightarrow d_2 < d_1]$

但是，O 能够用基于后法优先原则的冲突优先论证 $\varnothing$ - 击败该优先论证。

O_2: $[d_6$: $\Rightarrow d_1$ 早于 d_2，

T: d_1 早于 $d_2 \Rightarrow d_1 < d_2]$

现在，P 采取针对元层级进行辩论，并断言在元层级上使 O 的击败失效之优先论证。P 的论证说：由于后法优先原则先于建筑管理原则，故基于前者，后者优先于前者。虽然这似乎是自我指称的，但

形式上它并非如此，因为后法优先原则的一个事例说的是其自身的另一个事例。

$$P_3 : \left[d_9 : \Rightarrow T \text{ 早于 } d_3 , \right.$$
$$\left. T' : T \text{ 早于 } d_3 \Rightarrow T < d_3 \right]$$

现在 O 黔驴技穷了，且我们知道我的别墅外观不可修改。要注意，在这个对话中 T 和 d_3 的功能论证都是 d_1 和 d_2 的事例，而对于 T' 来讲，它们是 T 和 d_3 的完整版。我把它留给读者来写 T' 的完整名称。

有趣的是，这个例子的结论是，T 的一个事例即后法优先原则事例使得其另一个事例次于一条竞争性规则。这个例子的一个变体是，当像《荷兰民法典》第 1637c 条之类规则（参见例 3.1.6）根据其更特别而采取优先于特别法优先原则之时。也正如苏贝尔（Suber，1990，p. 216）所论证那样，无论是从逻辑上还是从法律上这似乎都不会有问题。当前这个分析将苏贝尔的直观形式化了。

解释辩论

最后，我要概略地阐明如何形式化解释辩论。下面的 i_1 和 i_2 是沙托尔（Sartor，1994）之前提出来的，而哈赫（Hage，1996）使用了类似风格。假定 d_1 和 d_2 是法律条款 S 的两个可替解释。

$d_1 : p \wedge r \Rightarrow q$

$d_2 : p \vee r \Rightarrow q$

此外，关于哪个是条款 S 的正确解释，我们假定有两个选择。

$i_1 : \varphi \Rightarrow d_1$ 是条款 S 的正确解释

$i_2 : \psi \Rightarrow d_2$ 是条款 S 的正确解释

让我们假定 d_1 是条款 S 的目的解释，且 d_2 是条款 S 的文义解释（在真实例子中这本身会是一个争论问题，但为了简便起见，我给下列规则之前件为空且假定不存在冲突规则）。

$i_3 : \Rightarrow d_1$ 是条款 S 的目的解释

i_4：$\Rightarrow d_2$ 是条款 S 的文义解释

必然事实说的是，一条法律规则只存在一个正确解释，并且它们说 d_1 和 d_2 是两条不同规则。这些必要事实使得 i_1 和 i_2 成为冲突规则。

f_{n1}：$\forall x, y, z. x$ 是 z 的正确解释 $\wedge y$ 是 z 的正确解释 $\Rightarrow x = y$

f_{n2}：$\neg d_1 = d_2$

217 要注意，表达式 $x = y$ 并没有说 x 和 y 具有同等优先性，而是说它们是对一个对象即相同规则。

最后，我假定存在一条可替解释方法的优先性规则，也即是说，目的解释优先于文义解释。再者，在实践中这会是个争论主题，但我要再次做一些简单化假定。

i_5：x 是 z 的目的解释 $\wedge y$ 是 z 的文义解释 $\Rightarrow y < x$

现在假定 φ 和 ψ 事实上都成立。那么，包括 i_1 和 i_2 解释论证相冲突，因为这些规则的后承与 f_{n1} 和 f_{n2} 一起不一致。d_1 和 d_2 是两个相冲突的解释论证之相关规则，且它们的冲突是由优先论证 $[i_3, i_4, i_5]$ 决定，也即是说，$i_2 < i_1$。因此，d_1 是条款 S 的正确解释。

可是要注意，这个结论不仅没有保证 d_1 的应用，而且还阻止了 d_2 的应用。为了实现这一点，必须使用可应用子句，这一点也受到沙托尔（Sartor，1994）和哈赫（Hage，1997）的启发。首先，d_1 和 d_2 必须接受可应用假定。

d_1：$p \wedge r \wedge \neg \sim$ 可应用 $(d_1) \Rightarrow q$

d_2：$(p \vee r) \wedge \neg \sim$ 可应用 $(d_2) \Rightarrow q$

接下来，我们添加一个一般规则，即如果规则解释不是其正确解释，那它就不可应用。

g_1：x 是 y 的解释 $\wedge \neg x$ 是 z 的正确解释 $\Rightarrow \neg$ 可应用 (x)

如果我们最后添加到 $\mathcal{F}_n$ 的是"文义解释是解释"。

f_{n3}：$\forall x$，$y. x$ 是 y 的目的解释→x 是 y 的解释

那么，我们就能根据这个修改理论推演出 d_2 不可应用。

8.6　一个可替方法

在本章中，针对两个个别规则间的优先关系提出了一个形式模型。已证明它足以把握使用法律冲突规则之最重要特征。在有关文献中，至少已经有两个用可应用子句来形式化涉及法律冲突规则推理的方案，即哈赫方案（Hage，1996；1997）与科瓦尔斯基和托尼方案（Kowalski & Toni，1996）。现在让我们勾勒一下这个可替方法，然后简要地将其与现行方法进行对比。

哈赫（Hage，1996）已经论证了法律冲突规则，虽没有规定两 218 条规则的优先性，但陈述了针对法律规则的可应用条件。在其文章中，上位法优先原则规定：如果上位规则与下位规则相冲突，那么下位规则不可应用。让我们看看这个观点在何种意义上能够用目前的系统进行形式化。每条缺省规则接纳一个它并非不可应用的假定。例如，

d_1（x）：x 是受保护建筑物 $\wedge$ ~ ¬可应用 d_1（x）$\Rightarrow$ ¬x 的外观可
　　　　修改

那么这三条原则能够表达如下，

H：~ ¬可应用（H）$\wedge x$ 与 y 相冲突 $\wedge y$ 次于 $x \wedge$ ~ ¬可应用（x）$\Rightarrow$
　　¬可应用（y）

T：~ ¬可应用（T）$\wedge x$ 与 y 相冲突 $\wedge x$ 早于 $y \wedge$ ~ ¬可应用（x）$\Rightarrow$
　　¬可应用（y）

S：~ ¬可应用（S）$\wedge x$ 与 y 相冲突 $\wedge x$ 比 y 更特别 $\wedge$ ~ ¬（x）
　　$\Rightarrow$ ¬可应用（y）

同样地，这三条原则的排序是：

HT：～¬可应用（HT）∧T与H相冲突∧～¬可应用（H）⇒¬可应用（T）

TS：～¬可应用（TS）∧S与T相冲突∧～¬可应用（T）⇒¬可应用（S）

HS：～¬可应用（HS）∧S与H相冲突∧～¬可应用（H）⇒¬可应用（S）

事实上，这种形式化风格是科瓦尔斯基和托尼（Kowalski & Toni，1996）针对用例外子句编码优先性而提出的方法之示例。可这种方法包括了一个在我们系统中至今还没有形式化的特征，即表达这种"x与y相冲突"元层级陈述之能力（要想其成立，当且仅当，x与y有相冲突的结论）。正如科瓦尔斯基和托尼（Kowalski & Toni，1996）所评论那样，这种陈述的使用取决于元逻辑技术。因此，它们的使用使得我们有必要研究系统的形式良好性状，因为众所周知元层级推理有悖论和不一致倾向。另一个问题是，在这种方法中很难表示由不可应用规则引起的排序优先性（如传递性）；这就是为什么前面必须包括规则 HS 的理由。此外，虽然哈赫并非没有研究其系统的形式性质，但他的思想在概念上似乎合理，因而值得进一步研究。在目前这个系统中，如果有人准备"亲手"确保冲突规则元层级陈述之正确性，那它就已经能够应用了。

第 *9* 章 可废止论辩系统

在本章中将把前三章提出的论辩系统与可废止论证的相关研究
进行比较。首先，第9.1节用论辩系统概念的一般术语给出一个概
念描述，随后第9.2节讨论到目前为止已经提出的这类主要系统。
在此之后，第9.3节讨论其他一些最新进展，它们虽不是建立在论
证基础之上的，但与论辩系统处理了相同问题。

9.1 论辩系统

现在让我们退后一点，看看第6~8章中我们已经提出的东西。
我把它称为可废止论辩系统或者论辩系统(AS)[1]。在本节中，我
要讨论这类系统背后的一般思想。

我的系统是最近发展的一个例子，其中有几个研究已经开始采
取将非单调推理形式化为构造和比较可替论证的观点。虽然普洛克关
于可废止论证的工作（参见下面第9.2.3节）开始是为了分析科学哲
学中的认识论问题而提出的，但在非单调推理的人工智能研究中已经
提出了许多论辩系统。在人工智能中，基于论证的系统要么是作为之
前非单调逻辑的重组而提出的（Dung，1995；Bondarenko *et al.*，
1997），要么是作为之前非单调逻辑的替代方案而提出的（Loui，
1987；Simari & Loui，1992；Vreeswijk，1993a，1997；Prakken & Sar-

---

〔1〕 之前，如在帕肯（Prakken，1995b）的论文中，我使用了"论证框架"这个
术语，但我现在为了形式想保留这个术语，而不指明构造论证的基础逻辑。

tor，1997a）。其核心思想是用针对可替结论的两个论证间的交互来分析非单调逻辑。非单调性产生于以下事实：论证能被较强的反论证击败。由于在法律领域中像论证、反论证、反证和击败之类的概念非常普遍，故在形式化法律推理的可废止性时成功运用论辩系统不足为奇（Prakken，1991a，1993；Loui *et al.*，1993；Sartor，1993，1994；Gordon，1994，1995；Prakken & Sartor，1996b）。

220

为了描述论辩系统的一般结构（概括一下第6.4.1节中的描述），虽然有时不明显，但它们包括了下面五个要素：基本逻辑语言、论证定义、论证冲突定义、论证击败定义以及论证评估定义。

论辩系统是围绕表达论证的基本逻辑语言来建构的。有些论辩系统假定一种特殊逻辑，如我在第6～8章所给出的系统，而其他系统则部分或完全不指明基本逻辑，因此，这些系统能够用各种不同逻辑来进行例示，与其说它们是系统不如说它们是框架。于是，论辩系统具有与基本逻辑中证明相对应的论证概念。这是"论证"的狭义用法，不应当把它和人工智能与法律以及论辩理论中常常使用的广义用法相混淆，即与当它代表争议时的概念相混淆。因此，董番明框架是其中最抽象的，其他框架也定义了论证的内在结构。

基本逻辑概论和论证概念仍然符合逻辑系统是什么的标准图景。其余三个要素使得论辩系统成为对抗性论辩框架。第一个是论证冲突概念。在通常情况下，从普洛克开始要区别两类冲突（Pollock，1987）：一是反证论证，其中论证具有矛盾的结论；二是底切论证，其中一个论证否定了另一个论证的假定（正如前面定义6.6.5一样），或者它否定了另一个论证的前提与结论之间的链条，并且很明显所否定的这个链条只能是非演绎论证如归纳论证、回溯论证或类比论证的链条。

论辩系统也有比较论证的方式，根据特别标准来看看论证是否击败了反论证。在人工智能中，把特别性原则认为最重要，但前面章节中最重要的议题之一是能够使用任何标准：它们的内容属于域理论的一部分，且正如域理论的其余部分一样，其内容可辩。

　　既然攻击性论证本身能够被其他论证攻击，那么比较论证偶对就不够充分，还需要根据它们交互的各种方式来定义论证状态。正是这个定义产生了论证系统的输入结果。在典型情况下，它把论证分为三类：能"赢"得争议的论证、应当"输"掉争议的论证以及搁置争议的论证。在本书中，我将这几类分别用"已证成论证"、"已推翻论证"以及"可防御论证"表示。

221

　　这些概念既能用陈述形式来定义，又能用程序形式来定义。陈述形式总是与定点定义有关，刚好断定特定论证集可接受（给定一个前提集和评价标准），并不定义测试论证是否是这个集合之元素的程序，而程序形式等于正好定义这种程序。因此，论辩系统的陈述形式被认为是它的（论辩理论的）语义学，且把程序模式认为是它的证明论。之前，普洛克（如 Pollock，1995）和弗雷斯维克（Vreeswijk，1993a，pp. 88 ~ 89）也做过类似的观察。要注意，第6 ~ 8章的系统只是用程序形式给出的，其语义学是在帕肯和沙托尔（Prakken & Sartor，1996a；1997a）的论文中描述的。最后要注意，很可能当论辩系统具有一个论辩理论语义时，其基本逻辑也具有通常意义上的模型论语义，如标准一阶逻辑语义。

9.2　几个论辩系统

　　在本节中，我概述一下几个最重要的论辩系统和框架。一些其他最新进展会在9.3节中讨论。

9.2.1　邦董科托方法

　　第6 ~ 8章的系统是建立在一个相对于非单调逻辑非常讲究的抽象方法之上的，是邦达伦科、董番明、托尼和科瓦尔斯基在几篇文章中提出来的，故称为"邦董科托"方法。最新的且最综合的论著是邦达伦科等人的论文（Bondarenko *et al.*，1997）。可是，在本节中，我提出了如董番明（Dung，1995）那样所明确表达的方法。这是因为在邦达伦科等人的论文（Bondarenko *et al.*，1997）中基本概念不是论证概念而是他们称之为"假定"的东西之集合概念。在他们的方法中，假定是被指定为具有缺省状态的公式；受普尔框架的启发，假如不能表明其反面，他们就把非单调推理看作添加假定集合到用基本单调逻辑表示的理论。在他们看来，使得理论成为论辩理论的正是这条规定可根据互相攻击的假定集来形式化。虽然邦董科托方法基于假定的构想与基于论证的构想等价，我发现董番明（Dung，1995）根据论证的构想更直观，至少相对于本书的目的来讲是如此。

222　　　董番明（Dung，1995）的两个基本概念是论证集和二元关系——论证击败。董番明既将论证之内在结构完全抽象出来，又将论证集之源头完全抽象出来，且这使该方法为框架而非具体系统。根据这两个概念，董番明定义了各种所谓论证扩充概念，它们试图把握各种类型的可废止后承。这些概念是陈述性的，正好宣称论证集具有特定状态。最后，董番明表明许多现有非单调逻辑都能够重述为抽象框架的事例。

　　　为了用第6章的系统来阐明这种方法的抽象层级，董番明完全抽掉了第6.4节中所包含的每样东西，他只对本节得到的论证集（在那一节中根据前提所有这些论证逻辑上都是可能的）以及在那个集合之上所定义的击败关系感兴趣。董番明只研究了论辩系统的最终要素——论证评估。

　　　这里是董番明的主要形式概念（Dung，1995）（有一些术语改变）。

　　　定义 9.2.1　一个论证理论 (*AT*)[2] 是一个偶对（*Args*，*defeat*），

---

〔2〕　董番明用的术语是"论辩框架"。

其中，Args 是一个论证集，而击败（*defeat*）[3]是涉及 *Args* 的一个二元关系。

- 论辩系统有限，当且仅当，*Args* 中每个论证都至多被 *Args* 中的一个有限数量论证所击败。

- 论证集免于冲突，当且仅当，在这个集合中没有论证被该集合中的另一个论证所击败。

其基本思想是，基于论证的理论（以下简称"论证理论"——译者注）是通过某个非单调逻辑或可废止论证系统来定义的。在通常情况下，论证集 *Args* 将是能够用这些逻辑从给定前提集出发构造出来的所有论证，比如在前一节中我的系统那样。除非特别说明，下面我将偷偷地假定一个任意但固定的论证理论。

从董番明使用其框架来看，正如在我的系统中一样，他似乎试图把击败关系当作一个弱概念，即直观上"*A* 击败 *B*"意思是 *A* 与 *B* 相冲突且 *A* 不比 *B* 差。这意味着这两个论证可能互相击败。一个典型例子就是尼克松钻石，它有两个论证"尼克松是和平主义者，因为他是贵格会教徒"以及"尼克松不是和平主义者，因为他是共和党员"。如果没有坚实理由选择一个论证优先于另一个论证，那么它们（直观上）相互攻击。正如我们在第 6.5 节中所看到，一个较强概念是通过（董番明并没有明确提及的）严格击败来把握的。根据定义，它是非对称的，即 *A* 严格击败 *B*，当且仅当，*A* 击败 *B* 且 *B* 没有击败 *A*。标准例子是特维迪三角，其中直观上看（如果用特别性来比较论证），论证"特维迪能飞，是因为它是鸟"被论证"特维迪不能飞，因为它是企鹅"严格击败。 223

董番明框架的一个核心概念是可接受性。它抓住了一个不能自我防御论证如何能受到保护而免受一个论证集攻击。

---

[3] 董番明使用的是"攻击"。

定义 9. 2. 2 相对于论证集 S 来讲，论证 A 可接受，当且仅当，每个击败 A 的论证都被 S 中的论证所击败。

为了阐明可接受性，请思考特维迪三角，其中，A = "特维迪是鸟，因此它能飞" 和 B = "特维迪是企鹅，因此，特维迪不能飞" 且 C = "特维迪不是企鹅"，并且，假定 B 严格击败 A 且 C 严格击败 B。那么，相对于 $\{C\}$、$\{A, C\}$、$\{B, C\}$ 和 $\{A, B, C\}$，A 可接受，但相对于 $\varnothing$ 和 $\{B\}$ 来讲，它不可接受。

另一个核心概念是可采集。

定义 9. 2. 3 免于冲突的论证集 S 可采，当且仅当，在 S 中每个论证相对于 S 来讲都可接受。

在特维迪三角中，集合 $\varnothing$、$\{C\}$ 和 $\{A, C\}$ 都可采，但 $\{A, B, C\}$ 的其他所有子集都不可采。

根据可接受性和可采性就能定义 "论证扩充" 的几个概念。如董番明定义了下面轻信概念。

定义 9. 2. 4 免于冲突的论证集 S 是稳定扩充，当且仅当，不在 S 中的每个论证都被 S 中的某个论证击败。

请考虑被称为 TT（即特维迪三角）的论证理论，其中，$Args = \{A, B, C\}$，且 $defeat = \{(B, A), (C, B)\}$。$TT$ 只有一个稳定扩充，即 $\{A, C\}$。

接下来请考虑一个称为 ND（尼克松钻石）的论证理论，其中，$A = \{A, B\}$，而 A = "尼克松是贵格会教徒，因此他是和平主义者"，B = "尼克松是共和党员，因此他不是和平主义者"，而且 $defeat = \{(A, B), (B, A)\}$。$ND$ 有两个稳定扩充即 $\{A\}$ 和 $\{B\}$。

既然稳定扩充免于冲突，那么在某种程度上它反映了一种融贯观点。此外，在每个可能论证要么被接受要么被拒绝的意义上，它也是一种极大观点。极大性条件意味着并非所有论证理论都具有稳定扩充。比如，请考虑带有 A、B 和 C 三个论证的论证理论，这使

得 A 击败 B、B 击败 C 且 C 击败 B（比如在逻辑编程中这种循环击败关系出现是因为失败性否定，而在缺省逻辑中出现是因为缺省之证成部分，参见前面第 4.1.1 节）。

为了也给这种论证理论一个轻信语义，董番明定义了优先 224
语义。

定义 9.2.5 免于冲突集合是优先扩充，当且仅当，它（相对于集包含）是极大可采集。

所有稳定扩充都是优先扩充，因此，在尼克松钻石和特维迪三角中，这两个语义相符。可是，并非所有优先扩充都稳定：在前面的循环击败关系例子中，空集是（唯一的）优先扩充，且不稳定，故优先扩充语义把涉及击败怪圈的所有论证都留在扩充之外，因此，它们在扩充中没有一个被论证击败。

优先稳定语义抓住了可废止后承的轻信概念之本质：在不可解冲突的情况下，如在尼克松钻石例子中，有两个不相容扩充可得。正如我们在第 4 章所看到，如定义 4.1.3 和定义 4.1.16，定义怀疑后承的一个方式是取所有轻信扩充之交集。可是，董番明用不同方式来定义怀疑后承概念，从而产生了唯一扩充。这一节正是第 6.5 节论辩证明论的语义基础。董番明用非单调算子 F^{AT} 来定义怀疑语义，其中，相对于每个论证集 S 来讲，它都回到相对于 S 可接受的所有论证集。由于 F^{AT} 是单调的，即如果 $S' \supseteq S$，那么 $F^{AT}(S') \supseteq F^{AT}(S)$，它保证了有一个最小定点，即一个（相对于集包含的）极小集 $S \subseteq Args$ 使得 $F^{AT}(S) = S$。这个极小定点抓住了包含相对于它可接受的每个论证的极小集。根据定义，董番明定义的这个集合正是唯一的，是论证理论之怀疑（基础）扩充。

定义 9.2.6 令 $AT = (Args, defeat)$ 是一个论证理论，且 S 是 $Args$ 的任意子集。AT 的特征函数是：

- F_{AT}：幂集（$Args$）→幂集（$Args$）

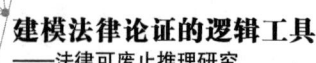

- $F_{AT}(S) = \{A \in Args \mid A$ 相对于 S 可接受$\}$

我现在给出一个或许更为直观的定义变体，相对于有穷论证理论来讲，它等价于定点版本，并且一般来讲会产生一个基础扩充子集。

定义 9.2.7 对于任意 $AT = (Args, defeat)$ 来讲，我们定义下列 $Args$ 子集序列。

- $F_{AT}^0 = \varnothing$
- $F_{AT}^{i+1} = \{A \in Args \mid A$ 相对于 F_{AT}^i 可接受$\}$

那么，根据 AT 已证成论证集 $JustArgs_{AT}$ 是 $\bigcup_{i=0}^{\infty} (F_{AT}^i)$。

这个定义所做的事情就是，从空集开始，通过反复应用 F_{AT} 来逼近 F_{AT} 的极小定点。因此，首先要添加所有未被任何论证击败的论证，并且在每次进一步应用 F_{AT} 时添加借助已在集合中的论证来复原的所有论证。这是通过可接受性概念来完成的。为了弄明白这一点，假定我们在第 i 次使用 F_{AT}：对于任意论证，如果击败 A 的所有论证本身被 F^{i-1} 中的一个论证击败，那么 A 在 F^i 中。现在用前面的特维迪三角例子来阐明这一点：$F_{TT}^1 = \{C\}$、$F_{TT}^2 = \{A, C\}$、$F_{TT}^3 = F_{TT}^2$，因此，A 在 F^2 时用 C 来复原。最后，这个语义可怀疑是通过尼克松钻石例子来阐明的：$F_{ND}^1 = F_{ND}^0 = \varnothing$。

邦董科托方法的提出者也研究了各种语义的程序形式。其中之一是第6.5节中的对话博弈基础，即董番明（Dung，1994）的扩充逻辑编程之博弈论扩充版。此外，在邦董科托方法内，科瓦尔斯基和托尼（Kowalski & Toni，1996）已经研究了针对例外规则之形式化方法，在表面结构上，这些方法与前面第5.6.1节中的那些方法非常相似。在第8.6节中已经讨论过，科瓦尔斯基和托尼（Kowalski & Toni，1996）也根据可接受性子句来定义了表达优先性的一种方式，这与哈赫（Hage，1996）在其基于理由的逻辑（以下简称"理由逻辑"——译者注）内使用的方法相似，这会在下面进行讨论。

评　价

在我看来，在揭示现有非单调逻辑间的联系与区别时，抽象邦董科托方法是一种极其有用的工具。此外，这种方法使得制定这些逻辑的可替语义非常容易。例如，非常容易给已经表明有稳定语义的缺省逻辑一个可替语义，如优先语义或基础语义，其中保证了扩充的存在。再者，针对各种论证语义已经提出或将要提出的证明论直接应用于这些语义事例的非单调逻辑。由于这些特征，在提出新系统时，邦董科托框架作为一个指引也非常有用，沙托尔和我已经用它来提出前面几章的系统。

另一方面，邦董科托方法的抽象性层面也留给具体系统发展者许多工作，如论证内在结构、论证冲突方式以及定义击败关系方式。此外，在某种情况下，邦董科托方法也似乎需要精炼与扩充。例如，在第 8 章我需要扩充这种方法，让它符合优先性推理。虽然科瓦尔斯基和托尼（Kowalski & Toni，1996）认为其可替方法避免了扩充语义，但我们在第 8.6 节中已经看到他们仍需用元逻辑特征来扩充它。

9.2.2　普洛克系统

226

约翰·普洛克是针对建模可废止推理的论证方法之创始人之一。起初他的理论是作为对哲学特别是认识论的贡献而提出来的。后来他转向人工智能，提出了一个实现其理论的被称为"奥斯卡"（OSCAR）的计算机程序。在本节中，我只讨论普洛克系统的逻辑方面，而对于计算机程序的体系结构，请读者参考普洛克的著作（Pollock，1995）。

在普洛克系统中，基本逻辑语言是标准一阶逻辑，但论证概念是非标准的。论证是通过组合所谓的理由而形成的。从技术上讲，理由是推论图式，把一个前提集与结论关联在一起。非常重要的是，像瑞特的缺省一样，普洛克的理由不是域特殊的而是表达一般认识论原则的。这就是为什么我不把理由作为基本语言的构成要件而是把它们作为在语言之上所定义的推论系统来讨论的原因。理由可分为两类，即决定性理由和表面性理由。决定性理由逻辑上衍推出其结论，因此，它是任意有效一阶推论图式（这意味着普洛克系统包括了一阶逻辑）。相反，表面性理由只产生一个支持它们结论的假定，故能够被其他理由击败。

在他的认识论工作基础上，普洛克区分了几种表面性理由：例如，觉知原则如"x 看上去是红色的"是相信"x 是红色的"的一个理由；基于统计三段论的理由，粗略地说，如果多数 F 是 G，且 x 是 F，那么（初看起来）x 是 G；以及基于归纳原则的理由，如（粗略地说）"x 是 F 的集合，且所有 X 的元素都具有性质 G，是相信所有 F 都具有性质 G 的一个理由"。

除了研究线性论证（即推论序列或推论树）之外，普洛克系统也是研究推测论证（像自然演绎一样）的唯一论辩系统。例如，给定 P 表面上看起来是 Q 的理由，从空前提集出发，实质蕴涵 $P{\rightarrow}Q$ 能够被作如下推导：首先假定 P，然后借助应用这个理由推出 Q，再推导出 $P{\rightarrow}Q$，最后收回假定 P。虽然普洛克系统的这个特征很有趣，但为了简便起见，下面我将自己限定到线性论证上。

普洛克组合了冲突论证和比较论证的定义。从表面上看起来，推理（从而是使用它们的论证）能够用以下两种方式来击败：借助反证击败，至少与带相反结论的强理由一样，以及借助底切击败，至少与否定底切理由所陈述的前提与结论之间链接的强理由一样。（与他强调认识论一致，普洛克用概率术语定义了理由强度。）他最喜欢的底切击败例子是，当一个对象看起来为红色，因为它是用红灯来照着的：知道这一点就底切了相信该对象为红色的理由，但它并没有给出相信该对象不是红色的理由。

很多年过去了，普洛克已经不止一次修改其论证状态定义。早期版本（如 Pollock，1987）是通过像我系统中那样的击败定义来处理子论证（成功）攻击的，而最新版使得这部分属于状态定义

（借助明确要求的"未被击败的"论证之所有真子论证也都未被击败）。而这个改变正好是一种尝试，更实质的改变是：尽管他的早期定义是与定义9.2.7的基础语义相符的，这正如董番明所表明的那样（Dung，1995），但他的最新版是与定义9.2.5的优先语义之稍加精炼相符的，如邦达伦科等人所评论那样（Bondarenko *et al.*，1997）。这是一个最新版，是在普洛克的著作中提出的（Pollock，1995）。[4]

定义9.2.8　（普洛克）把"已被击败"和"未被击败"指派给论证集 S（在子论证条件下封闭）是一个偏序击败状态指派，当且仅当，它满足下列条件。

1. 所有前提如论证一样被指派了"未被击败"；
2. $A \in S$ 被指派"未被击败"，当且仅当：
   （a）A 的所有真子论证都被指派"未被击败"；且
   （b）所有 A 的论证都被指派"已被击败"。
3. $A \in S$ 被指派"已被击败"，当且仅当：
   （a）A 的真子论证之一被指派了"已被击败"；或者
   （b）A 被一个指派了"未被击败"论证所击败。

击败状态指派是相对于集包含的极大偏序击败状态指派。

根据定义，关于 A 的真子论证之条件（2a）与（3a）使得它正是我在命题6.5.6中所证成的那种情况，而关于 A 的击败之条件（2b）与（3b）与董番明的可接受性概念相似。

正如在前一节中那样，很容易验证：在悬而未决冲突情况下，即当两个论证互相击败时，输入不止一个状态指派。既然普洛克想定义怀疑后承概念，因此，他必须考虑所有指派的交集。因此，他定义：对于论证集 S 来讲，论证未被击败（用我的术语是"已证成"），当且仅当，对 S 的所有状态指派都指派了"未被击败"。此

228

---

〔4〕　实际上，普洛克根据推论图而非论证集来陈述其定义。

外，论证被完全击败（用我的术语是"已推翻"），当且仅当，没有一个对 S 的状态指派指派了"未被击败"，否则就是暂时被击败（用我的术语是"可防御"）。

在前两个小节中，我们已经看到，邦董科托方法让"输入"论证集的原点未指定。在这一点上，普洛克提出了一些有趣思想。初看起来，似乎可以认为刚刚给出集合 S 的定义只是基于前提逻辑上可能的所有论证的集合。可是，这只是普洛克所考虑的可能性（被他称为"理想保证"）中的一个。他也考虑了定义 S 的其他两种方式，其中两个都有计算特色。这是因为普洛克想要他的逻辑定义充当计算机程序的一个标准，并且正如前面第 4.3.1 节中所解释的那样，计算机程序不能保证在有限时间范围内找到所有可能论证及其反论证。第一个概念是证成概念，即是当集合 S 恰好包含了那些实际上被推理者已经构造好的论证。因而，证成抓住了信息当前状态之本质，或许进一步推理（在不添加新前提情况下）会改变结论的状态。对于被称为"保证"的最终后承概念来讲，这种情况不能发生。一个论证 A 已被保证，当且仅当，总是在执行有限数量的推论之后最终达到一个阶段，其中相对于迄今已构造的论证集 S 来讲，A 未被击败，并且相对于做（有穷）更多推论的结果之每个 $S' \supseteq S$ 来讲，A 仍未被击败。保证与理想保证之间的区别很微妙，因为它必须处理：在判定保证时，每个集合 $S' \supseteq S$ 都被认为是有穷的，而在判定理想保证时必须考虑所有可能论证之集合，并且这个集合是无穷的。

虽然保证概念在计算上被激发出来了，但正如普洛克所观察的那样，不存在一个自动程序来确定被保证的任意论证是被保证的本质：事实上，即使在某个有穷计算数量 n 之后，一个被保证的论证仍然未被击败，推理者在 n 状态时也不能知道它是否已经到达了论证仍然停留在被击败的点，或者更多计算是否会改变这个状态。

评　价

在评价普洛克系统时，我们能说它是建立在可废止推理的深层似真哲学（认识论）理论之上的。此外，从逻辑上讲，那是一个丰富的理论，它既包括了线性论证和推测论证，又包括了演绎论证与非演绎论证（主要是统计论证和归纳论证），还考虑到两个论证间两种类型冲突的相应区别。如前指出，普洛克的论证评价定义是与董番明的优先语义相关的。将其与在我系统中所使用的基础语义相比，优先语义的主要优点似乎是它抓住了"浮动结论"之本质（参见前面 7.5.3 节）。可是，正如我在那一节所解释，我认为，为了把握前提能支持论证的细微差别意义，极可能平行使用不同语义。关于人工智能应用，有趣的是普洛克致力于用局部计算思想来探讨计算问题，这种计算思想体现在保证概念特别是证成概念之中，并且他用计算机程序来实现了他的系统。

可是，既然普洛克关注了认识论问题，他的系统不可直接应用于实践推理（包括法律推理）。例如，概率概念运用使得考虑用如第 8 章中我已经给出的冲突规则推理变得很困难。此外，知道普洛克会认为实践推理的最适合理由是什么或许也很有趣。关于法律应用，例如研究如何用普洛克系统分析类比论证或回溯论证，正如产生表面理由一样，这或许也很有趣。最后，研究普洛克系统是否以论辩风格考量一个证明论，这或许也有趣，在我看来这是值得期望的法律应用。

9.2.3　林方真与肖哈姆

在邦董科托方法之前，较早试图提供一个统一非单调逻辑的框架的是林方真和肖哈姆（Lin & Shoham，1989）。他们揭示了任何逻辑，不管单调逻辑还是非单调逻辑，都能再用形式表述为一个建构论证系统。可是，与在本节中其他理论形成对比，他们并不关心不相容论证，故他们的框架不能用作论证击败之理论。

林肖抽象框架之基本要素是：一个未指定的逻辑语言，只假定包含否定符号以及一个定义在假定语言之上未指明的推论规则集。推论规则要么是单调的要么是非单调的。论证能够通过把推论规则链接成树来建构。单调推论规则并非像缺省逻辑中那样是域特定的，而是一般推论规则，并且假定根据基本语言的逻辑解释接纳它们的证成。

230 虽然缺少冲突论证及其比较概念是个严重不足，但在把握非单调后承时林方真和肖哈姆引入了一个对可废止论辩来讲非常相关的概念，即论证结构概念。这是一个满足下列条件之论证集 T：

1. "基础事实"集（大体上是前提）在 T 中；

2. T 中的每个论证之子论证都在 T 中；

3. T 中的论证结论集是演绎封闭的且是一致的。

然后，林方真和肖哈姆根据单调推论规则和非单调推论规则再用形式表达了一些现有非单调逻辑，并且揭示了如何能够根据带特定完全性质的论证结构来把握这些逻辑的可替结论集。

为了把论证结构概念应用于普洛克系统，用他的证成定义，我们就能把一个相对于特定推理阶段已被证成的论证集看成论证结构，但有一个区别：普洛克的已证成论证集在演绎后承下不封闭，它违背了条件（3）（要注意，对于普洛克、林方真和肖哈姆来讲，在可废止理由或推论规则之下论证集都不封闭）。

论证结构概念也能应用于我的系统，特别是应用到所有已证成论证集。很明显，每个事实 f 都以单独论证 $[f]$ 包含在这个集合中，并且根据命题6.5.6，所有已证成论证之子论证也都被证成了。在本书中，我没有表明已证成结论集演绎上封闭，但沿着帕肯进路（Prakken，1993）能够表明这一点。总之，我的系统之已证成论证集是论证结构。

9.2.4 弗雷斯维克的抽象论辩系统

像邦董科托方法和林肖方法（Lin & Shoham，1989）一样，弗雷斯维克（Vreeswijk，1993a；1997）也试图提供一个抽象可废止论辩框架。他的框架是建立在林方真和肖哈姆框架之上的，但包括了林肖系统所没有的主要元素，即论证冲突概念以及比较冲突论证概念。与林方真和肖哈姆一样，弗雷斯维克系统也假定一种未指定的逻辑语言（只假定包含符号 ⊥，表示"假"），以及一个未指定的单调推论规则与非单调推论规则的集合（弗雷斯维克称为"严格推论规则"和"可废止推论规则"），这也使得他的系统是一个抽象框架而非具体系统。取自林方真和肖哈姆的其他方面是，在弗雷斯维克框架中论证能够借助把推论规则链接成树来构成论证，并且弗雷斯维克的可废止推论规则也不是域特定原则而是一般逻辑原则。可是，弗雷斯维克把论证排序要素添加到了林肖的基本要素上（关于这点更多请见后面）。

231

在应用其抽象系统时，弗雷斯维克通过假定对带可废止联结词 $\varphi > \psi$ 的对象语言以及假定形如 $\{\varphi > \psi, \varphi\} \vdash \psi$ 的可废止推论规则来处理可废止陈述，并假定这条规则已通过 > 的语义解释获得证成。关于论证冲突，在本节中与所有其他系统的一个区别是，反论证事实上是一个论证集：根据弗雷斯维克的定义，一个论证集 Σ 与论证 σ 不相容，当且仅当，$\Sigma \cup \{\sigma\}$ 的结论严格蕴涵 ⊥。弗雷斯维克并没有明确底切冲突概念，他声称他能够把它们形式化为一个否定可废止条件句论证。

关于论证评价，弗雷斯维克的陈述性定义（他说那个是关于"保证"的）与普洛克的击败状态指派很相似：两个定义都明确反映了比较论证之按部就班的本质，并且在不可解冲突情况下两个定义都导致了结论分叉集。可是，在细节上它们也有些不同，与普洛克的定义一样（但这应当从形式上进行验证），弗雷斯维克的定义更接近稳定语义而不是接近优先语义。我们现在改写一下弗雷斯维克的定义：在前提集基础上，一个论证"生效"（in force），当且仅当，

1. 该论证只是由一个前提组成的；或者

2. 该论证是演绎的，并且其所有真子论证都生效；或者

3. 该论证是可废止的，并且其所有真子论证都生效，且每个不相容论证集中至少有一个元素是次于它的或者不生效。

在尼克松钻石例子中，这导致"贵格会教徒论证生效，当且仅当，共和党员论证不生效"。为了处理这类循环性，弗雷斯维克把前提扩充定义成任意满足上述定义的论证集。关于同等强度的冲突论证，正如在尼克松钻石例子中那样，这产生了多重扩充。

弗雷斯维克广泛研究了可废止论辩的其他各种描述。此外，他提出了一个"论辩序列"概念。能够把这个序列认为是一个林方真和肖哈姆的（但没有他们演绎封闭的条件）论证结构序列（Lin & Shoham, 1989），其中，每个后继结构都是通过应用新规则到此前结构而构造出来的。相对于林肖概念来讲，一个重要的添加是，如果在所有反攻中存活下来，那么新近构建的论证只被附加到这个序列上。因此，像普洛克的"证成"概念一样，论辩序列概念体现了部分计算思想，即评价论证是相对于到目前为所做推论而言的思想。弗雷斯232 维克也用论辩风格给出了其框架之一个程序版本（参见 Vreeswijk, 1993b；1995），它是前面第 6.5 节中对话博弈启发的源头之一。

弗雷斯维克也讨论了两种非单调推理即"可废止推理"和"似真推理"之间的区别。在他看来，前面这个定义抓住了可废止推理之本质，这是一种从坚实前提出发但不可靠的推理，如在"典型情况下鸟能飞，特维迪是鸟，因此可推测特维迪能飞"中的情形。相反，似真推理是一种从不确定前提出发的可靠（即演绎的）推理，正如在"所有鸟都能飞（我认为），特维迪是鸟，因此，特维迪能飞（我认为）"中的情形一样。其区别是，在第一种情况下缺省命题是直截了当被接受的，而在第二种情况下直言命题是借助缺省来接受的。事实上，弗雷斯维克会把诸如我在第 6~8 章中所研究的带排序前提的推理看作是似真推理而不是可废止推理。

　　这一区别的一个原理是，对于可废止推理来讲，论证排序不是输入理论的一部分，它反映了针对前提的冲突规则或者前提中的相信度，而是论证类型的一般排序规则，如"演绎论证优先于归纳论证"以及"统计归纳论证优先于一般归纳论证"。因此，弗雷斯维克假定相对于所有前提集（虽然是相对于推论规则集的）来讲论证排序是固定的。弗雷斯维克形式化似真推理是独立于可废止推理的，他使用了对前提输入排序进行定义的可能性（但没有用关于排序的推理），然后他把这两种形式处理组合了起来。据我所知，在一个形式体系中把这两种类型推理处理成有区别的推理形式，弗雷斯维克框架是独一无二的，因为这两种推理形式通常都被认为是同一种推理的可替方式（参见第 4 章中所讨论的缺省推理之"不一致性处理"和"可废止条件句"方法）。

　　在评价弗雷斯维克方法时，我们能够说，与普洛克方法一样但与邦董科托方法相反，它只形式化一种类型的可废止后承，并且几乎从不关注比较论证细节，但在哲学上它的动机很好，关于论证结构和论辩过程也相当详细。

9.2.5　纽特的可废止逻辑

　　在几部论著中，唐纳德·纽特（Donald Nute）已经提出了一个他称为"可废止逻辑"的家族。沿着第 6 章我的结论，既然他的方法具有一个单向条件句，并且由于他的系统非常适合于实现，那么我将详细讨论它。特别是，我要展示在纽特论文（Nute, 1992）中所描述的版本。纽特系统是建立在这样的思想之上的：缺省不是命题而是推论许可证。因此，像瑞特缺省一样，纽特的可废止规则是单向条件句。可是，与瑞特缺省不一样的是，它们是二元的，是借助明确击败规则范畴来处理假定的。虽然在纽特情况下，像他的可废止规则一样，这些规则并不打算用来表示一般推论规则，而是像缺省逻辑中那样是域特定概念，但它们与普洛克的底切击败有得一比。

　　关于基本逻辑语言，既然纽特的目的是给出一种能行之有效的

233

逻辑，故他让语言尽可能保持简单。他假定了一种类编程逻辑语言，其中有三类规则，即严格规则 $A{\rightarrow}p$、可废止规则 $A{\Rightarrow}p$ 和击败规则 $A{\sim}p$。在所有这三种情况下，p 是一个（用我的术语）强文字，即一个原子命题或经典否定原子命题，并且 A 是一个有穷的强文字集，但击败规则必须读作"如果 A，那么也许 p"，并且它们能只用来阻止规则 $B{\Rightarrow}\bar{p}$ 的应用。[5]一个例子是，"一般来讲，变异的企鹅也许能飞"，它底切了"企鹅不能飞"。因此，像普洛克系统和我的系统一样，纽特系统既有两个论证间的反证冲突又有两个论证间的底切冲突。

通过把规则链接成树就形成了论证，并且在对规则进行排序的帮助下就能比较冲突论证。实际上，纽特并没有明确论证概念，相反他将其体现在两个推演概念之中，即严格推演（⊢）和可废止推演（⊢），我下面将要解释。为了把握非推演性，纽特没有使用大家熟悉的概念 ⊬（意思是"非⊢"）和 ⊬（意思是"非⊢"）。相反，他旨在设计易驾驭的系统将其引向了定义两个可论证非推演 ⊣和 ⊣，这要求在有穷步骤之后一个公式证明失败。

最后，关于论证评价，正如刚才所说，在纽特推演定义中他的论证概念是隐藏起来的。把一个公式 p 的严格推演简单地定义为用 p 作为其根的严格规则树的扩充。虽然基本思想很简单，但可废止推演的定义更复杂。纽特有两个核心定义，这取决于树的最后一条规则是严格的还是可废止的。针对第二种情况的定义如下（相对于前提集 T）。

定义 9.2.9 （可废止推演）$T \vdash p$，如果有一条规则 $A{\Rightarrow}p \in T$ 使得

1. $T \dashv \bar{p}$，且

---

[5] 对于任意 p，如果 p 是原子公式，那么 $\bar{p}$ 代表 $\neg p$，并且如果 p 是否定原子公式，$\neg q$，那么 $\bar{p}$ 代表 q。

2. 对于每个 $a \in A$，$T \vdash a$，且

3. 对于每个 $B \to \overline{p} \in T$，存在一个 $b \in B$ 使得 $T \dashv b$，并且

4. 对于每个 $C \to \overline{p} \in T$ 或者 $C \rightsquigarrow \overline{p} \in T$，要么

234

    (a) 存在一个 $c \in C$ 使得 $T \dashv c$，要么

    (b) $A \Rightarrow p$ 比 $C \to \overline{p}$（或者比 $C \rightsquigarrow \overline{p}$）具有较高优先性。

条件1说的是，p 的对立面在可论证性上并非必须严格可推演，这就给严格论证比可废止论证更具有优先性。至于其他方面，这个定义有着典型的归纳结构，非常适合于实现。必须有一个相对于 p 的可废止规则。首先，它"触发了"其前件本身是可废止可推演的所有规则（条件2）；其次，它也触发了比任意冲突规则具有更高优先性的规则：相对于非较低规则，至少有一个前件必须在可论证性方面是非推演的（条件3～4）。作为一种特殊情况，条件3使严格规则比可废止规则具有更高的优先性。至于其他方面，这些优先性必须由用户来定义（条件4）。纽特更多关注特别性（如前面所指出，我的定义6.4.15是纽特定义的概括），但他也研究了任意排序情况（但没有关于优先性的推理）。

一个文字也能够从一条严格规则可废止推演出来，即当其中一个前件本身被可废止推演出来之时。当存在一个相对于 p 的严格规则时，可废止推演定义较简单：既然严格规则比另外两个类规则具有优先性，那就可以丢掉条件4。因此，从严格规则出发的可废止推演只能被从冲突严格规则出发的推演阻止。

乍看起来，除了较简单语言之外，这些定义似乎与我的系统相同：两个系统都有单向可废止规则，且在两个系统中，用于论证的最后可废止规则之优先关系都是可比较的。此外，差别是设计之事，这些差别有：纽特的论证是树，而我的论证是序列；在纽特系统中按部就班比较论证是显性的，而在我的系统中它是隐性的（参见命题6.5.6）。可经过再三考虑之后，我们会发现有某些重要区别。首先，纽特在底切规则情况下也应用优先性。更重要的是，纽

特系统展示了第 7.5.2 节中所讨论的极瑞怀疑主义形式，这是因为：如果相对于 $\bar{p}$ 的规则来讲所有前件均可推演，或者用我的术语来讲已证成，那么 p 的推论只能被那条规则来阻止。既然在"可论证性上可推演"与"可论证上不可推演"之间纽特没有第三个范畴——"可防御"，那么处在不可解冲突中的两条规则不会产生结论，因此也不能阻止其他推论。

最后，当一条规则涉及严格规则时，如前面例 6.4.6 中那样，纽特系统则表现得不一样。这里又有一个例子：

235

> x 有小孩 $\Rightarrow x$ 已婚
>
> x 独居 $\Rightarrow x$ 单身汉
>
> x 已婚 $\rightarrow \neg x$ 单身汉

在我的系统中，结果取决于这两条可废止规则之的优先关系，因为说这两条规则之间存在冲突是很自然的事；严格规则恰恰是语言约定，它断定了这些可废止规则的句首不相容。相反，在纽特系统中，只有带直接相矛盾句首的规则才可比较，且由于严格规则优先于可废止规则，故即使第一条可废止规则优先于第二条可废止规则，其结果仍然是"x 单身汉"。我把纽特的结果看作是违背直觉的，这就是为什么在帕肯和沙托尔（Prakken & Sartor, 1996b；1997a）中要提出比第 6.4.4 节中更复杂定义的理由。

关于积极方面，纽特提出了一个针对一大堆基准例子给出直观结论的系统，并且由于其语言简单易懂的定义，故该系统非常适合实现。事实上，纽特表明了这个系统是可判定的。此外，他已经把这种逻辑作为 Prolog 扩充来实现了，并且已经将其用于专家系统中了（参见 Nute, 1993）。

9.2.6 西马里和路易

西马里和路易（Simari & Loui, 1992）给出一个可废止论辩的陈述系统，其中把普洛克（Pollock, 1987）关于论证交互的思想与普尔（Poole，1985）的特别性定义以及路易（Loui，1987）关于作为元语言规则的缺省观点组合在一起。他们的系统与前面第 6 章的系统在好几个方面相似。他们也把前提分成偶然一阶公式集与必然一阶公式集以及单向缺省规则，并且他们也有可废止后承怀疑概念（但不是极端怀疑观点）。事实上，西马里和路易使用了普洛克的定义，正如前面所评论，它与定义 9.2.7 的怀疑主义语义相符。针对比较冲突论证，西马里和路易使用了普尔（Poole，1985）的特别性定义。

西马里－路易系统与本书系统之间的主要区别是，他们的系统在其语言中没有假定，故他们只有直截了当型冲突，只相对于特别性进行比较论证，并且他们并没形式化优先性推理。此外，由于他们使用了普尔的特别性定义，故他们的系统易受前面第 6.3.1 节中所讨论问题之影响，尽管这个问题是路易和史提夫薇特（Loui & Stiefvater，1992）提出的。另一方面，西马里和路易证明了论证的某些有趣性质，且他们勾勒了实现体系的结构，具有与我的论辩证明相同的论辩形式。

9.2.7　盖夫勒和珀尔的条件衍推

236

盖夫勒和珀尔（Geffner & Pearl，1992）基于比较论证思想，提出了一个可废止条件句的证明论。他们理论的一个有趣方面是：它从一个模型论语义出发进行推演，定义了一个非单调的"条件衍推"概念。其主要思想是将可废止条件句 $\varphi > \psi$ 翻译成实质蕴涵 $(\varphi \wedge \delta_i) \to \psi$，其中 δ_i 是可应用谓词，它与第 5 章所讨论的相似。这些表达式是用优先模型结构（参见第 4.2.1 节）来评价的，其中可应用谓词使那些尽可能少的优先选择模型为假。在使这一点精确化时，盖夫勒和珀尔根据 δ_i 来定义一类"可采排序"的，其中，这个排序若受到关于模型的优先关系尊重，那么它反映的是特别性概念。虽然这个概念是盖夫勒和珀尔考虑优先性的唯一来源，但是他们的形式似乎并没有排除基于其他标准对 δ_i 进行排序，诸如其中 δ_i

出现的条件句分层。

在我看来，他们系统的真正缺点是，在表达可废止条件句时，他们使用了实质蕴涵，并再次产生了直观上不可能的反论证之形式可能性。如果对 δ_i 排序反映了特别性，那么这只有在像例 6.3.3 情况下即（1）和（3）的前件包括了不止一个可应用子句时才成立。但是，使用基于前提分层的排序，问题就正好与前面例 7.2.6 和 7.2.7 中的问题相同。这不能通过只放弃实质蕴涵表达缺省来修复，因为那会放弃盖夫勒和珀尔已经提出的那种形式语义之可能性。

戈登的条件衍推运用

戈登（Gordon，1994；1995）用这些作者并没有明确打算的一种方式来使用盖夫勒和珀尔的系统，并且那使得它更适合于表达法律知识。戈登的运用是其"诉答博弈"的一个构成要件（在后面第 10.4.5 节中将要讨论），把诉讼普通法程序建构成对话博弈，其中博弈者根据特定话语规则提出前提、构建与攻击论证。作为博弈的构成要件，戈登需要一种既能表达显性例外又能表达优先性信息的逻辑语言，以及一个针对博弈结果计算的论辩系统。对于后一个目的而言，戈登使用了盖夫勒和珀尔的证明论。可是，他不能简单地使用他们表达知识的方法，因为不允许明显例外表达式和明确优先性。因此，戈登提出了他自己的逻辑语言，然后他通过将其用一种特别方法映射到盖夫勒和珀尔原来的语言上来给出逻辑解释。所得到的系统具有我的系统之所有要素：假定、可应用、严格规则与可废止规则，用优先性进行推理以及关于优先性的推理。

关于优先性，仍然有一些区别。戈登的思想是，在条件衍推中特别性是固定在逻辑中（借助排序可采的必要条件）的，是通过把获胜规则（按照任意优先性标准）转换成更特别规则。可是，当次级规则比获胜规则更特别时，这明显不可能，因为在盖夫勒和珀尔系统中特别性是推翻性击败类型。正如我前面在第 8 章中所讨论，且如戈登（Gordon，1995）所承认，在法律适用中这是不期望的。

9.2.8　一般性比较

或许在这一点上读者被我已经讨论的各种系统弄得不知所措了。首先，事情似乎很简单，因为在第 6～8 章中我提出了一个单独论辩系统，但在前一章中这个系统竟然只是众多系统中的一个。不过，在我看来，这种情况并不引人注目。特别是邦董科托方法已经表明一个统一考虑是可能的；不仅已经表明两个论证系统间诸多区别都恰好是几个基本议题之变种，而且也表明如何用基于论证的术语来重新表述基于扩充的逻辑。此外，两个不同系统之间的区别似乎主要是设计之事，即这些系统在很大程度上可互译，如对于作为集合的论证概念（Simari & Loui）、作为序列的论证概念（我的系统）或者作为树的论证概念（Lin & Shoham，Nute，Vreeswijk）来讲，这都成立，并且对于隐性的（邦董科托，Simari & Loui，我的系统）或显性的（Pollock，Nute，Vreeswijk）的论证逐步比较来讲，这也成立。此外，其他区别源自不同抽象层级，最著名的是关于基本逻辑语言、论证结构以及优先关系源头的。有些系统扩充了其他系统，如弗雷斯维克通过添加比较冲突论证的可能性来扩充了林肖系统，而且第 8 章的系统把邦董科托方法扩充到优先性推理。最后，一些系统的陈述形式与其他系统的程序形式是同一枚硬币的两个面，正如标准逻辑的语义学与证明论一样。

两个系统之间的主要实质区别可能是各种可废止后承概念，如关于怀疑主义的极端观点（Nute）对温和观点，且在具体例子中其他微妙区别常常反映了直观冲突。虽然关于最佳定义的辩论可以继续一段时间，但在我看来，邦董科托方法已经表明在一定程度上有一个统一考虑也是可能的。此外，正如第 7.5.3 节中所解释那样，某些不同后承概念并非互斥而是能够平等使用，就像抓住了能被大量信息所支持的结论之不同程度一样。这些概念中每个都可以用于不同语境或不同目的。另一个重要区别是，当有些系统在形式化"逻辑上理想的"推理者时，其他系统则具体表达了（有趣的）部

238

分计算思想，即评价论证的计算不是关于所有可能论证的而只是关于由推理者实际已经构建出来的论证（Pollock，Lin & Shoham，Vreeswijk）。这个思想受到如下启发：一般来讲，要建构所有论证是不可能的，因为推理有时间限制。换句话说，它是受常识推理是有限资源条件推理所启发的。

9.3　其他相关研究

我要用讨论一些最新系统来结束本章，这些系统不是基于论证的，但它们却处理与论辩系统相同的问题。

9.3.1　布鲁卡的后期工作

在提出了优先子理论框架之后，正如他对非单调推理之不一致性处理方法的贡献一样（参见前面第 7.2.3 节），布鲁卡变得确信实质蕴涵并不适合用于表达缺省，并且他转向了缺省逻辑和逻辑编程。可是与本书相反，布鲁卡并没有采取论证方法。这使得人们对只采取第 6 章的结论和只采用第 7 章的结论的情形进行比较成为问题，看看他们到底能走多远，也就是说缺省是单向的。

布鲁卡的优先缺省逻辑

布鲁卡（Brewka，1994a）提出了一个缺省逻辑优先版（PDL），其中包括了处理关于优先性的推理。由于布鲁卡把明显例外子句和优先性视为建模非单调推理的两个可替方法，故他把自己的优先缺省逻辑限制在正规缺省上。

其基本思想很简单。布鲁卡用同样的方式把扩充定义为与前面定义 4.1.2 中一样，按部就班地建构扩充，由事实开始，且在冲突缺省情况下分岔成可替扩充。可在优先缺省逻辑中，两个缺省之间某些冲突不会导致分岔扩充，因为缺省被排序过了，而且每一步只应用最高层的可应用缺省。很明显，如果两个缺省之间的冲突不能用优先性来解决，那么这只会产生可替扩充。有趣的是，由于布鲁

239

卡只允许正规缺省，故检测缺省可应用并不需要前瞻假定，正如瑞特（Reiter，1980）已经表明的那样：检测应用缺省是否会产生不一致性并不与（猜想的）将要被建构的扩充 E 相关，而相反与到目前为止已经建构的扩充 E_i 相关。因此，存在扩充得到保证。

　　虽然布鲁卡优先缺省逻辑在大量案件中给出了一个直观结果，但它仍然有与例 7.2.6 一样的问题。这儿再次用优先缺省逻辑将其形式化。

　　d_1：x 不文明→x 可以被赶出图书馆

　　d_2：x 是个教授→$\neg x$ 可以被赶出图书馆

　　d_3：x 打鼾→x 不文明

　　f_1：鲍勃是个教授→鲍勃打鼾

　　　　$d_3 < d_1$，$d_3 < d_2$

正如我在第 7 章中所论证那样，这个例子应当有两个扩充，因为直观上相冲突的这两个缺省 d_1 和 d_2 具有互相优先关系。可是，正如在他的优先子理论方法中那样，布鲁卡获得了唯一扩充，其中应用 d_2 是以 d_1 为代价的。其理由是，在第 E_1 步只有两个可应用缺省，即 d_2 和 d_3，因为只有那些缺省在事实中才有前件，即在 E_0 中。既然 $d_3 < d_2$，那么我们就不得不应用 d_2。于是，虽然在 E_2 步我们能够应用 d_3（因为没有冲突缺省），但在 E_3 步我们不能应用 d_1，因为应用它会使得扩充不一致。

　　虽然布鲁卡（Brewka，1994a）并不认为他的结果违反直觉，但他接受我的批评作为一种可替观点，且他定义了其优先缺省逻辑的一个版本，其中尊重了我的批评。可是，这个优先缺省逻辑版本再次包括了一个前瞻假定，这使得它是非建构性的。因此，布鲁卡还是优先选择其原来版本。

优先缺省逻辑的可废止优先性

　　受法律推理的启示，布鲁卡（Brewka，1994c）把他的优先缺省逻辑扩充成可废止优先性情形，我把他的方法概括为任意基于扩充的系统（Prakken，1995a）。其基本思想是，用每个可能缺省排序创建扩充，并且只保留那些在扩充中与优先信息相符的排序所产生的扩充。虽然所得到的定义相对于基于扩充的系统来讲非常有效，但它们几乎不适合于程序版本。这就是为什么我在第 8 章中要提出一个可替方法的理由所在。

240　　　布鲁卡的优先扩充逻辑编程

布鲁卡（Brewka，1996）用可废止优先性和怀疑良序模型语义（也常常被称为"基础语义"，参见定义 9.2.6）定义了扩充逻辑编程的一个版本（参见前面第 5.5.3 节）。由于我的系统原来也是作为良序模型扩充逻辑编程之扩充而提出来的（Prakken & Sartor，1997a），故比较两个系统很有趣。可是，由于布鲁卡系统的复杂性，我把自己限制在几条评论上。

正如在他的优先可废止逻辑中一样，布鲁卡逻辑编程系统也不是基于论证的，并且没有程序版。然而，我在第 8 章关于优先性推理的形式化就受到布鲁卡系统的早期版本的启示。有趣的是，在教授打鼾例子中，布鲁卡现在有了与我的系统相同的结果。可是，仍然有一些差别：特别是，如果两条规则相互底切，正如用两条规则 d_1： $\sim p \Rightarrow q$ 和 d_2： $\sim q \Rightarrow p$ 一样，布鲁卡也应用优先性。在布鲁卡系统中，结果取决于两条规则 d_1 和 d_2 间的优先关系，而在我的系统中优先性不相关，即两个论证（以其他论证为模）都可防御。另一个区别是，在根据定义没有弱前件条件下布鲁卡把规则视为严格规则，故他不能表达两个可防御规则"如果 p 那么 q"（在我的系统中是 $p \Rightarrow q$）以及"如果 p 那么 q，除非另有表明"（在我的系统中是 $p \wedge \sim \neg q \Rightarrow q$）之间的区别。但例 3.1.7 已经表明在实践中这个区别有时会出现。

评　价

总而言之，用他的优先缺省逻辑之非建构版以及他的扩充逻辑编程版，布鲁卡已经表明：为了解决第 6、7 章中所看到的问题，采取论证方法并非完全必要；假如系统被精心设计，有单向条件句就够了。可是，根据仔细检查，他的定义似乎仍然隐藏着体现基于论证的概念，在我看来，如果弄明白了，它或许让定义更加自然。

9.3.2　理由逻辑

在许多出版物中，哈赫（Jaap Hage）和维赫雅（Bart Verheij）已经提出一个非常新颖的形式系统，被称为"理由逻辑"（reason-based logic，简称 RBL）。虽然这个系统不是基于论证的，但它是专门针对法律推理应用而提出的，其中包括了它的可废止方面。因此，有个详细讨论是恰当的。理由逻辑的最新版是在哈赫（Hage，1996；1997）的论文以及维赫雅（Verheij，1996）的博士论文中讨论的。这些论著也广泛讨论了理由逻辑的哲学基础，这些观点主要是哈赫提出的。

理由逻辑之法律知识观

用一句话来讲，理由逻辑是打算用来把握法律（或其他）原则、目的和规则是如何产生支持或反对一个命题之理由以及如何能用这些理由推出结论的。关于原则、规则与理由的基本观点受到拉兹（Raz，1975）关于实践推理中理由角色理论的影响，而且也受其他源自分析哲学的洞见之影响。

潜藏在理由逻辑背后的一般观点区分了法律知识的两个层级。主要层级包括原则和目的，而次要层级包括规则。原则和目的表达了支持或反对结论的理由（目的是一种怀疑型原则，会产生道义理由；为了简便起见，我不去明确讨论目的）。在没有次要层级情况下，为了获得结论，在每种情况下都必须权衡这些理由，但根据哈赫和维赫雅的观点，规则是打算用来总结预先针对特定类别个案的权衡过程之结果的。因此，一条规则不仅保证了相对于其后承的理由，而且也保证了针对应用潜藏在规则背后的原则之所谓"排他"理由，其中规则取代了它所依赖的理由。这种观点与德沃金（Dworkin，1977）的著名观点相似，德沃金的观点是，"尽管理由权衡互相针对，但规则是以全有或全无方式应用的"。可是，根据哈赫和维赫雅的观点，这个区别恰好是程序问题：如果在表述规则时提出了没考虑过的新理由，那么这些理由就不会被这条规则所排除；基于这条规则的理由仍然必须与基于新原则的理由比进行比较。因此，在理由逻辑中，规则与原则在句法上没有区别，它们的区别只反映在其与其他规则或原则的交互中。

哈赫和维赫雅也想系统考虑关于规则与原则的推理，因为在法律领域这种现象普遍存在：律师经常会对法律有效性或者规则与原则之可应用性进行论辩。很明显，形式化这种论证要求：在对象语言中谈论规则和原则是可能的。理由逻辑提供了这些工具。此外，哈赫和维赫雅把关于规则或原则产生理由需要谈及的知识视为推理的一般原则。因此，它们说的不是前提知识，而是作为逻辑推论规则的知识。

总之，哈赫和维赫雅认为，规则应用远远超出简单分离规则多。它涉及关于有效性以及规则应用性的推理，并且要权衡支持和反对规则后件的理由。

规则与理由逻辑的特征

对于法律推理逻辑来讲，这种法律推理的一般观点有着下列寓意。[6] 在理由逻辑中得出结论是一个二步过程：首先需要收集支持和反对结论的理由，然后权衡这些理由，看看能够得出哪个结论。一条规则或原则给出支持结论的理由，当且仅当，它适用于这些事实。

理由逻辑明确表达了在应用规则时的一个必要条件以及一个正常充分条件。必要条件是：该规则或该原则有效；而这是否如此，必须能从前提推演出来。正常充分条件是指该规则可应用即它有效，其前件得到满足并且不会被排除。是否排除一条规则又是由前

---

〔6〕 理由逻辑有好几个版本，本节的讨论是基于哈赫1996年版本（Hage, 1996）。

提来决定的。或许法律明确使得一条规则不可应用，如在例 3.1.1
中，但也许排除原则是因为一条考虑原则之规则。可应用并不是应
用规则的必要条件：如果其条件没有满足，那么，假如它同意这条
规则背后的原则和目的，仍然能够类比地应用规则。此外，可应用
只是在通常意义上充分，也有理由反对应用一条规则，例如其应用
是违背其目的或者在其范围之外。因此，一条可应用规则并不直接
给出支持其结论的理由，而只是给出该规则应用之理由。此外，只
有支持应用一条规则或原则的理由胜过了反对其应用的理由，才能
应用一条规则。支持理由 pro 是否胜过了反对理由 con，这本身又
是由前提决定的，因此它本身是辩论之事。

可是，即使应用一条规则或原则，也不能保证其后件。或许也
能应用冲突规则或冲突原则，因此一条规则或原则只给出了支持其
结论的理由，但必须权衡针对冲突理由之理由。它再次由前提决
定，其中理由集更强。

形式系统梗概

我现在用理由逻辑来给出这些思想形式化的印象。

－ 形式化元层知识

正如刚才所说，在对象语言中理由逻辑必须提供表达规则性质
的工具。为了达到这个目的，哈赫和维赫雅使用了复杂命名技术即
"具体化"，众所周知，这源自元逻辑和人工智能，参见如格尼塞雷
斯和尼尔森的著作（Genesereth & Nilsson，1988，p. 13）。每一原子
谓词逻辑公式 $R(t_1, \cdots\cdots t_n)$ 都是用函数表达式 $r(t_1, \cdots\cdots t_2)$
来命名的。要注意：R 是谓词符号，r 是函数符号。再者，复合公式
是通过用函数符号命名命题联结词来命名的。如公式 $\neg R(a)$ 是
通过函数表达式 $\neg' r(a)$ 来命名的；这儿 $\neg'$ 是与联结词 $\neg$ 相对应的
函数符号。合取式 $R(a) \wedge R(b)$ 通过函数表达式 $\wedge'(r(a),$
$s(b))$ 来表示，通常都用中缀符号记作 $(r(a) \wedge' s(b))$。要注
意，不像本书全书所使用的命名技术那样，理由逻辑技术反射了被

243

命名公式的逻辑结构：从名称出发，能够重构相应公式。

规则如何命名呢？这是通过使用函数符号 *rule* 来实现的。因此，规则通过像下列之类的术语来表示：

$$rule\ (r,\ P\ (x),\ q\ (x))$$

（这里 r 是"规则标识符"，在形式化时它很方便。）要注意，这个表达式不是一个公式而是一个条款。只有这个术语与谓词符号结合在一起才能产生公式，如用

$$有效\ (rule\ (r,\ p\ (x),\ q\ (x)))$$

其中，它说的是 r 有效。

根据规定规则，带变元的条款是一个代表其所有基础事例的图式。

或许读者希望理由逻辑的对象包括与函数符号 rule 相应的条件联结词，正如它包括与诸如¬′和∧′之类的函数符号相应的联结词一样。可是，出于哲学理由，哈赫和维赫雅并没有假定这样一个联结词。在他们看来，规则不是描述事态而是构成事态：法律规则使得某人是盗窃犯或使得某东西成为合同，但它并没有描述如此情况。因此，哈赫和维赫雅认为，规则并不是命题，它或者为真或者为假，而是世界中的对象，它不能是有效与否或可接受与否，它必须用于使得事情为这种情况。

- 理由逻辑推论规则

哈赫与维赫雅把理由逻辑说成是添加到标准一阶逻辑之上的额外推论规则。我首先总结一下最重要的规则，然后给一些（简化）形式化。

1. 如果一条规则有效，其条件得到满足，且没排除它的证据，那么该规则可应用。

2. 如果一条规则可应用，那它就会产生其应用的理由。

244　　3. 要应用一条规则，当且仅当，其应用理由胜过反对其应用的

理由。

4. 如果要应用一条规则，就会产生相对于其后件的理由。

5. 一个公式是前提的结论，当且仅当，支持该公式的理由胜过反对该公式的理由。

要注意，条件（5）使得权衡过程是在两个理由集之间而不是两个单独理由之间进行（参见第 7.5.4 节）。

这里有一个看起来很像推论规则（1）的简化形式版。要注意，条件和后件都是变元，能够用任意公式的名称进行例示。

如果有效（*rule*（*r*，条件，后件））可推演，获得（条件）可推演，

且排除（*r*）不可推演，那么可应用（*r*，*rule*（条件，后件））可推演。

条件（4）具有下列形式。

如果应用（*r*，*rule*（条件，后件））可推演，那么支持理由（后件）可推演。

最后，这里有一个在条件（5）中如何让对象层与元层链接起来的形式。

如果胜过（支持理由（公式），反对理由（公式））可推演，那么元公式可推演。

还要注意，支持理由是否胜过反对理由本身是从前提推演出来的。还要注意，尽管"公式"是一个相对于出现在理由逻辑合式公式中对象术语的变元，但"元公式"是元变元，它代表由术语"公式"所命名的公式。这就是对象与元层在理由逻辑中链接的方式。

正如刚才所说，理由逻辑条件都是被添加到标准一阶逻辑之上的额外推论规则，正如在缺省逻辑中的缺省一样。可是，尽管缺省逻辑的缺省表达了域特定概括，但理由逻辑推论规则都是试图用来

把握规则推理之一般原则的。这就是为什么原则在量上胜过规则：对于任意条件、结论、公式以及元公式的事例来讲，它们也成立。

可是，正如在缺省逻辑以及许多其他非单调逻辑中一样，在理由逻辑中特定公式的可推演性是根据其他公式之不可推演性来定义的。如在（1）中该规则被排除可以不是可推演的。因此，为了达到这个目的，理由逻辑修改缺省逻辑技术："可推演"条件被作为扩充条件来重述。很明显，这把预测未来引入到定义之中，使得可推演性定义是非建构性的，正如缺省逻辑中一样。

运用理由逻辑

现在让我们展示用理由逻辑来形式化法律规则和法律原则的基本要素。既然规则或原则并非对象层公式，那么它们只能通过断定其有效而直接陈述出来。因此，任意具体规则都必须形式化为

有效（*rule*（*r*，条件，后件））

关于表达例外，理由逻辑既支持选择方法又支持例外子句方法的变体。显性例外能够用与其他许多非单调逻辑中几乎相同的方法来形式化，但有一个区别：由于理由逻辑关于有效性与可接受性的规则被形式化为一般推论规则，故给出规则未被排除的明确条件并非必需的。因此，如例3.1.7能够形式化为

有效（*rule*（1，人（*x*），有法律行为能力（*x*）））

有效（*rule*（2，未成年人（*x*），排除（1）∧′¬′有法律行为能力（*x*）））

有效（*rule*（3，未成年人（*x*）∧′有法定代理人同意（*x*），排除（2）∧′有法律行为能力（*x*）））

要注意，对于未成年人来讲，在理由逻辑推论规则的上述条件（1）不能用于规则1针对应用于约翰而推演出理由之后，约翰在没有获得同意情况下执行规则2会导致结论"规则1被排除"。

规则例外方法之理由逻辑变体也能用于形式化冲突规则，即通

过使用第 8.6 节中所描述的方法，也就是说，把冲突规则形式化为一般不可应用规则。因此，这种方法事实上在例外子句方法和选择方法两者之间。这种方法意味着一条由于冲突规则而被搁置的规则不会产生其结论的理由。这是必然的，因为不像我的系统那样理由逻辑自动权衡理由集，使得一条单个被击败规则与其他规则组合起来仍然能够产生结论。根据哈赫和维赫雅的观点，这不是法律冲突规则在实践中如何发挥作用的问题。

　　理由逻辑也支持使用选择方法。如果两条相冲突规则同时应用，那么它们的应用会产生冲突理由，然后不得不借助使用有关理由权衡的信息来比较理由。前述事项意味着这种方法可行，只是相对于经得起权衡的规则即相对于哈赫和维赫雅称为"原则"的东西而言的。

评　价

在评价理由逻辑时，我将区别其基本哲学观念及其作为形式系统的好处。从哲学上讲，理由逻辑是法律推理逻辑方面的一种深邃有趣且大多数时候有说服力的分析。具体的优点是其法律元层推理分析（关于有效性、可应用、排他性以及规则和原则的优先性与权衡）以及它对法律推理某个其他特征的有说服力分析，如潜藏规则背后的目的和原则间的梯度差别。可是，我不认同理由逻辑的某些哲学特征。在第 7.5.4 节中，我论证了所谓权衡理由之需要并非如哈赫和维赫雅所认为的那样重要。此外，他们勉强把规则不仅处理为对象而且处理为公式，这似乎忽略了公式本身是一种对象，而这是一个作为元逻辑发展基础的观察。

　　当被看作逻辑系统时，理由逻辑的一个特别有吸引力的特征是其对（法律）元层推理的详细形式化，其中使用了可获得的最复杂命名技术。另一个好处是，理由逻辑至少把比较组合理由问题放到了逻辑议程上来。最后，理由逻辑有一个极富表达力的语言，如其中规则能够被嵌套和否定。然而，另一方面，必须说因为其表达

246

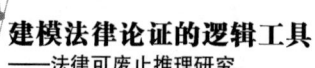

力，且因为它把元逻辑特征与非推演性概念组合起来了，故理由逻辑技术上相当复杂。在这方面，有一些涉及系统良好技术的结果会是值得要的。此外，从计算观点来看，理由逻辑的非建构本质以及缺乏程序公式化是没有吸引力的。在这些方面，论证方法似乎更好。最后，一个细节是，在不可解冲突情况下，理由逻辑表现为一种极端怀疑论（参见第7.5.2节）。

然而，正如已经讨论过的那样，哈赫和维赫雅的许多研究都非常有价值，特别是他们对法律知识表达的贡献，揭示了如何能用一阶语言形式化诸多类型法律知识。在很大程度上，他们的形式化也能用于其他系统，如第6~8章的系统，且在好几个方面它都与理由逻辑相似。比如，我的系统也能处理例外子句方法（利用弱否定）和选择方法（利用优先性）。此外，在我的系统中，理由逻辑得出结论的二步过程（首先收集支持理由和反对理由，然后比较它们）都有对应物，首先是收集正方论证和反方论证，然后比较它们。现在我猜想，如果我系统的每条可废止规则都被假定为有一个有效性子句和一个弱否定的不可应用子句，那么在很大程度上理由逻辑之推论规则能够被翻译成我理论的对象层规则，这使形式化法律知识的类似方式变得容易了。虽然很明显仍然必须做很多工作，但这项事业似乎非常值得，因为它会把哈赫和维赫雅关于法律知识分析与表达的工作与沙托尔和我自己关于法律论证的逻辑形式工作结合在一起。

247

第 *10* 章 使用论证系统

本章要完成第 6 ~ 8 章所提出的论证系统之讨论。首先，第 249
10.1 节要把建模例外选择方法与建模例外子句方法的其他方式进
行比较，随后第 10.2 节要讨论在计算机中的实现前景。本章其余
部分要展示在建模法律论证过程作为工具的系统之角色。在第 10.3
节中，这个系统将用于第 2、3 章中所提出的某些问题，并且在第
10.4 节中它将用于给出已实现的人工智能与法系统的某些方面之
逻辑分析。最后，在第 10.5 节中，将把系统放到论证四层全景
之中。

10.1 表达例外方法之比较

在第 8 章用讨论不一致信息推理来结尾并且第 9 章把所得到的
系统放到相关研究视角中之后，我们现在能把这些版块拼在一起，
比较在非单调推理中处理例外的两种竞争方法。更具体地说，将要
比较的是我系统中所应用的选择方法和第 5 章中缺省逻辑、限定逻
辑、普尔框架以及逻辑编程中所应用的条件子句方法。在比较时，
我用了第 5.1.3 节中所给出的论题清单。首先，在我系统中我用最
似真形式化完成了第 5.6.1 节中的概述图，并根据特别性来比较
论证。

硬反证击败

$d_1: Ax \Rightarrow Bx$

$$f_1 : \forall x. Cx \Rightarrow \neg Bx$$

硬底切击败

$$d_1 : Ax \wedge \sim \neg 可应用 d_1（x）\Rightarrow Bx$$

$$f_1 : \forall x. Cx \Rightarrow \neg 可应用 d_1（x）$$

软反证击败

$$d_1 : Ax \Rightarrow Bx$$

$$f_1 : Ax \wedge Cx \Rightarrow \neg Bx$$

250

软底切击败

$$d_1 : Ax \wedge \sim \neg 可应用 d_1（x）\Rightarrow Bx$$

$$d_2 : \Rightarrow 可应用（n）$$

$$d_3 : Cx \wedge \sim \neg 可应用 d_3（x）\Rightarrow \neg 可应用 d_1（x）$$

悬而未决冲突

$$d_1 : Ax \Rightarrow Bx$$

$$d_2 : Cx \Rightarrow \neg Bx$$

要注意，不像例外子句方法，在不必把它们与底切击败组合情况下，能够表达软反证击败。

现在我想起了在第5.1.3节末尾最终方法之比较。

结构相似

记得应当避免的是在一个知识库单元中混合了几个源单元。在第3章中，我们已经看到，虽然在例外子句方法中只用了一般子句，但这种"多一"对应在两种方法中都能够避免。可是，在选择方法中更容易获得源与知识库之间的"一一对应"：在第5.2和5.3节中，我们已经看到，当与底切击败组合时，软反证击败只能用例外子句来表达，并且这常常会导致一个源单元进入到两个知识库单元，只通过给予相同名称来保持在一起。正如刚才所看到的那样，选择方法使用一种更讲究的方式处理了这种例外。还要注意，它在形如"⇒可应用 n（x_1，……x_2）"额外缺省底切击败之用法并非真的违背一一对应，因为这种表达式与任何特别性源无关，它们更多是形式化方法之"硬件"部分。总之，关于结构相似性，两种方法都做得很好，但对于选择方法来讲有一小点优势。

模块性

在第 5.6.4 节中，我们已经看到，特别例外子句方法是非模块性的，而一般子句只部分支持模块：当添加新例外时虽然它们防止了改变旧规则，但例外仍然不得不提到它们是哪条规则例外的；正如有时在法律中一样，只有在自然语言版本中也做到这一点，一般例外子句方法才完全支持模块性。

关于选择方法，在第 5.1.3 节中已经指出，特别性使用常常被认为是支持模块性的，因为在特别性算法决定了优先关系之后，独立形式化每条规则就足够了；另一方面，优先性常常被说成导致非模块性，因为在指派它们时预期规则间的所有交互或许是必需的。可是，关于这两个主张，在本书中我们已经看到它们应当被削弱。关于特别性，在第 6.7 节中我们已经看到，自然语言版常常含混，在哪些情况下特别是在法律推理中形式化正确，这是由哪条规则是例外之辩论结果来决定的。因此，与常常主张的相反，使用特别性并不支持形式化的模块方式，但另一方面使用优先性有时支持，特别是在法律推理中。也就是说，如果它们能够根据规则的一般法律优先性如它们颁布的时间或者其法源分层状态来分配，特别性就支持形式化的模块方式。

最后，我应当回到先前所及的两个评论。首先，在第 5.1.3 节中，我说过，常常没有明确区别开结构相似与模块性。在那里我承诺过，本书将提供做出这种区别的理由；现在这些理由已经变得很明显：源结构相似以及作为形式化过程结果的知识库并不蕴涵这个过程本身是模块性的。第二个评论是在第 3.1 节中做的，在那儿我

251

说本书将提供一些为什么结构相似并不总是有益的理由。现在，这个理由与刚刚提及的相同：结构相似并不支持模块性，并且这与结构相似常常主张的某条好处相矛盾。

让我们来总结一下表达例外的选择方法与例外子句方法之间的比较，它们两者都不完全支持模块性；通常主张在优先方法中使用优先性竟然过于乐观，过于依赖自然语言表达式的准确性。因此，关于模块性，大体说来，这些方法也同样很好，并且这意味着比较知识表达方法使用最多的标准竟然缺乏识别能力。

与自然语言的相似性

虽然在法律中有时有，但自然语言表达通常都没有任何例外子句。在选择方法中，它们确实不需要，但如果这类子句确实出现在源表达式中，那么正如第 6.6 节中所表明，这种方法也处理例外子句，因此，这它比例外子句方法更接近自然语言。

特别性排除

在第 5.6.4 节中已经注意到，如果例外子句通过产生唯一答案解决了冲突，那么没有其他标准能够推翻该解决方案；其他标准只能用于例外子句没有阻止的冲突，当然只有如在缺省逻辑和普尔框架中那样能够有选择地提出冲突答案才行。可是，这并没有改变特别性仍然优于其他标准这样的事实，至少对于法律推理来讲这是不正确的情形。在这一点上，选择方法比例外子句方法有个主要好处：它给其他解决冲突的任何标准留有空间，并且它也能处理关于这些标准的（可废止）推理。要注意，这也优于第 4.1.4 节中所讨论的尝试，使得特别性成为可废止条件逻辑的语义特征。

实　现

第 5 章的结论是，在限制到子句语言时，且如果无法避免悬而未决冲突，那么用逻辑编程方法就能相当有效地实现例外子句方法，其代价是对经典否定词缺乏较自然的处理。相比之下，选择方法引入了复杂性的一个新层级，需要从冲突答案中选择最佳答案。相对于大家熟悉的被称为回溯推理的现象来讲，已经表明选择方法降低了易处理性（进一步参见第 10.2 节）。总之，如果例外子句方法满足了获得唯一答案的目的，它就能比选择方法更有效地实现，但由于唯一答案只能在限制应用领域里获得，故我们事实上面对的是在表达力与易处理性间众所周知的权衡事例。

表达力

正如第 5.6.1 节的方案一样，并且本节也表明，这些方法主要是在处理悬而未决冲突上不同。虽然在表达例外子句方法并非在所有逻辑中同样好，但第 5.1.2 节中所列出来的所有其他情形都能用两种方法来表达。关于悬而未决冲突，我们已经看到，在例外子句方法中只有缺省逻辑和普尔框架能够可选择地提供两个答案。可是，这只能在理论层面有效：当在逻辑编程中遇到最自然实现时，这些形式体系的好处就消失了。从理论上讲，选择方法处理悬而未决冲突几乎是根据定义来做的，但它仍然看到了用有效实现版同样是否成立。

总之，面对悬而未决冲突，选择方法理论上问题很少，且在实践上至多与例外子句方法有同样多的问题；此外，选择方法也能处理例外子句，并且不存在只有例外子句方法能够表达的例外之例外类型；总之，选择方法比例外子句方法更富有表达力，但还应当说这个代价是增加了计算复杂性。

253

最终评价

我们能够得出结论，两种方法间的主要区别的出现与易处理性和表达力有关。在另一点上，总的说来它们竟然做得同样好。特别是相对于在实践中与知识工程的相关点，这也有效。关于选择方法有那么一点儿更接近自然语言之例外，除了这点之外，两种方法都维持了规则与例外的分离，并且在两种方法中知识工程师不应当过多依赖于模块形式化策略。因此，唯一的真正问题是在何种情况下

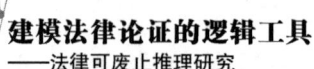

应当牺牲易处理性。

在我看来，其答案取决于应用之本质与研究之目的。如果系统的主要任务是深入洞察特定大量法律之后承，那么非单调技术主要充当知识装置，其中例外子句方法可能是个较好的选择。很明显，对于法律已固定下来且没有给不一致留太多空间之领域，这种方法特别有效。另一方面，如果在建模法律论证研究中产生了表达例外的需要，那么选择方法显然要好，因为它能把握法律推理的诸多方面。如我们所看到，特别是它能嵌入到建模冲突论证的构造和比较之一般方法之中。本章最后三节我将更详细讨论本书所提出的法律论证系统如何能充当对抗性法律论证模型中的构成要件。但首先我得转向期待它在计算机程序中实现的预期。

10.2　关注实现

虽然实践研究已超出了本书范围，但做某些一般性评论也恰当。由于诸多原因，要实现第 6 ~ 8 章整个理论是有问题的。事实上，该系统遭受三层计算复杂性之痛苦。首先，它用了一阶谓词逻辑之丰富表达力，整体而言不存在一个既完全又有效的定义证明机器。因此，甚至寻求一个命题的个别论证也是棘手的。第二层级复杂性是，寻求反论证事实上是一种非推演性检测，它对于一阶逻辑而言已知为非决定性的，且正如第 3、4 章所解释那样，它使得可废止证明程序成为全局性的，即它提出了需要检测在证明每个步骤上所有前提。复杂性之最后一层是由论证与所谓"回溯"之间的关系所给出的。如戈登（Gordon，1991；1995）所注意到，针对想要的结论，在形式上建构和比较论证问题与发现解释特定已观察数据之假说集的任务相似。后一过程常常被称为回溯，且正如拜兰德等人（Bylander *et al.*，1991）所表明，回溯易处理性的障碍是（除了别的之外）假说间的不相容性（这需要一致性检测）以及找到最佳解释的目的。很明显，我的系统产生了这两个障碍。

可是，逻辑论证系统（以及其他非单调逻辑），并不只具有降低易处理性的特征。最新研究（Cadoli *et al.*，1996）已经提出，在非单调逻辑中，表达一个问题或表达一个域一般比在单调逻辑中更加简洁，它对易处理性有正面效果。

此外，易处理性仍是个真问题。现在，正如在第 4.3.2 节中所说，在人工智能中存在两个克服该困难的普通策略：将语言限制到有效可计算片段以及对于语义学牺牲完全性甚至可靠性。我现在要对两种选择做一些评论，不只与我的系统有关，而且与一般意义上的论证系统有关。

限制语言

常常使用的选择是限制语言，如限制到逻辑编程语言。事实上，第 6 ~ 8 章系统原来是作为逻辑编程系统而提出来的（参见如 Prakken & Sartor，1997a）。正如第 9 章所说，纽特（Nute，1992）的可废止逻辑和西马里与路易（Simari & Loui，1992）的实现模型也都因易处理性原因而被限制到类逻辑编程语言上。有些人甚至使用了带有例外的多重继承系统语言，这种语言更受限制（参见 Touretzky，1986；Horty *et al.*，1990）。正如第 6.2 节中所指出，后一个系统借助使用特别性的基本形式来处理冲突缺省，使得子类缺省比父类缺省具有优先性。可是，对于大多数法律适用来讲，在表达力上这些系统语言都太弱，最重要的是它们不允许合取或否定前件。

放弃可靠性或完全性

在实践中，虽然牺牲完全性仍切实可行，但放弃可靠性当然要冒很大风险。特别要注意到，在非单调层面上，基本单调逻辑之不完全性变成了不可靠性，因为在那个层面上公式可推演取决于其他公式不可证。在这方面，或许恰当评论是"在人工智能中不存在易处理的决策程序问题常常是根据启发式搜寻来处理的，亦即借助通

255

常至少会找到一个似真或者次优答案之程序来处理"；在涉及如旅行距离、财务收益之类某些多值实体问题中，这或许恰当，但逻辑问题本质上并非"是或否"之问题，对此次优解决方案思想没有太多价值。无论如何，即使某人选择了论证系统的不完美实现方案，这个系统仍然有其用途，因为它至少使得在实践中应用不完全或不正确的那些方面准确用公式表示成为可能。

此外，有些人最近在推动认真采用这路思想，即不仅更多信息能够改变结论，而且更多计算也如此：按照如路易等人（Loui *et al.*，1993）、普洛克（Pollock，1995）和戈登（Gordon，1995）的观点，根据不完全信息得出结论的相同理由适用于根据部分计算得出结论，即缺省时间限制和其他资源。在第 9.2.2 节中，我们已经讨论了"有限资源"推理的一个例子，即普洛克的证成概念（Pollock，1995）。这个概念考虑的不是根据前提在逻辑上可能论证之全部，而只是那些推理者实际计算的论证（还要记住：在定义 9.2.1 中董番明的集合 *Arg* 对两种选择都开放）。因此，即使添加了新前提，进一步计算也能改变结论。根据这些作者的观点，非单调推理研究不仅应当包括不完全信息推理的标准，而且应当包括有限计算资源推理的标准。

10.3　应　用

在本节中，我要应用论证方法特别是要应用我的系统来讨论前面几章所讨论的某些问题。在表明该系统事实上能够形式图尔敏许多思想之后，我要就逻辑论证系统作为一种工具在这种推理活动中如何能用作为解释和类比推理做一些评论。

10.3.1　图尔敏谈论证结构

正如第 2.2.2 节所指出，图尔敏（Toulmin，1958）的思想近来已吸引了人工智能与法领域许多研究者的注意。我在那儿的评论是，虽然这些思想肯定有价值，但它们并没有表明他讨论的推理方面不能用逻辑术语来分析。我现在使用我的系统来支持这一主张，并论证事实上它能形式化图尔敏的论证结构思想。[1]记得在他对这种结论的观点中，"结论"（conclusion）有资格且能够通过"证据事实"（data）获得，这些证据被通过叫做"保证"（warrant）的"推论许可"（inference license）制成理由，而基于"支持"（backing）能够使用"保证"，但它暗含了易受例外支配。例如，在事实领域，支持与保证关系能够建立在归纳基础之上，而在法律领域，如保证通过涉及相关规定的条款和颁布日期来支持。如果我们根据我的系统来分析这一点，那么我能够把证据事实看作事实，把保证看作可废止规则：在这种保证解释中，抓住了其"可废止性"和"推论许可"本质。此外，正如第 6.6 节所表明，一条规则的支持能够用表达与显性例外相同的方式来表达：每条规则都能够假定有一个要求它被支持的额外条件，于是进一步前提能够在规则确实需要支持条件下陈述。最后，图尔敏的"除非"子句是通过被反论证击败的可能性来把握的，而在严格论证和可废止论证、已证成论证与可防御论证间的区别以及后一类概念的可废止性中，其结论限定词都有对应物。总之，我的系统能够用于图尔敏论证结构思想的逻辑形式化。在某些方面，这种形式化甚至较为丰富。如它允许涉及保证的优先性关系以及关于这些关系的论证，它允许优先关系组合以及显性例外，它支持关于支持的论证，最重要的是，它从形式上定义了根据图尔敏思想所构造出来的信息之可废止后承。总之，虽然图尔敏可以指向他那个时代逻辑研究的某些局限性，但他并没有表明这些局限性在推理的任何逻辑分析中根深蒂固，或没有表明除了非形式哲学分析之外，逻辑分析没有任何价值。

---

〔1〕　一个当代逻辑对图尔敏和佩雷尔曼挑战的回应之更一般讨论能够在范丙申（van Benthem，1995）的论文中找到。

10.3.2 作为推理工具的系统

在第 2.3 节中，我论证了逻辑还与非推论性推理活动相关，因为它们能够把逻辑作为一种工具。我现在要讨论本书中所提出的论证系统能使用的某些方法，而且我将特别关注解释问题与分类问题。当然，这些问题是内容之事，这使得乞求这些解决方案之逻辑证成没有意义，但甚至当律师在解释法律规则或先例或者从法律上证明特定事实的资格时，逻辑仍然有其用武之地。其理由是：人们应当明确论证解释与分类，而这种解释与分类使可获得信息蕴涵想要的结论，并且是否如此是由逻辑规则来决定的；甚至对于试图打破规则的最极端解释形式仍然成立。很明显，这只能对打破那些逻辑上蕴涵不想要结论之规则有意义。因此，逻辑把对明智解释与分类的空间进行了约束，或者用另一种方法来安置它，因此，逻辑能够作为寻求这个空间的工具。

当然，现在对我论证系统所提供的解释与分类之一个基本约束是，所提出的论证是一致的，而另一个约束涉及能够被构造（或需要打破）论证的空间。如基于假言易位推论的论证能够被建构出来吗？我的逻辑分析提出了一个它们为什么不能之理由。在解释中作为工具的系统之一个明显例子是试图找到可接受前提，且这些前提要使得相对于想要结论的论证比其反论证更特别。请再考虑例 3.1.4 涉及在生死决斗中杀人的更多例子，并且假定那条规则具有优先性问题到目前为止还没有解释，那么关于两条规范，被发现有罪之犯罪嫌疑人的辩护人应当论证，生死决斗协议蕴涵着杀人目的，因为《荷兰刑法典》第 154 条第 4 款是《荷兰刑法典》第 287 条的特别性原则，它会产生较低的最高刑期；在另一个解释中，涉及《荷兰刑法典》第 154 条第 4 款的论证只能是可防御的，并且法官能随便找到让《荷兰刑法典》第 287 条优先的理由。

论证系统的工具性角色之另一个说明能够通过分析类比推理给出。在解释与分类中，这种推理即类比和区分案例起着重要作用。

如今，虽然在第 2.3 节中我论证了这些事情是内容之事而非推论模型之事，但在这里应与论证系统也相关。首先，我应当解释在我系统中应当如何准确解释类比推理：在第 2.3 节中，我论证了最好把它视为发现遗失信息碎片的启发式装置，且根据我的系统，这意味着它是扩充可废止规则集 Δ 的一种方式，即从一种缺省理论跳跃到了另一种包含更多信息的缺省理论。当然，不能从逻辑上证成或批评这种跳跃本身，但一般来讲关于解释与分类同样成立：论证系统仍然起作用，因为它应当检测想要的结论是否确实是从提出的扩充缺省理论推导出来的，如所提出的类比与区别是否会产生一个更特别或者至少不少于此反论证特别的论证。因此，这个系统就把约束施加到寻求有用类比和区别上了。

258

现在，我要最终展示论证系统如何能够指向明智的论证策略。乍看起来，或许认为当面临解释问题时，只要律师都应当假定法律融贯，因此他们或许不得不应用一个"冲突避免"解决策略。可是，虽然对于法官来讲或许是这样，但法律纠纷单方辩护律师有时应当论证存在冲突。请考虑一个使用两个先例的例子，其中第一个留给形式化它的空间，正如下面两条可废止规则中任何一条一样。

(1)　　$p \Rightarrow q$

(1′)　　$p \wedge \neg r \Rightarrow q$

假定案件事实只能被分类成（$p \wedge r$），并且第二种情形的唯一明智解释是

(2)　　$r \Rightarrow \neg q$

那么，$\neg q$ 的提出者确实应当论证避免解释（1′）之冲突，它使得在攻击（2）时使用第一种情形不可能。可反对者则应当相反，最好论证"冲突保留"的解释（1）。在使用这种方式论证时，其要点是后来或许提供了其他理由来使（1）比（2）具有优先性。我们再次看到，考虑冲突论证比较的可能结果能够给法律纠纷中什么

是要遵循的最佳解释策略提供某些线索，并且这再次表明，在各种推理中能够把论证系统视为一种工具。在本章最后一节，我要用更一般的术语回到这里。

10.4　几个实现系统的逻辑分析

在本节中，我根据一般意义上的逻辑论证系统分析了一些已实现的人工智能与法系统，且如果合适，特别要根据我的系统来分析。

10.4.1　加德纳方案

虽然加德纳方案（Gardner，1987）是关于美国合同法中要约与承诺问题的，且非常复杂，但就当前目的而言，下列抽取就足够了。正如已经看到的那样，本方案的任务是把困难问题与容易问题区别开来，且根据这个区别来区分简易案件与疑难案件（参见第3.3节）。除了输入事实之外，加德纳区别了三类信息：法律规则、常识规则和个案。[2]此外，她作了简单假定，个案与常识规则只适用于解释法律规则的前件，并且不一致的唯一源泉是个案与其他个案或常识规则相冲突。现在一个困难问题是关于该方案不得不保持沉默的法律问题，即根据论证系统针对现有问题的结论根本构造不出支持或反对的论证。更有趣的是冲突规则适用哪些问题。加德纳用下列方式来处理它们。如果两个案件冲突，那么她把这个问题视为疑难案件，但如果冲突是在个案与常识规则之间，在让个案优先时她就把它视为简易案件。用我的系统来形式化这一点很简单：所有三类法律信息都是可废止的，并且个案与常识规则是根据前者比后者具有优先性的简单排序来排序的。要注意，既然个案与常识规则只用来提供法律规则的前件，那么它们相对后者的关系就不必定

---

[2]　要注意，"疑难"和"简易"资格并不适用于存储案例而只适用于输入案例。

义了。现在根据我的系统，第二种疑难问题是针对相反结论存在两个可防御论证。我的系统提出了该方案之似真扩充。加德纳的评价是，所有先例被作类似对待产生了太多困难，处理这个的一个明显方式是用涉及基于案例库所定义的某个排序来比较个案。事实上，海波系统和卡巴莱系统比较案件都涉及特别性（参见下文），但正如我们所看到，我的系统允许使用任何标准，如基于两个案件的时间或分层关系，甚至基于实质考量。

戈登的回溯法律问题理论

戈登（Gordon，1991）给出了加德纳方案的一个更一般逻辑分析。在分析它时，作为其法律问题的形式理论之实现方案，其在形式上与普尔缺省推理逻辑框架非常相似。事实上，其理论之早期版（Gordon，1989）显然是建立在普尔（Poole，1988）框架基础上的。像普尔一样，戈登不是对定义逻辑后承新概念感兴趣，他感兴趣的是如何能用逻辑来分析各种推理活动。可是，不像普尔那样，戈登没有关注可废止推理，而是关注"观测法律问题"，或者区别"简易案件"与"疑难案件"。像普尔一样，戈登假定了事实集 $\mathcal{F}$ 和缺省集 Δ。[3] 正如期望那样，戈登把相对 φ 的论证定义为 Δ 的一个子集 D，并使得 $\mathcal{F} \cup D \vDash \varphi$，以及把这样一个论证的反证定义为 D'，使得 $D \cup D' \vDash \bot$。此外，D' 是 D 的反论证，当且仅当，D' 是一个针对 $\neg\varphi$ 的论证。因此，所有反论证都是反证，但反之则不然。有些反证只是 D 的真子集之反论证。戈登并不允许比较冲突论证的方式，但他注意到能够很好地把普尔（Poole，1985）对于特别性的工作以及布鲁卡（Brewka，1989）对于优先性的工作添加到自己的理论中。

戈登根据问题定义了简易案件和疑难案件概念。大体说来，相对于目的而言，问题是缺省，（给定前提下）该缺省与推演出这个

260

---

〔3〕　下面我会忽略戈登考量和普尔考量之细微差别。

目的在逻辑上相关。更形式一点说，公式 I 是关于目的命题 G 的问题，当且仅当，I 是缺省且如果它被包含在相对于 G 的极小一致论证之中。

关于戈登的简易案件定义，一个微妙之处是，它允许在事实问题上不一致，且为了达到这个目的，他把缺省分成事实缺省与法律缺省（不要把事实缺省与集合 $\mathcal{F}$ 混淆起来，事实集是超越争议的公式集）。现在大致说来，戈登把一个关于特定目的 G 的个案定义为简易案件，当且仅当，涉及 G 的唯一不一致就是关于事实的。更准确地说，一个关于 G 的个案是简易的，当且仅当，存在一个相对于 G 的论证，其中唯一反论证攻击涉及 G 的事实问题，即当且仅当，对于任意 $I \in D$，它是涉及 G 的问题，且使得存在一个相对于 $\neg I$ 的论证，I 是事实缺省。

在我看来，戈登法律问题回溯理论的一个重要好处是，对人工智能与法的主要贡献之一是表明了逻辑能够用于涉及法律推理的更多目的而不只是建模公理观（参见第 2.1.3 节）。可是，戈登方案的细节还不是最终结果，因为关于普尔不一致处理方法的使用，戈登承袭了第 6.3 节中所讨论的这种方法之缺点。就当前目的而言，这些缺省中最重要的是普尔没有投射论证间的论辩交互。例如，假定用论证 B 反证论证 A，但 B 依次又被 C 反证，C 因此而试图复原 A。于是，直观上不仅 A 的缺省而且 C 的那些缺省都是涉及 A 的结论之问题，因为如果这些缺省不可接受，那么 C 复原 A 的试图不成功。可是，在戈登定义中，只有那些与 A 结论相关问题的缺省才是 A 中的那些缺省。

必须说，后来戈登（Gordon，1995）对自己的分析改进了一些，并分析了这些缺点，这项工作将在第 10.4.5 节中讨论。有趣的是，虽然戈登（Gordon，1991）根据法律纠纷直观上表达他的理论，但是他的形式定义还没有投射这些直观。准确地说，这是在戈登（Gordon，1995）著作中改进的东西。

10.4.2 卡巴莱系统

不可能给卡巴莱系统一个准确形式考虑：正如第 3.5 节中已指出，这个系统的主要目的是用来建模法律推理的启发式方面，正如第 10.3.2 节中所解释，虽然这些方面受到逻辑约束，但该系统提出者已经不再试图给这些约束以形式说明。然而，什么可能，这是从程序对信息逻辑方面的特定观点描述中抽取出来的，且在这些信息中启发法发挥作用。接下来我们能做的就是试图指向实现最接近这些观点的形式概念，以及相对该程序的行为来讲能够依靠的逻辑标准。

在第 3.5 节中，我讨论过把卡巴莱系统逻辑如何能作为法律推理工具的一个例子。现在我能够让这些工具之本质更精确化：它们最好能根据论证系统来分析，因为程序的一切就是关注针对矛盾结论提出、攻击或比较论证。该程序的一个重要方面是，为了提出支持某人主张之论证中的缺失链条，它包含了基于诸如类比推理的启发法。事实上，根据我的系统，这个程序因此而提供了从一个缺省到另一个缺省的系统跳跃方式。而今在第 10.3.2 节中所说的每件事情对于卡巴莱系统来讲都有效：简言之，在提出或拒绝这种跳跃时，要记住所得到的缺省理论之逻辑后承。

在这方面，我系统的相关性的最后一个例子涉及在比较论证时程序使用了特别性的基本形式，如在比较使用类比推理（用海波系统的"多点"排序）提出的先例时它也那样做了，并且在定义打破规则的启发法之一，即指向一条规则或者带额外条件和对立结论的案件时也是那样做的。现在，根据我的分析，在涉及特别性比较中不应当使用"优势证据"（参见例 6.2.4）。请思考下列例子，它或许事实上最终会出现在卡巴莱系统中。

$c_1 : f_1 \Rightarrow p$ $r_1 : p \Rightarrow r$

$c_2 : f_1 \wedge f_2 \Rightarrow p$ $r_2 : q \Rightarrow \neg r$

如果该系统基于个案的部分提出两个情况 c_1 和 c_2，且 r_1 和 r_2 是两条基于规则部分的规则，那么，相对于前面所解释的理由来讲，单根据比 c_1 "在点上要多"的 c_2，系统不应当把 $\neg r$ 视为比 r 要好的答案。

262   总之，根据这些例子以及根据第 10.3.2 节中所说的，我们可以看到，相对于像卡巴莱建模论辩启发阶段之类系统来讲，在分析启发式发挥作用信息之逻辑本质时，逻辑论证系统也有其用处。

10.4.3 逻辑元编程之应用

在第 3.5 节中，我描述了针对表达法律的逻辑编程之用法研究。在后来两个项目中，这个传统已被用源自逻辑元编程的技术来丰富了。哈姆费尔特和巴克隆德（Hamfelt & Barklund，1989）使用这种技术来（除了别的之外）表达法律冲突规则。他们的方法使用了逻辑编程的演示谓词（DEMO），它表示为对象语言中的可证性。因此，他们的表达风格非常不同于我在第 8 章中的风格，我用的是优先性谓词。另一个不同之处是，哈姆费尔特和巴克隆德假定了法律知识有一个单独语言层级分层。因为像第 8.5 节中建筑规定例子，我选择不作这样的假定，该例子表明优先原则不仅适用于法律对象层规则，而且也相互适用甚至适用于它们自身。

此外，洛滕和本奇卡鹏（Routen & Bench-Capon，1991）已经把元逻辑编程应用于规则与例外的分离。他们保留这个分离是通过用元表达式"受支配于（规则₁，规则₂）"来丰富知识表达语言的，并且通过确保只要它是句干能够没有规则地推演出来的声称主题，那么逻辑程序的元解释器就能应用规则。很明显，这种非推演性检测实质上是可废止假定，规则没有例外，并且能够说被存在例外之规则所击败。在这方面，这种方法与第 5 章和第 6.6.2 节中所解释的一般例外子句方法之使用相似。可是，有一个重要区别：在洛滕和本奇卡鹏方法中，规则的前件并不需要有明确"无例外"的假定；相反，像在哈赫和维赫雅理由逻辑中一样，当它测试例外规则句干的非推演性时，这个假定被包含在元解释器之中。洛滕和本奇卡鹏认为，这最好保持法律文本的自然语言结构。

虽然这确实是简洁特征，但他们的方法也有某些限制。特别是洛滕和本奇卡鹏并没区别严格规则与可废止规则，并且他们没有考虑到悬而未决冲突或者没有考虑到关于优先性的推理。因此，他们的方法更好地适合于表达融贯的法律文本而不是建模法律论证。

10.4.4 弗里曼和法利的达特系统

263

弗里曼和法利（Freeman & Farley，1996）半形式地描述和实现了一个法律论证的论辩模型。在降低优先性排序时，他们的系统语言把规则分为三类认识论范畴："充分的"、"证据的"和"缺省的"。在结构上，把论证分析为图尔敏的论证结构（参见前面第2.2.2 节）的变形。涉及建构论证的推理比在我的系统中要复杂得多。首先，除了分离规则之外，达特系统（DART）也允许逆分离推论。此外，该系统允许特定非演绎论证，即回溯论证（$p{\Rightarrow}q$ 且 q 推出 p）以及反向论证（$p{\Rightarrow}q$ 且 $\neg p$ 推出 $\neg q$）。根据他们自己的观点，这些推论明显是众所周知的"肯定后件"和"否定前件"的谬误，但弗里曼和法利借助定义如何能够攻击这种论证来处理了这个问题。事实上，这种攻击是普洛克（Pollock，1995）底切击败事例，它否定了在前提与非演绎论证间有链条。例如，在达特系统中，前面的回溯论证就能被提供一个相对于 q 的可替解释来底切，这个解释的规则形式是 $r{\Rightarrow}q$。

在降低优先性排序时，论证强度是根据四个值"有效"、"强"、"可信"和"弱"来测定的。这个强度既依赖于规则类型又依赖于论证类型。如在逆分离推论应用于充分规则时它产生有效性，但当它被应用于缺省或证据规则时，它产生弱论证。回溯法和反向法总是刚好产生弱论证。最后，当应用到充分规则时，逆分离推论产生一个有效论证、一个带缺省的强论证以及一个带证据规则的可信论证。论证强度用来比较冲突论证，会产生论证击败关系，如在我的对话博弈中那样，反过来又决定在纠纷中是否允许一个行动。

有趣的是，当应用于缺省规则时，逆分离推论论证比分离规则论证弱，这产生了例 6.3.3 和例 7.2.6 的正确结果。如在后一个例子中，针对"鲍勃不文明"的论证虽然逻辑上可能，但它是"弱"论证，因为它使用了逆分离推论，而针对其对立论证是一个"强"论证，因为它使用了分离规则。

达特对话博弈有几个变体，这是由几个不同层级证明来决定的。这是因为弗里曼和法利坚决主张解决语境的不同法律问题需要不同证明层级。例如，对于一个案件是否在庭审前提出的问题，只需要一丁点证据即可（在我的系统他们对该概念的解释与可防御论证相符），而对于个案裁决来讲则需要"论辩有效性"（在我的系统叫做已证成论证）。此外，非演绎论证的可接受性或许取决于语境。若有必要，能够排除非演绎论证。

评 价

达特系统有种启发式味道，其中弗里曼和法利给出的好几个特征，如各种论证类型强度排序没有理论解释。例如，相对于缺省规则和证据规则来讲，知道为什么逆分离推论论证比分离规则论证要弱，而在所有这些情况下逆分离推论都还被认为逻辑上是可能的，这或许很有趣。此外，似乎需要说明，使用缺省规则和证据规则，回溯法和反向法恰好与逆分离推论一样强。最后，如我的对话博弈一样，达特系统对话博弈之变体并不是建立在明显论辩理论语义之上的。

关于其他方面，达特系统比我的系统更受限制。如达特系统语言并没有弱否定词，并且规则优先性的仅有来源是特别性以及三类认识论规则排序；相反，我的系统允许任意偏排序且受辩论支配。

可是，就肯定方面来讲，弗里曼和法利对非演绎论证类型给出了有趣处理。特别是，虽然他们把这种论证类型视为不是启发法（跟我一样）而是推论模式，但他们也清楚，非演绎论证的恰当处理不仅要定义如何能建构它们而且需要定义如何能攻击它们。在我看来，这对非演绎论证的"启发观"和"推论观"来讲都很重要。此外，弗里曼和法利主张解决语境的不同问题可需要不同证明层级甚至不同类型论证，这非常有趣，而且值得进一步研究。

10.4.5　诉答博弈

我要讨论的最后一个系统是戈登（Gordon，1994；1995）的民事诉答对话博弈模型。由于它是从形式上定义的，既使用了标准逻辑又使用了论证系统，因此那是逻辑如何能作为人工智能与法之工具的一个漂亮展示。此外，与前面讨论的系统相比，它包括了一个非常重要的新特征，即有规定机会把新信息引入到辩论中。因此，我将详细讨论这个系统。

一般思想

265

这个博弈打算用来作为民事诉答（规范）模型，而民事诉答是民事法律案件的一个阶段，其中，为了识别必须由法庭裁决的问题，双方交换论证与反论证。戈登把民事诉答建模成一个形式定义的对话博弈，其中双方（原告与被告）按照特定话语规则建构和攻击针对主张之论证。由于戈登想要他的模型是规范性的，这些话语规则并不是由民事诉讼法真实体系组成的。事实上，它们是受阿列克西（Alexy，1978）的法律论证话语理论启发的结果。阿列克西理论是建立在如下思想之上的：如果法律裁决是针对纠纷的公平有效程序之结果，那么这个裁决就是正义的。它包含了这样的原则，如"没有说话者可以自相矛盾"，"若被要求，每个说话者必须证成断言，除非他能证明收回这个证成合理"以及"每个证成必须包含至少一条法律规则"。戈登表明，这种法律论证程序观也有逻辑方面。所得到的形式模型本质上与对法哲学的贡献一样有趣，但对于人工智能与法来讲，戈登想要它充当在博弈双方间进行仲裁的计算机系统技术说明，也就是一个确保不违背博弈规则的系统。

关于法律推理程序观，诉答博弈并非是唯一一人工智能与法的系统。在哈赫等人（Hage *et al.*，1994）的论文中，给出的程序说明是在哈特的简易案件与疑难案件之区别的。从哲学上讲，这个说明与诉答博弈有关，但从技术上讲它相当不同，因为它利用的不是基于论证的系统而是哈赫和维赫雅的理由逻辑。因此，我不会详细讨论这项工作。

虽然戈登的诉答博弈与我的证明论都有对话博弈形式，但有一个关键区别。在我的博弈中所有行动都以前提确定集为基础，在博弈期间博弈者不能改变它，而在诉答博弈中，前提集是动态建构的：在博弈规则定义的界限内，争议期间每个博弈者都有权提出新前提。这使得诉答博弈成为真实争议模型，其中双方很少秀出他们所有的牌，但在争议期间通常都会引入新陈述和新主张，这取决于反对者的行动。相反，我的博弈充当的是（基于论证的）非单调逻辑证明论，即它定义了许多给定信息的可废止后承。这个信息体或许是争议之任何阶段的联合前提，但它也可以包括一个人（不完全或不确定）的信念，或者一个单部法律的规范。

266　　既然诉答博弈不是决定给定前提集的后承，而相反是规定了在争议期间博弈者能够如何建构前提，那么这个博弈需要应用一个独立逻辑论证系统来决定一个主张是否是由这些前提衍推出来的。关于这个系统，戈登使用了盖夫勒和珀尔的条件衍推证明论作为论证、反论证和击败。可是，重要的是要注意诉答博弈的体系结构关键并不依赖于条件衍推，可使用有充分表达力的任何论证系统，如本书第 6 ~ 8 章的系统。

在诉答博弈中，引入新前提受新行动类型之定义所支配，并且当这些行动可能时它受话语规则支配。让我们来看看行动类型。[4]

行动类型

如果我们不管博弈的第一个行动，那么在我的博弈中唯一可能的行动类型就是针对另一个博弈者的前一行动陈述一个反论证。虽

---

〔4〕　出于解释的目的，我这里（且在其他某些点上）简化了诉答博弈。

然这个行动也可能在诉答博弈中，但引入前提会产生新行动类型。事实上，新行动类型并不必然是针对提出或"主张"新前提的；它能够被建模成一个已陈述之论证包含了这个新前提。只有回应主张才需要新行动，特别是博弈者能够否认新近提出的前提（"主张"），这使得或者有义务针对这个主张陈述论证或者把主张作为问题留给审判方，而且在主张变成了前提之一部分后，博弈者能够承认主张。最后，博弈者也能承认一阶论证。可是，这恰好有放弃陈述反论证权利的程序作用，承认论证的博弈者仍然能够否认其前提。

　　如何能够依次回答这些新行动类型？很明显，承认不需要回答，但对于否认而言，情况就不同了。既然否认本身并没主张任何东西，那么不可能有针对否认的反论证。相反，诉答博弈给出了另外两个可能性。首先，否认能够借助否认之否认来回答（不，我的前提没错）。针对这样的回答，没有回应成为可能，并且该主张就作为一个问题留给了审判方。作为一种选择，一个主张之否认能够通过针对这个主张的论证来回答。这个论证让博弈继续下去，因为另一方能够（正好刚才所解释）提出反论证或否认这个论证的任何新主张。

博弈规则

267

　　既然我们知道何种行动可能，那我们就能描述如何进行该博弈，即何时能够做出或何时应当做出一个行动，这是由一个"话语规则"集来规定的。它或许接纳了太多空间以至于无法完全描述这些规则，因此我把自己限制在给出一个简要印象。根据这些规则，当被告方阐明其主诉求（再次简化戈登的定义，这能够被建模成恰好包含一个前提之论证），博弈就开始了。然后，博弈者每轮都有义务回应涉及问题的反对者之每个行动，因此需要一个回答（如一个新论证或一个对主张的否认）。因此，诉答博弈必须（不像我的博弈）允许在每一轮上不止一个行动，因为对方可以引入（或否认）不止一个主张，其中不得不回答所有行动。因此，一轮博弈是指一个博弈者提出的一系列行动以及要求回答的对方之回答所有行动。由于回应义务，只要存在被要求回答的对方行动，博弈就继续着。如果在一轮开始时不需要回答了，那么博弈即告终止。

博弈结果

当博弈终止时，其结论就出现了。这是双重的：首先有一个在博弈期间识别的问题清单；其次如果只有一个赢家，那就有一个赢家。

戈登对问题的新定义修补了旧定义的缺陷，其中考虑了论证间的论辩交互和程序背景。大致说来，一个问题就是两方之一方提出的一个主张，相对于决定主诉求来讲，它是论辩相关的，且还没有被对方承认。一个非承认主张是否与裁决主要主张相关，这能够借助检查主诉求之"论辩图解"来决定。除了戈登论辩图解不仅包括了反对者（被告方）根据前提所做的所有可能行动而且包括提出者（原告方）的那些行动，这个图解是用与我的对话树之相同方式来定义的。现在，公式 I 是关于目的 G 的问题，当且仅当，作为一个主张，I 出现在针对 G 的论辩图解中，且 I 并非由承认前提所蕴涵。

最后，"赢"是相对于博弈期间建构的前提集来定义的。如果问题仍然存在，那就没有赢家，且案件必须由法庭做出裁判。如果没有问题存在了，那么，原告方赢，当且仅当，它的主诉求是由已建构前提条件衍推出来的，否则被告方赢。

268　　一个例子

让我们用一个例子来阐明诉答博弈。为了便于阐明，我在几个细节方面简化了诉答博弈，并且用不同（半形式）的记号。为了记法方便，每个公式都标上数字，而行动标识词用粗体。该例子涉及合同要约与承诺的争议，法律背景是《荷兰民法典》第 6 条第 217～230 款。博弈者被称为原告（π）和被告（δ）。原告已经向被告发出要约，通过主张合同存在开始博弈，然后用论证"被告接受了他的要约"以及"已接受要约产生合同"来支持其主张。

π_1：**论证** [（1）合同]

δ_1：**否认**（1）

π_2：**论证** [（2）要约，（3）接受，（4）要约∧接受⇒合同]

现在被告借助击败其子论证"他接受了要约"来攻击原告的支持论证 [2，3，4]。反论证说，被告在要约已终止后才发出其要约信息，因此，不存在法律意义上的接受。

δ_2：**承认**（2，4），**否认**（3）

　　论证 [（5）"接受"晚了，（6）"接受"晚了⇒¬接受]

原告通过更特别的反论证严格击败 δ_2 进行了回应，说即使被告的要约信息发出已晚，但它仍然算作接受，因为原告直接回复信息说，他把被告的信息认为是接受。

π_3：**承认**（5），**否认**（6）

　　论证 [（5）"接受"晚了，（7）"接受"已被认可，

　　　　　　（8）"接受"晚了∧（7）"接受"已被认可⇒接受]

π_3 否认（6）的理由是，承认 [5，6] 的两个前提会使得其后续反论证与其承认相矛盾，而这是博弈规则所禁止的。事实上，在诉答博弈中，可废止规则自己不能被主张、被承认或被否认，因为在条件衍推中（如在我的系统中）可废止规则不能是论证之结论。相反，这些行动涉及规则被阻止的主张（参见 Toulmin，1958）。为了简便起见，我忽略了这个复杂化。

　　通过承认 π_3 的论证（因此放弃了陈述反论证的权利）以及前提（8），并且借助否认其他前提之一即（7）[他自己在 δ_2 中已经隐约主张前提（5）]，被告现在试图把问题留给审判方处理。通过简单否认被告之否认以及不说出针对其主张的支持论证，原告赞同被告的目的，然后博弈终止。

269

δ_3：**承认**（8，[5，7，8]），**否认**（7）

π_4：**否认**（否认（7））

这个博弈已经产生下列论辩图解（既然它是论辩图解，那么术语"提出者"和"反对者"是恰当的）。

P_1：相对合同的 [2，3，4]

O_1：相对¬接受的 [5，6]

P_2：相对接受的 [5，7，8]

在这个一直未被承认的图解的主张是：

（1）合同

（2）接受

（3）"接受"晚了 ⇒ ¬接受

（4）"接受"已被认可

因此，这些是问题。[5]此外，在博弈期间所建构的前提集，即承认主张集，是 {2，4，5}。它由法官来负责裁决是否用问题（6）和（7）来扩充它。在每种情形下，条件衍推证明论必须用于验证其他两个问题，特别是原告的主诉求（1），是否是所得到的前提（可废止地）蕴涵。事实上，要弄清只有添加（6）和（7）才能衍推出它们很容易。

注意到博弈的上述结果完全是偶然的，这是很重要的，因为在每一轮博弈中，博弈者或许引入、承认或否认不同主张。这再次展示了使用对话博弈作为建构博弈的理论和作为非单调推理的证明论之间是有区别的。

最后，在上述勾勒中，我已忽略诉答博弈的几个有趣方面。如为了形式化程序公正的"有效性"（effectiveness）条件，戈登的一

---

〔5〕 更准确地说，第三个问题是主张"规则（6）被阻止"。

个关心是支持有效推理过程。对于细节和诉答博弈的其他有趣方面来讲，我参考了戈登自己的讨论。

评 价

根据第 6 ~ 9 章，我们怎么评价戈登诉答博弈？我们已经看到，在几个特别点上，批评是可能的，如关于戈登的条件衍推用法，在逻辑中它紧守特别性且阻止了正确处理像例 6.3.3 之类的例子。此外，对我来讲，似乎博弈行动集也应当包括收回主张的可能性，因为在真实法律纠纷中，这是双方时常做的事情。

可是，更重要的是戈登的积极贡献。他已经给出了（演绎和非单调）逻辑如何能用作建模法律论证工具的一个极好的展示。它用于把握诸如"论证"、"反论证"以及"击败"之类的概念，以及判定在争议期间所建构前提集之可废止后承。此外，戈登也表明使用这些概念的话语规则也能形式化。虽然有趣的是他并没用逻辑形式化这些规则，而是用取自博弈论的概念将它作为程序。

最后，戈登的诉答博弈是标准逻辑和逻辑论证系统在论证建模中恰当角色的清晰例子。可是，既然这相当于对本书主要贡献的评价，故现在我要进一步用单独一节来解释这一点。

10.5 法律论证的四个层面

逻辑层、论辩层和程序层

法律推理（其他各种实践推理）的程序考虑认同图尔敏（Toulmin，1958，pp. 7 ~ 8）的建议，那些想了解实践推理的逻辑学家们应当从数学那里避开转而去研究法学，因为在数学之外论证有效性不是取决于它们的句法结构而是取决于辩护它们的争论过程。在图尔敏看来，如果一个论证在正确引导争论中经得起批评，那么它是有效的。逻辑学家的任务就是找到针对争论何时被正确引导的标准。此外，他认为，法律强调程序，这是找到这种标准的极好之处。图尔敏自己并没有实施其建议，但其他人做了。例如，雷斯切（Rescher，1977）勾勒了一个科学推理论辩模型。除了别的方面之外，他认为这种模型能够解释归纳论证的可行性：如果不能用正确引导的科学争论成功挑战归纳论证，那就必须接受它们。布鲁卡（Brewka，1994b）已经给出了雷斯切模型之形式重构。在法哲学中，我已提及过阿列克西（Alexy，1978）的法律论证话语理论，该理论是建立在如下观点之上的：如果法律裁决是公平程序之结果，那么它是公正的。一般说来，关于论证的类似观点构成了所谓论证理论的"语用论辩"学派（van Eemeren & Grootendorst，1992）的基础，语用论辩理论已经被菲特丽丝（Feteris，1996），克罗斯特海斯（Kloosterhuis，1996）和普鲁士（Plug，1996）应用于法律推理之中。在人工智能中，路易（Loui，1997）已为理性程序观进行了辩护。根据他的观点，这种观点能够解释为什么非决定性推理仍然能够是理性的，即如果这种推理发生在争论的公平有效协议语境中，它就是理性的。最后，我们已经看到，戈登诉答博弈是用阿列克西的观点作为出发点的。

（法律）论证的这种程序考虑的确与逻辑的考虑比如我的系统是竞争关系吗？或者尽管问题相关，但这些考虑处理不同吗？事实上，我们对诉答博弈的讨论已经揭示了它们相互间完全兼容。如果我们从博弈中抽取出具体特征，那么我们会看到它是建立在法律论证的三层模型之上的，我称之为逻辑层、论辩层和程序层，其较早描述在帕肯的论文中（Prakken，1995b）。

首先，程序模型包括逻辑层。例如，前面的一条程序规则说，一方不可能自相矛盾。很明显，这是否发生是根据逻辑来判定的。一个论证到底是否支持结论，甚至在没检查可能的反论证情况下，也是根据论证前提与结论之间关系的基本考量即根据基本逻辑来判定的。阿列克西（Alexy，1978）也承认这一点，因为在他的法律论证之程序考量中，他更多关注单个论证的逻辑结构。除了逻辑层之外，法律论证的程序还包括"论辩层"[6]。在这个层面上定义了诸如"反论证"、"攻击"、"反证"以及"击败"之类的概念，并且在这个层面上给定一个前提集和评价标准集，它决定哪个可能论证优先。如我们所看到，这些是通过逻辑论证系统来定义的概念。最后，有一个程序层来掌管如何引导真实争论，即双方如何能引入或挑战新信息和陈述新论证。换句话说，这个层面定义了可能言语行为以及能何时且如何实施这些言语行为的话语规则。诉答博弈是这个层面形式化的例子。

我们现在能认识到在可废止论证系统中论证模型的正确角色，如本书第 6 ~ 8 章中所定义，它们充当了在标准逻辑系统与争论程序模型之间不可或缺的链条。把论证系统与争论模型视为如下情形或许富有洞察力。我们能说，在争论模型中，论证系统接纳了一个辩论情形的时序索引。为了弄明白这一点，首先让我想起论证系统的结果是相对于其输入的：论证系统（或者最好做它们的逻辑要件）决定基于给定前提集的可论证空间，并且基于输入排序它们决定着这些论证的状态。相比之下，争论程序不是在静态信息之上而是在一系列变化着的输入情形之上来定义的，这些情形是在争论期间通过引入新陈述和新主张彼此产生的。如今，争论程序的任务是主导博弈者的这类改变信息行动，而论证系统的任务是：当信息发生变化时，在新情形下，在给定可获得评价标准条件下决定可能论证的状态。

这种多层模型的重要性是，它表明即使我们只对（在"逻辑"或"数学形式的意义上"）形式东西感兴趣，评价法律论证的理性也涉及诸多方面。长期以来，对法律论证形式感兴趣的法理学家们只强调法律裁决内容应当可重构为演绎论证（参见如 MacCormick，1978；Soeteman，1989）。可是，我们已经看到，法律论证也有论辩性特征和程序性特征，并且这些特征也有形式方面，因此它们也

272

---

[6]　在帕肯的论文中（Prakken，1995b），我把这称为"论辩框架"层。

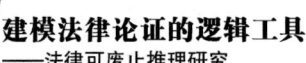

能用形式术语进行部分评估。

法律可废止性的程序方面

论辩层面和程序层面间的链接也表明了在法哲学中关于法律推理可废止性的某些早期讨论（源于非单调逻辑产生之前）。哈特（Hart，1949）［在贝克尔（Baker，1977）和路易（Loui，1995）的论文中有着广泛讨论］把可废止性置于法律程序语用背景之下。在法律情形下经常有：当主张提出者已经证明可能导致承认这个主张的事实时，这并没有本案已解决之效果；相反，把证明责任转移到反对者身上，轮到他证明其他事实，即尽管有了提出者已证明的事实，它仍然会阻止认同该主张。很明显，在不承认法律推理逻辑非单调情况下，无法理解法律程序的这个特征。换句话说，如果提出者的证据所支持的结论演绎有效，新信息决不会改变程序结果，因此转移证明责任会无意义。但是，哈特并没有针对逻辑的蕴涵作评论（可参见MacCormick，1995）：虽然他讨论了可废止性，这后来在人工智能中变得很常见，从而为非单调逻辑的发展进行了辩护[7]，但他恰恰把它视为法律程序的一个方面，并没有讨论它如何能调和司法推理仍受逻辑规则支配的观点。当前研究及相关著作，如沙托尔的论文（Sartor，1995）深入探讨了这种调和如何可能：法律论证的程序层面不仅预设了逻辑层，而且预设了论辩层，在这两个层面上，论证能够被较强反论证击败，从而产生了一个逻辑后承或"论证"后承的非单调概念。或许这种分析符合麦考密克（MacCormick，1995，p. 114）呼吁逻辑家们要发展出能够抓住法律可废止性的语用本质之系统。

有趣的是，在贝克尔（Baker，1977）对哈特（Hart，1949）的讨论中，虽然是用纯非形式术语，但贝克尔已做过类似观察。他提出了在论证前提与结论间的"C-关系"思想，这事实上就是非单调后承关系。然后，贝克尔评论到，为了找到击败其反对者已建

---

〔7〕 正如路易所详细展示的那样（Loui，1995）。

立起来的 C-关系之进一步证据，在已知前提集与主张之间建立 C-关系的效果是，把证明责任转移给了挑战主张之人。目前这个分析也能被视为贝克尔观察之形式化。

第四个层面：策略

事实上，除了逻辑层、论辩层和程序层外，我们甚至能识别出第四个层面，这或许可以称为"策略"，在这个层面上识别出了进行博弈的策略和技巧。要注意，像诉答博弈之类的程序模型只定义了争论何时根据程序规则来引导，正如国际象棋规则只定义了根据博弈规则如何下国际象棋一样。可是，正如对于当一个好国际象棋手一样，对于一个好的法律辩论者来讲，需要的不只是知道这种博弈规则就够了，他所需要的要比知道程序正义多得多。

现在针对法哲学以及人工智能与法的一个有趣挑战是，研究什么是引导法律争论的好方式。或许在哲学上佩雷尔曼（Perelman，1969；1976）的研究部分已能被认为是这种东西，而且有时人工智能与法工程也研究论证启发法和策略。例如，麦卡锡的"纳税人 II"系统（参见第 3.5.2 节）所投射的"原型与变形"模型能够被认为是论证策略。海波系统研究了用法律先例进行类比推理或反向推理的三层策略，而里士兰和史克拉克（Rissland & Skalak，1991）以及史克拉克和里士兰（Skalak & Rissland，1992）用规则与个案把这项研究扩充到组合推理。事实上，如果我在第 2.3 节中关于类比推理的观点正确，即它不是一种推论形式而是提出新前提的一种启发方式，那么提出类比应当在策略层完成。如我所解释它们一样，这确实是海波系统和卡巴莱系统所做的事情。

对于法哲学来讲，进入到法律论证的"启发式方法"的这项研究本质上很有趣，并且对人工智能与法来讲，它指向了一个有趣的（虽然很雄心勃勃）长期研究目标。如果把策略形式化了，那么一个计算机实现系统，比如说诉答博弈，就可能不只仅做一些博弈者间的仲裁工作，它可能自己也进行博弈。

274

第11章 结 语

　　假定逻辑能够为人工智能研究提供理论根基，那么本书的目的旨在给出法律推理两个重要方面的逻辑分析。有时这两个方面被认为避免了这样的分析：可废止推理分析，即隐约受例外支配之规则推理分析以及不一致信息推理分析。一个次要目的一直是要澄清逻辑在法律推理中的角色，特别要表明在诸如类比推理之类的非推论性推理分析中逻辑也有用。正如我在本章所要总结的那样，这两个目的都已达到。在法律推理中，关于逻辑角色的观察不是新的：为了避免对我研究本质的误解，我一直主要做的事情是使它们对于人工智能与法来讲更具体。展示能够从逻辑分析可废止推理和不一致信息推理的信任也不应当转给我。我的研究一直是对他人开启的发展之一点贡献，部分是把这些发展应用到法律领域，并且部分添加一些新东西到这些发展本身。

11.1 总 结

　　为了开辟本书主要研究的领域，在第 2 章我从讨论逻辑在法律推理中的角色开始。在法理论和人工智能与法研究这两个领域中，当分析法律推理时逻辑有用性一直备受争议。很明显，提出来反对逻辑的有些论证是建立在逻辑是什么以及能如何用逻辑的误解之上的。可是，其他对逻辑的怀疑竟然是基于这样的思想：在传统上逻辑所研究的推理种类是能够进行逻辑分析的唯一类型，特别是受例外支配的规则推理和不平凡的不一致信息推理会落到逻辑分析范围之外。由于法律适用之世界不可预见的开放本质以及在法律争论中许多竞争性利益与相关观点，故在法律领域这类信息很丰富，所以说，对法律推理进行逻辑分析用处不大。

　　在第 3 章，我们详细看到了，法律推理常常确实在对可废止不一致信息进行运算。此外，我们也看到法律文本把一般规则与例外分离开来的方式不能用标准逻辑工作来解释。可是，本书其余大部分都在致力于表明这些现象根本没有避开逻辑分析，而且它们在逻辑上互为相关。首先，在第 4 章我简要勾勒了建模所研究的两种推理之最新逻辑进展，它们大多数是人工智能关于建模常识推理的结果。然后，我研究了某些新进展在法律领域中的应用。似乎受例外支配的规则推理能够用两种方式来建模：其一，建模成带显性例外子句的推理，除非有相反说明，否则假定这些子句为假，这种方法是在第 5 章中研究的；其二，建模从冲突结论中选择最特别结论。在注意到建模可废止推理的第二种方法事实上是不一致信息推理的一个特例之后，我在第 6、7、8 章对最新逻辑发展本身做了一点贡献，我表明能把可废止推理和容不一致性推理建模成相对于不相容结论进行论证建构和比较的过程事例。虽然这项研究的主要启示源头一直是法律领域，但用一般方式来说，它足以成为对建构常识推理之一般人工智能研究的贡献。

　　在第 9 章，这个系统竟然是非单调推理人工智能研究之基于论证的新发展之事例。并且，在第 10 章我把这种一般方法和我的特殊系统都应用到了不同问题上，特别是应用于知识表达与实现上，应用到图尔敏对标准逻辑的批评上，以及应用到在非推论性推理中逻辑角色上。然后，我试图证成本书的假定，即在使用我的系统时逻辑能够用作实现系统的标准，还要证成在某些实现人工智能与法系统的逻辑分析中论证系统的一般思想。最后，我讨论了从本书出发如何形成法律论证的四层图景，如何把法律推理的逻辑方面、论辩方面、程序方面和策略方面连接在一起。

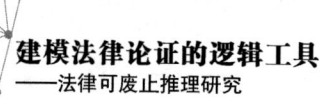

11.2 主要结果

我现在将概括一下几个更具体的结论。应当强调其相关性并没
有被限制在法哲学和人工智能与法范围之内：看看第 1.3 节中的论
证，不仅在法律领域中讨论了逻辑在推理中的角色，而且在一般意义
上的人工智能和哲学中也讨论了；此外，一直在分析的推理模式不仅
在法律中能够找到，而且在常识推理的其他诸多领域中也能找到。

逻辑在法律推理中的角色

关于逻辑在法律推理中的角色，主要结论是使用逻辑并没有承
诺推理之"公理观"甚至"素朴演绎观"。也就是说，逻辑并没承诺
狭隘推理，它不只是在某种逻辑语言公式之上运行可靠演绎定理的证
明器：它留给了其他推理如归纳法、类比推理以及针对规则的论证方
式一定的空间。甚至逻辑在这些活动描述中起着积极作用，因为它定
义了它们对其起作用的形式体系之逻辑意义。换句话说，这些活动把
逻辑用作工具，因为它们旨在提出或拒绝新信息，使用这些信息就能
推演出想要的或不想要的结论，而且结论推演是逻辑之事。

根据法律推理，在不与任何考量正义与公平或者社会政治需要
相关的情况下，逻辑并不强迫机械地应用法律规范和既定先例。简
单的理由是，逻辑结论的力量最终是建立在前提力量的基础之上
的：如果不接受结论，那么能够改变前提且这些改变能够建立在任
何根基之上。本书中所讨论的新进展甚至考虑了另一个可能性：尽
管在经典逻辑中结论有效性只能受移除或改变前提的影响，但在非
单调逻辑中，这也能够借助添加新前提来实现。

可废止推理

逻辑能够处理隐性受例外支配之规则，这已变得很明显。它们
之所以能这样做，是因为它们在值得注意的方面脱离了标准逻辑：
在这些逻辑中，在不改变或移除旧前提情况下仅仅添加新前提就能

使得之前有效的结论变得无效。当然，落到非单调逻辑之外的东西是要判定新考虑情况产生例外，因为这是内容之事；非单调逻辑的好处是形式本质：如果不是关于例外的所有信息都可获得，它们提供了跳跃到一般结论的方法，并且如果从外部添加了新例外规则或者如果新事实信息使得一个已经存在的例外规则可应用，那么它们就提供了得出例外结论的方式。

278

在研究针对可废止推理的现有逻辑学时，我一起关注获得这些好处的两个一般思想。第一个是把明显例外子句附加到可废止规则上，并且除非表明相反，否则假定这些子句为假。第二个方式是允许不相容前提的可能性，而且如果添加例外信息确实产生了冲突结论，那就选择基于最具体信息的那个。我们已经看到，在两种方法中，在法律文本中规则与例外分离都能被保留在形式化中。此外，已经很明显，绝大多数非单调逻辑都能用于建模这两种方法之任何一种。关于第一种方法，我只在现行非单调逻辑中研究了其形式化方式。结果竟然是，只要悬而未决冲突能够避免，这种方法就能被形式化且被相当好地应用到法律领域，而且还能用逻辑编程技术相当有效地实现。可是，一个重要结论是，如果不能打破两条规则间的冲突以支持它们二者之一，例外子句方法就丧失了许多魅力。

不一致信息推理

第二种建模例外推理方法适用于处理悬而未决冲突，因为它是不一致信息推理的一个特例。其他人如阿尔罗诺与麦金森（Alch-ourrón & Makinson，1981），普尔（Poole，1985；1988）和布鲁卡（Brewka，1989）已经提出了一些建模那种推理的有趣系统。可是，根据最新研究，这些系统竟然有些重要缺点。最重要的缺点就是它们无法表达在两个不一致前提间进行选择的按部就班的本质，该本质产生于证明与论证也是逐步建构出来的。本书的一个重要结论是，如果把不一致处理形式化为建构和比较针对不相容结论的论证，即根据论证系统，那么这个缺点就能够避免了。另一个重要结

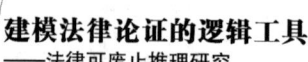

论是，在这个系统中前提仍然是用标准逻辑来表达的，那么它仍然没抓住受冲突规则所支配的规则之真正本质，其理由是实质蕴涵的假言易位性质产生了直观上根本不能建构的论证。我已表明，如果把可废止前提表示成单向规则，即对于像逆分离推论之类的假言易位推论是无效的规则，那么这些问题就能避免了。在所得到的系统

279　中，我已经研究了一些比较论证的具体方式，即检测特别性并使用任意部分规则排序。此外，我已对比较论证的标准本身是从前提（可废止）推演出来的情形给出了一个形式考虑。这已使得形式化各种法律冲突规则的组合运用成为可能，或者更重要的是使形式化由比较论证标准出现分歧所引起的辩论成为可能。

　　在第 9 章中，本书所提出的论证系统竟然是人工智能中新进展的一个事例，其中把非单调推理形式化为建构和比较论证之过程。在我看来，本书对这项发展的主要贡献是：分析了可废止规则使得逆分离推论有效则产生的问题，研究了例外子句方法和优先性的组合运用，对优先性推理进行了形式化，以及根据论证四层图景分析了逻辑论证系统的恰当角色。

法律推理中论证系统的角色

　　本书的出发点之一是，应当把逻辑视为推理工具。例如，我们已经几次看到，解释虽然是一种额外逻辑活动，但它仍然预设了逻辑，即当测试可替解释后承时就是如此。现在，第 6 ~ 8 章已经形式化了针对法律论证的特定类型之逻辑工具，也就是当法律知识不完全或不确定时或者当律师有冲突法律观点时有用的那些工具。第 10.5 节中所提出的法律论证四层观，区分了逻辑层、论辩层、程序层和策略层，揭露了这些工具之本质：它们指引着那些旨在获得特定论辩结果的推理形式。例如，在第三个程序层，我们已经看到戈登的诉答博弈只允许那些有潜力改变主张论辩状态的新论证。在第 10.3.2 节中，我们已经看到第四个策略层研究了相对在论辩层获得的特定结果之策略。

法哲学结论

虽然当前法律推理研究是作为人工智能与法工程开始的，但是如果不管纯技术和计算方面的话，它也是对法哲学的一大贡献。首先，本书已对特定法律技术提供了较好理解即一般例外子句和冲突规则，这表明虽然超越了标准逻辑，但它们仍然能用逻辑术语来分析。 280 其次，我已经给出法律推理的形式说明，其中，法律推理被当作关于法律知识的推理而不仅仅是机械地应用它，因此给出了法律推理的一个更现实图景。特别是，我已经表明如何能形式化关于有效性的辩论或法律规则的"支持"以及关于论证比较的辩论。

本书与讨论司法裁决的逻辑重构也相关。像麦考密克（MacCormick，1978），阿列克西（Alexy，1978）和舒伊特曼（Seoteman，1989）之类的作者已经论证：作为一种逻辑极小理性，用演绎形式彻底改装司法裁决是可能的。这些作者也很清楚，这并不蕴涵我在前面第 2.2 节所描述的法律推理素朴演绎观，并且他们也承认超越这种逻辑极小限度还有其他理性约束。本书已经添加到讨论中的是，这些其他约束中有些仍然具有形式逻辑本质：司法裁决的内容常常有一个论辩结构，并且本书提供了理性重构它的逻辑工具。

此外，有关法律可废止性的早期讨论，虽强调其程序作用但把含义大部分留给了未触及的司法推理逻辑分析，我的研究已做出了一些进一步澄清。我对法律论证的逻辑层、论辩层和程序层的区别解释了法律程序为什么允许责任转移，而对于用逻辑形式重构司法裁决内容而言，它仍然有意义。

最后，在区别了第四个策略层后，法律论证的四层图景已经形式化，我希望这有助于仔细全盘衡量某些众所周知的现有法哲学工作。

应用结论

上述结论主要涉及研究之逻辑方面与哲学方面，但关于知识库

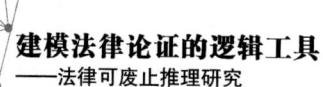
系统应用也能得出某些结论。其中之一是，在建模可废止推理时选择方法在计算上比例外子句方法更复杂，但也更广泛地被接受。其复杂性的主要原因是需要比较和选择冲突答案：相比较而言，例外子句方法的目的就是避免冲突答案，从而引向一个较简单的问题解决任务。可是，唯一答案只能在限制应用领域获得，特别是不一致信息推理和元层推理很快需要展示可替论证以及论证其强度之可能性。总之，正如平常一样，在人工智能研究中在表达力和易处理性之间进行权衡是必需的。

281

对于知识工程来讲，一个重要结论一直是，当它想起设计知识库的模块方式时，表达例外的几种方法没有太多不同：在所有形式化方法和所有形式体系中，在翻译单个表达式时最好保持整个领域的概览，特别是保持让规则与例外分离并不必然支持模块形式化过程。对于使用例外子句和优先性来讲，其他人已经做了类似观察，但关于使用句法特别性或语义特别检测，它们似乎是新的。

11.3　其他问题的意义

形式化非单调推理的方式

对建模非单调推理的方式进行比较研究已经不是本书的目的，特别是不去辩护一种方法为最佳方法。事实上，甚至可以认为没有这种最佳方法：或许没有被叫做"非单调推理"的唯一种类，但有种种推理图式，其中一个共同特征就是非单调性但在其他许多方面又有所不同。根据这种观点，论证系统与其说是某个推理图式之形式化，不如说是关于如何建模非单调推理的一般方案。

虽然如此，从我的研究来看，仍然可以得出关于这个问题的某些结论。首先，就我的知识而言，法律是不只用虚构例子测试非单调逻辑的少有领域之一，并且在这个方面或许更有意义的是基于论证的系统竟然特别恰当。如果把这个观察与能够统一现有非单调逻辑的像邦董科托方法之类的论证框架结合在一起，就能得出这样的结论：针对非单调推理形式化的论证方法至少非常有前途。

也能得出一些更具体的结论。首先，我们看到，作为一种重要非单调推理，前提优先推理的形式化需要比时常所假定的更为复杂的工具，特别是应当有一种方法来考虑比较论证的按部就班本质。我们也更多阐明了特别性原则在非单调推理中的作用。我们已经看到，作为例外的记号约定，特别性并没有引入模块形式化过程，因为特别性形式常常恰恰记录了根据其他根基的选择，它要求对可获得信息有全局观。我们也看到，作为常识原则来讲，特别性对处理冲突信息不是很有用，在实践中使用了其他许多标准，且这些标准中许多都比特别性重要。

最后一个结论是，用标准逻辑把非单调推理建模为容不一致性推理的试图比时常所假定的要缺少吸引力。理由是，使得假言易位推理有效的条件算子强迫考虑在真实推理实践中根本不考虑的潜在论证（或者扩充或子理论）。当然，我对不一致处理方法的"反驳"已经不是硬数学证明之事。从根本上说，"证明"是由一个非标准条件句系统组成的。在这个条件句中，现有"经典"理论问题能够用优雅的自然方式来处理，而用经典方法还没有这样一个自然高雅的理论可获得。恢复不一致性处理方法应当由基于标准逻辑的满足理论所构成。当然，不可能有这样一种理论不存在的数学证明，因为这个问题涉及形式系统及其应用领域之间的链接。它甚至可以是的确存在这样一种理论，但当前研究的好处至少是它已经指向某些问题，而这些问题是相对于不得不找到的方案而言的。

人工智能的逻辑基础

回到一般性主张上，逻辑能够为人工智能研究提供逻辑基础。我们能说，当前研究对这个主张的本质也有意义，其理由是，本书已经是逻辑有几种不同用法的一个例子，其中我使用了逻辑系统——缺省逻辑作为较大构造的一个要件，该系统也是用形式方法来定义的。这与第1.4节所阐述的出发点一致，不仅标准逻辑而且较大形式构造都能详细说明推理体系结构之语义。我的理论绝不是这种使用逻辑方法的唯一例子，所有论证系统都属于这种类型，像戈登诉答博弈之类的程序模型也属于这种，而且信念修正理论以及元层推理的最新研究也如此。事实上，对于普尔和布鲁卡的研究来讲，这也成立。虽然我批评了他们论如何建模非单调推理的观点，但我认为他们研究的一个有趣方面是把逻辑系统嵌入一个较大形式理论之中的这样一个一般思想，而不是强迫任何东西都进入到逻辑系统的传统形式中，其中只有一个逻辑语言，这个语言是用模型论语义来解释的，并且只有一个推论系统。

283   **论证理论**

本书形成的论证四层观并没有局限于法律领域，而事实上它是对一般论证理论的贡献。正如在第10.5节所指出，在这个领域已经研究了论证的程序方面。在非形式层面已有人做了这项工作如语用论辩学派，这在前面第10.5节已经提到。此外，一个"形式论辩术"领域已经逐步形成，它研究了对话程序规则的形式系统，参见沃尔顿和克罗贝（Walton & Krabbe，1995）的研究。对这个领域，目前研究的相关性是，它表明了论证程序层面如何不仅预设了逻辑层面（正如形式论辩学家们所清楚认识的那样），而且预设了论辩层面。

道义逻辑

我的研究的最后一个有意义主题是道义逻辑研究，即如"应当"、"禁止"和"允许"之类道义模态词逻辑。虽然本书并不直接是关于道义推理的，但前面的结果肯定与它相关，因为它们提供了处理道义逻辑的两个传统问题之可替方法：道德困境和初确义务。我已经为这种主张作过详细辩护（Prakken，1996a）。首先，应当注意，虽然在我的系统中基本逻辑语言是一阶谓词逻辑加上缺省，不存在为什么不能把一阶部分扩充到模态逻辑的理由。如果做了这一点，那么在我的系统中就能把冲突义务表达为存在不一致，但在更一般道德意义上仍有意义：虽然要同时为两个冲突论证进行辩护是不可能的，因为这个组合论证不一致，但能够把它们作为可防御论证交替进行辩护。因此，借助我的系统之冲突可防御论证对概念就能抓住道德困境概念的要件了。

目前这项研究也产生了表达初确义务的具体方法。如今，通常认为初确义务是一种无条件义务，它们是从可废止规则中推演出来的（参见如 Nute，1997）。可是，对这类规范如向形式化存在不同意见。在道义逻辑内，有些方法是由提出特定规则条件算子构成的，如通过使道义算子成为二元算子，这是一种冯赖特开启的方法（von Wright，1964），或者通过让条件算子落入某个表达道义模态的模态算子范围内，如在琼斯（Jones，1993）和阿什与波尼维克（Asher & Bonevac，1997）的研究。相比较而言，本书提供了一个形式理论，其中条件规范的可废止性是借助一般条件算子来把握的，与道义模态不相关。该方法的好处是，在规范语境下，可直接获得使用这种方式在其他领域所提出的技术与洞见。

284

11.4　进一步研究之建议

本书第二部分关于论证系统的工作已提出了有待研究的各种问题。在讨论它们时，论证的四层图景是有用的。如果我们首先仔细看论辩层，那么需要进一步研究的一个逻辑问题就是论证权责之形式化。虽然在第 7.5.4 节中，基于"手动"权责，在我系统中我已勾勒出处理这种现象的一种方法，但在给出最终评估之前，需要有一个与可替处理办法的详细比较，特别是与维赫雅（Verheij，1996）的"缺省"权责相比较。在可替方法间，要求的另一个比较涉及优先性推理的恰当形式化（参见第8.6节）。尽管在我的方法中把优先性放到了系统元理论里去了，但哈赫方法（Hage，1996）和科瓦尔斯基与托尼方法（Kowalski & Toni，1996）把优先性保持在逻辑语言之内，而相反用元逻辑特征扩充了系统元理论。一个有趣的技术研究问题是对其他语义的论辩证明论的发展而并不恰恰是良序模型语义。初步研究是在帕肯（Prakken，1997）的论文中谈到的，但仍有许多工作要做。最后，关于知识表达，我已在第9.3.2节中进行论证，把哈赫和维赫雅关于法律知识表达的工作——它在基于扩充的系统中做的——吸收到我的基于论证的系统之运用中，这很有趣。

如果我们离开论辩层，那么我们看到论证四层观已提出了各种有趣的研究问题。关于论辩层与程序层间的关联，形式化关于程序规则的推理会很有趣。这儿的情况与关于比较论证标准的推理类似，因为恰恰对这些标准来讲，法律论证的程序规则也不是固定不变的，而是可辩论的。因此，就像第8章中关于优先推理的形式化那样，研究这些程序规则不仅是如何确定论证过程而且是如何成为论证过程结论的，这或许很有趣。在法哲学中，这种自我修正法律程序现象已经被苏贝尔（Suber，1990）广泛研究过。在人工智能（与法）中，哈赫等人（Hage *et al.*，1994）和弗雷斯维克（Vreeswijk，1996）已经研究了逻辑方面，但他们留下了许多工作要做。

285　　最后，正如第10章最后所提及的那样，在程序层和策略层间的关联也提出了一些对人工智能与法和法哲学都有趣的研究问题。当程序层刚好定义了博弈规则时，策略层则定义了如何能很好地进行博弈。现在，一个极具挑战性（但也很难）的任务是识别策略或好坏论证之"启发式方法"，且若有可能，则将其形式化。这项研究的一个（适度）例子是帕肯和沙托尔（Prakken & Sartor，1997b）的研究，那是以本书的类比推理之"启发式"考虑为基础的，且其中本书的对话博弈是用作海波式协议之论辩核心，它是用来处理法律先例之类比推理的。把这种针对非演绎论证形式的"启发式"方法与诸如弗里曼和法利（Freeman & Farley，1996）方法之类的方法相比也会很有趣，其中，这种论证形式以及攻击它们的方式都不是在策略层而是在论辩层定义的。

附录 A　记号、排序与术语

A1　一般符号与记号

标准逻辑

符号：

¬　并非

∧　并且

∨　或者

→　实质蕴涵

≡　实质等值

⊤　真（$\varphi \rightarrow \varphi$）

⊥　假（$\varphi \wedge \neg \varphi$）

⊢　可证性

⊨　衍推

⊬　非可证性

⊭　非衍推

∃　存在量词（存在）

∀　全称量词（对于所有）

缩写：

Th（*A*）　　*A* 的演绎封闭

I（*t*）　　　术语 *t* 的解释

$I\ (P)$ 谓词 P 的解释

wff "合式公式"

iff "当且仅当"

一些记号约定：

p，q，r，…… 原子公式的元变元

φ，ψ，χ 任意公式的元变元

P，Q，R，…… 谓词常元

A，B，C，…… 谓词常元

a，b，c，…… 对象常元

x，y，z 对象常元

$\varphi_1 \wedge \cdots\cdots \wedge \varphi_n \rightarrow \psi$ $= (\varphi_1 \wedge \cdots\cdots \wedge \varphi_n) \rightarrow \psi$

$\forall_{x_1}, \cdots\cdots x_n.\ \varphi_1 \wedge \cdots\cdots \wedge \varphi_n \rightarrow \psi = \forall_{x_1}, \cdots\cdots x_n\ (\varphi_1 \wedge \cdots\cdots \wedge \varphi_n \rightarrow \psi)$

当关系与函数符号不止一个时的排版约定：

关系（术语$_1$，……术语$_n$）

函数（术语$_1$，……术语$_n$）

集合论

符号：

$\in$ 属于

$\notin$ 不属于

$\cap$ 集交

$\cup$ 集并

$\subseteq$ 子集

$\supseteq$ 超集

$\varnothing$ 空集

∞ 无穷

记号约定：

$\bigcup_{i=n}^{m} S_i$ $= S_n \cup \cdots\cdots \cup S_m$

$$\{x \in S \mid \cdots\cdots x \cdots\cdots\} = \quad 所有集合\ x \in S\ 使得\cdots\cdots x\cdots\cdots$$

A2 排序关系

排序关系的性质

自返性： $\forall x Rxx$

反自返性： $\forall x \neg Rxx$

传递性： $\forall x,y,z ((Rxy \wedge Ryz) \rightarrow Rxz)$

反对称性： $\forall x,y ((Rxy \wedge Ryx) \rightarrow x=y)$

非对称性： $\forall x,y \neg (Rxy \wedge Ryx)$

线性性： $\forall x,y ((Rxy \vee Ryx \vee x=y)$

偏前序是传递的自返关系。

偏序是传递的、自返的反对称关系。

严格偏序是传递的、自返的不对称关系。

线性序是传递的、反自返的线性关系。

缩 写

$x \not\leqslant y =$ 并非 $x \leqslant y$（下列符号相同）

$x \geqslant y = \quad y \leqslant x$

$x < y = \quad x \leqslant y\ 且\ y \not\leqslant x$

$x > y = \quad y < x$

$x \approx y = \quad x \leqslant y\ 且\ y \leqslant x$

A3 第6~8章论证系统的概念

~ 弱否定

⇒ 可废止蕴涵

$\mathcal{F}$ 一阶公式集（事实）

$\mathcal{F}_n$ 一阶公式集（必然事实）

$\mathcal{F}_c$	一阶公式集（偶然事实）
Δ	可废止规则集
$\leqslant$	关于 Δ 的偏前序（第 7 章）
$<$	关于 Δ 的严格偏序（第 8 章）
特别性	对 Δ 的所有子集的集合之排序（第 6 章）
$<$	指示 $<$ 的对象层谓词（第 8 章）
$<_s$	对于任意论证集 S：由 S 中的优先性论证决定的排序 $<$
击败	关于 $Args_\Gamma$ 的排序
$S-$ 击败	对于任意论证集 S：由 $<_s$ 决定的击败排序（第 8 章）
Γ	（有序）缺省理论
	（在第 6、8 章中的 $\mathcal{F}_n \cup \mathcal{F}_c \cup \Delta$）
	［在第 7 章中的（$\mathcal{F}_n \cup \mathcal{F}_c \cup \Delta$，$\leqslant$］
$Args_\Gamma$	在 Γ 基础上所有论证的集合
$JustArgs_\Gamma$	在 Γ 基础上所有已证成论证的集合
$\vdash$	简单推演（"存在一个论证相对于"）
$\vdash^a$	论证性推演（"存在一个已证成论证相对于"）
ANT（r）	对于任意规则 r：r 的前件
CON（r）	对于任意规则 r：r 的后件
ANT（R）	对于规则集 $R = \{r_1, \cdots\cdots r_n\}$：$\cup_{i=1}^n ANT$（$r_i$）
$CONS$（R）	对于规则集 $R = \{r_1, \cdots\cdots r_n\}$：$\cup_{i=1}^n CONS$（$r_i$）
$ANTCON$（R）	对于有穷规则集 R：ANT（R）所有元素的合取

A4 术 语

参 量　　谓词的参量是指谓词的论证数量。

原子公式　不包含其他公式的公式。

封闭公式　不含自由变元的公式。

完全性	一个逻辑证明系统相对于该逻辑的语义是完全的，当且仅当，从前提出发每个可证公式都是由前提衍推出来的。
后承概念	（从技术上讲）从公式集到公式的函数。
一致性	一个公式集是一致的，当且仅当，它并没演绎上蕴涵矛盾式。
矛　盾	形如 $\varphi \wedge \neg \varphi$ 的合式公式。
假言易位	$\varphi \to \psi$ 和 $\neg \psi \to \neg \varphi$ 的演绎等值。
可判定性	一个逻辑系统是可判定的，当且仅当，它有一个判定程序。
判定程序	一个对于给定逻辑系统的每个合式公式 φ 来讲都有穷步骤正确决定 φ 可证（或有效）与否的程序。
演绎推理	在本书中：根据单调后承概念（不管是语义概念或句法概念）进行的推理。
演绎封闭	在其所有演绎后承下公式集的封闭，即对于所有合式公式 φ：$\varphi \in T$ 当且仅当 $T \vdash \varphi$。
可推演性	可证性。
衍　推	一个公式 φ 是由公式集 T 衍推出来的，当且仅当，φ 在 T 的所有模型均真。
谓词扩充	带参量 n 的谓词扩充是对象 d_1，……d_n 之所有 n 元组的集合，其中，对它来讲谓词 P 也成立。
一阶（谓词）逻辑	标准谓词逻辑，其中在对象上唯一量化是可能的。
定　点	函数 f 的定点是论证 x_1，……x_n 使得 $f(x_1, \cdots x_n) = x_1, \cdots x_n$。
自由变元	公式 φ 的自由变元是不在 φ 中的量词辖域范围之内变元。

基础表达式　　基础表达式（公式、术语）是一个没有变元的表达式。

解　释　　术语 t 的解释 $I(t)$ 是 t 指示的对象。谓词 P 的解释 $I(P)$ 是 P 的扩充。

文　字　　文字是一个原子公式或否定原子公式。

单调后承　　后承概念 $\Vdash$ 是单调的，当且仅当，对于所有合式公式集 X 和 Y 使得 $X \subseteq Y$，且对于所有合式公式 φ，如果 $X \Vdash \varphi$ 则 $Y \Vdash \varphi$ 也成立。

分离规则　　对于任意条件算子 $\Rightarrow$ 来讲，从 $\varphi \Rightarrow \psi$ 和 φ 到 ψ 可证。

逆分离推论　　对于任意条件算子 $\Rightarrow$ 来讲，从 $\varphi \Rightarrow \psi$ 和 $\neg \psi$ 到 $\neg \varphi$ 可证。

元语言　　用来讨论另一种语言即对象语言的语言。

对象语言　　在另一种语言即元语言中讨论的语言。

可证性　　在一种逻辑中一个公式 φ 根据前提集 T 可证，当且仅当，这个逻辑的证明系统认可从 T 至 φ 的证明。

二阶逻辑　　带有对量词进行量化可能性的谓词逻辑。

半可判定性　　一种逻辑是半可判定的，当且仅当，对于每一可证（有效）公式来讲，存在一个程序确保在有穷步骤内告诉它是可证（有效）的。

可靠性　　一个逻辑的证明系统相对于其语义来讲是可靠的，当且仅当，从前提出发的每一可证公式都是借助这些前提衍推出来。

重言式　　命题逻辑的定理。

定　理　　一个公式是一种逻辑的定理，当且仅当，在没有前提情况下它是可证的。

术　语　　一个能够是谓词字母参数的表达，即常项、变元或函数符号。

有效性　　公式 φ 相对于一种逻辑有效，当且仅当，在这种逻辑的所有模型中它为真。

参考文献

Achourrón, C. E. & Bulygin, E. 1971. *Normative System*. Wien-New York: Springer Verlag.

Achourrón, C. E. & Bulygin, E. 1984. *Pragmatic foundation for a logic of norms*. *Rechtstheorie* 15m 453 – 464.

Achourrón, C. E. & Makison, D. 1981. Hierarchies of regulations and their logic. In *New Studies in Deontic Logic*, ed. R. Hilpinen, 125 – 148. Dordrecht: Reidel.

Alexy, R. 1978. *Theories der juristischen argumentation. Die Theorie des rationalen Diskurses als eine Theorie der juristischen Begründung*. Frankfurt am Main: Suhrkamp Verlag. (in German)

Allen, L. E. 1963, Beyond document retrieval toward information retrieval. *Minnesota Law* Review 47, 713 – 767.

Allen, L. E. & Saxon, C. S. 1991. More IA needed in AI: interpretation assistance for coping with the problem of multiple structural interpretation. *Proceedings of the Third International Conference on Artificial Intelligence and Law*, 53 – 61. New York: ACM Press.

Asher, N. & Bonevac, D. 1997. Common sense obligation. In *Defeasible Deontic Logic. Essays in Nonmonotonic Normative Reasoning*, ed. D. N. Nute, 159 – 204. Dordrecht: Kluwer, Synthese Library.

Asher, N. & Morreau, M. 1990. Commonsense entailment: a modal theory of nonmonotonic reasoning. *Proceedings of JELJA* 1990. Lecture notes in Artificial Intelligence 478, 1 – 30. Berlin: Springer Verlag.

Ashley, K. D. 1990. *Modeling Legal Argument: Reasoning with Cases and Hypotheticals*. Cambridge, MA: MIT Press.

Ashley, K. D. & Rissland, E. L. 1987. But, See, Accord: Generating "Blue Book" citations in HYPO. *Proceedings of the First International Conference on Artificial Intelligence and Law.* 67 – 74. New York: ACM Press.

Åqvist, L. 1977. Legal wrongfulness as a prerequisite for liability in tort. In Deontische Logik und Semantik, eds. A. G. Conte, R. Hilpinen & G. H. von Wright, 9 – 19. Wiesbaden: Athenaion.

Baker, G. P. 1977. Defeasibility and meaning. In *Law, Morality, and Society. Essays in Honour of H. L. A. Hart*, eds. P. M. S. Hacker & J. Raz, 26 – 57. Oxford: Clarendon Press.

Barth, E. M. &. Krabbe, E. C. W. 1982. *From Axiom to Dialogue: a Philosophical Study of Logic and Argumentation.* New York: Walter de Gruyter.

Bench-Capon, T. J. M. 1993. Neural networks and open texture. *Proceedings of the Fourth International Conference on Artificial Intelligence and Law*, 292 – 297. New York: ACM Press.

Bench-Capon, T. J. M. & Sergot, M. J. 1985. Towards a rule-based representation of open texture in law. In *Computing Power and Legal Reasoning*, ed. C. Walter, 39 – 60. St. Paul, Minn: West Publishing Co.

Bench-Capon. T. J. M. & Coenen, F. P. 1992. Isomorphism and Legal knowledge based systems. *Artificial Intelligence and Law* 1, 65 – 86.

Benthem, J. van 1995. Logic and argumentation. *Proceedings of the Third ISSA Conference on Argumentation. Volume* 1: *Perspectives and Approaches*, eds. F. H. van Eemeren, R. Grootendorst, J. A. Blair & C. A. Willard, 18 – 31. Amsterdam: Sic Sat.

Berman, D. H. & Hafner, C. D. 1987. Indeterminacy: a challenge to logic-based models of reasoning. In *Yearbook of Law, Computers and Technology*, Vol. 3, 1 – 35. London: Butterworths.

Beth, E. W. 1965. *Mathematical Thought. An Introduction to the Philosophy of Mathematics.* Dordrecht: Reidel.

Bidoit, N. 1991. Negation in rule-based database languages: a survey. *Theoretical Computer Science* 78, 3 – 83.

Bing, J. 1992. Book review of Kevin D. Ashley, modeling legal argument: reasoning with cases and hypotheticals. *Artificial Intelligence and Law* 1, 103 – 107.

Birnbaum, L. 1991. Rigor mortis: a response to Nilsson's "Logic and artificial intelligence". *Artificial Intelligence* 47, 57 – 77.

Bondarenko, A. , Dung, P. M. , Kowalski, R. A. & Toni, F. 1997. An abstract argumentation-theoretic approach to default reasoning. To appear in *Artificial Intelligence*.

Brewka, G. 1989. Preferred subtheories: an extended logical framework for default reasoning. *Proceedings of the Eleventh International Joint Conference on Artificial Intelligence*, 1043 – 1048.

Brewka, G. 1991a. *Nonmonotonic Reasoning: Logical Foundations of Commonsense*. Cambridge: Cambridge University Press.

Brewka, G. 1991b. Cumulative default logic: in defense of nonmonotonic inference rules. *Artificial Intelligence* 50, 183 – 205.

Brewka, G. 1994a. Adding priorities and specificity to default logic. *Proceedings of the Fifth European Workshop on Logics in Artificial Intelligence*, Springer Lecture Notes in AI 838, 247 – 260. Berlin: Springer Verlag.

Brewka, G. 1994b. A logical reconstruction of Rescher's theory of formal disputation based on default logic. *Proceedings of the Eleventh European Conference on Artificial Intelligence*, 366 – 370. Chicester: Wiley.

Brewka, G. 1994c. Reasoning about priorities in default logic. *Proceedings of the Twelfth National Conference on Artificial Intelligence*, 247 – 260.

Brewka, G. 1996. Well-founded semantics for extended logic programs with dynamic preferences. *Journal of Artificial Intelligence Research* 4, 19 – 36.

Brouwer, P. W. 1994. Legal knowledge representation in the perspective of legal theory. In *Legal Knowledge Based Systems. The Relation with Legal Theory*, eds. H. Prakken, A. J. Muntjewerff & A. Soeteman, 9 – 18. Lelystad: Koninklijke Vermande BV.

Bulygin, E. & Alchourrón, C. E. 1977. Unvollständigkeit, Widersprüchlichkeit und Unbestimmtheit der Normenordnungen. In *Deontische Logik und Semantik*, eds. A. G. Conte, R. Hilpinen & G. H. von Wright, 20 – 32. Wiesbaden: Athenaion.

Bylander, T. , Allemang, D. , Tanner, M. C. & Josephson, J. R. 1991. The computational complexity of abduction. *Artificial Intelligence* 49, 25 – 60.

Cadoli, M. , Donini, F. M. & Schaerf, M. 1996. Is intractability of nonmonotonic reasoning a real drawback? *Artificial Intelligence* 88: 215 – 251.

Clark, K. 1978. Negation as failure. In *Logic and Databases*, eds. H. Gallaire & J. Minker, 293 – 322. New York: Plenum Press.

Delgrande, J. 1988. An approach to default reasoning based on a first-order conditional logic: revised report. *Artificial Intelligence* 36, 63 – 90.

Doyle, J. 1979. A Truth Maintenance System. *Artificial Intelligence* 12, 231 – 272.

Dung, P. M. 1993. An argumentation semantics for logic programming with explicit negation. *Proceedings of the Tenth Logic Programming Conference*, 1993, 616 – 630. Cambridge, MA: MIT Press.

Dung, P. M. 1994. Logic programming as dialogue games. Unpub-lished paper, Division of Computer Science, Asian Institute of Technology, Bangkok.

Dung, P. M. 1995. On the acceptability of arguments and its fundamental role in nonmonotonic reasoning, logic programming, and n-person games. *Artificial Intelligence* 77, 321 – 357.

Dworkin, R. M. 1977. Is law a system of rules? In *The Philosophy of Law*, ed. R. M. Dworkin, 38 – 65. Oxford: Oxford University Press.

Eemeren, F. H. van & Grootendorst, R. 1992. *Argumentation, Communication, and Fallacies. A Pragma-dialectical Perspective*. Hills-dale, NJ: Lawrence Erlbaum Associates.

Enschedé, Ch. J. 1983. Review of H. J. M. Boukema: Judging, towards a rational judicial process. *Nederlands Tijdschrift voor Rechtsfilosofie en Rechtstheorie* no. 1, 53 – 57. (in dutch)

Etherington, D. W. 1988. *Reasoning with Incomplete Information.* London: Pitman.

Feteris, E. T. 1996. The analysis and evaluation of legal argumentation from a pragmadialectical perspective. *Proceedings of the International Conference on Formal and Applied Practical Reasoning*, Springer Lecture Notes in AI 1085, 151 – 166. Berlin: Springer Verlag.

Føllesdal, D. & Hilpinen, R. 1970. Deontic logic: an introduction. In *Deontic logic: and Systematic Readings*, ed. R. Hilpinen, 1 – 35. Dordrecht: Reidel.

Frank, J. 1949. *Courts on Trial.* Princeton University Press.

Franken, H. 1983. Jurist en computer: theoretische achtergronden. In *Jurist en Computer*, eds. A. H. De Wild & B. Eilders, 13 – 32. Deventer: Kluwer. (in dutch)

Freeman, K. & Farley, A. M. 1996. A model of argumentation and its application to legal reasoning. *Artificial Intelligence and Law* 4: 163 – 197.

Fuller, L. L. 1958. Positivism and fidelity to law: a reply to Professor Hart. *Harvard Law Review* 71, 630 – 672.

Gärdenfors, P. 1988. Knowledge in Flux. *Modeling the Dynamics of Epistemic States.* Cambridge, MA: MIT press.

Gardner, A. von der, 1987. *An Artificial Intelligence Approach to Legal Reasoning.* Cambridge, MA: MIT press.

Geffner, H. & Pearl, J. 1992. Conditional. entailment: bridging two approaches to default reasoning. *Artificial Intelligence* 53, 209 – 244.

Gelfond, M. & Lifschitz, V. 1988. The stable model semantics for logic programming. In *Logic Programming: Proceedings of the Fifth International Conference and Symposium*, eds. R. A. Kowalski & K. Bowen, 1070 – 1080.

Gelfond, M. & Lifschitz, V. 1989. Compiling circumscriptive theories into logic programs. *Proceedings of the Second International Workshop on Nonmonotonic Reasoning*, Lecture Notes in Computer Science 346, 74 – 99. Berlin: Springer Verlag.

Gelfond, M. & Lifschitz, V. 1990. Logic programs with classical negation. *Proceedings of the Seventh Logic Programming Conference*, 579 – 597. Cambridge, MA: MIT Press.

Genesereth, M. R. & Nilsson, N. J. 1988. *Logical Foundations of Artificial Intelligence.* Palo Alto, CA: Morgan Kaufmann Publishers Inc.

Ginsberg, M. L. 1987. Introduction of *Readings in Nonmonotonic Reasoning*, ed. M. L. Ginsberg, 1 – 19. Los Altos CA: Morgan Kaufmann Publishers Inc.

Gordon, T. F. 1988. The importance of nonmonotonicity for legal reasoning. In *Expert Systems in Law*, eds. H. Fiedler, F. Haft & R. Traunmüller, 110 – 126. Tübingen: Attempto Verlag.

Gordon, T. F. 1989. Issue spotting in a system for searching interpretation spaces. *Proceedings of the Second International Conference on Artificial Intelligence and Law*, 157 – 164. New York: ACM Press.

Gordon, T. F. 1991. An abductive theory of legal issues. *Interna-tional Journal of ManMachine Studies* 35, 95 – 118.

Gordon, T. F. 1994. The Pleadings Game: an exercise in computational dialectics. *Artificial Intelligence and Law* 2: 239 – 292.

Gordon, T. F. 1995. *The Pleadings Game. An Artificial Intelligence Model of Procedural Justice.* Dordrecht: Kluwer Academic Publishers.

Hage, J. C. 1987. De betekenis van niet-standaardlogica's voor juridische expert-systemen. *Computerrecht* 4, 233 – 239. (in dutch)

Hage, J. C. 1996. A theory of legal reasoning and a logic to match. *Artificial Intelligence and Law* 4: 199 – 273.

Hage, J. C. 1997. *Reasoning With Rules. An Essay on Legal Reasoning and Its Underlying Logic.* Dordrecht etc. : Kluwer Law and Philosophy Library.

Hage, J. C. , Leenes, R. & Lodder, A. R. 1994. Hard cases: a procedural approach. *Artificial Intelligence and Law* 2: 113 – 166.

Hamfelt, A. & Barklund, J. 1989. Metalevels in legal knowledge and their runnable representation in logic. *Preproceedings of the III International Conference on "Logica, Informatica, Diritto"*, Vol. II, 557 – 576. Florence.

Hart, H. L. A. 1949. The ascription of responsibility and rights. *Proceedings of the Aristotelean Society*, n. s. 49 (1948 – 9), 171 – 194. Reprinted in *Logic and Language. First Series*, ed. A. G. N. Flew, 145 – 166. Oxford: Basil Blackwell. (The references in this thesis are to the reprint).

Hart, H. L. A. 1958. Positivism and the separation of law and morals. *Harvard Law Review* Vol. 71, 593 – 629. Reprinted in *The Philosophy of Law*, ed. R. M. Dworkin, 17 – 37. Oxford: Oxford University Press. (The references in this thesis are to the reprint).

Hart, H. L. A. 1961. *The Concept of Law.* Oxford: Clarendon Press.

Hayes, P. J. 1977. In defence of logic. *Proceedings of the Fifth International Joint Conference on Artificial Intelligence*, 559 – 565.

Herrestad, H. B. 1990. Norms and formalization. *CompLex* 12/90. Oslo: Tano.

Herrestad, H. B. & Krogh, C. 1995. Obligations directed from bearers to counterparties. *Proceedings of the Fifth International Conference on Artificial Intelligence and Law*, 210 – 218. New York: ACM Press.

Hofstadter, D. R. , 1985. Waking up from the boolean dream, or, subcognition as computation. In *Metamagical themes: Questing for the Essence of Mind and Pattern*, D. R. Hofstadter, 631 – 665. London: Penguin Books.

Hohfeld, W. N. 1923. *Fundamental Legal Conceptions as Applied to Legal Reasoning*. New Haven, Connecticut: Yale University Press.

Horty, J. F. , Thomasson, R. H. & Touretzky, D. S. 1990. A skeptical theory of inheritance in nonmonotonic semantic networks. *Artifi-cial Intelligence* 42, 311 – 348.

Israel, D. J. 1980. What's wrong with non-monotonic logic? *Proceedings of the First National Conference on Artificial Intelligence*, 99 – 101.

Israel, D. J. 1985. A short companion to the naive physics manifesto. In *Formal Theories of the Commonsense World*, eds. J. R. Hobbs & R. C. Moore, 427 – 447. Norwood, NJ: Ablex.

Johnson-Laird, Ph. N. 1988. *The Computer and the Mind. An Introduction to Cognitive Science*. Cambridge, MA: Harvard University Press.

Jones, A. J. I. 1990. Deontic logic and legal knowledge representation. *Ratio Juris* Vol. 3, No. 2, 237 – 244.

Jones, A. JJ. 1993. Towards a formal theory of defeasible deontic conditionals. *Annals of Mathematics and Artificial Intelligence* 9, 151 – 166.

Jörgensen, J. 1938. Imperatives and logic. *Erkenntnis* 7, 288 – 296.

Karpf, J. 1989. Quality assurance of legal expert systems. In *Preproceedings of the III International Conference on "Logica, Informatica, Diritto"*, Vol. I, 411 – 440. Florence.

Kleer, J. de, 1986. An assumption-based truth maintenance system. *Artificial Intelligence* 127 – 162.

Kloosterhuis, H. 1996. The normative reconstruction of analogy argumentation in judicial decisions: a pragma-dialectical perspective. *Pro-ceedings of the International Conference on Formal and Applied Practical Reasoning*, Springer Lecture Notes in AI 1085, 375 – 383. Berlin: Springer Verlag.

Kolata, G. 1982. How can computers get common sense? *Science* Vol. 217, 1237 ~ 1238.

Konolige, K. 1988a. On the relation between default and autoepistemic logic. *Artificial Intelligence* 35, 343 – 382.

Konolige, K. 1988b. Hierarchic autoepistemic theories for nonmonotonic reasoning: preliminary report. *Proceedings of the Second International Workshop on Nonmonotonic Reasoning*, 42 – 59. Lecture Notes in Computer Science 346, Berlin: Springer Verlag.

Kowalski, R. A. 1989. The treatment of negation in logic programs for representing legislation. *Proceedings of the Second International Conference on Artificial Intelligence and law*, 11 – 15. New York: ACM Press.

Kowalski, R. A. 1995. Legislation as logic programs. In *Informatics and the Foundations of Legal Reasoning*, eds. Z. Bankowski I. White & U. Hahn, 325 – 356. Dordrecht: Law and Philosophy Library, Kluwer Academic Publishers.

Kowalski, R. A. & Sadri, F. 1990. Logic programs with exceptions. *Proceedings of the Seventh International Logic Programming Conference*, 598 – 613. Cambridge, MA: MIT Press.

Kowalski, R. A. & Toni, F. 1996. Abstract Argumentation. *Artifi-cial Intelligence and Law* 4: 275 – 296.

Kraus, S. , Lehmann, D. & Magidor, M. 1990. Nonmonotonic reasoning, preferential models and cumulative logics. *Artificial Intelligence* 44, 167 – 207.

Leith, Ph. 1986. Fundamental errors in legal logic programming. *The Computer Journal* Vol. 29, no. 6, 545 – 552.

Leith, Ph. 1990. *Formalism in AI and Computer Science*. Chichester: Ellis Horwood.

Lenat, D. & Guha, R. 1990. *Building Large Knowledge-based Systems. Represen-tation and Inference in the CYC Project*. Reading, MA: Addison-Wesley.

Lifschitz, V. 1987a. On the declarative semantics of logic programs with negation. In *Foundations of Deductive Databases and Logic Programming*, ed. J. Minker, 177 – 192. Los Altos, CA: Morgan Kaufmann Publishers Inc.

Lifschitz, V. 1987b. Pointwise circumscription. In *Readings in Nonmonotonic Reasoning*, ed. M. L. Ginsberg, 179 – 193. Los Altos, CA: Morgan Kaufmann Publishers Inc.

Lin, F. & Shoham, Y. 1989. Argument systems. A uniform basis for nonmonotonic reasoning. *Proceedings of the First International Conference on Principles of Knowl-edge Representation and Reasoning*, 245 – 255. San Mateo, CA: Morgan Kaufmann Publishers Inc.

Lindahl, L. 1977. *Position and Change.* Dordrecht: Reidel.

Lloyd, J. W. 1984. *Foundations of Logic Programming.* Berlin: Springer Verlag.

Loui, R. P. 1987. Defeat among arguments: a system of defeasible inference. *Computational Intelligence* 2, 100 – 106.

Loui, R. P. 1995. Hart's critics on defeasible concepts and ascriptivism. *Proce-edings of the Fifth International Conference on Artificial Intelligence and Law*, 21 – 30. New York: ACM Press.

Loui, R. P. 1997. Process and policy: resource-bounded non-demonstrative reason-ing. To appear in *Computational Intelligence* 14: 1.

Loui, R. P. , Norman, J. , Olson, J. & Merrill, A. 1993. A design for reasoning with policies, precedents, and rationales. *Proceedings of Fourth International Con-ference on Artificial Intelligence and Law*, 202 – 211. New York: ACM Press.

Loui, R. P. & Stiefvater, K. 1992. Corrigenda to Poole's rules and a lemma of Sima-riLoui. Report Department of Computer Science, Washington-University-in-St. Louis. St. Louis, MO.

Lukaszewicz, W. 1990. *Non-monotonic Reasoning. Formalization of Commonsense Reasoning.* Chichester: Ellis Horwood.

MacCormick, N. 1978. *Legal Reasoning and Legal Theory.* Oxford: Clarendon.

MacCormick, N. 1995. Defeasibility in law and logic. In *Informatics and the Foundations of Legal Reasoning*, eds. Z. Bankowski, I. White & U. Hahn, 99 – 117. Dordrecht: Law and Philosophy Library, Kluwer Academic Publishers.

MacCormick, N. & Summers, R. (eds.) 1991. *Interpreting Statutes. A Comparative Study.* Aldershot etc. : Dartmouth.

Makinson, D. 1985. How to give it up: a survey of some formal aspects of the logic of theory change. *Synthese* 62, 347 – 363.

Makinson, D. 1989. General theory of cumulative inference. *Pro-ceedings of the Sec-ond International Workshop on Nonmonotonic Reasoning*, Lecture Notes in Computer Science 346, 1 – 18. Berlin: Springer Verlag.

Makinson, D. & Schlechta, K. 1991. Floating conclusions and zombie paths: two deep difficulties in the "directly sceptical" approach to defeasible inheritance nets. *Artificial Intelligence* 48, 199 ~ 209.

McCarthy, J. 1968. Programs with common sense. In *Semantic Information Processing*, ed. M. Minsky, 403 ~ 418. Cambridge: MA: MIT Press.

McCarthy, J. 1980. Circumscription a form of nonmonotonic reasoning. *Artificial Intelligence* 13, 27 ~ 39.

McCarthy, J. 1986. Applications of circumscription to formalizing common-sense knowledge. *Artificial Intelligence* 28, 89 – 116.

McCarty, L. T. 1977. Reflections on TAXMAN: An experiment in artificial intelligence and legal reasoning. *Harvard Law Review* 90, 837 – 893.

McCarty, L. T. 1986. Permissions and obligations: An informal introduction. In *Automated Analysis of Legal Texts*, eds. A. A. Martino & F. Socci, 307 ~ 337. Florence 1986.

McCarty, L. T. 1988a. Clausal intuitionistic logic I. Fixed-point semantics. *Jour-nal of Logic Programming* 5: 1 – 31.

McCarty, L. T. 1988b. Clausal intuitionistic logic II. Tableau proof procedures. *Journal of Logic Programming* 5: 93 – 132.

McCarty, L. T. 1988c. Programming directly in a nonmonotonic logic. Technical Report LRP-TR – 21, Computer Science Department, Rutgers University, September 1988.

McCarty, L. T. 1989. A language for legal discourse I. Basic features. *Proceed-ings of the Second International Conference on Artificial Intelligence and Law*, 180 – 189. New York: ACM Press.

McCarty, L. T. 1995. An implementation of Eisner v. Macomber. *Proceedings of the Fifth International Conference on Artificial Intelligence and Law*, 276 ~ 286. New York: ACM Press.

McCarty, L. T. & Cohen, W. W. 1990. The case for explicit exceptions. *Procee-dings of the Workshop on Logic Programming and Nonmonotonic Reasoning*, 82 – 94. Austin, TX.

McCarty, L. T. & Sridharan, N. S. 1981. The representation of an evolving system of legal concepts II. Prototypes and deformations. *Proceedings of the Seventh International Joint Conference on Artificial Intelligence*, 246 ~ 253.

McDermott, D. 1982. Non-monotonic logic II: non-monotonic modal theories. *Journal of the ACM* 29 (1), 33 – 57.

McDermott, D. 1987. A critique of pure reason. *Computational Intelligence* 3, 151 – 160.

McDermott, D. & Doyle, J. 1980. Non-monotonic logic I. *Artificial Intelligence* 13, 41 – 72.

Meldman, J. A. 1977. A structural model for computer-aided legal reasoning. *Rutgers Journal of Computers and the Law* 6, 27 – 71.

Minsky, M. 1975. A framework for representing knowledge. In *The Psychology of Computer Vision*, ed. P. H. Winston, 211 ~ 277. New York: McGraw-Hill.

Moore, R. C. 1982. The role of logic in knowledge representation and commonsense reasoning. *Proceedings of the Second National Conference on Artificial Intelligence*, 428 – 433.

Moore, R. C. 1985. Semantical considerations on nonmonotonic logic. *Artificial Intelligence* 25, 75 – 94.

Newell, A. 1982. The knowledge level. *Artificial Intelligence* 18, 87 – 127.

Nieuwenhuis, J. H. 1976. Legitimatie en heuristiek van het rechterlijk oordeel. *Rechtsgeleerd Magazijn Themis* 494 – 515. (in dutch)

Nieuwenhuis, M. A. 1989. *Tessec: een Expertsysteem voor de Algemene Bijstandswet*. Deventer: Kluwer. (in dutch)

Nilsson, N. J. 1991. Logic and artificial intelligence. *Artificial Intelligence* 47, 31 – 56.

Nute, D. N. 1992. Basic defeasible logic. In *Intensional Logics for Programming*, eds. L. Farinas del Cerro & M. Penttonen, 125 ~ 154. Oxford: Oxford University Press.

Nute, D. N. 1993. Defeasible Logic. Research Report AI – 1993 – 04, Artificial Intelligence Programs, University of Georgia, Athens, GA.

Nute, D. N. (ed.) 1997. *Defeasible Deontic Logic. Essays in Nonmonotonic Normative Reasoning*. Dordrecht: Kluwer, Synthese Library.

Opdorp, G. J. van & Walker, R. F. 1990. A neural network approach to open texture. In *Amongst Friends in Computers and Law. A Collection of Essays in Remembrance of Guy*

Vandenberghe, eds. H. W. K. Kaspersen & A. Oskamp, 279 – 309. Deventer: Kluwer Law and Taxation Publishers.

Opdorp, G. J. van, Walker, R. F., Schrickx, J. A., Groendijk, C. & Berg, P. H. van den, 1991. Networks at work. A connectionist approach to non-deductive legal reasoning. *Proceedings of the Third International Conference on Artificial Intelligence and Law*, 278 – 287. New York: ACM Press.

Peczenik, A. 1990. Legal collision norms and moral considerations. In *Coherence and Conflict in Law. Proceedings of the 3rd Benelux-Scandinavian Symposium in Legal Theory*, eds. B. Brouwer *et al.*, 177 – 197. Deventer: Kluwer Law and Taxation Publishers / Zwolle: Tjeenk Willink.

Pereira, L. M. & Alferes, J. J. 1992. Well-founded semantics for logic programs with explicit negation. *Proceedings of the Tenth European Conference on Artificial Intelligence*, 102 – 106.

Perelman, Ch. 1976. *Logique Juridique. Nouvelle Rhtorique*. Dallaz.

Perelman, Ch. & Olbrechts-Tyteca, L. 1969. *The New Rhetoric. A Treatise on Argumentation*. Notre Dame, Indiana: University of Notre Dame Press.

Plug, H. J. 1996. Complex argumentation in judicial decisions. An-alysing conflicting arguments. *Proceedings of the International Conference on Formal and Applied Practical Reasoning*, Springer Lecture Notes in AI 1085, 464 – 479. Berlin: Springer Verlag.

Pollock, J. L. 1987. Defeasible reasoning. *Cognitive Science* 11, 481 – 518.

Pollock, J. L. 1995. *Cognitive Carpentry. A Blueprint for How to Build a Person*. Cambridge, MA: MIT Press.

Poole, D. L. 1985. On the comparison of theories: Preferring the most specific explanation. *Proceedings of the Ninth International Joint Conference on Artificial Intelligence*, 144 – 147.

Poole, D. L. 1988. A logical framework for default reasoning. *Artificial Intelligence* 36, 27 – 47.

Poole, D. L. 1991. The effect of knowledge on belief: conditioning, specificity and the lottery paradox in default reasoning. *Artificial Intelligence* 49, 281 – 307.

Prakken, H. 1991a. A tool in modelling disagreement in law: preferring the most specific argument. *Proceedings of the Third International Conference on Artificial Intelligence and Law*, 165 – 174. New York: ACM Press.

Prakken, H. 1991b. Reasoning with normative hierarchies (extended abstract). *Proceedings of the First International Workshop on Deontic Logic and Computer Science*, 315 – 334. Amsterdam.

Prakken, H. 1993. An argumentation framework in default logic. *Annals of Mathematics and Artificial Intelligence* 9, 93 – 132.

Prakken, H. 1995a. A semantic view on reasoning about priorities (extended abstract). *Proceedings of the Second Dutch/German Workshop on Non-monotonic Reasoning*, Utrecht, 160 – 167.

Prakken, H. 1995b. From logic to dialectics in legal argument. *Proceedings of the Fifth International Conference on Artificial Intelligence and Law*, 165 – 174. New York: ACM Press.

Prakken, H. 1996a. Two approaches to the formalisation of defeasible deontic reasoning. *Studia Logica* 57: 73 – 90.

Prakken, H. 1997. Dialectical proof theory for defeasible argumentation with defeasible priorities (preliminary report). *Proceedings of the 4th ModelAge Workshop 'Formal Models of Agents'*, Certosa di Pontignano (Italy), 201 – 214.

Prakken, H. & Sartor, G. 1995a. On the relation between legal language and legal argument: assumptions, applicability and dynamic priorities. *Proceedings of the Fifth International Conference on Artificial Intelligence and Law*, 1 – 9. New York: ACM Press.

Prakken, H. & Sartor, G. 1996a. A system for defeasible argumentation, with defeasible priorities. *Proceedings of the International Conference on Formal and Applied Practical Reasoning*, Springer Lecture Notes in AI 1085, 510 – 524. Berlin: Springer Verlag.

Prakken, H. & Sartor, G. 1996b. A dialectical model of assessing conflicting arguments in legal reasoning. *Artificial Intelligence and Law* 4: 331 – 368.

Prakken, H. & Sartor, G. 1997a. Argument-based extended logic programming with defeasible priorities. *Journal of Applied Non-classical Logics* 7, 25 – 75.

Prakken, H. & Sartor, G. 1997b. Reasoning with precedents in a dialogue *game. Proceedings of the Sixth International Conference on Artificial Intelligence and Law*, 1 – 9. New York: ACM Press.

Prakken, H. & Schrickx, J. A. 1991. Isomorphic models for rules and exceptions in legislation. In *Legal Knowledge-based Systems. Model-based Legal Reasoning*, eds. J. A. Breuker, R. V. de Mulder & J. C. Hage, 17 – 27. Lelystad: Koninklijke Vermande BV.

Przymusinski, T. 1988. Perfect model semantics. In *Logic programming: Proceedings of the Fifth International Conference and Symposium*, eds. R. A. Kowalski & K. Bowen, 1081 – 1096.

Raz, J. 1975. *Practical Reason and Norms*. Princeton University Press, 1975.

Reiter, R. 1978. On closed-world databases. In *Logic and Databases*, eds. H. Gallaire & J. Minker, 119 – 140. New York: Plenum Press.

Reiter, R. 1980. A logic for default reasoning. *Artificial Intelligence* 13, 81 – 132.

Reiter, R. 1987. Nonmonotonic reasoning. *Annual Reviews of Computer Science* 2: 147 – 186.

Reiter, R. & Criscuolo, G. 1981. On interacting defaults. *Proceedings of the Seventh International Joint Conference on Artificial Intelligence*, 270 – 276.

Rescher, N. 1964. *Hypothetical Reasoning*. Amsterdam: North-Holland.

Rescher, N. 1977. *Dialectics: a Controversy-oriented Approach to the Theory of Knowledge*. Albany, N. Y. : State University of New York Press.

Rissland, E. L. 1988. Artificial Intelligence and legal reasoning. A discussion of the field & of Gardner's book. *AI Magazine* Fall 1988, 45 – 56.

Rissland, E. L. 1990. Artificial Intelligence and Law: stepping stones to a model of legal reasoning. *Yale Law Review* Vol. 99, 1957 – 1981.

Rissland, E. L. & Ashley, K. D. 1987. A case-based system for trade secrets law. *Proceedings of the First International Conference on Artificial Intelligence and Law*, 60 – 66. New York: ACM Press.

Rissland, E. L. & Ashley, K. D. 1989. HYPO: A precedent-based legal reasoner. In *Advanced Topics in Law and Information Technology*, ed. G. P. V. Vanden-berghe, 213 – 234. Deventer/Boston: Kluwer Law and Taxation Publishers.

Rissland, E. L. & Skalak, D. B. 1991. CABARET: statutory interpretation in a hybrid architecture. *International Journal of Man-Machine Studies* 34, 839 – 887.

Robinson, J. 1965. A machine-oriented logic based on the resolution principle. *Journal of the ACM* 12, 23 – 41.

Roos, N. 1991. *What is on the Machine's Mind? Models for Reasoning with Incomplete and Uncertain Knowledge.* Doctoral Dissertation Technical University Delft.

Roos, N. 1992. A logic for reasoning with inconsistent information. *Artificial Intelligence* 57, 69 – 103.

Routen, T. & Bench-Capon, T. J. M. 1991. Hierarchical formalizations. *Interna-tional Journal of Man-Machine Studies* 35, 242 – 250.

Royakkers, L. & Dignum, F. 1996. Defeasible reasoning with legal rules. In *Deontic Logic, Agency and Normative Systems*, eds. M. A. Brown & J. Carmo, 174 – 193. London: Springer Workshops in Computing.

Sacksteder, W. 1974. The logic of analogy. *Philosophy and Rhetoric* Vol. 7, 234 – 252.

Sartor, G. 1991. The structure of norm conditions and non monotonic reasoning in law. *Proceedings of the Third International Conference on Artificial Intelligence and Law*, 155 – 164. New York: ACM Press.

Sartor, G. 1992a. Normative conflicts in legal reasoning. *Artificial Intelligence and Law* 2 – 3, 209 – 236.

Sartor, G. 1992b. Reasoning with hierarchies of premises: derivation versus assumption based approaches. Unpublished paper, CIRFID, University of Bologna.

Sartor, G. 1993. A simple computational model for nonmonotonic and adversarial legal reasoning. *Proceedings of the Fourth International Conference on Artificial Intelligence and Law*, 192 – 201. New York: ACM Press.

Sartor, G. 1994. A formal model of legal argumentation. *Ratio Juris* 7, 212 – 226.

Sartor, G. 1995. Defeasibility in legal reasoning. In *Informatics and the Foundations of Legal Reasoning*, eds. Z. Bankowski, I. White & U. Hahn, 119 – 157. Dordrecht: Law and Philosophy Library, Kluwer Academic Publishers.

Scholten, P. 1974. *Algemeen Deel van Asser's Handleiding tot de Beoefening van het Nederlands Burgerlijk Recht*, Derde druk. Zwolle: Tjeenk Willink. (in dutch)

Sergot, M. J. 1982. Prospects for representing the law as logic programs. In *Logic Programming*, eds. K. L. Clark & S-A. Tarnlund, 33 – 42. London: Academic Press.

Sergot, M. J. 1988. Representing legislation as logic programs. In *Machine Intelligence* 11, eds. J. E. Hayes, D. Michie & J. Richards, 209 – 260. Oxford: Oxford University Press.

Sergot, M. J. 1990. The representation of law in computer programs: a survey and comparison. In *Knowledge-Based Systems and Legal Applications*, ed. T. J. M. BenchCapon, 3 – 67. London: Academic Press.

Sergot, M. J., Sadri, F., Kowalski, R. A., Kriwaczek, F., Hammond, P. & Cory, H. T. 1986. The British Nationality Act as a logic program. *Communica-tions of the ACM* 29, 5, 370 – 386.

Shoham, Y. 1988. *Reasoning about Change. Time and Causation from the Standpoint of Artificial Intelligence.* Cambridge, MA: MIT Press.

Simari, G. R. & Loui, R. P. 1992. A mathematical treatment of defeasible argumentation and its implementation. *Artificial Intelligence* 53, 125 – 157.

Skalak, D. B. & Rissland, E. L. 1992. Arguments and Cases. An Inevitable Intertwining. *Artificial Intelligence and Law* 1, 3 – 44.

Snijders, H. J. 1978. *Rechtsvinding door de Burgerlijke Rechter. Een Kwantitatief Onderzoek bij de Hoge Raad en de Gerechtshoven.* Deventer: Kluwer. (in dutch)

Soeteman, A. 1989. *Logic in Law. Remarks on Logic and Rationality in Normative Reasoning, Especially in Law.* Dordrecht etc. : Kluwer Law and Philosophy Library.

Suber, P. 1990. *The Paradox of Self-amendment: a Study of Logic, Law, Omnipotence, and Change.* New York: Peter Lang.

Susskind, R. E. 1987. *Expert System in Law. A Jurisprudential Inquiry.* Oxford: Clarendon Press.

Toulmin, S. E. 1958. *The Uses of Argument.* Cambridge: Cambridge University Press.

Touretzky, D. S. 1984. Implicit ordering of defaults in inheritance systems. *Proc-eedings of the Fourth National Conference on Artificial Intelligence*, 322 – 325.

Touretzky, D. S. 1986. *The Mathematics of Inheritance Systems.* London: Pitman.

Veltman, F. 1996. Defaults in update semantics. *Journal of Philosophical Logic* 25, 221 – 261.

Verheij, B. 1996. *Rules, Reasons, Arguments. Formal Studies of Argumentation and Defeat.* Doctoral Dissertation, University of Maastricht.

Vreeswijk, G. A. W. 1991. The feasibility of defeasible reasoning. *Proceedings of the Second International Conference on Principles of Knowledge Representation and Reasoning*, 526 – 534. San Mateo, CA: Morgan Kaufman Publishers Inc.

Vreeswijk, G. A. W. 1993a. *Studies in Defeasible Argumentation*. Doctoral dissertation Department of Computer Science, Free University Amsterdam.

Vreeswijk, G. A. W. 1993b. Defeasible dialectics: a controversy-oriented approach towards defeasible argumentation. *Journal of Logic and Computation* 3, 317 – 334.

Vreeswijk, G. A. W. 1995. The computational value of debate in defeasible reasoning. *Argumentation* 9, 305 – 341.

Vreeswijk, G. A. W. 1996. Representation of formal dispute with a standing order. *Research Report MA TRIX*, *University of Limburg*.

Vreeswijk, G. A. W. 1997. Abstract argumentation systems. *Artificial Intelligence* 90, 225 – 279.

Walker, R. F. , Oskamp, A. , Schrickx, J. A. , Opdorp, G. J. van & Berg, P. H. van den, 1991. Prolexs: creating law and order in a heterogeneous domain. *International Journal of Man-Machine Studies* 35, 35 – 67.

Walton, D. N. & Krabbe, E. C. W. 1995. *Commitment in Dialogue. Basic Concepts of Interpersonal Reasoning*. Albany, NY: State University of New York Press.

Wild, J. H. de & Quast, J. A. , 1989. The concept of 'commensurate work' in a legal knowledge – based system. *Preproceedings of the 'Expert Systems in Law' Conference*. Bologna.

Wittgenstein, L. 1958. *Philosophical Investigations*. New York: MacMillan.

Wright, G. H. von, 1964. A new system of deontic logic. In Danish Yearbook of Philosophy 1, 173 – 182. Reprinted in Deontic Logic: Introductory and Systematic Readings, ed. R. Hilpinen, 105 – 120. Dordrecht: Reidel, 1971.

Wright, G. H. von, 1983. *Practical Reason. Philosophical Papers*, Vol. l. Oxfo-rd: Basil Blackwell.

索 引

图书在版编目（CIP）数据

建模法律论证的逻辑工具：法律可废止推理研究/（荷）帕肯著；熊明辉译
北京：中国政法大学出版社，2015.1（2022.4重印）
ISBN 978-7-5620-5652-2

Ⅰ.①建…　Ⅱ.①帕…　②熊…　Ⅲ.①法律逻辑学－研究　Ⅳ.①D90-051

中国版本图书馆CIP数据核字(2014)第286574号

出 版 者	中国政法大学出版社
地　　址	北京市海淀区西土城路 25 号
邮寄地址	北京 100088 信箱 8034 分箱　邮编 100088
网　　址	http://www.cuplpress.com（网络实名：中国政法大学出版社）
电　　话	010-58908289(编辑部) 58908334(邮购部)
承　　印	北京中科印刷有限公司
开　　本	880mm×1230mm　1/32
印　　张	12.5
字　　数	325 千字
版　　次	2015 年 1 月第 1 版
印　　次	2022 年 4 月第 2 次印刷
定　　价	56.00 元